# 学前教育学

主　编　曾跃霞　郑传芹
副主编　段晓娅　谭赟赟　刘心宜

华中科技大学出版社
http://press.hust.edu.cn
中国·武汉

## 内 容 简 介

十八大以来,我国学前教育事业飞速发展,学前教育的理论探索和实践研究也取得了丰硕的成果,学前教育学科的学术地位和水平得到了提高,为我国建成高质量的教育体系做出了重要贡献。本教材以习近平新时代中国特色社会主义思想为指导,深入学习贯彻党的二十大精神,深刻领会教育、科技、人才"三位一体"部署和"教育强国"政策,系统总结了我国近十多年来学前教育理论研究成果和学前教育新的实践经验。本教材围绕学前教育学最基本的学科知识体系,主要包括学前教育思想、幼儿教师、幼儿园课程、幼儿园教育活动设计与指导、幼儿园环境创设与教育、幼儿园游戏、幼儿园组织与管理、幼儿园教育的合作与衔接、学前教育科学研究等问题展开论述,充分体现了时代性、先进性、科学性和实用性。本书适合作为学前教育专业本专科学生学前教育学、学前教育原理、幼儿教育概论等课程的教材,也适合广大幼儿教育工作者阅读。

**图书在版编目(CIP)数据**

学前教育学/曾跃霞,郑传芹主编. —武汉:华中科技大学出版社,2024.4
ISBN 978-7-5772-0466-6

Ⅰ.①学… Ⅱ.①曾…②郑… Ⅲ.①学前教育—教育理论 Ⅳ.①G610

中国国家版本馆 CIP 数据核字(2024)第 033261 号

### 学前教育学
Xueqian Jiaoyuxue

曾跃霞 郑传芹 主编

| | |
|---|---|
| 策划编辑: | 袁　冲 |
| 责任编辑: | 段亚萍 |
| 封面设计: | 孢　子 |
| 责任监印: | 朱　玢 |

出版发行:华中科技大学出版社(中国·武汉)　　电话:(027)81321913
　　　　　武汉市东湖新技术开发区华工科技园　　邮编:430223

录　　排:武汉创易图文工作室
印　　刷:武汉市洪林印务有限公司
开　　本:787 mm×1092 mm　1/16
印　　张:20.5
字　　数:482 千字
版　　次:2024 年 4 月第 1 版第 1 次印刷
定　　价:59.00 元

本书若有印装质量问题,请向出版社营销中心调换
全国免费服务热线:400-6679-118　竭诚为您服务
版权所有　侵权必究

# 前言
## Preface

党的十八大以来,我国教育改革发展取得了重大成就,学前教育至高等教育等各级各类教育普及水平实现大幅度、跨越式提升,教育体系不断完善,教育公平有力促进,教育改革全面推开,教育质量显著提升,为经济社会发展提供了坚强的人才保障和智力支持。

在学前教育领域,我国政府连续实施三次"学前教育三年行动计划"、学前教育发展"十三五""十四五"规划,学前教育事业得到了飞速的发展。截至2022年,全国共有幼儿园28.92万所,在园幼儿4627.55万人,学前教育毛入园率达到89.7%;全国共有学前教育专任教师324.42万人,专任教师学历合格率99.39%。

我国学前教育事业在大发展的同时,也遇到很多问题,主要表现为:学前教育资源尤其是普惠性资源仍显不足,政策保障体系不够完善,教师队伍建设滞后,监管体制机制不健全,保教质量有待提高,存在"小学化"倾向,部分民办园过度逐利,幼儿安全问题时有发生。其中最突出的仍然是幼儿园师资的数量和质量问题。要努力提高教师职业素养,培养热爱幼教、热爱幼儿的职业情怀,建成一支数量充足、师德高尚、结构合理、业务精良的高素质专业化创新型的幼教师资队伍,任重而道远。

师资的培养培训要设计好的人才培养方案,需要结构合理的课程,需要高质量配套的教材。2011年,教育部发布《关于大力推进教师教育课程改革的意见》和《教师教育课程标准(试行)》,明确了幼儿园职前教师教育课程目标与课程设置。2012年,教育部又颁行《幼儿园教师专业标准(试行)》,对幼儿园教师的专业培养提出了标准化的内容和方向。中共中央、国务院《关于学前教育深化改革规范发展的若干意见》(2018)对当前学前教育深化改革规范发展提出了比较全面的意见,2018年《中国教育现代化2035》提出以农村为重点提升学前教育普及水平,建立更为完善的学前教育管理体制、办园体制和投入体制,大力发展公办园,加快发展普惠性民办幼儿园,"普及有质量的学前教育"的事业发展目标。2021年,国家实施"教育强国"推进工程,要求加强培养国家急需的高素质的各级各类教师人才。党的二十大报告再次强调,要坚持教育优先发展、加快建设教育强国、加快推进教育现代化。作为学前教育专业的核心理论课程,"学前教育学"需要全面总结近年来幼儿教育改革的实践经验,在传统经典学前教育理论体系的基础上再次抽象提升,建构与新时代教育强国背景相适应的学前教育学的理论范式,用新的案例论证和丰富幼儿教育理论。

本书是根据新的课程标准和师范专业认证标准,立足新时期的学前教育实践,满足幼儿园教师岗位需求,围绕师范生能自主、合作、探究学习而编写的。本书既考虑学前教育理论的学习,又用典型的幼教实践案例,满足学生间接知识的掌握与保教实践能力的培养两个方面的发展。本书体现了幼儿园教师的专业理念与师德、专业知识、专业能力的需要,对重要的概念、知识点做了明确的说明,对重要的理论与实施过程做了详细的介绍,并引进了近几年实践中的典型案例作为佐证材料,对需要学生做进一步了解的内容开辟了"拓展阅读"等栏目。这些新颖独特的设计使得本书通俗易懂、生动有趣而又不失知识体系的系统性、逻辑性、时代性。案例教学与实际讨论、幼儿园的观察与见习也促进了理论与实践的有机融合,达到理论的学习与保教能力的培养齐头并进。

本书的编者长期从事学前教育专业基础理论课的教学与研究工作,常年在幼儿园挂职锻炼、指导幼儿园的课题研究,有丰富的课程教学与研究的积累。本书的体例和编写提纲由两位主编共同拟订,具体编撰分工为:曾跃霞负责第一、二、三、四、五章,刘心宜负责第六章,郑传芹负责绪论、第七章、第十章,段晓娅负责第八章,谭赟赟负责第九章,最后由两位主编统稿。

本书作为教学研究的成果,在学前教育专业的课程体系建设中发挥了重要作用。本书在策划编撰的过程中得到了汉江师范学院校领导、教育学院学前教育教研室同仁、湖北名师工作室的大力支持。此项工作作为湖北省省级一流学科(教育学)、省级一流专业(学前教育)的研究项目,作为湖北省"十四五"优势特色学科(教师教育与教师发展)支持的项目,得到了科研处、学科办同志们的热心帮助。在带领学前教育专业学生课程见习环节上得到了十堰市教育科学研究院、十堰市柳林幼儿园、十堰市实验幼儿园、汉江师范学院附属桐华幼儿园、丹江口市政府幼儿园等单位的大力支持,在此一并表示感谢!

本书在编撰过程中参考借鉴了近年来学前教育的专著和最新研究成果,在书后列出了参考文献。限于篇幅,报刊和专业研究官网的研究论文没有列入,向这些资料的作者深表感谢!

今年是全面贯彻党的二十大精神的开局之年,我们将坚持以习近平新时代中国特色社会主义思想为指导,深入学习贯彻落实党的二十大精神,深刻领会教育、科技、人才"三位一体"总体部署,为加快建设教育强国、全力培育卓越的幼儿园教师做出我们的贡献。

曾跃霞　郑传芹<br>
2023 年 7 月于车城十堰

# 目录

**绪论** / 1
  第一节　学前教育学研究的对象、任务和主要内容 / 1
  第二节　学习学前教育学的意义与方法 / 3

**第一章　学前教育概述** / 7
  第一节　学前教育的概念 / 9
  第二节　学前教育的基本要素 / 14
  第三节　学前教育与社会发展 / 25
  第四节　学前教育与儿童发展 / 30

**第二章　学前教育理论** / 36
  第一节　西方学前教育理论的形成与发展 / 36
  第二节　中国学前教育理论的形成与发展 / 51
  第三节　现代典型的学前教育方案 / 63

**第三章　幼儿教师** / 79
  第一节　幼儿教师的角色 / 79
  第二节　幼儿教师的劳动特点 / 87
  第三节　幼儿教师的职业品质 / 89
  第四节　幼儿教师的专业化 / 93

**第四章　幼儿园课程** / 103
  第一节　幼儿园课程概述 / 103
  第二节　幼儿园课程内容 / 110

**第五章　幼儿园教育活动设计与指导** / 120
  第一节　幼儿园教育活动概述 / 120
  第二节　幼儿园教育活动的设计策略 / 127

第三节　幼儿园教育活动的指导策略　/ 135
第四节　幼儿园综合教育　/ 142

## 第六章　幼儿园环境创设与教育　/ 156

第一节　幼儿园环境的概念及其分类　/ 156
第二节　幼儿园主题活动的环境创设　/ 161
第三节　幼儿园常设活动区的环境创设　/ 171

## 第七章　幼儿园游戏　/ 185

第一节　幼儿游戏的本质　/ 185
第二节　游戏的教育作用　/ 193
第三节　亲子游戏　/ 199

## 第八章　幼儿园组织与管理　/ 208

第一节　幼儿园的组织机构与制度　/ 208
第二节　幼儿园管理　/ 213
第三节　幼儿园管理体制　/ 217
第四节　幼儿园的规章制度　/ 223

## 第九章　幼儿园教育的合作与衔接　/ 237

第一节　幼儿园与家庭的合作　/ 237
第二节　幼儿园与社区的合作　/ 249
第三节　幼儿园与小学的衔接　/ 255

## 第十章　学前教育科学研究　/ 272

第一节　学前教育科学研究概述　/ 272
第二节　学前教育科学研究课题的选择　/ 275
第三节　学前教育科学研究的一般方法　/ 279
第四节　当代学前教育科学研究的新方法　/ 295
第五节　学前教育科学研究成果的表述　/ 301

**参考文献**　/ 318

# 绪 论

> **学习目标**
>
> 1. 了解学前教育学的研究对象与任务。
> 2. 理解"学前教育学"课程与其他专业课程之间的关系。
> 3. 领会学习"学前教育学"课程的意义。

教育是人类社会所特有的现象,在其他动物界是没有的。只有人类社会才能根据对客观世界的认识和自身的需要,能动地改造世界,并将获得的经验传授给下一代,于是产生了教育活动。人类选择教育的方式促进儿童的健康发展,使得"教育"成为重要的研究领域。

## 第一节 学前教育学研究的对象、任务和主要内容

每一门学科都有自己特有的研究领域。"科学研究的区分,就是根据科学对象所具有的特殊的矛盾性。因此,对于某一现象的领域所特有的某一种矛盾的研究,就构成某一门科学的对象。"

学前教育学是教育学的一个分支学科。

### 一、学前教育学的研究对象

根据教育对象的年龄不同,我们可以把教育分为学前教育、初等教育、中等教育、高等教育等教育阶段。各教育阶段的具体任务、内容和方法也各不相同,具有各自的特点和规律,需要分别进行研究。学前教育一般是对从出生到六岁儿童的教育,其中从出生到三岁这一阶段为早期教育或者托儿所教育,三至六岁阶段为幼儿教育(侧重幼儿园的教育),早期教育和幼儿教育是相互连接、性质相近又密切联系的。学前教育学是研究学前教育及其规律的科学,其目的是探索学前教育的特点、原则、方法和规律,使学龄前儿童享受更高质量的教育。

从国际上看,目前对学前教育的年龄分期尚未统一。有的国家是指出生至五、六岁儿童的

教育,有的国家则指从二、三岁开始到六、七岁入学前儿童的教育,我国以前曾把学前教育单指三至六岁儿童的教育。近二三十年来,一些国家把托儿所和幼儿园合并为统一的学前教育机构,学前教育包括从出生到六、七岁儿童的教育。美国将出生到小学低年级儿童的教育称为早期教育,而学前教育则专指三至五岁儿童的教育。我国即将颁行的学前教育法明确学前教育是指由幼儿园等学前教育机构对三周岁到入小学前的学前儿童实施的保育和教育。为了研究方便,我们确定学前教育学主要研究三至六岁的儿童。

仅仅明确学前教育学研究哪一年龄阶段的教育是不够的,还需要指明所研究的是什么性质的学前教育。教育具有社会性和历史性,各国的政治经济制度和生产力发展水平不同,妇女参加社会活动和就业的人数比例及科学技术、教育和传统文化的发展等因素也都不同。因此,各国学前教育在教育性质、目的、任务等方面是各有特点的。目前我国的学前教育学主要研究新时代中国特色社会主义条件下对初生至六岁儿童进行教育的规律。

从我国来看,学前教育包括学前社会教育和学前家庭教育。学前社会教育指凡由社会实施或资助,指派专人实施或辅导的各种学前教育,其形式多种多样,以幼儿园、托儿所、早教中心为主。幼儿园招收三岁至六岁的幼儿,也有不少幼儿园招收两岁到六岁的幼儿;托儿所招收三岁以下儿童;早教中心是近几年发展起来的,以咨询、亲子活动等灵活的方式为学前儿童和家长提供服务。此外,还有家庭托儿站、游戏小组、巡回辅导、咨询等多种形式的学前教育组织。目前,我国学前社会教育主要包含幼儿园、托儿所、早教中心的教育,同时也对家庭教育发挥指导作用。

学前教育学是一门研究学前儿童教育规律和学前教育机构的教育工作规律的基础科学。

## 二、学前教育学的任务

学前教育学的任务在于总结学前教育的实践经验,研究学前教育理论,并引进国外优秀的学前教育的理论和实践,以探讨我国学前教育的规律及其发展趋势,指导学前教育活动的有效开展。通过学前教育理论和实践研究,提高学前教育的科学性。通过理论指导学前教育实践,帮助学前教育机构和家庭科学地对儿童进行教育,为培养新时代的新人打好基础。

作为一门课程的学前教育学,其主要任务是:阐明我国社会主义条件下学前教育的原理和原则;总结我国学前教育经验,借鉴国外先进的学前教育的理论和实践;加强学前教育的理论研究,提高学前教育的科学水平;指导学前教育实践,研究解决实践中的问题;建设具有中国特色的学前教育理论和实践体系。学前教育学也为国家和有关部门制定学前教育的政策、措施和进行教育改革提供理论依据。

## 三、学前教育学研究的主要内容

学前教育学以教育学和心理学的基本原理为基础,研究学前教育的任务、内容、手段和方法,揭示在学前儿童和教育者的共同活动中,怎样对学前儿童施加教育影响,促进他们在体育、智育、德育、美育、劳动技术教育等方面主动发展的规律。

学前教育学主要研究以下几个方面的内容:学前社会教育机构的产生和发展;学前教育与

社会发展、儿童发展的关系;学前教育的目的和任务;学前儿童全面发展教育的目标、内容、方法与途径;幼儿教师;幼儿园课程;学前教育机构的主要教育活动组织形式及指导;学前教育机构与家庭、社会的协作以及与小学教育的衔接;学前教育科学研究方法,等等。

## 第二节 学习学前教育学的意义与方法

### 一、学习学前教育学的意义

学习学前教育学可以提高学前教育专业学生对幼儿教师职业的认识与认同感,增强对学前教育工作的兴趣和热爱。儿童是祖国的未来、民族的希望,培养他们成为中国式社会主义现代化建设事业的接班人,关键在教师。学好学前教育学,可以帮助我们提高对幼儿教育工作重要性的认识,增强对教育事业的热爱。热爱教育事业是人民教师崇高的美德和工作的动力,它可以激发我们对教育工作的兴趣,增强献身学前教育事业的情怀,从而坚定献身学前教育事业的责任感。

从学前教育专业学生的知识结构看,学前教育学知识是其不可缺少的组成部分。合理的知识结构,既是形成技能技巧、适应职业需要的必要条件,又是发展智力、培养能力、焕发创造精神的根本保证。正如一个不精通外国语的人,不可能成为出色的翻译家一样,一名没有深厚的教育科学知识的学前教育专业学生,也很难成为一名出色的幼儿园教师。学前教育专业的学生需要什么样的知识结构呢? 应该是"金字塔"形的知识结构。这个金字塔形的知识结构,除了在中小学阶段已经掌握的文化科学基础知识和基本技能作为"塔基"之外,"塔身"应该包括各门学科的基础知识、专业知识和教育科学知识,其中,教育科学知识就包括学前教育学、学前儿童心理与发展、学前卫生学等。

从学前教育工作的实际需要看,学前教育学是教师把握教育规律、走向成功的理论指南。有人说,不学学前教育学,我不是照样当了幼儿园的老师么? 实际上,同样是组织幼儿的活动,其优劣差距是很大的。优秀的幼儿园教师凭借学前教育学的理论睿智,能敏锐地观察到儿童在教育活动过程中的学习行为和心理反应,能恰当地运用客观条件和教育方法,集中儿童的注意力,激发儿童参与活动的主动性和积极性,把教育活动过程组织得生动活泼、富有成效。这与只会让儿童"鹦鹉学舌"背诵古诗、做算术题有着天壤之别。所以学前教育理论才是学前教育实践的指南,尤其是新教师尽快适应工作、不断积累经验、形成教学风格、通往专业化之路的根本向导。不学学前教育学,不掌握学前教育理论,在实际工作中,只能瞎摸索,只会蛮干,根本谈不上科学的保教活动。只要留意一下我们的周围,就会发现教师组织的活动吸引力不强、幼儿主动性不强、活动过程一团糟,甚至个别幼师侮辱、体罚或变相体罚幼儿的事件时有发生,这本质是学前教育理论的贫乏、理论素养的低劣造成的。

学习学前教育学有助于推动学前教育改革的实践和学前教育理论的发展。学前教育改革和幼儿教育实践的发展需要幼儿教育理论。在教育改革中出现的新情况、新问题需要分析研究，在教育实践中产生的新经验、新方法需要总结概括。有了学前教育理论，就能更好地指导我们科学地分析教育改革中出现的问题，将教育实践中产生的经验上升为科学的理论，使得教育理论得到不断的发展和完善。每一位教育工作者都有必要而且有可能把教育工作和教育科学研究结合起来，在教育理论的指导下，不断总结经验，深化教育教学改革，促进我国学前教育理论的发展。

## 二、学习学前教育学的方法

（一）勤于阅读思考，重视自主学习与合作学习

学好理论的第一步是认真学习教材，深入理解和领会学前教育学的基本概念和基本理论；初步了解学前教育学课程的基本结构，这是读书学习的重点。在阅读教材之外，还要广泛阅读其他同类版本的参考书籍，充分阅读网络学习资源。要反复推敲、弄懂并吃透教材每一章节的主要内容和渗透在其中的重要观念、教育思想，并弄清楚每一章节之间的内在联系，注意把握教材的逻辑体系。要系统地了解和掌握各种学前教育理论与实践活动的实质、内容、价值等，并尝试批判性的思考、分析和比较。

独立思考、切磋讨论是学习学前教育学的有效方法。爱因斯坦曾指出：如果一个人掌握了本学科的基本理论，又学会了独立思考和工作，那么他必定能找到自己的道路。对教材内容、对前人的结论、对流行的观点和看法、对已有的研究成果等，要多思考，多问几个为什么，不必为传统的观念和结论所束缚，人云亦云。尤其是在新时代的学前教育实践中，要勇于研究新问题、探索新路径、提出新见解，这是提高自己认识水平的重要途径。不过，独立思考并不是闭门造车，更不是主观臆测。"独学而无友，则孤陋而寡闻"，在自己学习的基础上和老师同学相互交流看法，讨论切磋，让不同观念相互碰撞、相互启发，才能激起思想的火花，帮助你更清楚、更全面、更准确地掌握学前教育的理论。

（二）联系学前教育的实际，重视探究性学习

**1. 提倡在实践中学习**

学前教育理论是为学前教育实践服务的，理论联系实际是学好学前教育学的必由之路。在校期间联系实际的方式是多种多样的，如到幼教机构见习、实习、研习，访问优秀的幼儿教师，开展社区、家庭的学前教育调查，尝试设计和组织一些教育活动、做一些教育小实验，对一个或几个学前儿童进行观察研究以及参加各种有关的专业活动，等等，都能有效地理解和巩固理论知识，提高自己的教育理论修养和从事学前教育工作的能力。有的同学也许认为："在校时学理论，毕业后再实践也来得及。"这种看法是不对的，不能把学习理论和参加教育实践机械割裂开来，脱离实际的理论是空洞的理论，没有理论指导的实践是盲目的实践。一方面，脱离实际地学习理论绝不可能真正理解和掌握理论。教育基本理论学得好不好，主要不是看能

否记住和背诵这些知识,而是要看在多大程度上能把这些知识转化为科学的教育观念和实际的教育工作能力,不参加实践活动,这一转化是不可能完成的。另一方面,毕业后如果要使自己的教育工作卓有成效,理论学习不但不能终止,相反应在原有基础上进行更高、更深层次的学习,与在校时不同的仅仅只是学习方式的改变而已。

**2. 重视探究性学习**

学前教育与社会息息相关,社会上的思潮、风气、各种现象会对学前教育造成或大或小的影响。要多查阅学前教育的研究资料,关注学前教育的动态和研究的进展,开展研究性学习,整理自己的认识,主动建构自己的学前教育知识结构。要经常尝试运用学过的理论知识对来自学前教育实际中的问题进行理智的分析思考,对各种思潮、观点进行冷静的判断辨析,让自己对不断变化的环境,对现实中出现的新情况、新问题始终保持一种敏感状态,这有利于形成自己的教育理论观点和看法。带着实际问题学理论,还能大大提高学习效率、提高有效解决实际问题的能力和形成实事求是的学风。

学习学前教育学不是一件轻而易举的事,有效的学习领会需要通过思考和实践逐步到达。如果你在学习学前教育学的过程中,能够提出自己的问题,认真地进行思考,尝试利用理论解决实际问题,那么,你的学习将促使你从普通学生向学前教育工作者转变,获得学习与成长的喜悦,你也就迈出了通往高素质专业化教师的第一步。

## 三、学前教育学与其他专业课程的关系

"学前卫生学""学前儿童心理与发展"和"学前教育学"是学前教育专业的基础课程,在这一课程系统中,"学前卫生学"中的儿童生理发展知识是学习"学前儿童心理与发展"中的儿童心理知识的基础;这两门课程中的学前儿童生理和心理发展知识,使学生了解和理解儿童身心发展的规律,树立了科学的儿童观,为学习"学前教育学"打好了基础。从学前教育实践过程来看,学前教育目标的确定,内容、手段、方法、教育形式等的选择和运用,都必须以了解儿童身心发展特点、水平为基础,并在学习"学前教育学"过程中得以应用。

"学前卫生学""学前儿童心理与发展"和"学前教育学"这三门课程是学习"学前儿童健康教育""学前儿童语言教育""学前儿童社会教育""学前儿童科学教育""学前儿童艺术教育"等后续课程的基础。"学前教育学"与"学前卫生学""学前儿童心理与发展",是学前五大领域教育课程的直接理论基础和能力基础。"学前教育学"关于学前教育的基本理论、法规制度、学前教育课程、教育途径与方法,各类教育活动的设计、组织与指导,班集体的管理,学前教育机构与家庭、社区以及与小学的衔接等内容,都是学前教育基础的又处于核心地位的内容,贯穿于整个专业课程体系。可见,"学前教育学"可以帮助同学们树立科学的儿童观、教师观、教育观,它是学前教育专业的核心基础课程。

### 思考与探索

1. 学前教育学的研究对象是什么?

2. 学前教育学课程的任务有哪些?
3. 学前教育学主要研究哪些问题?
4. 学前教育学课程在学前教育专业的人才培养方案中处于什么地位?
5. 学习学前教育学课程有何意义?
6. 如何学好学前教育学课程?

# 第一章 学前教育概述

> **学习目标**

1. 理解教育与学前教育的内涵。
2. 了解学前教育机构的产生与发展,以及中国学前教育制度的发展。
3. 理解学前教育的构成要素。
4. 掌握学前教育与社会发展的关系、与儿童发展的关系。

从现象上看,学前教育是指学前教育工作者整合儿童周围的资源,对0~6岁年龄阶段儿童的发展施以有目的、有计划、有系统的影响活动。学前教育包括了0~3岁的早期教育和3~6岁的幼儿教育,它与初等教育衔接,是一个人接受教育与发展的重要而特殊的阶段。0~3岁早期教育主要是由教育工作者指导家长在家庭中实施,同时还可在亲子园等早教机构中开展亲子活动予以配合。3~6岁幼儿教育一般是在幼儿园中实施,这也是学前教育学研究的主要对象。

构成学前教育的因素主要包括学前儿童、教师、教育内容以及教育环境。学前教育受社会政治、经济、文化等因素的制约和影响,同时学前教育又对社会政治、经济、文化等起促进作用。影响儿童发展的因素有遗传等先天因素、成熟等生物因素以及社会、家庭和教育机构的教育等社会因素。学前教育主导和促进儿童更全面、和谐、充分地发展。但学前教育不是万能的,儿童的发展受到生物和社会诸多因素的综合影响,而且儿童自身的主体能动性对发展起着重要作用,儿童不是消极被动地接受教育,一切影响都要通过儿童与之相互作用和自身的活动才能内化为发展。

> **拓展阅读**

 幼儿教师需要科学的教育理念

幼儿教师从事的幼儿保教工作是一项专业性很强的工作,它要求幼儿教师具备一定的知识素质和能力结构,并接受专门的教育、培养及训练。但仅仅具备这些知识和技能还不够,还有一个更重要和更为根本性的问题——幼儿教师的教育理念,涉及幼儿教师知识和技能发挥作用的方向、程度及性质等问题。

幼儿教师教育理念的重要性毋庸置疑,但在现实生活中他们的教育理念往往又容易成为被忽视的一个方面。教师的教育理念之所以特别重要,就在于具有相同或相似知识和能力结构的教师,如果他们所持的教育理念有差异,其教育效果就会有天壤之别。从这个意义上讲,教育理念是教师的根本素质,幼儿教师的教育理念以及由此生发出来的教育行为、教育方式、教育态度、幼儿观和师生关系观等构成了幼儿教师素质的重要方面并在实际上成为影响和教育幼儿的重要中介。

教育理念在幼儿教师的保教工作中发挥着统率和引领的作用。教育理念本身的意义和价值也决定了幼儿教师转变传统陈旧的教育思想观念,树立新的与时代发展和幼儿身心发展规律相适应的教育观、教学观、保育观、管理观、质量观、幼儿观、家长观和师生关系观等。

幼儿教师到底要树立哪些新的教育理念?基于对幼儿教师工作性质和特点、幼儿身心发展规律以及当前学前教育理论发展趋势等的认识,这种新的教育理念应该包含以下要素和要求:

1. 以"幼儿为本"的教育理念。幼儿教师要以幼儿为本,以促进幼儿身心素质的全面发展作为幼儿园全部工作的出发点和落脚点。

2. "活动主导"的教育理念。教师要认识到游戏活动是幼儿阶段最重要的学习方式和生活方式。幼儿教师要组织丰富多彩和富有教育意义的游戏活动,让幼儿在活动中学习,在活动中丰富感性认识,在活动中得到身心发展;同时,树立"从做中学"和"活动主导"的教育理念还有助于克服当前在幼儿园工作中实际存在的"小学化"等不良倾向。

3. "因学而教"的教育理念。教师要认识到幼儿的学是教师教的依据和原因,幼儿教师的教要基于幼儿的学、为了幼儿的学并促进幼儿的学。

4. "个性化"的教育理念。教师要认识到每个幼儿都是独特的,与其他幼儿相比,都有自身独特的身心发展特点、成长成才之路以及学习方式和风格。因此,教师要尊重、保护和发展幼儿的独特性,把幼儿的独特性作为宝贵的教育资源,而与此相适应的教育理念就是个性化教育,使幼儿得到有差异的发展。

5. 素质教育的理念。教师要通过组织各种教育活动促进全体幼儿身心素质的全面发展,把实施素质教育作为自身从事教育事业的追求与理想。

6. 新的职业角色的教育理念。其中最核心的一点就是要摆脱"知识传授者"传统职业角色的束缚,确立幼儿教师是幼儿发展的促进者、幼儿园课程资源的开发者、幼儿园保教工作的研究者、良好幼儿教育环境的创设者和社区型幼儿教师等新的职业角色观。这是因为职业角色不同的背后蕴藏的实际上还是教育理念上的差异。

总之,教育理念在幼儿教师的保教工作中发挥着十分重要的作用,但幼儿教师的教育理念又因为其内隐性往往被忽视。因此,当前重视幼儿教师科学教育理念的培育和形成既有重要性,又有针对性。而在当前,树立学前教育新理念很重要的一个途径就是通过教育理论的传授与普及,在提升幼儿教师教育理论素养的过程中促进他们树立新理念。

## 第一节 学前教育的概念

教育是什么？学前教育又是什么？这是学前教育学首先要研究的一个重要理论问题。

### 一、教育与学前教育

#### (一)什么是教育

教育是指对人(受教育者)传授知识经验、训练技能技巧、培养能力及良好习惯、塑造人格的一种社会活动。教育是人类文化得以传承的主要途径，它贯穿于人类发展的整个历程；教育是新生一代成长和人类社会延续的必要手段，人类世世代代繁衍生息，新一代人的成长和发展离不开教育；教育是人类的一种基本活动，没有教育，人类社会就难以延续和发展。教育的形式具有多样性，我们在生活中可以发现，教育涵盖的范围是极其广泛的，家长养育孩子是教育，教师在学校教学生也是教育，广播电视网络媒体影响社会也可称为教育，还有其他的如社会教育、思想教育、职业教育、罪犯改造教育等。为了区分这些教育的含义，又可以把教育分为广义和狭义两种。

1. 广义的教育

从广义上来说，凡是能发展人们的体力与智力、增进人们的知识技能、影响人的思想品德的活动，无论它是有组织还是无组织的，有计划还是偶然的，自觉的还是自发的，来自社会、家庭还是学校的，都是教育。它的任务就是把原本作为自然人而降生的孩子培养成合格的社会成员，使人不断社会化。广义的教育包括了家庭教育、社会教育和学校教育，范围很广，并且教育的方法和手段也是多样化的。

2. 狭义的教育

狭义的教育指的是根据社会的要求，有目的、有计划、有组织地传授知识技能、培养思想品德、发展体力和智力的活动，使受教育者发生预期的变化，成为社会所预期的人。具体地说，受教育者主要在专门设置的教育机构中接受教育，如托儿所、幼儿园、小学、中学、大学以及其他人们为了某种目的而特别组织的教育机构，所以狭义的教育又可以称为学校教育。在学校里有专职的教师，他们根据社会的要求，对受教育者进行有目的、有计划、有组织、有系统的教育和培养，使受教育者在思想品德、知识技能、智力和身体方面向预期的方向发展，成为社会所需要的人。可以说，学校教育是一种专门的和规范的教育，有制度作为保障，有较高的效率和更好的效果；而家庭教育和社会教育，对人的影响则较零散，其结果也具有偶然性和不确定性。由于学校教育具有独特的结构和功能，因而在近现代成为人类社会教育活动的主要方式，对其他各种教育起着示范和主导作用。

教育要遵循一定的社会政治和经济的需求，必须按一定的教育目的来进行。社会经济与制度不同,教育目的也随之变化,比如中国古代为培养统治阶级的官吏和行政人员而设置的各种私塾、书院、太学等,就是要培养能服务于统治阶级的、有一定文化知识的人。教育和社会发展之间是相互影响的关系,教育的发展离不开社会政治、经济、文化条件,教育又反过来影响社会各方面的发展。目前,我国教育要为中国式社会主义现代化建设服务,为国家的繁荣昌盛培养人才,而我国的社会主义建设和国家的繁荣昌盛又必须依靠教育培养人才。社会不断地发展变化,教育工作就需要不断地进行调整、变革,才能跟上时代的步伐,适应并促进社会的发展。

(二)什么是学前教育

要明确什么是学前教育,首先要明确人的年龄特点和年龄划分。人一生按年龄可分为若干阶段,不同的年龄阶段有不同特征、不同的发展矛盾与需要,因此,要适合不同年龄阶段的人,教育必须分阶段进行。学前教育主要指对0~6岁年龄阶段的儿童所实施的教育,学前教育包括0~3岁的早期教育和3~6岁的幼儿园教育,随后与初等教育衔接,是一个人教育与发展的重要而特殊的阶段。

学前教育有广义与狭义之分。

**1. 广义的学前教育**

从广义上说,凡是能够影响和促进学龄前儿童身体成长及认知、情感、意志、性格和行为等方面发展的活动,如儿童在成人的指导下看电视、做家务、玩游戏、参加社会活动等,都可说是学前教育。

**2. 狭义的学前教育**

狭义的学前教育则是指学前教育工作者整合儿童周围的资源,对0~6岁年龄阶段儿童的发展施以有目的、有计划、有系统的影响活动。学前教育可以细分为早期教育(0~3岁)和学前教育(3~6岁)两个阶段,两者既相互联系,又各具特点。

0~3岁儿童的早期教育主要由教育工作者指导家长在家庭中实施,同时还可在亲子园等早教机构中开展亲子活动予以配合。3~6岁儿童的学前教育主要是在幼儿园中实施的。幼儿园教育在我国属于国家学制系统。和学校教育一样,在学前机构中进行的教育也具有家庭教育和社会教育所没有的优点,如目的性、组织性、计划性和系统性等。2016年教育部颁行的《幼儿园工作规程》指出:幼儿园是对3周岁以上学龄前幼儿实施保育和教育的机构。幼儿园教育是基础教育的重要组成部分,是学校教育制度的基础阶段。本课程所研究的学前教育,主要是指幼儿园教育。

## 二、学前教育机构的产生和发展

(一)学前教育机构的产生

世界上第一个幼儿园于1837年在德国勃兰根堡建立,专门招收3~7岁的儿童,1840年取名为"幼儿园"(kindergarten)。建立这所幼儿园的是世界著名的幼儿教育家福禄贝尔,他被誉为"幼儿园之父"。

(二)学前教育机构的发展

**1. 我国学前教育机构的发展**

1)我国第一所学前教育机构及其诞生

我国创办的第一所学前教育机构是1903年(光绪二十九年)湖北巡抚、湖广总督端方在武昌寻常小学堂内创办的湖北幼稚园,聘请了东京女子高等师范学校毕业的户野美知惠等三名日本保姆负责经办。户野美知惠任园长,她拟订了《湖北幼稚园开办章程》,首开中国儿童公共教育的历史先河。湖北幼稚园招收5~6岁的儿童80名,男女均收,学制一年;收托时间为每日3小时;科目设有行仪、训话、幼稚园语、日语、手技、唱歌、游戏七项。1904年,清政府颁布《奏定学堂章程》,湖北幼稚园更名为武昌蒙养院。

1907年,福建公立幼稚园、上海公立幼稚园相继开设,1911年湖北省女子师范学校也创办了附属蒙养院。随之北京、湖南、江苏等地的蒙养院也相继诞生。

2)民国时期学前教育机构及其发展状况

在国民政府统治地区,出现了一批学前教育家,如陶行知、陈鹤琴、张宗麟、张雪门等,他们批判封建主义的儿童教育,反对儿童教育的奴化和贵族化,积极提倡变革并躬行实践,创办了为平民子女服务的幼儿园。如陶行知先生的"乡村儿童团"、张雪门先生的"北平香山慈幼院"等就是这样的机构。

在中国共产党领导下的农村革命根据地、抗日民主根据地和解放区里,出现了一批适应战争环境和当地政治经济特点的各种类型的托幼组织,如边区儿童保育院和托儿所等,其宗旨是为革命战争服务、为生产建设服务、为广大工农群众服务。

3)中华人民共和国学前教育机构及其发展状况

1949年10月,中华人民共和国成立。国家从帝国主义手中收回了教育权,学前教育也以老解放区教育经验为基础,借鉴苏联经验,进行了整顿、改造和发展。在办园方向上,旧式幼儿园逐渐转为向工农子女开门,为国家建设服务,让普通劳动人民的子女成为幼儿园的受教育者。幼儿园在教育儿童的同时,极大地解放了妇女劳动力,成为支援国家建设、为工农服务不可缺少的一支力量。从此,保育教育儿童、方便家长参加社会主义建设成为我国幼儿园的双重任务。在教育思想上,改革旧的教育思想、内容和方法,批判旧教育中存在的封建、买办、崇洋的思想,废除了宗教色彩的内容与活动,学习当时苏联先进的儿童教育理论和经验,为建立新教育打下了基础。在教育目标上,提出新中国的幼儿园要遵循党的教育方针,对儿童进行初步的体、智、德、美全面发展教育,使他们的身心"在入小学前获得健全的发育"。在这一目标指导下,幼儿园具体的教养目标、各年龄段的教育任务等也都重新进行了规定。

随着我国社会主义建设的深入,学前教育虽然有起有伏,但总体是向前发展的。"文化大革命"前的17年中,幼儿园数量大增,1965年的幼儿园数量比1950年增加了10倍,幼儿园教师队伍也基本建立起来;幼儿园教育的各项规章制度大体确立,社会主义的学前教育新体系基本形成。不过在发展中因为经验不足,也走过不少弯路。如学习苏联的经验时,犯了生搬硬套的错误；批判旧教育思想时，把合理的部分也一起否定了；1958年"大跃进"中急躁冒进，盲目发展幼儿园，造成大起大落。"文化大革命"中，我国学前教育遭到了严重的破坏，幼儿园教育被"左"的路线统治，广大教师受到批判打击，幼儿园教育活动完全陷入混乱状态。

1978年，党的十一届三中全会召开，我国社会主义建设进入拨乱反正的历史阶段。尤其是在党的十八大、十九大精神的指引下，在《国家中长期教育改革和发展规划纲要(2010—2020年)》和《关于当前发展学前教育的若干意见》的指引下，经过三个"学前教育三年行动计划"和十二年的全国学前教育宣传月活动，我国学前教育事业的发展取得了举世瞩目的成就。截至2022年底，全国共有幼儿园28.92万所，普惠性幼儿园24.57万所，普惠性幼儿园占全国幼儿园的比例为84.96%；学前教育在园幼儿4627.55万人，普惠性幼儿园在园幼儿4144.05万人，占全国在园幼儿的比例为89.55%；学前教育毛入园率达到89.7%；全国共有学前教育专任教师324.42万人，专任教师学历合格率99.39%，专任教师中专科及以上学历比例为90.3%。

在党的"二十大"精神的指引下，2023年学前教育宣传月活动的主题为"倾听儿童，相伴成长"，将在全社会形成共同观察了解、解读幼儿，支持幼儿发展，相伴成长、科学保教的良好氛围，让每一个儿童都有一个幸福的童年，从而促进我国学前教育事业高质量发展。

**2. 世界学前教育机构的发展**

进入20世纪以后，随着现代社会生产力的飞速发展，特别是科学技术的发展，人类文明进入崭新的阶段。与此同时，随着全球一体化进程的加剧，世界变得越来越小，世界性的竞争加剧，各国为了培养精英，普遍重视学前教育。学前教育的社会价值和教育价值开始为全社会所公认，学前教育机构得到了前所未有的发展。纵观过去的幼教发展历史，我们可以看出，学前教育机构的发展呈现了以下几个方面的特征：

1) 学前教育机构规模的扩大化

生产力的发展促使现代物质文明高度发展，社会有能力创办更多的学前教育机构，幼儿园数量增加很快。特别是第二次世界大战之后，随着生产力的发展，尤其是科学技术被广泛地运用到生产中，这一趋势改变了社会对劳动力素质的要求。发达国家普遍重视学前教育，如法国、德国、日本、英国、美国等发达国家的幼儿园普及很快，入园率都在90%以上。另一方面，由于世界各国经济水平、教育政策、文化传统、生活习惯等的不同，儿童入园率差别较大，幼儿园发展速度、规模、教育质量也各不相同。

2) 学前教育机构的多样化

在社会快速发展的过程中，为适应普及学前教育的需要，为满足现代社会家长的各种需求，学前教育机构越来越多样化。由私人、国家、团体、企业、教会等开办的各种托幼机构，在结构、规模、教育目的、教育方法、教育内容等方面各不相同、各有特色，它们相互竞争，促进了学前教育机构向着形式多样化、功能多样化、组织多样化、教育多样化的方向发展。如除了全日制、半日制的机构之外，还有许多入托时间灵活机动的学前教育机构，美国的"假日儿童中心""蹦蹦跳跳室"，英国的"游戏小组"，苏联的"露天幼儿园"等都是这种适应性很强的机构；办园目的也五花八门，有实验性的、示范性的、家教性的、病残儿童诊断治疗的、训练某种技能的,等等。各派学前教育理论百花齐放,有不同教育主张的学前教育机构,如福禄贝尔式、蒙台梭利式、皮亚杰式的幼儿园等纷纷出现。

3) 师资质量和教育质量的提高

这是学前教育机构发展的重要标志。由于教师水平的提高是高质量教育的重要条件,因此,师资质量提高就成为教育质量提高的重要标志。20世纪中叶,世界各主要国家如法国、德国、日本、英国、美国和苏联等,都将学前教育师资提高到了大专以上水平,并实行专门的教师资格、聘任、考核、进修及福利制度。这些发达国家越来越重视学前教育师资的专业化发展。同时,随着科学保教思想的广泛传播,教师的教育价值观、儿童观都取得了进步。尊重儿童,保障儿童权利,让儿童全面发展已经成为世界儿童教育工作者的共识。这一切使学前教育质量的提高有了根本的保证。

4) 学前教育的手段不断现代化

随着社会的高速发展,学前教育机构中运用了大量的现代化教学手段,社会经济的发展为学前教育机构运用先进的教育手段提供了坚实的物质基础;科学技术的发展为学前教育机构运用先进的教育手段提供了技术上的可能。如幻灯、录音、录像、广播、电视、电影、电子计算机,尤其是网络的普及,促使了学前教育手段的发展。现代化的信息技术和人工智能为学前儿童提供了丰富多样的刺激,符合他们的年龄特征和认知特点,有利于儿童的身心发展。

## 三、我国学前教育制度的发展

(一)我国近代的学前教育制度

随着我国近代教育制度的产生,蒙养院成为最初的学前教育机构,它是与新的学校体系同时产生的。1932年,民国教育部公布了《幼稚园课程标准》,1936年7月进一步修订。它的颁行标志着中国学前教育向制度化和现代教育转化。

(二)我国学前教育制度的发展

新中国成立后,学前教育事业从逐步发展、稳步发展到盲目发展、曲折发展,经过了多次的调整与恢复,在20世纪八九十年代进入稳定健康的发展阶段。为发展学前教育,首先恢复建立了从中央到地方的各级儿童教育领导机构。其次,教育部制定颁发了一系列拨乱反正的文件,如《幼儿园工作规程》,在总结我国幼儿园教育已有成果的基础上,进一步拉开了改革的帷幕。它不仅明确地规定了幼儿园的保教目标、任务,而且用专门的章节对幼儿园教育从原则到活动的组织、教育的形式与方法等做了规定。规程中充分体现了正确的教育观、儿童观,十分重视儿童的身心发展规律和幼儿园教育工作的规律。还有《幼儿园管理条例》,是新中国成立以来,经国务院批准颁发的第一个学前教育法规。该条例用法规的形式规定了幼儿园的任务、管理以及保育教育工作,并明确了各级地方政府在幼儿园的发展、管理等方面的责任,使我国学前教育管理从此跨入法制化轨道。再有《幼儿园教育指导纲要(试行)》,它就《幼儿园工作规程》中有关"幼儿园教育"这一部分内容做出了更为具体的规定,在《幼儿园工作规程》与教育实践之间架起了桥梁。

改革开放以来,尤其是进入 2010 年以来,我国关于学前教育的政策法规不断修订更新和完善,颁行了《3~6 岁儿童学习与发展指南》《幼儿园教职工配备标准(暂行)》《幼儿园教师专业标准(试行)》《幼儿园园长专业标准》《幼儿园工作规程》(2016)、《学前教育专业认证标准》、《学前教育专业师范生教师职业能力标准(试行)》《幼儿园建设标准》《幼儿园收费管理暂行办法》《托儿所幼儿园卫生保健管理办法》《托儿所幼儿园卫生保健工作规范》等一系列的管理规定。2018 年,中共中央、国务院印发《关于学前教育深化改革规范发展的若干意见》,对新时代学前教育改革发展进行了系统谋划和全面部署,提出了一系列重大政策措施,促进了我国学前教育持续健康发展,也进一步推动了我国学前教育科学化、规范化和国际化的进程。2023 年 8 月,国务院将《中华人民共和国学前教育法(草案)》提交全国人大常委会审议,我国学前教育法制化与治理能力将迈入一个新的阶段。

## 第二节 学前教育的基本要素

构成学前教育的基本要素主要包括学前儿童、教师、教育内容以及教育环境。学前儿童是接受教育的人,在教育活动中承担学习的责任,是学习与发展的主体;教师与学前儿童在教育过程中发生着十分复杂的互动关系,凡是对受教育者施加教育影响的人以及对教育活动承担教育责任的人都属于教育者,教育者在教育过程中处于控制地位,是教育活动的主导者;教育内容是指教育活动的载体,体现在一日生活的各个环节中;学前教育环境主要是学前教育的物质资源,有场所、设备、器材、教(玩)具、学具材料等教育活动资源,是现代学前教育必须具有的教育手段。以上四要素是学前教育活动必不可少的,这些要素在教育过程中相互作用、相互影响,发挥着各自的功能。

### 一、学前儿童

学前儿童是构成学前教育的核心要素,指在各种教育活动中从事游戏和活动的主体,也是构成教育活动的基本要素。

(一)儿童是独立的人

**1. 儿童是自身权利的主体**

儿童虽然年龄小,但他们和成人一样都是社会的公民,具有独立的社会地位,依法享受各项社会权利,应该得到全社会的关爱和保护。如今,世界各国都非常重视保护儿童权利。为了将保护儿童的权利落到实处,1959 年,联合国第 14 届大会通过了历史上第一个关于保护儿童权利的国际性公约——《儿童权利宣言》。1989 年,联合国第 44 届大会进一步通过了《儿童权利公约》,公约指出:18岁以下的任何人,不仅仅是被保护的对象,而且是积极和创造性的权利主体,拥有包括生存、发展和充分参与社会、文化、教育生活以及他们个人成长与福利所必需的其他活动的权利。联合国儿童权利委员会副主席汉姆柏格对此解释说:过去人们关心儿童的基点是使脆弱的儿童免受伤害,人们还没有普遍认识到儿童有自己的能力、观点和想法,应该像所有的人一样受到尊重。为此,汉姆柏格又提出了四个原则:儿童最佳利益原则、尊重儿童尊严的原则、尊重儿童的观点和意见的原则、无歧视原则。

我国作为《儿童权利公约》的缔约国之一,在履行公约的同时,在相关法规中也对儿童的权利及其保护做出了明确规定,如《中华人民共和国宪法》第49条规定:"父母有抚养教育未成年子女的义务"。《中华人民共和国义务教育法》第5条规定:"各级人民政府及其有关部门应当履行法律规定的各项职责,保障适龄儿童、少年接受义务教育的权利。根据《儿童权利公约》《中华人民共和国未成年人保护法》和《中国儿童发展纲要(2021—2030年)》,我国儿童应享有受教育权、生命权、身体权、健康权、身体自由权和内心自由权、肖像权、名誉权、隐私权、财产管理权、保护权、独立财产权、生活获得照顾权、民事活动代理权、休息娱乐权、获得良好的校园环境权、拒绝乱收费的权利、拒绝不合理劳动权等。每个儿童都是独立的生命实体,具有独立的人格,儿童与成人在人格上是平等的,教育应该是儿童与成人之间的对话,我们必须把儿童看作具有独立价值的生命存在,学会尊重儿童。

> **拓展阅读**

 **儿童友好理念**

儿童优先,普惠共享。坚持公共事业优先规划、公共资源优先配置、公共服务优先保障,推动儿童优先原则融入社会政策。坚持公益普惠导向,扩大面向儿童的公共服务供给,让广大适龄儿童享有公平、便利、安全的服务。

——节选自《关于推进儿童友好城市建设的指导意见》

分析:

要让"儿童友好"成为全社会的共同理念、行动、责任和事业。集中体现在"五好":社会政策友好,是要在制定公共政策、配置公共资源、规划城市建设中,坚持儿童优先、体现儿童视角、注重儿童参与;公共服务友好,是要立足儿童成长发展实际需求,健全完善面向儿童的公共服务体系,促进普惠共享、优质均衡;权利保障友好,是要关爱保护特殊困难儿童群体,构建适度普惠儿童福利体系,织密兜牢儿童社会保障网;成长空间友好,是要让城市空间适应儿童身心发展特点,做到安全、便利、亲近自然,为儿童成长营造良好外部环境;发展环境友好,是要聚焦儿童日常学习生活等场景,塑造健康文明向上的社会人文环境。

**2. 儿童是自身学习与发展的主体**

儿童的发展,除了受客观因素,如遗传、环境和教育等因素影响外,还取决于其自身的能动性,这是决定儿童发展方向与发展水平的一个不可忽视的因素。人既是认知的主体,又是实践的主体,具有主观能动性。儿童的主观能动性包括儿童的独立性、积极性、自主性和创造性。儿童的发展,自始至终都是一种主体的自我调节活动。在教育过程中,儿童不是被动的加工对象,而是学习和发展的主体。任何教育影响必须经过儿童主体的主动吸收、转化才能生效。儿童的主体性是可以培养的,因此,教师不能把自己的意愿强加给儿童,而只能创设激发儿童兴趣的活动情景,尊重儿童的认知规律,引导儿童主动发展。发展儿童主体性,进行主体性教育,已成为当代教育的一个主旋律。在学前教育实践中,教师应该尊重儿童的感受,尊重儿童的选择,鼓励儿童的创造。

儿童在发展过程中,不是消极被动地接受外部环境的影响,而是积极主动的学习者,他们对环境的刺激有较强的选择性,并表现出作为独立的生命体所具有的能动性。因此,同样的环境对于不同的儿童可以产生不同的影响,不同的儿童在同样的环境中表现出巨大的个体差异性,发展水平也存在着很大的差异。另外,从儿童的心理发展来看,儿童认识外界是儿童内部的主动活动过程,没有儿童自身能动性的体现,其他因素的作用也难以完全得到实现。

### (二)儿童的个体差异和独特性

**1. 个体差异性**

每个儿童是一个独立的、完整的个体,他和其他儿童在各个方面存在着差异。这些差异体现在以下几个方面:首先,每个儿童先天的遗传素质方面是有差异的;其次,每个儿童在生活环境方面有其差异性;最后,家庭的教养方式也是有差异的。以上三个方面的基本差异,可导致儿童在性格、气质、智力、生活习惯等多方面的差异。因此作为教师应当认识儿童的个体差异,尊重儿童的个体差异,这样才能做到因材施教,保证每一个儿童充分发展。

**2. 独特性**

儿童是正在发展中的独特的人,成人在教育儿童时必须尊重儿童的年龄特点,不能把他们看成微缩的成人。儿童身心发展具有自己的特殊规律,成人必须尊重这个规律,并及时把这个规律作为教育的契机,抓住儿童身心、社会性发展的关键期。任何教育,如果与儿童身心发展规律对抗,对儿童来说是不道德的,也亵渎了教育本身。成人与儿童处于两个不同的发展层面,具有不同的发展特点,存在着不同的发展潜力。因此,成人必须了解儿童的发展,理解儿童发展规律,善待儿童,从而更好地教育儿童。社会在发展,人类在进步,儿童身心发展总会打下时代烙印,表现出时代特征,但无论如何,我们必须把儿童视为有自身特点的独特个体。

### (三)儿童是整体发展的个体

**1. 发展性**

学前儿童是具有巨大发展潜力的个体,他们的身心发展蕴藏着极大的可能性。儿童的发展,是指儿童在成长的过程中,身体、心理及社会性方面有规律地进行量变与质变的过程。其中身体的发展,是指儿童机体的正常生长和发育;心理的发展,是指儿童的认识过程、情感、意志和个性的发展;社会性的发展,是指儿童逐渐被社会化,由一个生物的个体向社会的个体不断转化。

儿童身心各方面的发展是相互影响、相互制约的。对学前儿童来说,其身体的发展、心理的发展及社会性的发展是密切相关的。儿童年龄愈小,其身体、心理和社会性发展之间的相互影响也愈大。儿童的发展受到诸多因素的影响,具体说:有先天的和后天的因素;有生物的和社会的因素;有生理的和心理的因素;有物质的和精神的因素。这些因素都会对儿童的发展产生不同的作用。

2. 整体性

儿童是完整的个体,是有自己思想、情感、个性的完整的人。从心理学的角度来说,儿童在认知、情感、意志及个性方面都需要得到全面发展。从社会学的角度来说,儿童具有独立完整的社会地位,他一出生,就是社会的成员,享有社会赋予他的各种权利。随着年龄的增长,儿童也要承担一定义务,因此,儿童是完整的社会人。从发展的角度来说,儿童应当在体、智、德、美、劳等各方面得到充分的发展,任何一方面都不能偏废。

幼儿园应当坚持保育与教育相结合的原则,面向全体儿童,尊重个体差异,注重习惯养成,以游戏为基本活动,创设良好的生活和活动环境,使学前儿童获得有益于身心发展的经验。

• 拓展阅读 •

 重视儿童,不止在儿童节

每年儿童节,儿童都会受到特别多的关爱和重视,但我们知道,长期以来,儿童是不太受关注的,在人类的历史记载中,经常是"看不见"儿童的。最早的一部儿童宪章是1923年起草的《儿童权利宪章》,1959年的联合国大会才通过了《儿童权利宣言》。也就是说,在人类漫长的历史中,一直到20世纪中叶,我们才开始承认了儿童,才承认儿童是一个独立的人,才承认儿童所拥有的权利。而真正从法律意义上承认儿童的权利,是20世纪80年代末期的事,1989年11月20日,联合国第44次大会以25号决议的形式正式通过了《儿童权利公约》(以下简称《公约》)。如今,这个《公约》已有将近200个国家参与,中国在1991年12月经过全国人大正式批准,成为这个《公约》的缔约国。

"一切为了儿童"

重视儿童是一个国家、一个社会文明进步的标志。从世界范围看,真正把儿童优先的原则提出来不到30年的时间。1990年世界上举行了首届儿童问题的首脑会议,明确提出了一个口号,叫"First Call For Children","一切为了儿童",同时提出了儿童优先的原则。这个原则要求世界各国应该向所有儿童生存和发展提供基本的保护,在所有的社会资源分配过程中,儿童的基本需求应该高度优先,原因很简单,儿童是国家的未来,是世界的未来。

1996年,联合国儿童基金会和联合国人居署共同制定了一份《国际儿童友好城市方案》,关于儿童友好的内容主要是三个方面:保护儿童权利;满足儿童需求;确保儿童参与。

为什么要关注儿童?为什么要儿童友好?为什么要强调儿童优先?我认为至少有四个方面

的理由：

第一，相对于成年人的社会而言，儿童是弱势人群。这个社会的所有规则都是成年人制定的，所有标准也都是成年人决定的，所以，儿童大多数情况下没有发言权、没有表决权、没有决策权。儿童的主张经常没有人代言，儿童也很难发出自己的声音，儿童只有到了18岁以后才能作为一个公民拥有自己相应的权利。

第二，童年生活是否幸福影响到一个人的一生。今天的幼儿将成为什么样的人，起决定性作用的是他们如何渡过自己的童年。意大利儿童教育家蒙台梭利说，"所有人都关注儿童的未来，但是恰恰没有人关心儿童的现在。""成年人的幸福是与他在儿童时期所过的生活紧密相连的。"奥地利心理学家阿德勒则说，"幸运的人一生都被童年治愈，不幸的人一生都在治愈童年"。苏霍姆林斯基也有一段非常精彩的话，"童年是人生最重要的时期，它不是对未来生活的准备时期。童年是真正的、灿烂的、独特的、不可或失的、不可重现的一种生活。"几乎所有有真知灼见的伟大学者都洞见到，成年人的幸福和他童年时期的幸福有着非常密切的关系。

然而，在现实生活中，长辈经常打着为了儿童的幸福未来的旗号，牺牲他们当下的幸福。实际上，过去、现在和未来是一条长河，对儿童当下的关注就是对儿童一生的关注。当今的心理科学研究已经发现，一个成年人身上几乎所有的问题差不多都可以从他的童年生活中找到答案，也都可以从他的童年生活经历中寻到源头。所以童年对一个人的一生来说的确非常重要。

第三，童年的长度反映了一个国家的高度。一个国家对儿童关注的程度在很大程度上体现了这个国家文明程度。儿童是一个未经雕琢、未受污染的个体，虽然不够成熟，但弥足珍贵，因为儿童身上保有人类最为珍贵的品质。我把它概括成五条：

儿童最好的品质——好奇、好问。当儿童来到这个世界时，一切都是未知的，他对这个世界充满着好奇，他想探索、想了解，他的好奇心以及他对世界的这种关注其实是打开世界之门的钥匙。

纯洁天真。儿童是很纯的、很天真的，很少有成年人世界里的尔虞我诈、钩心斗角、精心算计，没有虚假、狡诈、丑恶。在生活中，如果我们经常说一个人很天真、很纯真、很纯洁，往往就表示他有童心。历史上很多伟大的哲学家，包括中国的李贽就曾专门写过《童心说》。

无忧无虑。儿童本身对这个世界是不设防的，没有什么忧虑，不用担心明天，更不用考虑油盐酱醋。他只要一哭，他的需要就差不多可以被满足，所以儿童是快乐的，儿童很少像成年人一样一天到晚愁眉苦脸、担惊受怕的。大多数情况下，儿童的痛苦都是瞬间的，在他的躯体和需要得不到满足时才会表现出短暂的痛苦。

活泼好动。这个和儿童的好奇、好问是紧密联系在一起的。儿童需要不断地去探索这个世界，他就要活动，要动手、动腿、动脑，就要通过肢体等各种各样的方式释放能量。如果你让一个孩子坐在那儿不动，双手背起来听老师讲课，那其实已经不是把他当作儿童对待。好动是儿童的天性，要跟他游戏，要跟他玩，要和他奔跑，要和他走进自然，这才是我们应该做的。

不惧权威。成年人的世界是有角色之分的，是有上级和下级的，是有领导和被领导的，是有权威的，儿童世界里没有，没有大小，完全平等。所以当儿童和你辩论，和你争论，和你坚持，你不要觉得他太倔强了，因为他根本没有把你当作权威，当他发现权威、承认权威的时候，他已经不完全是儿童了。

我觉得这五个品质基本上可以勾画出一个儿童的模样,而这五个品质恰恰也是人类最宝贵的五个特征。

成年人是不是勇于探索,是不是真诚待人,是不是有乐观主义,是不是有行动的精神,是不是有勇敢的品质,都和他童年时期的这种品质能不能传承下来有很大关系。随着人的成长、随着生活世界给我们加上的标准,我们的童心会不断地泯灭、不断地削减,慢慢地就不再是一个儿童了。

所以,一个人如果始终让大家觉得有童年的纯真、童年的纯洁、童年的好奇,其实是很了不起的,儿童本身具备的这些品质值得成年人用心呵护。我们要珍惜儿童身上这些宝贵的品质,让儿童有真正的童年,让成年人有真正的童心,让儿童童年的长度能够延长、再延长,让现在的成年人拥有更多的童心、童真、童趣,这样我们的国家才能更文明、更有高度。

第四,因为今天的儿童就是明天的公民,今天孩子的模样就是明天国家的模样。对儿童的关心,让他们有更好的成长环境、更好的呵护是非常重要的。蒙台梭利曾说:我们的错误会落到儿童身上,给他们留下不可磨灭的曾经,我们会死去,但是我们的儿童将承受因我们的错误而养成的后果,对儿童的任何影响都会影响人类,因为一个人的教育就是在心灵敏感和秘密的时期完成的。所以对儿童友好才会让社会更美好,让明天更美好。

(作者:朱永新,全国政协副主席、中国陶行知研究会会长。发表于2019年,有改动。https://www.age06.com/Age06Web3/Home/ImgFontDetail/dd0d589f-dc8c-4d21-a4bf-2a6f8969b0e7)

## 二、教师

教师是履行教育教学职责的专业人员,承担教书育人、立德树人、培养社会主义事业建设者和接班人、提高民族素质的使命。教师应当忠诚于人民的教育事业。

教育是伴随人类诞生而出现的社会现象,教育是与人类共始终的社会实践活动,但在原始社会还没有专门的学校教育和教师职业。人类进入奴隶社会后,出现了文字和学校,脑力劳动和体力劳动的分工也有了发展,掌管文化的主要是国家官吏和巫师,他们从事专门的文化整理、研究和教学,也在政府担任一定的官职。在封建社会,随着学校结构的复杂化和规模的扩大,教师职业开始向专门化方向发展。

资本主义制度形成以后,尤其是近代科学技术在生产中的广泛应用,不但需要培养有文化懂技术的劳动者,而且需要培养大批有创新能力的科学技术专家。这时不但普及初等义务教育,而且中等和高等教育都有了迅速发展。随着教育结构更趋复杂和教育规模更趋扩大,专门培养教师的师范教育应运而生,教师职业更趋专门化和专业化。

21世纪以来,高新技术产业成为经济部门的主导产业,传统产业也逐步高技术化。科技创新是发展高新技术产业的基础,培养高质量的有创新能力的劳动力成为社会和知识经济可持续发展的关键,这就必须大力发展教育和提高教师素质。知识经济时代,科学技术加速发展,知识更新不断加快,人类已经进入学习型社会,成人教育、继续教育不断发展,必将造成教师职业领域的进一步扩大,教师队伍的质量需要进一步提高。

幼儿园教师是履行幼儿园教育教学工作职责的专业人员,需要经过严格的培养与培训,具有良好的职业道德,掌握系统的专业知识和专业技能。随着社会现代化的进程,大众传播媒介如广播、电视、网络、人工智能等进入了学前教育机构,成为教师教育教学活动的补充形式,引导了传统教育的革新,大大提高了教育效果。但是它至多只是对幼儿教育手段的补充、加强和丰富。儿童的成长离不开教师主体的直接影响,教师本人的作用是儿童成长不可缺少的阳光,教师的言传身教所起的感化、陶冶作用是任何先进的教学仪器都替代不了的。先进的人工智能技术可以更好赋能教师的教育教学活动,但它永远不能替代教师的育人职能。而且,随着教育科学的不断发展,教师的专业化程度将越来越高。

幼儿园教师根据国家的教育目的,以最适宜于学前儿童的方式,促进他们身体、认知、情感和社会性等方面和谐发展,对于社会的人才培养起着重大的奠基作用。随着我国实施"科教兴国""推进素质教育""教育强国"战略和《幼儿园教师专业标准(试行)》《幼儿园保育教育质量评估指南》等一系列政策法规的深入实施,人们对幼儿教育在社会发展中作用的认识不断提高,教师越来越受到社会的尊重。

幼儿园教师的职业角色表现在以下方面。

(一)幼儿的养护者

幼儿教师要了解幼儿的生理特点和发展需要,为幼儿提供安全的环境,进而满足他们在生理和情感上的需要;要用爱心、责任心、耐心和细心照顾好幼儿,保护幼儿的生理健康,促进其健康成长。

(二)幼儿活动的支持者、引导者和组织者

首先,在学前教育活动中,教师是一个支持者。教师更多地应以游戏伙伴的身份进入儿童的活动,成为活动的支持者,这样才能保证孩子在一日生活中顺利地按照自己的意愿去发展。其次,教师是一个引导者,他既要顺应儿童的探索需求,又要在不断整合、提升儿童经验的过程中,有效地引导儿童的发展,积极发挥教师的主导作用。最后,教师是组织者,当儿童在一日生活中遇到困难需要帮助时,教师组织儿童共同探讨,使更多的儿童共同参与和思考,让孩子在教师组织的各种活动中自主发展。

(三)幼儿与社会沟通的中介者

儿童进入学前教育机构,就是进入了第一个除家庭之外的社会环境。在这个环境中,幼儿教师首先要理解孩子的内心世界。要尊重孩子,孩子虽小,但他们也有了自尊心,只有尊重他们,才能让孩子接受教师所讲的话。教师任何时候都不应该伤害孩子的自尊心,要讲道理,让孩子感受到老师是喜欢他的。其次要注意谈话的技巧。教师和孩子沟通要有一颗童心,和孩子讨论他们感兴趣的事,并运用一些儿童化的语言。让幼儿感觉你是他们的朋友。另外,若孩子犯错,教师要用平静严肃的表情对孩子讲话,用词应简单易理解,让孩子认识到自己的行为的错误性,而不可用责骂的语气对待他们,严禁侮辱体罚。幼儿教师还要与孩子建立平等关系,不可居高临下。如果教师想要接近孩子,必须放下自己的架子,同孩子建立一种平等的谈话方式,与孩子站在同样的高度,用孩子的眼光看问题。

幼儿教师还要注重孩子的兴趣。观察发现儿童感兴趣的话题,将儿童引入交谈主题之中,运用简洁有趣的提问,保持儿童交谈的兴趣。儿童发言时,教师要表现出极大的热情和耐心,注意倾听并给予鼓励。

教师用语力求通俗易懂。教师用语应符合儿童的年龄特点和认知水平,因此,教师表述应简单明了、从容不迫,使儿童容易听懂;教师应讲究语言艺术,由于学前儿童的思维具有直觉行动性和具体形象性,因此教师的口语应该生动形象、引人入胜,并伴有姿态语言。教师始终要用积极的语言与儿童谈话,告诉儿童应当做什么,而不是指出他不应当做什么。说话的态度温和,使儿童有一种安全感,并乐意听从;语气坚定,使儿童感到教师充满自信;尽量用愉快的声调并走到儿童身边说话,而不是老远地大声嚷嚷,因为这样做,会使儿童感到恐惧。

最后,要重视运用非言语沟通策略。教师与儿童的非言语沟通主要是指教师运用微笑、点头、抚摸、搂抱、蹲下与儿童交谈等方式与儿童沟通。这种方式比言语更容易表达教师对儿童的尊重、关心、爱护和肯定,符合儿童的心理需要。教师的这种动态语言的运用,是建立在教师对儿童的爱的基础上的,教师如果像母亲一样对孩子从内心充满爱,这种内心的爱的情感就会自然而然地流露出来并转化为动态语言。

(四)社区资源的整合者

学前教育机构(主体是幼儿园)是一个开放的体系,它的良好运行需要社区、家长的大力支持,作为一名学前教育教师,必须学会和家长、社区沟通,整合各种有利的资源,为儿童发展做好服务。

● 拓展阅读 ●

一个人遇到好老师是人生的幸运,一个学校拥有好老师是学校的光荣,一个民族源源不断涌现出一批又一批好老师则是民族的希望。

——2014年9月9日,习近平总书记同北京师范大学师生代表座谈时的讲话

## 三、学前教育的内容

教育内容是人类积累起来的各种丰富的经验,是符合教育目的、最有价值和适合受教育者身心发展水平的影响物,学前教育的内容从大的方面来讲包括体、智、德、美、劳等方面。随着时代的发展,这些内容也在不断发生变化、有所拓展,新时代的知识观、价值观更加符合社会和个体发展的需要。幼儿园的教育内容是全面的、启蒙性的,可以相对划分为健康、语言、社会、科学、艺术等五个领域,也可做其他不同的划分。各领域的内容相互渗透,从不同的角度促进幼儿情感、态度、能力、知识、技能等方面的发展。

(一)健康

健康是指人在身体、心理和社会适应方面的良好状态。幼儿阶段是儿童身体发育和机能

发展极为迅速的时期,也是形成安全感和乐观态度的重要阶段。发育良好的身体、愉快的情绪、强健的体质、协调的动作、良好的生活习惯和基本生活能力是幼儿身心健康的重要标志,也是其他领域学习与发展的基础。

为有效促进幼儿身心健康发展,成人应为幼儿提供合理均衡的营养,保证充足的睡眠和适宜的锻炼,满足幼儿生长发育的需要;创设温馨的人际环境,让幼儿充分感受到亲情和关爱,形成积极稳定的情绪情感;帮助幼儿养成良好的生活与卫生习惯,提高自我保护能力,形成使其终身受益的生活能力和文明生活方式。各级各类托幼机构都要遵循儿童生理、心理特点,创设活动场景,培养幼儿积极健康的心理品质。

幼儿身心发育尚未成熟,需要成人的精心呵护和照顾,但不宜过度保护和包办代替,以免剥夺幼儿自主学习的机会,养成过于依赖的不良习惯,影响其主动性、独立性的发展。

● 拓展阅读 ●

 "爱运动"的幼儿越来越多

儿童的健康关系千家万户,关系党和国家的未来,而运动在儿童早期发展中具有重要作用,影响儿童终身的和谐健康发展。正值2023年全国学前教育宣传月期间,"提升幼儿在园运动质量的探索与实践"专题研讨会近日在浦东新区东港幼儿园召开。在专题研讨会上,12名幼儿园代表聚焦共性话题,分享多年来的探索实践。大家从不同的角度和工作领域,展现了上海深入推进"学龄前儿童善育"民心工程的积极探索和提升幼儿在园运动质量的初步成效,也为下阶段更好地破解难题建言献策。

结合落实民心工程相关要求,上海积极开展提升幼儿在园运动质量的探索与实践,各幼儿园以户外活动和运动为抓手,努力促进幼儿的健康成长,实现幼有善育。

在"做实户外二小时活动"的要求下,越来越多的幼儿园支持幼儿滑索、攀爬、踢球、骑车、奔跑、草地打滚、池塘网鱼、放风筝、追影子、玩轮胎、跳水坑、迎着风雨奔跑……如今,全市的幼儿园里,"爱运动"的幼儿越来越多。

(上海学前教育网,https://www.age06.com/Age06Web3/Home/ImgFontDetail/520c6af3-006a-42de-8898-4a3a841c5dc3,2023-6-22)

(二)语言

语言是交流和思维的工具。幼儿期是语言发展,特别是口语发展的敏感期。幼儿语言的发展贯穿于各个领域,也对其他领域的学习与发展有着重要的影响:幼儿在运用语言进行交流的同时,也在发展着人际交往能力、理解他人和判断交往情境的能力、组织自己思想的能力。通过语言获取信息,幼儿的学习逐步超越个体的直接感知。

幼儿的语言能力是在交流和运用的过程中发展起来的。应为幼儿创设自由、宽松的语言交往环境,鼓励和支持幼儿与成人、同伴交流,让幼儿想说、敢说、喜欢说并能得到积极回应。为幼儿提供丰富、适宜的低幼读物,经常和幼儿一起看图书、讲故事,丰富其语言表达,培养阅读兴趣和良好的阅读习惯,拓展学习经验。

幼儿的语言学习需要相应的社会经验支持,应通过多种活动扩展幼儿的生活经验,丰富语言的内容,增强理解和表达能力。应在生活情境和阅读活动中引导幼儿自然而然地产生对文字的兴趣,用机械记忆和强化训练的方式让幼儿过早识字是不符合其学习特点和接受能力的。

(三)社会

幼儿社会领域的学习与发展过程是其社会性不断完善并奠定健全人格基础的过程。人际交往和社会适应是幼儿社会学习的主要内容,也是其社会性发展的基本途径。幼儿在与成人和同伴交往的过程中,不仅学习如何与人友好相处,也在学习如何看待自己、对待他人,不断发展适应社会生活的能力。良好的社会性发展对幼儿身心健康和其他各方面的发展都具有重要影响。

家庭、幼儿园和社会应共同努力,为幼儿创设温暖、关爱、平等的家庭和集体生活氛围,建立良好的亲子关系、师生关系和同伴关系,让幼儿在积极健康的人际关系中获得安全感和信任感,发展自信和自尊,在良好的社会环境及文化的熏陶中学会遵守规则,形成基本的认同感和归属感。

幼儿的社会性主要是在日常生活和游戏中通过观察和模仿潜移默化地发展起来的。成人应注重自己言行的榜样作用,避免简单生硬的说教。

(四)科学

幼儿的科学学习是在探究具体事物和解决实际问题中,尝试发现事物间的异同和联系的过程。幼儿在对自然事物的探究和运用数学解决实际生活问题的过程中,不仅获得丰富的感性经验,充分发展形象思维,而且初步尝试归类、排序、判断、推理,逐步发展逻辑思维能力,为其他领域的深入学习奠定基础。

幼儿科学学习的核心是激发探究兴趣,体验探究过程,发展初步的探究能力。成人要善于发现和保护幼儿的好奇心,充分利用自然和实际生活机会,引导幼儿通过观察、比较、操作、实验等方法,学习发现问题、分析问题和解决问题;帮助幼儿不断积累经验,并运用于新的学习活动,形成受益终身的学习态度和能力。

幼儿的思维特点是以具体形象思维为主,应注重引导幼儿通过直接感知、亲身体验和实际操作进行科学学习,不应为追求知识和技能的掌握,对幼儿进行灌输和强化训练。

(五)艺术

艺术是人类感受美、表现美和创造美的重要形式,也是表达自己对周围世界的认识和情绪态度的独特方式。

每个幼儿心里都有一颗美的种子。幼儿艺术领域学习的关键在于充分创造条件和机会,在大自然和社会文化生活中萌发幼儿对美的感受和体验,丰富其想象力和创造力,引导幼儿学会用心灵去感受和发现美,用自己的方式去表现和创造美。

幼儿对事物的感受和理解不同于成人,他们表达自己认识和情感的方式也有别于成人。幼儿独特的笔触、动作和语言往往蕴含着丰富的想象和情感,成人应对幼儿的艺术表现给予充分的理解和尊重,不能用自己的审美标准去评判幼儿,更不能为追求结果的"完美"而对幼儿进行千篇一律的训练,以免扼杀其想象与创造的萌芽。

### 四、学前教育环境

创设良好的教育环境对于幼儿的发展至关重要,良好的环境不仅可以发展儿童认知能力,而且对于塑造儿童健康的人格有着十分重要的作用。在日常教育中,我们可以把学前教育环境大致分为学前教育机构教育环境、社区教育环境和家庭教育环境。

#### (一)学前教育机构的环境

学前教育机构(又称托幼机构,主体是幼儿园)中的环境是专门为学前儿童设置的,符合学前儿童的年龄特点和生活、教育的需要,具有专业性、规律性、符合时代和社会需求等特点,是有明确目的、有计划、有组织的,它与其他环境相比,更能使儿童朝着社会预期的目标发展,对促进学前儿童健康发展起重要作用。

#### (二)社区环境

社区环境是极为重要的教育资源,教师及儿童家长应当注重开发和利用社区环境。发达国家的幼教机构特别注重与社区的结合和互动。作为教师,我们应当利用好社区公共设施。同时现代教育的特点是开放教育和大教育,长辈的教育态度和教养方式以及邻里和社区居民的言行举止、精神风貌等都直接或潜移默化地影响着儿童的发展。

#### (三)家庭环境

家庭作为教育环境,主要是指家庭成员之间形成的一种气氛,是团结和睦的还是矛盾分裂的,是积极向上的还是消极颓废的,是热情温暖的还是孤独冷漠的,是有节奏、有条理的还是懒散、杂乱无章的,这些对孩子良好行为的形成有重要影响。给孩子制定的常规要求,家长必须身体力行,成为孩子学习的楷模。家庭环境布置是否整洁,生活安排是否井然有序,对孩子的行为也会产生潜移默化的影响。

从出生到学龄初期,家庭教育占特别重要的地位。家庭教育既是托儿所、幼儿园教育的助手,又是社会教育的一个方面。家庭是儿童健康成长的第一个,又是最重要的生活场所,家庭教育是任何教育所不能代替的,学校教育、社会教育都是在家庭教育基础上的延伸、扩展和提高。要真正了解一个儿童,首先要了解其家庭。另一方面,托儿所、幼儿园教育与社会教育的影响又不断地反映到家庭中来。实践证明,重视与家庭配合的托儿所、幼儿园,就能充分发挥家长的作用,教育工作就顺利;反之,忽视家庭教育的托儿所、幼儿园,就会事倍功半。

环境的教育价值对学前儿童来说非常明显,学前儿童正是在与环境的互动中获得各方面的能力和发展的。要保证儿童的全面发展,托儿所、幼儿园、家庭和社区必须紧密配合,同心协力地对儿童进行教育。教师要充分利用家庭资源、社区资源,将家庭、社区资源引入托儿所、幼儿园,引入班级活动,并运用整合的思想,将家庭、学前教育机构、社区三者有机联系在一起,更好地促进学前儿童的发展。

## 第三节　学前教育与社会发展

教育是培养人的社会活动,教育是社会大系统中的一个重要子系统。教育因为满足社会的需要而产生,也会随着社会的发展而发展。社会发展决定学前教育的发展,学前教育必须要适应并促进社会的发展,积极为社会发展服务。

### 一、学前教育与政治经济制度

(一)学前教育与政治

政治体系主要由两部分构成:一是指理念、意识,其中包括政治观念、政治态度、政治信念、政治标准等;二是指权力机构,其中包括政治权力、政治制度、政权机关、政党等。这些构成因素都会对学前教育及其发展产生不同程度的影响与制约作用。

**1. 社会政治对学前教育性质的制约作用**

在不同形态的社会,由于社会的政治不同,学前教育的性质也就不同。学前教育是为社会培养人,对哪个阶级和阶层子女进行教育,进行什么样的教育,要培养他们成为什么样的人,这些有关教育和学前教育的领导权、方针政策、法令规章、目的任务及教育制度等主要是由社会的政治所决定的。统治阶级代表本阶级的政治利益与经济利益,制订本社会的教育目的或干预教育目的的制订。社会政治对学前教育的制约作用,具体表现在以下几个方面:

(1)统治阶级利用其拥有的立法权,颁布一系列的教育政策、教育法律和教育规章,以保证学前教育目的的合法实现。

(2)统治阶级利用其拥有的组织、人事权力控制教育者的行为导向,使之符合教育目的。

(3)统治阶级通过行政部门控制教师和教育工作人员的选拔与录用。

(4)统治阶级通过经济杠杆控制教育方向,并对办学权力进行严格控制。

(5)社会政治制约学前教育目标的制订。

**2. 社会政治对学前教育发展的影响作用**

社会的政治不仅对学前教育的性质,而且还对学前教育的发展具有一定的影响作用。政府权力机关及职能部门对学前教育的重视与领导,是发展学前教育的重要条件。

### (二)学前教育与经济

学前教育的产生、发展与完善都与社会经济的发展密切相关,并为社会经济发展所制约。

在近代资本主义大工业生产以前,社会生产力水平很低,学前儿童是在生活和劳动中接受教育的。资本主义大工业兴起后,才提出了建立学前教育机构的社会需要。就我国学前教育发展来看,在20世纪上半期,社会经济发展缓慢,我国幼儿园发展也较慢,而且最先也是在沿海经济较发达的工业地区建立和发展的。新中国成立后,随着社会经济的发展,学前教育机构的设置才有了较快的发展。因为学前教育机构的设置与发展,需要一定的财力与人力为基础,这都与社会经济发展的水平直接有关,而且社会经济发展水平还会影响社会对学前教育的需要、家长送托子女的需要。

从我国近几十年来学前教育事业发展的正反两方面的经验而言,学前教育机构的设置与发展必须与社会经济发展水平相适应。如果不顾社会经济发展水平盲目发展,就会使学前教育事业遭到挫折。如1958年,全国幼儿园由1957年的16400余所增至695000余所,增长了40多倍,而工农业总产值,1958年比1957年只增长18.2%。幼儿园的发展缺乏相应的经济基础,于是在1961年后又纷纷停办,逐渐恢复到1957年的水平。经过四十多年的改革开放和计划生育政策调整后,截至2022年底,全国共有幼儿园28.92万所,在园幼儿4627.55万人,学前教育毛入园率89.7%。可见,学前教育机构的设置与发展只有随着社会经济的发展而稳步发展,才能促进学前教育事业的发展。

**1. 学前教育的任务、手段、内容受到社会经济发展的制约**

学前教育的任务,从总的发展趋势来看是不断变化的。其先后经历了四个阶段的变化:一是初创时期——主要为工作的母亲照管儿童,只负担起儿童生活与安全方面的照顾;二是19世纪下半叶至20世纪上半叶——不限于看护儿童,开始对儿童实施促进其身心发展的教育;三是20世纪60年代至70年代——以发展儿童智力为中心的学前教育;四是20世纪80年代以后——促进儿童身体、情绪、智能和社会性的全面发展。

在上述变化的过程中,社会经济的发展是导致这一变化的主要因素之一。由于社会经济发展的水平不同,对下一代提出的要求不同,教育的任务也不同,同时,经济的发展也为实现这些要求提供一定的物质基础。如英国学前教育的任务在20世纪以来,随着社会经济的发展,经历了如下的变化:1918年注重保育、营养和照管;1939年注重儿童情感及创造力的培养;1969年注重儿童智力的发展。又如美国在19世纪50年代最早的学前教育机构是为贫穷家庭的子女服务的,设备很简陋,只是照看儿童。随着社会经济的发展,家长对学前教育机构的要求也逐步提高,于是20世纪60年代开始的早期开端方案(Head Start)就是从教育机会均等出发,对环境不利儿童进行补偿教育,促进其身体、社会性、情感及智力多方面的发展。我国20世纪50年代初期学前教育机构也是以照看儿童的安全为主要任务。几十年来,随着经济的发展,大都转向以教育儿童,促进他们体、智、德、美、劳全面发展为任务,尤其是在我国社会改革与发展的今天,强调促进儿童全面和谐而富有个性地发展,注重从小培养儿童的主动性、独立性和创造性。

学前教育的内容与手段也与社会经济发展紧密相连。经济的发展能创造更多的社会物质财富,为丰富和更新学前教育的内容与手段提供了条件。自一百多年前福禄贝尔为幼儿园制订了教育内容,设计了教具、玩具以来,随着社会经济的发展,学前教育内容与手段有了很大的变化。在教育内容方面,扩大了认识社会环境和自然环境的内容与要求,注重儿童认识周围事物的兴趣和求知欲的发展,注重儿童智力的开发与能力的培养,特别是创造力的培养,同时还注重儿童社会交往能力的培养。在教育手段方面,儿童游戏的内容与形式更为丰富多彩、多种多样,利用儿童的日常生活环节开展教育,开发各种观察、操作和实验活动,并且运用录音、幻灯、电影、电视、录像、计算机网络、数字技术、人工智能、现代智慧教育平台等现代化教学手段,提高了学前教育的质量。

**2. 学前教育为促进社会经济发展服务**

学前教育是整个国民教育的基础阶段。教育学和心理学的研究表明,提高人的素质,不只是在学校教育,很重要的是在学前教育。学前教育在提高劳动力的素质方面的作用、促进社会经济发展的作用越来越为人们所重视。学前教育不仅可以从提高劳动力素质、培养人才的角度促进经济发展,而且还有自己独特的作用。学前教育关系到千家万户的生活和工作,减轻家长养育幼小子女的负担和后顾之忧,使他们精力充沛地投入工作和学习。这是通过保护和解放劳动力,直接为发展经济服务。

## 二、学前教育与地理环境

古人云,"一方水土养一方人",不同的地理环境养成性情不同的人。地理环境与学前教育互为影响,一方面地理环境可以促进或制约学前教育的发展;另一方面学前教育会促进改善地理环境。良好的地理环境是学前教育的基本保证,在一个充满污染、气候恶劣、物种稀缺、生态受到严重破坏的环境中,一切发展都要受到制约。因此,创设和选择良好的地理环境是搞好学前教育的基本保障。发展学前教育应当从以下一些方面促进地理环境的改善:一是培养儿童从小热爱大自然,萌发幼儿为了生存需要保护好自然环境的良好情感,学会人与自然和谐相处;二是培养儿童从小有良好的文明行为习惯,有积极参与环保的初步意识;三是通过儿童向社会、向家长进行宣传教育,促使大家知道"保护环境,人人有责",懂得"地球只有一个,人类要保护好她"的道理。

儿童是祖国的未来、人类的希望,把保护地理环境教育的着眼点放在儿童身上具有现实的、深远的意义。

## 三、学前教育与文化

学前教育与社会文化有着十分密切的关系。学前教育是文化的一个组成部分,是文化大系统中的一个子系统。要考察学前教育的发展与规律,必须把握好文化对学前教育的影响作用。

### (一)文化与教育

文化与社会共存,文化存在于社会之中。自从有人类,也就开始有了文化。所谓文化,广义的理解是指人类在社会历史实践过程中所创造的物质财富和精神财富的总和。狭义的理解是指社会的精神文化,即社会的价值观念、思想道德、科技、教育、艺术、文学、宗教、传统习俗及制度的一种复合体。文化与教育密切相关,两者的联系主要表现在以下几个方面。

**1. 文化水平与教育**

衡量社会文化水平的指标有许多种,如从事体力劳动与脑力劳动的人数之比、文化需要的水平与结构(其中包括订阅报刊,购买书籍,艺术欣赏,图书馆、博物馆、影院等文化设施的数量)、文化的空间时间分配结构(指一天内文化活动场域及时间分配)等,但是,一般社会都将其人口受教育水平作为该社会文化水平的指标,社会文化水平与教育水平具有极高的相关性。文化水平对教育的间接影响表现为:文化发达—促进生产力发展—增加教育的物质来源—增进人口受教育水平。文化水平对教育的直接影响表现为:教师文化水平—教育水平—学生文化水平—受教育水平—家长文化水平—下一代的文化水平。另外,社会与社区文化水平,以及周围的文化氛围、文化设施都直接影响着学生受教育水平。

**2. 文化传递与教育**

文化传递是指文化在时间上的延续和在空间上的流动。文化传递需要物质载体(如工具、建筑)、精神载体(如语言、文字、声光、意识形态)、人的载体(如个人拥有的知识、道德等)这三种载体不断转化才能完成,才能使客体文化转化到主体文化。在这个过程中,教育起着十分重要的作用,它是文化传递的前提、动力和重要途径,并在传递过程中起到补充、发展和丰富文化的作用。

**3. 文化选择与教育**

文化选择是指对某种文化内容的撷取或排斥的过程。文化选择以社会需要为基点,同时又具有人的主体性特点。在文化选择与教育的关系处理上应注意以下几个方面:一是教育选择有社会价值的文化;二是按教育需要选择文化;三是选择有利于受教育者发展的社会文化。在这个过程中,需要协调好文化选择与教育的关系,将两者之间的矛盾降低到最低限度。

### (二)文化对学前教育的影响作用

文化对学前教育的影响表现在许多方面,尤其是在现代社会,文化对学前教育的影响力更是不可低估。从文化对学前教育的影响作用来看,一般表现为以下三个方面:

首先,文化是政治、经济作用于学前教育的中介,即通过文化传递一定的政治、经济的要求。如通过舆情、报刊、书籍、网络、影视导向等现实文化反映政治经济的要求,从而影响学前教育的发展方向与发展水平。

其次,文化主要表现为以其主动的相对独立的形态直接地影响着学前教育。例如,传统文化、外国文化、价值观念等都不一定是社会现实政治、经济的反映,而是通过文化的渗透功能影响学前教育的观念及其思想体系。

最后,一定社会的文化对学前教育的发展所产生的制约作用是显而易见的。这种制约作用一般表现为两种形式。一种是积极推进作用。例如,社会观念的更新、先进文化的引进、对传统文化精髓的吸取,都会对学前教育的改革与发展产生强大的推动作用。另一种形式是消极滞后作用,即约束和妨碍学前教育的发展。例如,在社会变革过程中,新旧文化交替、文化心理的撞击,常会使一些消极、落后、腐朽的文化形态与价值观念,对学前教育产生诸多的负面影响,甚至还会误入歧途。因此,全面地认识文化对学前教育的制约作用是十分重要的。

（三）社会文化变迁与学前教育

社会文化变迁是指文化内容含量的增加或减少而引起的结构性的变化。文化变迁虽然来自文化内容的变化,但又并非所有的文化内容的变化都会引起文化变迁。只有当某种文化内容引起文化的结构性、全局性、整体性变化时,才形成文化变迁。

文化变迁是永恒的,是不以人的意志为转移的。文化变迁的动因在于社会经济的发展和自身的规律性变化,在文化变迁的过程中,教育可以成为一种推动力量,能动地推进文化变迁的进程。但是,教育如果滞后、僵化,则会阻碍文化变迁,致使教育在文化变迁上的能动性也难以发挥。鉴于文化变迁与教育的关系,对现代社会学前教育应具有下列方面的认识：

第一,学前教育的设计与组织应该考虑区域环境与家庭的文化背景。根据不同背景下不同儿童的需要设计学前教育的不同方案,同时应致力于更新家长的教育观念和提高家庭教育水平。

第二,学前教育的内容都应尽量反映各民族、区域传统文化的精华,并注意吸收世界优秀文化的精髓。

第三,学前教育应该充分利用多种媒体,重视文化信息的传播,不断吸收新文化,其中包括新观念、新知识、新技术,尤其应重视信息技术手段的运用,以丰富学前教育的内容,完善学前教育的手段。

第四,学前教育应根据国情、乡情和儿童心智发展水平来选择文化,以提高学前教育与社会文化的协调性。

第五,学前教育应不断地改革教育的形式、内容与方法,以适应社会文化的不断变迁。

● 拓展阅读

 全国学前教育宣传月

全国学前教育宣传月是教育部举行的面向公众宣传学前教育的活动。从2012年起,教育部将5月20日至6月20日定为全国学前教育宣传月,面向全社会普及科学育儿知识。

历年学前教育宣传月主题：

2012年:快乐生活,健康成长

2013年:学习指南,了解孩子

2014年:让科学育儿知识进入千家万户

2015年:给孩子适宜的爱

2016年:幼小协同,科学衔接
2017年:游戏——点亮快乐童年
2018年:我是幼儿园教师
2019年:科学做好入学准备
2020年:特殊的时光,不一样的陪伴
2021年:砥砺十年奠基未来
2022年:幼小衔接,我们在行动!
2023年:倾听儿童,相伴成长

任何国家的教育,都有其文化的使命,这就是传承民族优秀的文化传统,并将其汇入时代文化建设的伟大事业中去,从而创造出现代的文化与文明。我国的教育也要统筹各种优秀的文化资源,坚持"古为今用、洋为中用",形成新时代中国特色的创新文化,构建并增强新一代中国人的文化自信。

## 第四节 学前教育与儿童发展

学前教育受儿童发展水平与特征的影响,学前教育必须适应并促进儿童的发展,这是学前教育的基本规律。

儿童的发展,是指儿童在成长的过程中,身体和心理方面有规律地进行量变与质变的过程。其中身体的发展,是指儿童机体的正常生长和发育,包括形态的增长和功能的成熟。心理的发展,是指儿童的认识过程、情感、意志和个性的发展。对学前儿童来说,其身体的发展与心理的发展是密切相连的,儿童年龄愈小,其身体发展和心理发展之间的相互影响也就愈大。儿童的发展受到诸多因素的影响,有先天的和后天的因素,有生物的和社会的因素,有生理的和心理的因素,有物质的和精神的因素,这些因素都会对儿童的发展产生不同的作用。

### 一、影响儿童发展的因素

#### (一)生物因素

儿童首先是有生命的有机体,他的发展首先要服从于生物学的规律。生物因素包括遗传素质、先天素质和制约发展的成熟机制。

**1. 遗传素质为儿童发展提供了物质前提**

遗传素质是指儿童从亲代那里获得的生理解剖方面的生物特征,如机体的形态、结构、感官特征以及神经系统的结构和机能等,特别是人的大脑的结构和机能的特点。遗传素质是儿童身心发展的物质前提,人在感知以前,必须有各种感知器官;人们为了思维,必须有特殊组织的物质——脑的存在。不然,人就无从感知,无从思维。所以遗传素质为儿童的发展提供了最初的可能性。

遗传素质是儿童身心发展的前提条件,没有这个前提条件,就谈不上儿童发展。但遗传素质也只是为人的发展提供物质前提和可能性,不能夸大遗传素质的作用,夸大遗传素质作用的"遗传决定论"是片面的。

**2. 胎内环境等先天因素对儿童发展的影响**

20世纪50年代以来,对胎儿发育的研究,科学地说明了母亲的营养、疾病、药物和情绪对胎儿发育有重大影响。已有研究表明,由于孕妇营养不良,或出生后第一年营养不良,婴儿的脑细胞数量会低于正常数,有时只达预期数量的60%。母亲的营养还会影响胎儿出生以后的智力发展。如哈勒尔于1955年的一项实验研究,对营养不良的孕妇,一半人给以营养补助,另一半人给以安慰剂,在她们的孩子3~4岁进行智力测定时,发现给予营养补助的一组,孩子智力的平均分数高于另一组。如果孕妇患有某些严重疾病时,常常会引起流产、早产和死胎,或导致胎儿患病或先天缺陷。如果孕妇滥用药物,又会影响血液中的化学成分和机体的新陈代谢,从而影响胎儿的正常发育。因此,母体环境对发育中的胎儿有很大的影响。

**3. 成熟机制在儿童发展中的制约作用**

儿童的生理和心理的发展,是按照遗传信息所控制的特定顺序,有规则、有次序地进行的。儿童的发展有一张"时间表",他们的发展必然遵循这张时间表。这种用来指导发展过程的机制,就是成熟。对于儿童来说,成熟是推动发展的重要动力。没有足够的成熟,就没有真正的发展。脱离了成熟的条件,学习本身并不能推动发展。美国儿童心理学家、儿科医生格塞尔指出:"儿童在成熟之前,处于学习的准备状态。"所谓准备,就是由不成熟到成熟的生理机制的变化过程。只要准备好了,学习就发生。而在未准备之前,成人应等待,等待儿童达到对新的学习产生能够接受的水平。各种学习、训练内容,都是在儿童达到一定的成熟水平时展开的。例如,训练一个七个月的儿童爬行是完全可能的,但如果训练他走,由于机体的构造和机能尚未成熟,则是有害无益的。

**(二)社会因素**

社会因素包括儿童所处的社会、家庭、教育机构等各种环境因素。

**1. 环境引导和潜移默化地影响儿童的发展**

环境是指儿童周围的客观世界,它包括自然环境和社会环境。

一切生物的生长发育都离不开适宜的自然环境,但对人的身心发展来说,不仅需要自然环境,更需要社会环境,如果离开了人类的社会环境,就不可能产生人的心理。众所周知,印度狼孩的事例就充分证明了这一点。我们这里所讨论的主要是社会环境对儿童发展的影响。

人一出生就在一定的社会环境中生活。社会环境的范围很广,从大的方面看,包括他所处的时代、所处的社会政治经济文化和社会物质生活条件;从小的方面看,包括对儿童有直接影响的家庭及其成员、亲友、邻里、教育机构、同伴等。这些社会环境都直接或间接地影响着儿童的发展。儿童的先天素质能否得到发展、向什么方向发展、达到怎样的程度都受到他所处的社会环境的深刻影响。

环境的影响是复杂的、多样的,其中有自发因素的影响和自觉因素的影响。自发因素影响是指那些无特定目的、未经组织的、带有偶然性地发生作用的影响,其中有些是积极的,有些是消极的。如果完全依赖自发因素的影响,将导致儿童发展的放任自流。自觉因素的影响,如家庭有意识的教育影响和教育机构的教育,都对儿童的发展起主导作用。

**2. 家庭环境为儿童的发展奠定基础**

家庭是儿童成长的最初环境,父母是儿童的第一任教师。家庭环境是指家庭的经济和物质生活条件、社会地位、家庭成员之间的关系及家庭成员的语言、行为与情感的总和。它对学前儿童的影响主要包括物质环境、心理环境和教养方式。物质环境是指家庭中生活、学习物品是否充足,如何摆设与使用;心理环境是指父母与子女之间的态度及情感交流的状态,家庭中人与人是否和睦、尊老爱幼、各尽其责、商量谅解,语言是否文明有礼等;教养方式是指长辈对子女的教育是否民主平等、尊重儿童个性、鼓励自主独立,等等。

家庭是人生的奠基石,家庭环境为儿童的发展奠定了基础,所以家庭环境的好坏直接影响儿童发展,对儿童生长发育、心理素质的形成和发展,其影响是长远和深刻的。如我国著名桥梁专家茅以升在回忆母亲时写道,"……她的言行德操,在我家垂为风范。勤俭操家,事亲和顺。审利害,察是非,英断决疑,教养子女,视严实宽,协助亲朋,既丰且勤……",母亲还教育他"……要取得真才实学,真有实识,报国始有方……"。正是在这种家庭环境的熏陶下,茅以升养成了爱祖国、爱家乡,刻苦钻研、奋发学习、勤俭朴实等优良品质,成为我国近代著名的科学家。

**3. 教育机构在儿童发展中起主导作用**

教育是环境的重要组成部分,是环境中的自觉因素。它与遗传、家庭相比较,在儿童身心发展中具有更为独特的作用。它是根据一定的社会要求,用一定的内容和方法,对儿童实施有目的、有计划、有系统的引导和影响活动。它决定儿童的发展方向,为儿童的发展提出明确的方向和目标;运用科学的手段和方法组织活动和学习,尊重儿童的年龄特点;教育从环境中过滤了符合儿童身心健康的内容,有利于儿童全面发展;教育具有系统性和长期性,注重儿童的全面发展和终身发展。所以,通过这种教育可以使儿童优良的遗传素质得到充分的显现,使遗传所提供的某种可能性变为现实性,并可影响和改造不良的遗传素质。教育还可以对环境加以取舍,并可发挥和利用环境中的有利因素,减少或消除不利因素,从而促进儿童健康、全面而和谐地发展。

**(三)儿童的主观能动性**

儿童的发展,除了受生物、家庭环境和教育等因素影响外,还取决于其自身的主观能动性,这是儿童发展方向与发展水平的最终的决定因素。儿童的主观能动性主要体现在以下几个方面:

(1)儿童在发展过程中,不是消极被动地接受外部环境的影响,而是积极主动的学习者,他们对环境的刺激有较强的选择性,并表现出作为独立的生命体所具有的能动性。

(2)同样的环境对于不同的儿童可以产生不同的影响。

(3)从儿童的心理发展来看,儿童认识外界是儿童内部的主动活动的过程。

(4)没有儿童主观能动性的体现,其他因素的作用也难以完全得到实现。

综上所述,儿童的发展绝不是某一种因素单独影响的结果,而是多种因素综合地、系统地相互作用的结果。有了生物因素为前提,环境因素具备的情况下,儿童的主观能动性对儿童的自身发展显得尤为重要。我们不能孤立地、静止地强调遗传、环境和教育的作用,更不能忽视儿童主观能动性对其发展的重要作用。只有这样,才能全面地认识儿童的发展与教育问题。

## 二、学前教育机构的教育与儿童发展

学前教育机构的教育对儿童发展起着奠定人生基础和发展的主导作用,这是被教育实践所证明了的。

学前期的儿童正处于身体与智力迅速发展,以及个性形成的重要时期。学前儿童大脑发育迅速、可塑性大,脑科学研究表明,3岁时儿童的脑重量是出生时的3倍,相当于成人的三分之二,至7岁时脑重已接近成人。大脑的发育使神经细胞传导更加迅速精确,促使儿童形成更加复杂的神经联系,这为儿童接受教育提供了可能性。与此同时,脑神经细胞也是在儿童的学习、运动和各种活动中迅速地发展和成熟起来的。早期丰富的刺激和科学的教育不仅有助于大脑的发育,而且将有利于增进儿童身心健康、促进儿童全面和谐而又充分地发展,为今后成才和可持续发展奠定基础。

### (一)教育主导儿童的全面发展

学前教育机构的教育是一种有目的、有计划、全面系统地对学前儿童施加符合年龄特点和发展规律影响的过程,比那些自发的、偶然的、无计划的、不注重儿童特点的环境因素的影响更为科学有效。

学前教育机构的教育担负着家庭教育指导的责任,注重与家长的合作共育,更能充分地发挥遗传素质和家庭环境中的有利因素,克服其不利因素,利用集体的教育因素、同龄伙伴的相互作用对儿童发展的影响,优化儿童发展的环境,并根据个体差异因材施教,帮助儿童对发展的多种可能性做出判断和价值选择,并通过全面系统多样化的教育活动,促使儿童全面和谐而富有个性地发展。

### (二)反对"教育万能论"

"教育万能论"是一种把教育的作用夸大到可以决定社会,否定遗传素质差异对人的发展影响的教育主张。德国哲学家康德认为,人之所以成为人,完全靠教育。另一位德国哲学家莱布尼茨曾说,如果给他以教育的全权,不需要一百年,就可以使欧洲改观。法国唯物主义者爱尔维修是"教育万能论"的最著名的代表人物,认为人的天赋是平等的,遗传素质不存在差别,人是环境和教育的产物。教育不是万能的,教育对人的发展所起的主导作用是有条件的。"教育万能论"是一种片面的思想主张,我们必须予以科学批判,以免误导儿童教育和儿童发展。

我们应该明确,儿童的发展受到诸多因素的综合影响,有生物的和社会的因素影响,有生理的和心理的因素影响,有物质的和精神的因素影响;而且儿童自身的主观能动性对发展起重要作用,儿童不是消极被动地接受教育,一切影响都要通过儿童与之相互作用和自身的活动才能内化为发展。

### 三、整合性教育与儿童发展

人类社会的发展是一部创造发明史,特别在世界科技日新月异、发展竞争日趋激烈的今天,要使我们中华民族屹立于世界强国之林,关键在于培养无数创造型、开拓型的高素质人才。这种人才的培养必须依靠家庭教育、学校教育和社会教育的共同努力。人类进入21世纪之后,现代社会和教育的发展,使人们越来越清楚地认识到学前教育机构、家庭和社区在儿童早期成长过程中的作用。这三方面互相制约、互相依存、互相促进,组成教育的整体。1990年,"世界儿童问题首脑会议"通过的《儿童生存、保护和发展世界宣言》中提出:"我们将努力做好工作,从而尊重家庭在抚养儿童方面的作用,并支持父母、其他保育人员和社区对儿童从早期童年至青春期的养育和照料。"庄严地向世界各国人民宣告了这个"三位一体"的整合性的教育体系。"三位一体"是指社区、家庭和学前教育机构三者共同参与促进儿童成长,形成一个教育的共同体。如果只重视学前教育机构一方教育,而不重视家庭、社区的教育,就不能使家庭、社区和学前教育机构三方力量形成一种合力。因此,学前教育机构应充分重视家庭、社区教育,做好家长工作,联合社区协同一致,共同促进儿童和谐健康的发展。

#### (一)树立幼儿园、家庭、社会一体化的大教育观

人类发展生态学研究成果表明,人的发展是一个庞大的生态体系相互作用的结果。这个体系的中心是自主的人,他是具有主观能动性和自主发展的个体。对儿童来说,其发展受到所处的环境和所处的社会生态系统的影响,即家庭、教育机构和社会三大环境的影响。因此,儿童教育是一项系统工程,它是由各种教育环境之间的互相配合、互相作用所形成的合力对儿童的发展产生影响。三者配合协调的程度越高,对儿童的教育所产生的正效应也就越高。过去由于受到旧的教育观念的影响,认为只有学前教育机构也能够单独完成教育任务。如果幼儿园的任务只是对儿童进行知识、技能方面的教育,学前教育机构也很难单独完成这些任务,何况现在学前教育的任务是要对学前儿童进行体、智、德、美、劳全面发展的教育。要培养他们成为社会所需要的、身心和谐发展的人,而且还要面向全体儿童,因人施教,这一任务不可能脱离家庭和社会,所以对儿童的教育应该特别重视幼儿园与家庭、社区的共同配合,同向同步地对儿童进行教育。

#### (二)学前教育机构要为社区、家庭教育服务以保持教育的整体性

学前教育机构是社区事业的一部分,学前教育机构的发展要依托社区的发展,家庭就处在这一社区中,所以服务社区和家庭对促进儿童健康成长极为重要。儿童的成长需要有一个

合适的环境,在现实生活中,家、园教育之间往往存在一定的距离和各种不协调,教育效果必然受到影响。幼儿园指导家庭教育,可以让家长了解学前教育机构教育的内容、要求、方法等知识,提高实际教育能力,让儿童在协调一致的环境中生活和学习。

### 思考与探索

1. 名词解释:教育、学校教育、学前教育。
2. 幼儿园教师要具备哪些基本的理念?
3. 简述我国学前教育发展的概况。
4. 简述当今世界学前教育机构发展的特点。
5. 学前教育的基本要素有哪些?各有何特点?
6. 幼儿教师应该具备哪些儿童观?
7. 幼儿教师的职业角色有哪些?
8. 我国学前教育的内容有哪些?
9. 学前教育的两条宏观规律是什么?如何理解?
10. 影响学前儿童发展的因素有哪些?各起什么作用?

# 第二章 学前教育理论

> **学习目标**
> 1. 了解柏拉图、亚里士多德、昆体良、洛克、裴斯泰洛齐的学前教育思想,中国古代的学前教育思想。
> 2. 熟悉卢梭的学前教育思想、精神分析学派和人类发展生态学的学前教育理论、中国近现代的学前教育理论。
> 3. 掌握夸美纽斯、福禄贝尔、蒙台梭利的学前教育思想,熟悉行为主义学派和认知发展学派的学前教育理论、中国社会转型时期的学前教育理论体系,熟悉现代典型的学前教育方案。

## 第一节 西方学前教育理论的形成与发展

### 一、学前教育思想的萌芽

远古时期至17世纪初,是学前教育思想的孕育期。在这一阶段,学前教育思想散见于各种哲学、政治学和社会学等著作中,还没有成为一门独立的学科。

在一夫一妻制的家庭尚未产生之前,儿童的教育主要由氏族公社负责,实行儿童公养公育。自家庭产生后,家庭教育便成为幼儿教育的主要形式,主要由母亲(还包括父亲、保姆、家庭教师和教仆)担任幼儿教师的职责,教育的场所是儿童的家庭。古希腊是西方学前教育思想的摇篮,可以追溯到古希腊的柏拉图,之后经亚里士多德和昆体良等人的传承及传播,对学前教育理论的形成与发展产生了直接影响。

#### (一)柏拉图的学前教育思想

柏拉图(Platon,公元前427—前347年,见图2-1)是古

图2-1 柏拉图

希腊著名的哲学家、教育家。他出身名门贵族,母亲是梭伦的后裔,20岁时师从苏格拉底,创建了阿加德米学园(Academy),并在此执教40多年。他在丰富的教育实践中建构的教育思想主要反映在其著作《理想国》中,幼儿教育是其重要组成部分。他指出:"凡事开头最重要,特别是生物。在幼小柔嫩的阶段,最容易接受熏陶,你要把它塑成什么型式,就能塑成什么型式。""先入为主,早年接受的见解总是根深蒂固不容更改的。"据此,人们认为在西方教育史上,柏拉图最早论述了学前儿童的教育问题。

柏拉图非常重视优生优育和儿童公育。他认为,最好的男子配最好的女子,女子怀孕后应接受胎教训练,以利于胎儿生长发育。在儿童权属上,他主张儿童属于国家,出生后的健康婴儿应送入国家公共教养机关,由专职保姆抚养,实行儿童公育。他强调"智德统一",主张儿童心灵和体质和谐发展。要求国家3~6岁幼儿集中在神庙附设的教育机构,由国家委派优秀女公民教育儿童。学前教育内容涵盖了故事、寓言、诗歌、音乐、艺术和体育锻炼等,特别强调故事、音乐、游戏在儿童教育中的重要价值,强调慎选教材。在教育方法上,他倡导正面教育、寓教于乐,注重模仿。

(二)亚里士多德的学前教育思想

亚里士多德(Aristoteles,公元前384—前322年,见图2-2)是古希腊百科全书式的学者,被誉为"人类的导师"。其父是马其顿王的御医,从小受过良好的贵族教育。他师从柏拉图20多年,自己创办了吕克昂学院,在批判地继承了柏拉图思想的基础上,发展了自己的学前教育理论。他主张教育立法,学前教育观点主要体现在《政治学》和《伦理学》两本著作中。他认为教育应成为国家的重要事业,一定年龄阶段的儿童必须接受国家所给予的教育,提倡"教育应由法律规定",是西方教育史上教育立法思想的开端。

亚里士多德在西方教育史上首次提出了教育与人的自然发展相适应的观点。他根据当时的动物解剖学及医学方面的

图2-2 亚里士多德

知识,结合人的身体发育特点,把人的自然生长发育划分为三个时期,并探讨了各个不同时期的教育内容、原则与方法。在人生发展的第一个时期——学前教育阶段(0~7岁),教育的主要任务是抚育婴儿,保护幼儿的健康。0~5岁这一阶段,通过游戏进行身体活动,多听故事,少做学业活动;活动过程中既要保护幼儿脆弱的骨骼,又要让幼儿循序渐进地进行习惯于忍受寒冷的锻炼。5~7岁这一阶段,亚里士多德认为应以习惯培养为主,同时也要开始对幼儿进行适当的学业活动,但要注意学习负担不宜过重,否则妨碍幼儿身体发育。为了培养幼儿的良好习惯,要防止环境中的不良因素对幼儿的习惯造成负面影响,"务使他隔离于任何下流的事物,凡能引致邪恶和恶毒性情的各种表演都应加意慎防,勿令耳濡目染。"

### (三)昆体良的学前教育思想

昆体良(Marcus Fabius Quintilianus,约公元35—95年,见图2-3),是古罗马演说家、教育家,其著作《雄辩术原理》是西方第一部专门以教育为题材的教育学著作,他因此被称为西方最早的教学法学者,被誉为西方教学论的奠基人。与柏拉图和亚里士多德相比,昆体良更加重视教育与人的天性的关系,侧重从个人角度认识教育现象,关注课程和教法等具体的问题。

图2-3 昆体良

昆体良以培养心地善良、精于演说的雄辩家为教育目标。他是早期知识教育的倡导者,认为教育应"从咿呀学语开始,经过初露头角的雄辩家所必需的各个阶段的教育,一直达到雄辩术的顶峰"。主张人的教育应该及早开始,在《雄辩术原理》第一卷第一章指出:"当儿子刚一出生的时候,但愿做父亲的首先对他寄以最大的希望,这样才会一开始就精心地关怀他的成长。"可见其对学前教育的足够重视。在教育内容方面,他主张教儿童认识字母、书写和阅读,首次阐释了双语教育问题。

在教师素养方面,他主张慎选儿童看护者和教师,并对教师的专业素养提出了严格要求。首先,教师不仅要热爱儿童,还要善于观察和了解儿童;其次,教师要具备因材施教和启发诱导的教学能力,善于把握儿童的理解能力,教学内容要通俗易懂、深入浅出;最后,教师应具备正确运用批评和表扬的能力,强烈反对对幼儿实行体罚。他指出,教师的标准是德才兼备,是一位慈父,敦促幼儿的学习要注意劳逸结合,鼓励幼儿在游戏中学习,把游戏视为幼儿的一种学习和教育活动形式。

## 二、学前教育思想的形成

17世纪初到19世纪末是学前教育思想发展的重要时期。经历了14世纪至16世纪的文艺复兴运动后,普通教育学从哲学、政治学等其他学科理论中逐步分化出来,学前教育理论集中体现在各种教育学著作中。夸美纽斯的《大教学论》《母育学校》,卢梭的《爱弥儿》,福禄贝尔的《人的教育》《幼儿园教育学》等教育著作开始系统阐述学前教育思想,使学前教育理论逐渐成为一门独立的学科。

### (一)夸美纽斯的学前教育思想

夸美纽斯(Johann Amos Comenius,1592—1670年,见图2-4),捷克教育家,在波兰、英国、匈牙利和瑞典进行教育改革,其教育思想对这些国家的教育实践产生了重大影响。他的《大教学论》是西方第一本独立形态的教育学著作,被视为系统教育理论产生的标志。他为父母们编写的学前家庭教育指南《母

图2-4 夸美纽斯

育学校》（1630年），是教育史上第一本学前教育专著，著作深入研究了家庭教育条件下的学前教育体系，阐述了学前教育的目的、内容和方法。他还编写了世界上第一本图文并茂的儿童读物《世界图解》（1654年），该书被誉为"儿童插图书的始祖"。

关于学前教育的意义。夸美纽斯认为，儿童生来就具有智慧、道德和信仰的"种子"，而这粒"种子"只有在良好的环境与教育影响下才能生长。他认为，"幼年儿童要求优良教育极为迫切，缺它的话，他们将迷失方向"。而且，"任何人在幼年时代播下什么样的种子，那他老年就要收获那样的果实"。所以必须及早开始给予幼儿相适宜的教育。

关于母育学校。夸美纽斯认为，家庭就是"母育学校"，儿童产生于父母的实体本身，是父母实体的一部分，同时儿童又必然会成为国家的未来。父母应培养儿童德、智、体，通过感觉器官的训练和发展让儿童获得关于自然界、社会生活和家庭生活的初步认识，为将来入校学习做好准备。判断儿童是否适宜进入公共学校的标准包括：儿童是否获得了在母育学校应学会的东西，儿童对问题是否有主意和辨别、判断的能力，儿童是否有进一步学习的要求和愿望。

关于学前教育内容。夸美纽斯认为，在身体方面，要保证幼儿健康，要求建立合理的生活制度，体育是其中重要的一项。在德育方面，既要自幼培养儿童勤劳简朴、爱整洁的习惯，举止要文雅，学会控制自己的感情；也要训练其待人接物，要求儿童要亲切、温和、大方、有礼貌、诚恳、谦逊、诚实、不损害他人、不嫉妒、爱劳动等。在德育方面，夸美纽斯为6岁以下的儿童提出了一个广泛而精细的教学大纲，大纲包括自然、光学、天文、地理等13种学习内容，他认为应当把"一个人在人生的旅途中所应当具备的一切知识的种子播种到他身上"。夸美纽斯从"泛智主义"的思想出发提出了普及教育思想：所有的人通过接受教育而获得广泛的、全面的知识，从而使智慧得到普遍发展。在游戏与玩具方面，他认为游戏有三大好处：锻炼身体增进健康、磨炼思想、练习四肢五官趋于灵活。"凡是儿童喜欢玩的东西，只要对儿童没有什么损害，那么就应该让他们去玩而得到满足，而不应该阻止他们，因为儿童不活动比起不得闲，对身心两方面的损害更多。"玩具则应该用仿制工具代替劳动工具给儿童使用，既练习了技能，也散发了多余能量。

### （二）洛克的学前教育思想

约翰·洛克（John Locke，1632—1704年，见图2-5），英国哲学家、政治家和教育家。他的代表作《教育漫话》（1693年）提出了绅士教育的思想体系。洛克的绅士教育体系是概括了当时先进的资产阶级教育经验而提出来的，成为资产阶级教育思想发展的一个新起点。

关于学前教育的目的和意义。洛克批判了笛卡尔的天赋观念，根据培根的经验论提出了"白板说"，认为一切观念都是后天获得的，尤其是幼儿的心灵，"可以随心所欲地做成什么式样"，所以学前教育才显得格外重要。教育的主要任务是为资产阶级培养绅士，绅士应具有德行、智慧、礼仪和学问等品质。洛克在西方教育史上第一个提出并详细论述儿童体育问题，他认为"健康之精

图2-5　约翰·洛克

神寓于健康之身体",看重游泳和户外活动,主张饮食清淡、简单,主张起居生活规律、睡眠充足;在德育方面,他认为道德教育是绅士教育的核心,教育方法包括说理教育、榜样教育、实际练习、奖励与惩罚;在智育方面,洛克虽然认为智育不如德育重要,但他依然提出了包括阅读、写字、图画、速记、法文、历史、地理等非常多的知识教育内容,并主张儿童自己学习,寓学于游戏中。

### (三)卢梭的学前教育思想

让-雅克·卢梭(Jean-Jacques Rousseau,1712—1778年,见图2-6),法国启蒙思想家、教育家。他是西方教育史上具有划时代意义的人物,把文艺复兴以来重视儿童的思想推向一个新的境界,他在《爱弥儿》(1762年)中指出,教育的目的是让儿童"归于自然",这里的自然是指儿童的天性,教育应遵循儿童发展的自然进程,"以天性为师,而不以人为师"。他根据儿童自身发展的特点将儿童的发展分为四个阶段:婴儿期(0~2岁)、儿童期(2~12岁)、少年期(12~15岁)、青年期(15~20岁)。

图2-6 让-雅克·卢梭

婴儿期,父母应亲自去教养儿童,主要以身体养护和锻炼为主。父母应密切合作,父亲是婴儿的教师,母亲是保姆,共同促进婴儿身体健康,为以后的教育奠定物质基础。卢梭继承了洛克的教育思想,反对娇生惯养,主张多让孩子接触大自然,多参加户外活动,通过适宜的饮食、衣着、睡眠和游戏,使婴儿养成健康的体魄,为其一生的幸福打下基础。

儿童期是"理性的睡眠时期",幼儿"真正的老师是经验和感觉",应以感官教育为主,这是理性形成的基础。此时幼儿的心智尚未成熟,主要是通过感官训练让儿童学会感受、培养儿童的判断能力。如果这一时期教幼儿识字和读书,会妨碍幼儿的身体发育、限制幼儿的心灵自由、违反幼儿的兴趣与愿望,扰乱了儿童天性的发展进程。因此,家长应注重儿童的感官训练,多看、多听、多摸、多嗅,多接触实际事物,发展儿童的触觉、听觉和视觉等,让儿童从直接经验中学习、接受教育。

教育儿童的前提是了解儿童与研究儿童,发现并尊重儿童的特性,适应儿童的"天性"与个性,因人施教。"儿童是有他特有的看法、见解和感情的,如果想用我们的看法、见解和感情去替代他们,那简直是愚不可及。"成人应将儿童作为人来对待,给予儿童行动的自由,允许他们充分应用自身的力量去探索环境与认识环境,而不是按照成人的想法与愿望,教给儿童无法理解的知识与道德观念。他强调:"大自然希望儿童在成人以前就要像儿童的样子,如果我们打乱了这个次序,我们就会造成一些早熟的果实,它们长得既不丰满也不甜美,而且很快就会腐烂,我们将造成一些年纪轻轻的博士和老态龙钟的儿童。"卢梭希望在顺应儿童身心自然发展的教育中,通过儿童天性的完善来促进其理性发展。

### (四)裴斯泰洛齐的学前教育思想

裴斯泰洛齐(Johann Heinrich Pestalozzi,1746—1827年,见图2-7),瑞士资产阶级民主教育

家,一生致力于贫民教育,自己开办过孤儿院,曾担任政府开办的孤儿院的管理者,其教育代表作为《林哈德和葛笃德》(1781—1787 年,又译《贤伉俪》)。

爱的教育贯穿在他的全部教育观点和教育活动之中。裴斯泰洛齐对卢梭的自然教育论进行了扬弃,认为在顺应儿童天性的基础上应约束天性中的"恶",教育目的是促进人的一切天赋能力和谐发展。他是教育史上提倡和实施"爱的教育"的杰出代表,他认为道德教育就是爱的教育,"如果不能爱孩子,我不懂得还能谈到有什么规则、方法和技能",但他认为爱的最高表现形式是"宗教教育"。

在教育方法论上,要素教育理论是裴斯泰洛齐教学理论的核心,集中体现了裴斯泰洛齐教育民主化的要求。他认为教育过程

图 2-7　裴斯泰洛齐

必须从一些最简单的因素开始,逐渐转向复杂的因素,从而使儿童各种天赋能力得到全面和谐发展。如体育包含抛、搬、推、拉等基本动作;劳动就是关节活动;德育就是孩子对母亲的爱,对家庭其他成员的爱,对社会其他成员的爱;智育包括数、形状、词等要素。

### (五)福禄贝尔的学前教育思想

福禄贝尔(Friedrich Froebel,1782—1852 年,见图 2-8),德国幼儿教育家,1840 年创办了世界上第一个社会性学前教育机构——幼儿园(kindergarten),被誉为"幼儿园之父"。他的教育思想深受德国古典哲学、早期进化思想、浪漫主义文学和美学等影响,他在《人的教育》(1826 年)中提出了完整的幼儿教育理论,包括教育与儿童发展的关系、儿童教学原则、教具开发等思想。

**1. 教育与儿童发展**

1)统一的原则

图 2-8　福禄贝尔

自然科学的发展使人们形成了整体的观念。福禄贝尔认为一切事物最终都统一于上帝,这是福禄贝尔教育思想的哲学基础,基于此,他提出了教育的任务"就是激发和教导作为一种自我觉醒中的、具有思想和理智的生物的人有意识地和自觉地、完美无缺地表现内在的法则,即上帝精神,并指明达到这一目的的途径和手段。"教育的实质在于使人能自由地表现他的本质,帮助人类逐步认识自然、人性和上帝的统一。

2)教育顺应自然,坚持辩证的发展观

福禄贝尔坚持人性善,神性是人性的本质或根源。教育、教学和训练的最初的基本标志必然是容忍的、顺应的,是保护性的和防御性的。儿童生活中不良现象出现的原因有两方面:人的本质的各方面的发展被完全忽略;发展过程遭到了不良干预。所以,教育要遵循自然的原则,不要忽视儿童的本性,也不要过多地干预儿童的本性。他第一次把自然哲学中进化的概念完全而充分地运用于人的发展和人的教育,认为人性是一种不断发展和成长的东西,发展不仅是

分阶段的,更是连续的和联系的,人的成长与万物生长一样必须服从两条互补的原则:对立与调和。

3)创造性活动

人不仅从内部本质上进行创造,即产生一系列的物质东西(又称派生物),同时还从外部进行创造,即参加活动与训练,以表现上帝在他身上赋予的内部本质。据此,他批判当时出现的教育脱离生活的现象,认为应该从实际生活出发进行教育,而不是通过概念来吸收和感受事物,并且通过教育最终应达到内部与外部的协调统一。

4)重视社会参与

福禄贝尔认为儿童与社会的关系是部分与整体的关系,儿童自身是一个整体,又是社会这个大整体的有机组成部分。儿童只有通过与他人的交往,才能认识自己与他人的关系,进而认识人性。所以他主张让儿童在团体的活动中来接受教育。

### 2. 儿童教学原则

1)自我活动原则

自我活动是一切生命最基本的特性,儿童总是在积极地自我活动,在此过程中呈现其发展程度。幼儿园的基本思想是帮助幼儿自我表现并由此得到发展,教师应对幼儿的自我活动进行引导,鼓励幼儿去创造。

2)实物教学的原则

福禄贝尔认为,社会性是人类的基本特征,幼儿园教育应帮助幼儿了解自己与社会的关系,并强调:"我的教育方法是从一开始就向学生提供在事物中收集自己的经验的机会,让他们用自己的眼睛观察,使其学会从自己的经验,从事物和事物之间的关系,从人类社会的真正生活中去认识。"因此,幼儿园教学应向幼儿呈现具有关联性的实物,让幼儿从观察具体的实物中积累经验。

3)游戏教学的原则

根据自我活动和创造的原理,福禄贝尔非常重视儿童的自由游戏(free play),将游戏看作儿童内在本质由内向外的自发表现,认为"游戏是创造性的自我活动和本能的自我教育",儿童"在这些游戏中得到充足滋养的绝不仅仅是身体的,或者说肉体的力量,而且也在不断增长地、肯定地、可靠地显示出精神和道德的力量"。

### 3. 特色教具——恩物的开发及应用

"恩物"(gift)是福禄贝尔设计的一系列玩具,供儿童游戏时使用。之所以叫"恩物",按照福禄贝尔的理解,这些玩具都是上帝恩赐给儿童用来发展儿童各方面的能力的,是上帝的恩赐物,其价值是让幼儿逐渐认识自然的规律。"恩物"包括各种柔软的彩色线球、木球、立方体、圆柱体和木板等20种积木。福禄贝尔认为,幼儿在教师引导下使用这些材料,可以使幼儿辨别颜色、认识形状、大小,形成点、线、面、体以及部分与整体关系的观念,训练幼儿的感知觉,帮助幼儿直观地认识自然界的内部规律。这套恩物被福禄贝尔赋予了浓厚的象征主义和神秘色彩，它对于儿童的精神发展具有重大意义，有助于儿童集中注意力，发展儿童身体的自制力和创造力，在将玩具、教具、教材融为一体方面做了开拓性尝试。

"作业"则是指教师指导幼儿利用各种材料进行的各种结构或制作活动，主要体现创造的原则，是将恩物的知识运用于实践。作业的材料包括黏土、沙子、纸张和纸板等。

### 4. 歌谣

在福禄贝尔的著作《慈母游戏与儿歌》中，专门设计了一套精选的歌谣及其图画的表示和游戏方式的说明。编写该书的目的，是帮助母亲教育自己的孩子，使儿童运用自己的身体、四肢来活动他们的肢体，发展他们的感觉。

## 三、现代学前教育思想的发展与变革

19世纪末到20世纪初，欧美的新教育革新运动极大地推动了学前教育发展。在这一阶段，正规的社会性幼儿教育机构建立并逐步发展，幼儿教育理论从教育学中分离出来，成为一门独立的学科，与幼儿教育实践同步。蒙台梭利在批判地继承传统的学前教育方法的基础上，提出了现代学前教育理论，对20世纪学前教育发展产生了广泛而持续的影响。随后精神分析学派、行为主义学派、认知发展学派和人类发展生态学等各种发展心理学理论被引入学前教育领域，极大地推动了学前教育研究的科学化。

### （一）杜威的儿童教育思想

约翰·杜威（John Dewey，1859—1952年，见图2-9），美国著名哲学家、教育家，实用主义哲学的创始人之一，功能心理学的先驱，美国进步主义教育运动的代表。他的主要教育著作有《学校和社会》（1899年）、《儿童与课程》（1902年）、《民主主义与教育》（1916年）、《明日之学校》（1915年）、《经验与教育》（1938年）和《人的问题》（1946年）等。

#### 1. 儿童中心论

杜威是在批判旧教育的过程中提出"儿童中心主义"思想的。在杜威看来，在传统教育那里，"学校的重心在儿童之外，在教师，在教科书以及你所高兴的任何地方，唯独不在儿童自

图2-9　约翰·杜威

己即时的本能和活动之中"，"尽管优秀的教师想运用艺术的技巧来掩饰这种强制性，以减轻那种显然粗暴的性质，它们还是必须灌输给儿童的。"由于传统教育把教育的"重心"放在教师和教科书上面，而不是放在儿童的本能和活动中，于是，儿童只能受到"训练"、"指导和控制"以及"残暴的专制压制"。要使教育实现重心的转移。"我们教育中将引起的改变是重心的转移，这是一种变革，这是一种革命，这是和哥白尼把天文学的中心从地球转到太阳一样的那种革命。这里，儿童变成了太阳，而教育的一切措施则围绕着他们转动；儿童是中心，教育措施便围绕着他们而组织起来。"把教育的重心从教师、教材那里转移到儿童身上，这就是杜威倡导

的"新教育"（或"进步教育"），也就是"以儿童为中心"的教育。

### 2. 教育即"生活""生长"和"经验改造"

教育能传递人类积累的经验，丰富人类经验的内容，增强经验指导生活和适应社会的能力，从而把社会生活维系起来和发展起来。广义地讲，个人在社会生活中与人接触、相互影响、逐步扩大和改进经验，养成道德品质和习得知识技能，就是教育。由于改造经验必须紧密地和生活结为一体，而且改造经验能够促使儿童成长，杜威便总结说"教育即生活""教育即生长"，教育即为"经验改造"。

### 3. 学校即社会

杜威认为儿童在社会中参加真实的生活，才是身心成长和改造经验的正当途径。所以教师要把教授知识的课堂变成儿童活动的乐园，引导儿童积极自愿地投入活动，从活动中不知不觉地养成品德和获得知识，实现生活、生长和经验的改造。

### 4. 道德教育

杜威认为，"道德是教育的最高和最终的目的"，"道德过程和教育过程是统一的"。所以德育在教育中占有重要地位。杜威极力强调道德才是推动社会前进的力量。在实施方面，杜威首先主张"在活动中培养儿童的道德品质"，其次是要求结合智育达到德育的目的。再则，他很注重教育方法的道德教育作用。

## （二）蒙台梭利的学前教育思想

蒙台梭利（Maria Montessori，1870—1952年，见图2-10），意大利第一位女医学博士，意大利幼儿教育家，创立了蒙台梭利教育法，在特殊教育和学前教育理论的研究和实践方面取得了卓越成就，被誉为世界学前教育史上自福禄贝尔以来影响最大的现代幼儿教育家。蒙台梭利的学前教育思想，对于20世纪初期的学前教育产生了重要影响，形成了席卷全球的"蒙台梭利热"，并在1925—1951年一直担任国际蒙台梭利协会主席。

蒙台梭利在卢梭、福禄贝尔的自然主义、自由主义教育思想的影响下，根据自己的实际观察和实验研究，结合生物学、遗传学、生理学和生命哲学等理论，提出了自己的儿童发展观。她在《童年的秘密》中指出："存在一种神秘的力量，它给新生孤弱的躯体一种活力，使他能够生长，教他说话进而使他完善，那我们可以把儿童心理和生理的发展说成是一种'实体化'。"这种神秘力量被称作"内在潜力"，是一种积极的、活动的、发展着的存

图2-10　蒙台梭利

在，它具有无穷无尽的力量。教育的任务就是激发和促进儿童的"内在潜力"的发现，并按其自身规律获得自然和自由的发展。

蒙台梭利经过多年的"儿童之家"实验和实践，确立了其独特的蒙台梭利教学思想。

### 1. 尊重儿童天性发展

蒙台梭利认为,教育必须允许儿童自由,必须尊重儿童的天性,让他们自由地表现,但这并不意味着让儿童放纵、为所欲为,而是指使儿童从妨碍其身心和谐发展的障碍中解放出来的自由。应该让儿童在自由的基础上培养纪律性,在自由的活动中发展意志。

在自由工作的基础上培养纪律是蒙台梭利最具特色的教育思想之一。她认为,秩序不可能由命令、说教等特设的训练手段而获得,只能由"工作"这个间接手段而达到。当儿童对某一项作业有了强烈的兴趣时,从他的面部表情和注意集中时间就可知,这个儿童已踏上了纪律之路。但这个工作必须体现自由的原则,即源自儿童自发的需要。

### 2. 教师的角色

蒙台梭利用"跟随儿童"(follow the child)概括她的教育哲学思想,将幼儿教师定位于观察者、环境创设者、指导者和家园合作的联络者的角色。作为观察者,教师要保证观察准确可靠,要经常锻炼自己的观察能力,同时还要长期和儿童一起生活学习;作为环境创设者,教师所创设的环境应具备自由的气氛、结构和秩序、真实与自然、和谐与美感、蒙台梭利教具等要素;作为指导者,教师应承担介绍、示范、支持和资源提供任务;作为家园合作的联络者,教师要定期与家长交谈,了解家长的想法及幼儿在家的教育情况,以促进儿童发展。

### 3. 直观教学原则

直观性是指直接利用各种事物刺激感官对儿童进行感觉训练。蒙台梭利认为,发展儿童智力可使其自由,智力的培养取决于感觉。感觉包括视觉、听觉、嗅觉、味觉及触觉,每一种感官只能对某种特定的刺激有所反应。所以她设计了各种各样的教具让儿童练习使用,从而锻炼感觉官能的敏锐性,促进儿童智力发展,协助儿童进行自我教育。

### 4. 环境教育原则

蒙台梭利认为,幼儿发展是个体与环境交互作用的结果,其动力是儿童的生理和心理的需要。她将环境视为教育的三大要素之一,认为"我们教育体系的最根本特征是对环境的强调",要求教师为儿童提供"有准备的环境"。所谓"有准备的环境"一方面是指由教师营造的充满爱、关心、指导、快乐的心理环境,另一方面是指经过精心组织与安排的物质环境,主要包括各种适宜的教室、桌椅、可供幼儿操作使用的材料或教具等。

### 5. 个别化教学原则

蒙台梭利认为,每个儿童都有自己的心灵,有一定的需要、潜能和敏感期,这决定了儿童本身发展的进程和方向。因此她强调个别化教学,首先是保证儿童独立活动的愿望,其次是在学习速度、学习器材上,遵循儿童个体发展需要,给予不同的设计与指导。

### 6. 系统发展原则

蒙台梭利认为,儿童的发展是一个连续的自然发展过程,在儿童发展的各阶段,有些智力活动的形式日渐成熟,有些智力活动形式日益消退,应根据儿童阶段的特点给予相应的教育,为其下阶段的发展打下基础。

### (三)精神分析学派的学前教育理论

精神分析学派从儿童人格发展的角度,追寻每个儿童独特的发展历程,认为儿童的发展历程是由其生理欲望和社会期望冲突的系列阶段构成,而解决冲突的方式决定个体学习、交往和解决焦虑的能力。精神分析学派的典型代表是弗洛伊德(Sigmund Freud,1856—1939年,见图2-11)和埃里克森(Erik H Erikson,1902—1994年,见图2-12)。

图2-11 弗洛伊德

图2-12 埃里克森

弗洛伊德认为人的心理发展是由生物性本能决定的。人一出生,就具有满足自我身体发展的需求,该需求在环境的供给下,是否被满足将形成不同的童年体验,对儿童性格的形成产生重要影响。弗洛伊德把儿童童年期心理发展分成五个阶段:口欲期(0~1.5岁)的性本能集中于口腔部位,婴儿通过吸吮、咀嚼、啃咬等动作获得快感;肛欲期(1.5~3岁)的幼儿按照自己的意愿进行大小便,获得快感;性器期(3~6岁)的儿童以刺激性器官获得快感,并可能内化同性父母的性别角色特征和道德标准;潜伏期(6~10岁)的少年开始压抑性冲动;青春期(10~20岁)的青年通过社会认可的方式获得性满足。他认为在各个阶段,儿童相应的需求没有得到满足或者过度满足,都有可能导致心理冲突,从而出现不同的性格特征。

埃里克森接受了弗洛伊德的许多观点,但他更强调儿童是积极主动且能适应环境的探索者,强调自我的功能,认为自我不仅仅是解决本我与超我冲突的简单仲裁者,人在各个发展阶段,都要发挥自我的功能来处理社会现实问题,以便成功地适应环境。此外他还特别强调社会文化对人格发展的影响。

精神分析学派非常重视人格的发展,而且强调婴幼儿阶段的生活经验是人格形成与发展的基础,影响成年以后人的性格、人际关系、社会性行为和家庭生活。其基本观点可以归纳为以下几点。

#### 1. 重视早期经验和亲子关系

精神分析理论认为,童年生活质量决定个体一生的生活质量。由此人们开始注意哺乳方式、断奶时间与方法、大小便习惯的训练、亲子关系的处理等问题,注意到成人尤其是父母在儿童早期生活和人格的形成与发展中的重要地位及作用。

**2.幼儿期应重视培养健全人格**

精神分析学派主张,人格教育是幼儿教育的重点。健全人格的特征是"爱人的能力",只有从小受到尊重与关爱的幼儿,才能学会尊重与关心他人。教师应当为幼儿创设能让幼儿体验与感受到尊重、爱、安全、被接纳的环境,以自己的言行举止、以自己的"爱"去唤醒幼儿"爱人的能力",切忌生硬的道德知识灌输。

**3.注意培养幼儿的想象力与创造性**

教学活动应当符合幼儿的兴趣与能力,支持与鼓励幼儿的探索与表现,避免压力与紧张的心理气氛,使幼儿在主动活动中认识自我、发现自己的能力,形成良好的人际关系,获得成功的体验。游戏是幼儿想象力与创造性发展、处理消极情绪、建立自信心的重要的途径。游戏应当是幼儿园的主要活动,应当让幼儿通过游戏来学习。

> **案例阅读**

 **我要跟奶奶结婚**

张帆,5岁,父母长期在外地工作,很少回家,对他照顾最多的是60多岁的奶奶。有天张帆非常认真地对奶奶说:"奶奶,你对我真好,等我长大以后,要跟你结婚,让我来照顾你!"奶奶听了吓了一大跳,说孩子你可不能这么说,你是不可以跟奶奶结婚的。

分析:

张帆奶奶的反应可能跟生活中大多数家长的反应类似,觉得孩子怎么可以有这样的想法,立即从道德的角度对孩子的想法给予打击。其实从弗洛伊德的精神分析理论出发,孩子的这种想法是非常正常的。弗洛伊德认为儿童在3~6岁年龄段会形成恋母或者恋父情结,可能使儿童产生对同性父母的自居作用——认同并内化同性父母的性别角色和道德标准。在6岁以后,儿童这种想法会自然地消失,将精力转移到学习、游戏、同伴交往中去。案例中的张帆由于从小受奶奶照顾,于是这种恋母情结指向了奶奶,才会产生想跟奶奶结婚的愿望。儿童把这种愿望表达出来,如果遭到斥责,可能会引起对自身的排斥及焦虑,影响健康成长。家长对孩子的话回报以轻松的微笑,并承诺我也会照顾你的,这将给孩子以安全感。

### (四)行为主义的学前教育理论

与精神分析学派不同,行为主义学派认为心理的实质就是行为,研究的对象应是可以直接观察到的现象,即刺激(S)和反应(R),以行为作为心理学的重要范畴。行为主义者认为,学习就是个体在活动中受外部环境因素影响而使其行为改变的历程,学习的内容就是一系列刺激与反应之间的联结,学习方式有直接学习、间接学习(观察学习),并受直接强化、替代强化和自我强化等因素影响。华生、桑代克、斯金纳为行为主义学派的典型代表。

### 1. 华生

华生(J. B. Watson,1878—1958年,见图2-13)是美国行为主义心理学的创始人。华生认为,行为是可以通过学习和训练加以控制的,只要确定了刺激和反应(即S—R)之间的关系,就可以通过控制环境而任意地塑造人的心理和行为。华生指出,人格是习惯的产物,人格由占支配地位的习惯所构成的,而占支配地位的习惯系统是由一些各自独立的习惯构成的,所以应通过及早施教来培养儿童良好的习惯和行为。家长和教师应创造适合儿童发展的良好环境,培养儿童有礼貌、合群、勇敢进取等各种良好的行为习惯,并尽可能使儿童的教育及训练主动适应社会文化的变迁,做到因时、因地制宜,培育身心健康的儿童。

图2-13 华生

### 2. 桑代克

美国心理学家桑代克(E. L. Thorndike,1874—1949年,见图2-14),根据一系列的动物实验,发现动物的学习是一个渐进盲目的、尝试错误的过程。桑代克认为这样的学习即联结,所谓联结是指某情景仅能引起某种反应,而不能引起其他反应的倾向。学习的实质是经过试误使得刺激和反应之间形成联结,即形成S—R之间的联结。根据桑代克的试误学习,在学前教育中应为幼儿提供动口、动手的机会,允许孩子犯错误,幼儿的尝试过程即是学习;要积极肯定幼儿的探索行为,以满意结果加强联结;要抓住时机,引导、维持幼儿的学习热情,以增加联结的频次来增加联结的强度。

图2-14 桑代克

### 3. 斯金纳

美国心理学家斯金纳(B. F. Skinner,1904—1990年,见图2-15),把行为分为应答性行为和操作性行为,前者是由特定的、可观察的刺激所引起的行为,后者是指在没有任何能观察到的外部刺激的情境下的有机体行为,是自发行为。由此,他提出两种学习形式,首先是经典条件反射(S—R联结)学习,用以塑造有机体的应答行为;其次是操作式条件反射(R—S联结)学习,用以塑造有机体的操作行为。

人类的大多数行为属于操作性行为。在一个操作发生后,接着给予一个强化来刺激,那么其强度就会增加。如果一个已经通过强化的操作性活动发生后,没有强化刺激物出现,它的力量就会削弱。无论是操作性条件反射的建立还是消退,其关键在于强化。强化是塑造与矫正儿童行为的基础。斯金纳认为,教育者只要了解强化效应和操作好强化技术,就能控制行为的反应,塑造出教育者希望的儿童行为。因此,教育者要了解每个幼儿的兴趣与爱好,

图2-15 斯金纳

注意观察儿童的行为,正确运用表扬与奖励等强化手段,及时强化期望儿童出现的行为,不能以全社会统一的"标准"去规范儿童。

总之,行为主义学派的学前教育理论强调幼儿的发展是开放变化的,每个幼儿的行为强化都不相同。要关注环境与教育的影响,重视环境对儿童心理和行为的影响具有治疗的价值,要通过适当的刺激及合理运用强化手段控制和改善人的心理问题。但他们把儿童看成是消极被动的学习者,否认了儿童的主观能动性,是典型的"外铄论"思想。

(五)认知发展理论的学前教育理论

认知发展,是指个体自出生后在适应环境的活动中,对事物的认识和面对问题情境时的思维方式与能力表现,随年龄增长而逐渐改变的历程。代表人物有瑞士的皮亚杰和苏联的维果茨基。

**1. 皮亚杰**

瑞士心理学家皮亚杰(Jean Piaget,1896—1980年,见图2-16)是认知发展理论的集大成者,他毕生的研究主要关注两个问题:"人的知识是怎样形成的?"和"人的知识是怎样增长的?"基于这两个问题的系统论述,建构了他的发生认识论。关于认知发展的基本过程,皮亚杰认为,智慧的本质是适应,是同化与顺应之间的平衡,认知发展或智力发展是个体的图式随年龄增长而发生的改变。所谓图式是指个体用来认识周围世界的基本模式,图式是认知结构的起点和核心,是人类认识事物的基础,图式的形成和变化是认知发展的实质。个体在适应环境的过程中,把新的知识归入先前已学会的一些相同概念中,即为同化;当既有的图式无法适应

图 2-16 皮亚杰

新事物特征时,必须改变原有图式以符合新环境需求,则产生顺应。关于认知发展的阶段,皮亚杰认为,认知发展不是一种数量上简单累积的过程,而是认知图式不断重建的过程。

皮亚杰根据认知图式的性质,将认知发展分为四个阶段:感知运动阶段(0~2岁),婴儿只能通过看、听、触、摸、尝、嗅等感知动作来适应外部环境,构建感知动作图式,并从反射动作过渡到智慧动作;前运算阶段(2~7岁),儿童开始从具体动作中摆脱出来,凭借象征性图式在头脑中进行"表象性思维",拥有了客体永久性,能在延迟模仿、象征性游戏、绘画、语言等领域有所表现;具体运算阶段(7~12岁),该阶段儿童的智慧活动具有了守恒性和可逆性,掌握了群集运算、空间关系、分类和排序等逻辑运算能力;形式运算阶段(12~15岁),个体的思维能力在该阶段已超出事物的具体内容或感知的事物,是一种抽象的逻辑思维。

皮亚杰根据认知发展理论,认为教学内容的选择应以儿童心理发展的阶段特点为依据,课程结构内容应与儿童智力发展的结构相互适应;在教学过程中应遵循适应儿童的认知发展、发展儿童的自主性、认知能力和重视实践活动三个原则;在教学方法上采用综合观察法、询问法、测验法和实验法的临床教学法,利用讲述故事向儿童提出有关道德方面难题的两难故事法,利

用学习者之间、学习者与成人之间互动的社会交往法,利用"高度集中注意的活动"的活动法。

### 2. 维果茨基

苏联心理学家维果茨基(Lev Vygotsky,1896—1934年,见图2-17),与皮亚杰从不同角度关注"儿童发展"问题,皮亚杰关注的是儿童个性发展,维果茨基关注的是儿童的社会性发展。

图2-17　维果茨基

维果茨基强调儿童能积极主动地探索世界,儿童心理的发展并不完全取决于认知成熟,儿童与成人或年长伙伴的互动是影响儿童发展的重要因素。据此,维果茨基提出了"最近发展区"(zone of proximal development,缩写ZPD)的概念,认为儿童的"现有发展水平"与"通过成人的指导可能达到的水平"之间就是儿童的"最近发展区"。

根据维果茨基的理论,儿童教育在依据儿童已有认知结构的同时,应该走在儿童发展的前面,教学不只是适应儿童的现有发展水平,更重要的是要发挥其对儿童发展的主导作用。他还认为儿童的认知是在和更善于思考、思维水平更高的人的交往活动中得到发展的,如父母、教师、同伴等。这些人作为指导者和教师为孩子的智力发展提供必要的信息支持。他认为儿童需要引导和帮助,维果茨基尤其重视家长、教师及其他成人在儿童认知发展中的作用。

### 3. 柯尔伯格

图2-18　柯尔伯格

美国心理学家柯尔伯格（L.Kohlberg,1927—1987年,见图2-18）提出了儿童道德发展的阶段理论。他认为道德发展是连续的,并按照不变的顺序由低到高逐步展开的过程。柯尔伯格依据儿童对遵从规则还是服从需要的行为选择,将儿童的道德发展划分为三种水平、六个阶段。水平一称为"前习俗水平",行为受逃避惩罚和获得奖赏的需要驱使,儿童主要着眼于自身的具体结果,还没有发生社会规范的内化;水平二称为"习俗水平",儿童认同于父母,并遵从父母的道德判断标准,儿童主要满足社会期望,这时社会规范已开始内化;水平三称为"后习俗水平",儿童主要履行自己选择的道德准则,社会规范已完成内化。高层次和阶段的道德推理兼容较低层次和阶段的道德推理方式,反之则不能;各阶段的时间长短不等,个体的道德发展水平也有较大差异,有些人可能只停留在前习俗水平或习俗水平,而永远达不到后习俗水平的阶段。

### （六）人类发展生态学的学前教育理论

布朗芬布伦纳（Urie Bronfenbrenner,1917—2005年,见图2-19）,美国心理学家,提出了生态系统理论,同时是美国问题学前儿童启蒙计划的创始人。他把人类发展生态系统分为微观、中间、外层、宏观和时间五个系统,影响人发展的因素是一个整体,是由大小不同的系统相互作用构成的社会生态环境,其核心是发展的人。

社会生态系统理论认为,人与环境之间达到最佳拟合有利于心理的发展,如果拟合不理想,人就会通过适应、塑造或更换环境来提高拟合度。幼儿作为生态系统的因素之一,他们具有主动探索周围环境的欲望,其发展是自身与环境相互作用的结果,他们不断根据自身需要主动地调整自身与环境的关系。如果幼儿所处环境的某层生态系统出现问题,如父母以粗暴的方式对待幼儿,电视上经常播放暴力动画片,同龄伙伴经常说脏话等,幼儿就会在环境的影响下自我调整,变得畏怯、暴力或者不文明。所以,作为教育者,在教育过程中,除了关注幼儿的个体变化外,还应该关注以幼儿为中心的其他各层系统,并对这些系统施加一定的影响,以谋求更佳的幼儿教育环境。

图2-19 布朗芬布伦纳

# 第二节 中国学前教育理论的形成与发展

## 一、古代中国学前教育思想的萌芽

清代鸦片战争之前是我国学前教育思想的孕育期。在这之前漫长的时间里,中国的学前教育一直在家庭中实施,并没有产生专门的学前教育机构。在我国悠久的古代文化遗产中,蕴藏着丰富的学前教育思想。

### (一)学前教育思想孕育的背景

自阶级社会以来,我国实行"家天下"的宗法制度和贵族专政,统治阶级以"封疆裂土"、"嫡长子继承制"管理家族和天下,普通家庭以血缘关系论亲疏,父权实为君权。家是奴隶社会、封建社会管理的最基本的经济单位和政治单位,同时拥有"人口生产、物质生产、教育"三重职能,"家之不宁,国难得安",国家的管理依赖于家庭管理。

从统治者角度而言,家族内部或家庭内部的自我有效管理能实现整个国家的长治久安,所以家庭教育至关重要。家庭的基本道德观念——"孝"和"悌"成为整个封建伦理道德的出发点,对学前教育思想产生了重要影响。同时,"君子如欲化民成俗,其必由学乎……是故古之王者建国君民,教学为先","养士教民"是学校教育产生的基本动机,学前教育是学校教育的基础,"学而优则仕"成为教育儿童的指导思想。

从家庭及个人角度而言,学前教育作为家庭教育的组成部分,它关系到一个家庭的荣辱与兴衰,关系到个人的理想能否实现。在这种社会制度之下,"望子成龙,光耀门楣"成为普通家庭的希望,"光宗耀祖"成为学前家庭教育的基本出发点。

从文化角度而言,自西汉武帝采纳董仲舒的"罢黜百家,独尊儒术"以来,教育内容就被儒家思想所垄断,生活常规以儒家礼教为指导思想,道德以儒家倡导的"仁义礼智信"为原则,识字教材中包含的故事主要涉及儒家诸贤。可见,学前教育思想的形成与儒家文化紧密相连。

在以上社会因素影响下的家庭学前教育,产生了"孟母三迁""岳母刺字""黄香温席""孔融让梨"等经典家庭教育案例,《三字经》《百家姓》《千字文》等经典儿童教材为我国古代学前教育思想的孕育奠定了基础。古代的教育家和思想家从不同角度对学前教育的价值与作用、内容与方法提出了多种看法,孕育了我国古代的学前教育思想。

### (二)早期的学前教育思想

西汉的贾谊(公元前200—前168年),以"正君"为目的,在综述前人教育思想的基础上,提出了早谕教、选左右、重儒术、教养结合等教育理念,他是先秦以来第一位全面论述早期教育的思想家,促进了早教理论发展。北齐的颜之推(531—约595年,见图2-20)以"立身扬名、光宗耀祖"为目的,提出了固须早教、威严有慈、均爱勿偏、应世经务、重视风化陶染、重视语言学习等观点。他编写的《颜氏家训》是我国第一部系统而完整的家庭教育教科书,"古今家训,以此为祖",多种主张在当代社会依然值得父母教育子女所借鉴。南宋朱熹(1130—1200年),通过办书院、讲学,从事教育活动长达40年之久,积累了丰富的教育经验,在对儿童身心发展规律的直观理解基础上提出了重视蒙养教育、要求慎择师友、强调学"眼前事"、提倡正面教育等观点。王守仁(1472—1529年,见图2-21)则在关注儿童的生理、心理特点的基础上提出了顺导性情,鼓舞兴趣;循序渐进,量力而行;因材施教,各成奇才;全面诱导,不执一偏等。这些思想符合儿童教育规律,与近代教育学具有一致性,特别是"顺导性情"的自然主义教学观比卢梭早200年。

图2-20 颜之推

图2-21 王守仁

在众多的学前教育思想中,比较集中的观念如下。

#### 1. 胎教是立教之本

中国古代非常注重"慎始敬终"的理念,认为胎教是"立教之本原",主张人的教育应自胎教开始。我国是最早提出并实施胎教的国家,始于西周,并建立有明确的胎教制度。西周文王之母太任、成王之母周妃后,均在怀孕时对胎儿施以胎教,以孕贤君,后人誉为"贤妣"。据史料记载,太任自怀孕以后,"目不视恶色,耳不听淫声,口不出傲言,能以胎教。"这是中国最早的胎教观,对孕妇的视、听、言、动、思等方面提出了严格要求。春秋战国到两汉时期是我国胎教理论逐步形成的时期,主要是从政治道德的角度论述胎教。其中,贾谊的《胎教》是我国最早论述胎教问题的论文。随着我国中医学理论的发展,魏晋以后的许多医学家都从医学角度提出了养胎与胎教相结合的主张,积累了大量的胎教经验,丰富了我国古代的胎教理论。

胎教的理论基础为"外象内感说""母子同体说"和"生长发育说",古人认为胎儿的生长发育与母体及其所处环境密切相关,母体及其所处环境对胎儿有决定性影响,胎教即为母教。胎教的实施包括胎教的目的、作用、内容和途径,认为胎教的目的是培养合格的未来统治者及富有道德、身体健康的下一代;其作用为"正本慎始";胎教的内容包括礼仪德性之教、诗书礼乐之教和养胎保胎之教;胎教的途径主要从孕妇应注意积极的精神状态、良好的生活习惯、饮食卫生和营养等方面为胎儿提供良好的环境。

### 2. 倡导及早施教

孔子(公元前551—前479年,见图2-22)指出"少成若天性,习惯如自然",俗谚提到"教妇初来,教儿婴孩",这些成为古代教育家提倡及早施教的理论基础。贾谊明确提出了"早谕教"的观点,主张"自为赤子而教固以行矣"。婴幼儿心地纯洁,具有可塑性,"心未滥而先谕教,则化易成也。"在其赤子之心还未受到外界环境熏染时,及早施教可以养成良好的行为习惯,收到事半功倍的教育效果。颜之推提出"固须早教",认为幼童时期学习效果好,因为"人生小幼,精神专利,长成已后,思虑散逸,固须早教,勿失机也",同时幼童可塑性大,容易养成习惯,能"使为则为,使止则止"。朱熹非常重视蒙养教育,认为"大学之序,特因小学已成之功"。

图2-22 孔子

早期教育的内容包括生活习惯、文化知识和身体锻炼三方面。在生活习惯方面,古人要求幼儿对长辈必须谦卑、恭敬,不得恣情而行。并且,还要培养幼儿诚实正直、礼让的品德和讲究文明卫生的习惯,同时,还要鼓励幼儿积德行善,树立正确的志向。在文化知识方面,古人主张遇物而教,重视幼儿对环境的认识和其语言能力的发展,与此同时,他们也会教给幼儿一些必要的知识,如计数和识字等。在身体锻炼方面,古人按照幼儿生理发育的特点对其进行体育锻炼,"能坐、能行则扶持之,勿使倾跌也。"

### 3. 重视环境的风化陶染

风化是指"自上而行于下者也,自先而施于后者也",重视风化陶染就是强调父母或成年人对幼童的示范作用。由于幼儿具有极强的模仿性,易受周围环境的影响,因此古代的教育家、思想家非常重视环境中人与事物对幼儿的影响。孔子认为,择邻不到风俗仁厚的地方去就非明智之举。荀子认为,环境对人的陶冶是一个渐进过程,"蓬生麻中,不扶而直;白沙在涅,与之俱黑。"贾谊认为,"夫教得而左右正,则太子正矣,太子正而天下定矣",慎选左右是对太子进行早期教育的保证,选"天下之端士,孝悌博闻有道术者"为"三公三少",形成卫翼太子的屏障,使太子只"见正事,闻正言,行正道"。朱熹认为,"习与正则正,习与邪则邪,"应慎择师友,注意来自身边师长同伴的影响,谨慎选择幼儿教师应从谨慎选择乳母开始,还要培养孩子辨别是非、选择益友的能力。

### 4. 注重德行的教育

我国古代文化是典型的伦理文化,以儒家的"修身、齐家、治国、平天下"著称,教育的基点是培养人的良好德行,以儒家的忠、信、义、礼、孝、仁为教育准则。《论语》记载了孔子为学生开设的"文、行、忠、信"四门课程,其中三门都属于思想道德教育的范畴。朱熹指出:"德行之于人大矣……士诚知用力于此,则不唯可以修身,而推之可以治人,又可以及夫天下国家。故古之教者,莫不以是为先。"古代教育者将道德教育置于优先地位,德行的教育先于读书。幼儿的德行教育主要包括孝悌、诚信、为善和崇俭教育等,通过"教事"的途径来帮助幼儿形成初步的道德观,在日常生活中养成幼儿尊老爱幼、礼让客人的良好习惯。

### 5. 倡导学习具体的事物

颜之推在反对空谈家和腐儒的基础上,提出应世经务的观点,即幼儿应付世事的能力。颜之推认为只有广泛接触社会生活,学习各种杂艺,才能成为"应世经务"者,提倡"积财千万,不如薄技在身"。朱熹在其编写的《童蒙须知》中详细规定了眼前事为"洒扫应对进退之节""礼乐射御书数之文""爱亲敬长隆师亲友之道",认为只有先学好眼前事,才能再学好其他事,这样的学习是一种由浅入深、由近及远的学习,是符合儿童认识发展规律的。颜之推的应世经务思想主要用来反对"学而优则仕"的章句,强调学习某一具体的技能更加实用;朱熹的学眼前事的目的并不是要掌握眼前事这一技能,而是通过对眼前事的学习,形成良好的学习习惯,以促进日后的学习。

### 6. 提倡积极正面引导

王守仁认为,"大抵童子之情,乐嬉游而惮拘检,如草木之始萌芽,舒畅之则条达,摧挠之则衰痿",由此提出顺导性情、鼓舞兴趣的教育方法,但顺导性情不是放任自流,而是积极从正面引导,激发儿童的学习兴趣,他反对"鞭挞绳缚",认为其"若待拘囚"。朱熹也指出教育幼儿应多积极诱导,少消极限制。

## 二、中国学前教育理论的形成

鸦片战争至新中国成立之前是我国学前教育理论的形成时期。鸦片战争爆发后,西方国家的坚船利炮轰开了中国的国门,也打开了中国人的眼界。"一部中国近代史就是一部西方近代科学技术在中国被接纳、解读、传播和落户的历史。"学前教育领域也不例外,随着工业的兴起与发展,受封建礼教禁锢的妇女得到一定程度的解放,儿童社会化意识初步萌芽,我国开始尝试社会化学前教育。但最开始仅仅是对国外学前教育的照搬照抄,直到新文化运动的"民主"

与"科学"解放了教育工作者的思想,深化了他们对教育内涵的科学认识,促使他们将关注的焦点转向科学教育方法的研究和改良,高度重视在教育中养成探究的习惯、培养科学的精神。

维新运动领导人康有为受资产阶级教育制度的影响,在《礼运注》中提出"人人皆教养于公产而不恃私产"。他认为,在理想的大同社会中,孩子不是父母的私有财产,而是社会所共有,每个人一出生便离开父母,由政府设立的公共教育机构担任其培养、教育的责任。公养的教育目标是"养儿体、乐儿魂、开儿知识"。康有为的学前教育思想成为推动"蒙养院"——中国最早的社会性学前教育机构诞生的主要思想动力。蒙养院诞生不久,学前教育很快就陷入照搬照抄国外的抚养方式,甚至沦为外国势力培养治华代理人的基础。直到1928年陶行知(1891—1946年,伟大的人民教育家,见图2-23)和陈鹤琴(1892—1982年,中国幼儿教育家,中国教育学会名誉会长、全国幼儿教育研究会名誉理事长,见图2-24)联合提出了"注重幼稚教育案",该案指出幼稚教育的总目标是:"增进幼稚儿童身心的健康;力谋幼稚儿童应有的幸福与快乐;培养人生基本的优良习惯;协助家庭教养幼稚儿童,并谋求家庭教育的改进。"在该案的指导之下,民国时期以陶行知、陈鹤琴、张雪门(1891—1973年,见图2-25)等为代表的诸多教育家投身于幼稚教育改革,进行了幼稚教育科学化、民族化、平民化的实验,在实践中逐步形成了满足中国国情需要的学前教育理论体系。

图 2-23 陶行知

图 2-24 陈鹤琴

## (一)学前教育理论形成的认识基础

### 1. 关于学前教育的重要性

陶行知认为,儿童6岁以前的教育是人生的基础,这个时期将为一个人打下人格、智力、体格的基础,并且整个基础一旦确定,便不易改变,所以"小学教育是建国之根本,幼稚教育尤为根本之根本。小学教育应当普及,幼稚教育也应当普及"。陈鹤琴认为,幼稚期是人生可塑性最大的时期,需要有适当的环境与优良的教育,学前教育是一切教育的基础,对各种教育产生深刻的影响;为了减轻工作妇女养育子女的负担以及特殊儿童能得到社会的养护,迫切需要幼稚教育。张宗麟(1899—1976年,见图2-26)认为,学前教育是一切教育的起点,无论对人生、对国家、对社会都具有特殊重要的意义,学龄前教育应与其他各期教育有同等重要的地位,被正式列入学制。

图 2-25　张雪门与北京香山慈幼院的孩子们

图 2-26　张宗麟

### 2. 关于学前教育的发展方向

针对清末幼教机构多分布在大城市,为上层服务,并十之八九为教会所办,成为外国势力进行文化侵略的根基,罹患"外国病、花钱病、富贵病"三大疾病,陶行知指出要改革这三种弊病,幼稚园必须"中国化、省钱化和平民化",并在调研的基础上指出女工区域和农村是最需要幼稚园的两个地方。陈鹤琴则特别强调幼稚园要适应国情,他指出:"我们的小孩子不是美国的小孩子,我们的历史、我们的环境均与美国不同,我们的国情与美国的国情又不是一律,所以他们视为好的东西,在我们用起来未必都是优良的。"同时,他在心理学研究方面也指出,要以中国孩子为对象,总结中国孩子的特点,以中国孩子为中心,吸取外国的有用的经验,必须建立本民族的儿童心理科学。张雪门在《新幼稚教育》中指出,要解决我国的幼稚教育,必须认清三点:一是儿童在幼稚园时候身心发展的情形;二是我国社会的现状;三是应如何根据社会现状来谋求民族的改造,同时,根据儿童的需要,谋社会基础的建设。学前教育要"不背于真正的教育原理,须先明了心身与环境、个人与社会及现在与将来等关系"。

### 3. 对儿童的认识

陈鹤琴认为,对儿童的培养与成人不同,不能给他们成人化的东西,要适应他们的生理、心理特点,要做到儿童化。他认为小孩子好游戏、好模仿、好奇心强、喜欢成功、喜欢野外生活、喜欢合群、喜欢被称赞,应该根据儿童的这些特点,施以适当的教育,找到最经济、最有效的办法,达到优良的教育效果。同时他还提出科学的儿童观,即尊重儿童的独立人格。他批判地继承了中国传统文化中的"慈幼"思想,要求热爱儿童和"爱而会教",他提出"小孩子有小孩子的意志,小孩子有小孩子的人格。成人应当尊重小孩子的意志,尊重小孩子的人格"。

正是在上述对学前教育的认识基础上,陶行知等教育家在实践基础上形成了一套符合中国国情的学前教育理论。

(二)学前教育理论体系

**1. 学前教育目标**

张雪门从民族进步角度提出了以改造中华民族为目标的学前教育目标:"铲除我民族的劣根性;唤起我民族的自信心;养成劳动与客观的习惯态度;锻炼我民族为争中华之自由平等而向帝国主义作奋斗之决心与努力。"张雪门指出,幼儿阶段应以社会需要为远景,以幼儿个体发展的近景需要为幼稚教育阶段的主要任务,将儿童置身于可接触的环境中去充分发展儿童的个性。

陈鹤琴以"活教育理论"为基础,从社会需要角度提出了独特的学前教育目标——"做人,做中国人,做现代中国人。"他围绕中国传统文化要求孩子"做好人"这一主流,把"做人"作为学前教育的最低标准,并根据中国当时所处的时代背景和国情,通过对做人的界定勾勒出具有爱国精神、具有创造能力、符合现代中国社会发展需要的公民形象。三者从抽象到具体,逐一递进,最终走向"现代中国人"的理想人格。

陶行知从社会需要和个体发展角度明确地提出创造教育之目的,意欲培养能够征服自然、改造自然和改造世界的手脑并用型创造性人才。

张宗麟从个体发展角度认为:"儿童教育之第一要义为谋求儿童之健康,其二是生活习惯的养成,其三是欣赏能力的启蒙,其四是培养儿童的表达能力。"

他们所倡导的学前教育目标,从社会、国家需要的角度去改造民族、提高民族素质,到培养具有创造力的、健全的现代中国人,呈现出集民族需要与个体需要为一体的整体学前教育目标,最后落脚到学前教育阶段从解放儿童做起,培养创造性幼儿这一近期目标。

**2. 学前教育课程**

课程内容是实现教育目标的支柱,选择什么样的课程内容来实现学前教育的目标呢?陶行知提出了生活课程。"生活即教育"是生活教育理论的核心。陶行知指出:"生活教育是给生活以教育,用生活来教育,为生活向前向上的需要而教育。""生活教育是生活所原有,生活所自营,生活所必需的教育。教育的根本意义是生活之变化。生活无时不变,即生活无时不含有教育的意义。"生活课程表现为两个重视:一是重视课程内容的社会生活性、实用性和时代性;二是重视课程对象,即儿童的兴趣和发展需要,重视儿童的活动。通过儿童的日常生活,把培养健康、劳动、科学、艺术、集团的生活作为课程标准,兼顾环境与儿童需要的有机融合而达到增进儿童身心健康、增强生活能力和养成人生优良习惯之目标。

陈鹤琴提出"活教育"课程,他认为"大自然、大社会都是活教材"。陈鹤琴主张,儿童的世界,应让儿童自己去探讨、去发现。因为儿童自己求来的知识,才是真知识,他自己发现的世界,才是他的真世界。他把"大自然、大社会做出发点,让学生直接向大自然、大社会去学习"。大自然、大社会包罗万象、丰富多彩。为了使幼儿既能学到感兴趣的知识,又能达到预期的教育目的,陈鹤琴主张应当把幼稚园的课程打成一片,成为有系统的组织,并以儿童所生活的环境为中心,这个环境就是自然的环境和社会的环境。他把这种课程称为"五指活动"——健康、社会、科学、艺术和语文活动,要求幼稚园的课程全部包括在"五指活动"中,采用单元课程模式进行教学。

张雪门提出"行为课程"。他认为课程是经验,是适应生长的有价值的材料。幼稚园的课程源于"儿童自然的诸般活动",从行动中所得的认识,才是真实的知识;从行动中所发生的困难,才是真实的问题;从行动中所获得的胜利,才是真实的制驭环境的能力。张雪门在《中国幼稚园课程研究》中完整地表述了组织课程的标准:"课程须和儿童的生活联络。是有目的有计划的活动。事前应有准备,应估量环境,应有相当的组织,且须有远大的目标。各种动作和材料,全须合于儿童的经验能力和兴趣。动作中须使儿童有自由发展创作的机会。各种知识、技能、兴趣、习惯等全由于儿童直接的经验中获得。"

张宗麟倡导活动课程。他认为"幼稚园课程者,由广义地说之,乃幼稚生在幼稚园一切之活动也……包括一切教材、科目、幼稚生之活动"。按照儿童活动划分,课程内容包括:开始的活动,主要指人生最基本的习惯;身体活动,指强健身体的习惯和技能;家庭的活动,指反映家人之间的关系、礼仪以及家庭事务的活动;社会活动,指养成公民素质的教育活动;技能活动,是培养儿童适当表现自己的活动。

上述课程虽然在表述方面及侧重点上有所不同,但其实质还是反对科目式的、书本式的死知识,倡导学前教育的课程设计应基于幼儿的生活环境,包括自然和社会两大类,并通过幼儿在生活中的行为来进行健康、艺术、科学、语言和社会等亚类活动,形成了一个较完整的、综合性极强的活动课程模式,利于充实儿童的生活经验和培养儿童的生活能力。

**3. 学前教育方法论**

课程实施是指将课程计划付诸实践的过程。课程目标和课程内容确定之后,如何组织实施课程来实现教育目标就成为关键。现代中国学者从"行知"学说的哲学基础出发,提出了以"做"为中心的教育方法论,其目的是培养能够自主思考和独立行动的新人。以做、教、学为一体的整体过程,反映了他们注意到事物间的相对关系及条件和目的间不断转换的关系论,同时又适合幼儿阶段在行动中思考这一学习方式,故能成为学前教育中流行的教育方法论。

陶行知明确提出"教学做合一"的总方法论。教的法子是根据学的法子,学的法子根据做的法子,怎样做就怎样学,怎样学就怎样教。"教学做合一"强调教与学都以"做"为中心,教与学都是为了做。陶行知进一步指出什么是做,他认为单纯的劳力只是蛮干,不能算是做,单纯的劳心只是空想,也不能算做,"真正之做只是在劳力上劳心,用心以制力"。其核心是要求学生"手脑并用",从生活实践中获得真知。

陈鹤琴提出了"做中教、做中学、做中求进步"之论点,认为"做"是出发点,不但要在"做中教",还要在"做中学",不但要在"做"中教与学,还要在"做"中争取进步,即从教与学两方面来评价教育过程、结果和教学相长这一辩证关系。

张雪门提出"做学教合一",认为幼儿园教学法所根据的重要原则只有一条,便是行动。儿童怎样做,就是怎样学,怎样学就该怎样做。正确的行动,应有目的、有计划、能实践、能有结果,结果虽有成败,但都可以积累经验。

#### 4. 学前教育师资培养

教师是有效执行课程方案的保证。关于教师的培养,陶行知提出"艺友制"。凡用朋友之道教人学做艺术或手艺便是"艺友制",是对"师徒制"的改良。陶行知认为,"学做教师之途径有二:一是从师,二是访友"。跟随朋友学习比跟随老师学更自然而有效,所以要成为优良的教师,就需要与优良教师成为真正的朋友。艺友制的实施分为四个步骤,第一步,实际参加幼稚生各种活动,学习做一个儿童领袖;第二步,教给他们几种简单的方法,如讲故事的要点、带小朋友玩的注意事项等;第三步,边训练基本技能,边在幼儿园实习;第四步,两人一组,独立担任幼稚园工作。

张雪门特别强调应把师范生的实习场所扩大到整个社会,通过组织参观、引导见习、指导试教、积极辅导等步骤来完成有系统组织的学习。

陈鹤琴和张宗麟认为要成为优秀的幼儿教师,则应在思想、业务、教学、品质等方面具备相应的条件,并应设置完善的幼稚师范课程标准,使幼稚师范生能满足这些条件。

总之,以陈鹤琴、陶行知和张雪门为代表的教育家们,从热爱、尊重儿童的角度出发,以培养具有创造能力和合作精神的健全国民为主旨,设计了具有探索性和促进儿童社会化发展的活动课程,要求教师打破传统的权威型师幼观,确立民主平等的师幼观,并由此形成以"做"为中心的教育方法论,尽可能地创造一个让儿童主动去求索的、充满活力的教育氛围,让儿童从小就敢于积极主动地认识环境、探索环境。

### 三、现当代中国学前教育理论的发展与变革

新中国的学前教育理论以教育文化的引进和本土化为变革主线,在理性主义—经验主义—建构主义的知识观嬗变中前进发展。学前课程从封闭走向开放,从可预设的确定性走向过程性,教师与儿童成为课程意义的创造者,课程意义也在师幼不断建构的过程中逐渐丰富。20世纪五六十年代,中国学前教育主要受维果茨基最近发展区理论的影响,从传统教学走向发展性教学。70年代末,主要受皮亚杰儿童认知发展理论影响,中国学前教育课程引进了"活动"课程观,主张教师的任务就是给儿童提供能够同化的环境,让儿童通过与环境的相互作用即通过活动主动地获得发展,重视儿童的经验,注重让儿童在熟悉的环境中利用自己的原有经验去进一步理解、建构,从而帮助儿童不断地组织、提升经验。80年代,主要受人本主义"完整的儿童"观影响,中国普遍倡导整体性的教育观、整合型课程观,强调教师是儿童学习活动的促进者、鼓励者,是儿童真诚的、可信赖的、有情感的指导者。90年代后期,随着维果茨基的最近发展区理论、社会建构论再次复兴以及加德纳的多元智力理论、瑞吉欧方案教学在世界上盛行,中国学前教育课程变革为重视儿童认知的主动建构,重视社会文化环境、团体合作对儿童发展的影响,倡导儿童运用多种方式进行认知、表达与沟通,获得完整的感觉经验,重视儿童作为完整的、多元智力发展的人参与课程活动,强调教学中注意激发儿童丰富的感觉经验,促进儿童想象力、创造力的提升,发掘儿童的内在潜力,最终形成儿童的完满人格。

## （一）天才教育时代的学前教育理论(1949—1978)

伴随中华人民共和国的成立,中国学前教育进入了一个崭新的发展阶段。1948年《世界人权宣言》颁布,国际社会保护儿童地位与权利的呼声日益高涨,尤其是1959年联合国第14届全体会议通过的《儿童权利宣言》第一次公开肯定了儿童与成人同样享有社会地位和权利保障;同时,1957年苏联第一颗人造卫星上天,这对资本主义国家特别是美国的震动很大。基于此,加强对幼儿进行科学和技术教育成为指导世界学前教育改革的方向,学前教育界将其称为天才教育和创造性教育的时代。新中国在全面引进苏联学前教育的理论与经验的基础上,把抚育儿童身心健康、便利妇女参加社会建设作为学前教育的双重任务,在经历大力发展(1949—1957)—盲目发展与调整巩固(1958—1965)—全面破坏(1966—1976)—拨乱反正(1976—1978)的过程中积累了一定经验教训,为十一届三中全会后学前教育的发展奠定了基础。

20世纪50年代的学前教育提倡民主、大众、科学的教育。在苏联的影响下,学前教育以全面发展教养为指导,关注科学教育和加强智力开发,提出了促进幼儿全面和谐发展的目标体系。学前教育的社会目标是为幼儿进入小学打基础,养成良好的习惯与态度,培养幼儿的忍耐力;其教育目标是培养幼儿的创造精神,逐步习惯于单独解决日常生活中发生的现实问题;其发育目标是注意幼儿的身心和谐发展,特别注意幼儿发展中所出现的缺陷与矫正。在教育目标方面,强调养成教育(十分重视"三浴"锻炼对幼儿适应环境的重要作用,尤其是空气浴对幼儿的影响)、感官教育,培养幼儿的科学精神(好奇心、求知欲、实事求是的态度、动手能力和思考能力)、表达能力,孕育幼儿的爱国情感及幼儿体验美、创造美的能力。

学前教育课程注重学术内容,多采用分科教育模式,强调学科结构和追求卓越知性。这种分科教育的代表成果为《幼儿园暂行规程》《幼儿园暂行教学纲要》,倾向于集体主义的文化价值观、重视内容中心的哲学观及非常重视社会需要、适当考虑个人需要的课程观,首次将"学前教学"的概念引入幼儿园教学,并加强各科的纵向联系和知识系统性。

在教学内容上围绕是否教幼儿识字展开了长达十年之久的讨论。关于识字和拼音教学的可能性,从理论上和实践中得到了肯定,但不主张推广。陈鹤琴曾提出可以对幼儿进行阅读教育,认为四足岁的幼儿就可以识字,儿童(五六岁)对识字有迫切的愿望,识字对幼儿发展是否有利取决于所用的教材及教育方法。而国家教委分管幼教的张逸园依据苏联的教育理论和巴甫洛夫的生理学理论,明确反对和禁止幼儿阅读教育(识字教育)。她认为识字教学违背学前教育任务,损害幼儿身心健康(幼儿识字后好静不喜动),且不利于一年级教学。1958年,在解放思想、缩短学制和教学改革等因素的共同影响下,陆定一根据幼儿园大胆进行识字、拼音及数学教育实验的结果,肯定了陈鹤琴的观点,并得到了家长、幼儿及社会的认同,但不提倡早期阅读教育是宗旨。倡导教师从拼音教学入手,提出拼音教学的目的在于学会拼音可以识字,主张精讲多练的教学原则,以复习巩固为主,为幼儿入小学做准备。

在教学形式上以游戏作为学前教育的主导活动,学前教育任务通过各种活动来实现。《幼儿园工作指南》中,游戏活动既有以幼儿为主体的创造性游戏,又有以教师为主体和幼儿共同参与的活动性游戏及教学游戏,这三类游戏中的师幼关系不断发生变化。在创造性游戏中,教师的直接控制最少,采取教师在后、幼儿在前的学习方式,教师在幼儿需要帮助时给予启发、指导,以幼儿的完全自由、自愿为基础,教师在游戏中进行个别指导工作。活动性游戏则着重在幼儿的动作发展,幼儿对游戏规则的遵守逐步加强,教师对游戏角色和规则的示范逐渐减少,教会幼儿玩是主要任务,并让幼儿学会遵守规则。教学游戏将发展智力与感官训练、语言的发展紧密结合,采用教师在前、幼儿在后的学习方式,重视幼儿在教师领导下参与教学活动,逐渐减少幼儿与物体的直接接触,增加教师语言描述的成分,并要求幼儿学会评价游戏,通过幼儿的感官参与与初步的理性思考相结合来实现教育目标。而且,教学游戏和活动性游戏的规则与竞赛成分随着幼儿年龄的增长而加强。

(二)社会转型时期的中国学前教育理论体系(1978年至今)

1978年12月,党的十一届三中全会提出了"解放思想、开动脑筋、实事求是、团结一致向前看"的指导方针,将全党工作重心转移到社会主义现代化上来,实施"改革开放"的战略决策。这为我国教育事业走上健康发展的轨道指明了方向,特别是《中共中央关于教育体制改革的决定》和《中国教育改革和发展纲要》是教育改革与发展中具有里程碑意义的重要文件,对学前教育改革和发展具有纲领性指导作用。

这一阶段的学前教育改革在中国社会全面转型的过程中推进与发展,学前教育工作者们开展了广泛的国内外学前教育历史经验与理论的实证研究。到20世纪80年代末,我国学前教育受皮亚杰、布朗芬布伦纳、泰勒等人的课程理论影响,在沿用苏联的分科课程模式的基础上开始进行逐步改革,并逐步形成了整体教育观、整体发展观、活动观、个体观、主体性教育观等,这些观念成为第三次幼儿园课程改革的指导思想和理论基础。到90年代后,以《幼儿园工作规程(试行)》的实施为起点,我国学前教育开始进行课程整体改革,在学前教育观、课程目标、课程组织、课程评价等方面都发生了深刻变化。

**1. 学前教育观念质变与新型的个性教育观正在形成**

首先,树立主动发展的完整幼儿观。社会承认幼儿是一个主动发展中的、具有巨大潜力的、独特的完整个体,注重幼儿发展的潜在性、主动性、差异性和完整性的新型幼儿观逐渐被人们接受,并受到法律保护。其次,具有创造性和健全人格的教师是中国幼儿教师的理想人格特征。随着社会的发展,幼儿教师的形象正在发生改变,活泼、健康、充满竞争力和富有探索精神、富有爱心的教师正成为社会期望的理想型教师。最后,形成了终身学习、终身发展的学前教育观。学前教育作为个人生活的进程,应以幼儿自身的和谐发展为目标,关注幼儿的快乐童年及每个幼儿的独特个性、个别差异性,以提高全体幼儿的整体素质为指向;强调幼儿的可教育性和发展性,充分发展幼儿的主体性和能动性,为幼儿的终身学习和可持续发展打下基础,充分保障每个幼儿有实现自己的潜力和享有创造自己未来的权利。

**2. 学前教育开始关注成长与发展中的儿童**

在我国20世纪80—90年代的学前教育课程领域,课程研究受到了泰勒技术理性主义的课程开发范式的影响,课程目标是事先规定好的,根据目标制订具体的、下位的层级目标,然后依据目标选择内容、组织内容,并通过一定的手段、程序与步骤实施,最后通过评价再归结于预定的目标。这种预设性课程目标容易造成灌输式教学,忽视启发诱导等方法;注重知识的传授,忽视情感的培养;注重预设目标的达成,忽视目标的更新;强化教师的控制,弱化学生的主动;对课堂情境简单化、僵化处理。进入90年代后期,我国的学前教育课程研究逐渐摆脱泰勒的目标模式,开始受到课程的过程模式、情境模式的影响,课程研究范式发生了一定变化,走向"课程开发"与"课程理解"研究的整合。开始关注教学过程中的生成性目标,在教学情境中,教师保持着对情境的整体感知,并对教学情境中的教学事件保持关注,分析事件的性质,捕捉教学事件的教育意义,继而形成新的教育目标。

80年代初学前教育关注的重心是"知识",即物化的幼儿园教材,课程的目标是对学前儿童进行"双基"教育。这种课程价值取向强调教师在教育过程中的主体作用,儿童被视为完成教育教学任务的工具,其主体性被完全忽视,是教育中无"人"的表现。在课程改革中,人们越来越认识到这种价值取向不利于儿童的全面发展,课程的重心逐步转向"人"——儿童,强调通过活动促进儿童发展,强调教育过程中关注儿童的兴趣、能力和需要,课程的目标是促进儿童的全面和谐发展。这样,课程价值取向实现了由"重物"到"重人"、由"重教师"到"重儿童"的转变,传统的"知识中心"和"教师中心"取向得到了根本性的扭转,课程中人的发展价值取向得以确立。

### 3. 幼儿园由"教学活动"走向"教育活动"

20世纪70年代中期至80年代末,我国依然沿用苏联的分科课程模式,强调课程科目分科设置,课程的实施主要采用教学形式,主张以教师为主导,以幼儿为主体。强调课程内容的系统性和逻辑性,发展幼儿的智力。90年代的课程改革,就是要解决课程内容范围太宽泛、零散琐碎、偏深偏难,幼儿和教师负担过重,而幼儿教师又难以较好地选择教育内容,过多重视知识技能的传授,较少关注教育过程等问题。要传授给幼儿一定的文化知识,培养其基本技能,但更要关注幼儿的情感,发展其能力,培养幼儿的主体性,把培养幼儿的基础素质作为教育的中心。而要达到此目标,就必须重视把幼儿、教师与各种课程资源连接起来的教育过程,深入研究教育过程中的师生关系,创造有利条件,促进师生之间积极地相互作用。为此,《幼儿园工作规程(试行)》(1989)明确提出:"幼儿园的教育活动是有目的、有计划引导幼儿主动活动的、多种形式的教育过程。""教育活动"这一概念的提出,逐渐改变了过去以"上课"为主的课程模式,引发了广大学前教育工作者研究设计适合幼儿发展的教育活动的大量探索,游戏作为教育活动的基本形式被确定下来。

### 4. 学前教育评价由"重结果"向"重过程"转化

20世纪80年代,课程评价采用的是目标模式下的结果性评价,是指教师根据幼儿的表现对幼儿进行评价,评价的主体是教师,评价的目的是看课程目标达成情况,以便对幼儿进行横向比较,重视对课程实施结果进行评价。90年代后,在多种国际教育理论的影响下,课程模式趋于多元化,产生了综合课程、游戏课程、情感课程等。在评价取向上,人们逐渐认识到"结果性评价"容易忽略了评价对象——儿童的主体地位、个体差异和教育过程中的非确定性因素；且根据单一评价标准评定出的结果对儿童进行横向比较、纵向排队并区分儿童的优劣，不利于儿童的发展。为此，"过程性评价"取向开始引起人们的关注，它强调对整个教育过程进行评价，强调儿童在生活、学习过程中的变化和发展，评价方式是纵向比较，评价的目的是了解儿童的发展状况，更好地促进儿童发展。

## 第三节 现代典型的学前教育方案

### 一、瑞吉欧的方案教学

20世纪初，在进步主义教育思潮和科学化的儿童研究运动的共同影响下，以反对传统科目式的课程组织为本位，方案教学于1900年首次被美国哥伦比亚大学的劳作科主任李查特提出来，后得到克伯屈的发展、应用及推广。方案教学是指由学生自己计划，采取一连串的行动，按照预定目标去进行活动的方法，以培养学生各种问题解决能力为宗旨。方案教学体现了一种"自主与主动的特征"，其意义表现在探索过程本身就是充满变化、充满兴趣与自发性的学习机会；强调达到目标"过程"中的"步骤性"，关注学习活动对学生的意义性，突出"做"和"思考"的要素。

在学前教育实践中，方案教学主要强调知识不再是由教师灌输给儿童，而是根据儿童的生活经验和兴趣确定活动的主题，并以该主题为中心加以扩散，编制主题网络，既不分科也不分割。让儿童在他们有兴趣、对其有意义的主题下学习，在愉快的环境里获得知识、技能、情感、态度的提升。

瑞吉欧方案形成于"二战"后的废墟中。20世纪中后期，意大利教育情况恶化，缺乏政府的指导与关心，不能对生活在家庭问题同样突出的环境中的幼儿进行有效的教育。据此，在具有合作传统的意大利北部小镇瑞吉欧，以帮助儿童适应社会变化为目的，各界人士共同努力开办学校，并由教师和父母合作进行学校管理，经过多年的合作和实践，发展和形成了瑞吉欧教育体系。瑞吉欧教育体系包含了瑞吉欧学前教育系统里所有共有、共享的信念（包括对儿童、教师和成人角色、学习、创造力的看法，对合作、共存、互动、关系的看重），组织与系统的运作以及课程与教学这三大范畴。瑞吉欧方案教学是瑞吉欧教育系统中课程与教学的组成部分。

（一）瑞吉欧方案的理论来源

瑞吉欧课程的建立受到多种教育思想影响。首先是继承和发扬了杜威的实用主义思想，包括杜威对儿童和教师的看法，儿童的自由活动的观点，以及其教育目的观。杜威强调儿童生来具有社交、制作、探究和艺术的本能，教师应为儿童提供展现本能的机会，让儿童在"做中学"，即通过项目活动进行学习，反对灌输。活动过程不应以社会、政治的抽象目的为导向，只以促进儿童发展为目标。

其次,皮亚杰的发生认识论。皮亚杰明确提出,知识既非源于主体,也非源于客体,而是源于主客体相互作用的结果。主客体相互作用即是通过活动来进行,让儿童通过多样性的活动获得知识。皮亚杰还认为,儿童的认知发展具有一定的阶段性和顺序性,每一发展阶段儿童的认知结构都有其独特的特点,因此教育必须根据儿童年龄阶段的特点以及认知发展顺序来进行,照顾儿童的个别差异,发掘他们的学习潜能,使他们得到和谐发展。维果茨基在皮亚杰的基础上进一步解释了社会文化情境如何影响人们对事物、事件的理解。他认为现实不是客观的,而知识则是个体之间通过诸如图片、课文、谈话及手势等相互作用时共建并分享的。他还指出儿童的现有发展水平和儿童的潜在发展水平之间就是"最近发展区",教师把握好"最近发展区"能促进幼儿发展。

最后,布鲁纳的认知理论也是瑞吉欧方案的理论来源。布鲁纳认为只要给学习者提供发现各种关系的机会,学习者就会积极主动地去组织各种素材,并建构自己的认知结构。认知理论为方案教学的主题网提供了理论支持。

### (二)瑞吉欧方案体系

#### 1. 课程目标

瑞吉欧教育目的定位于"有利于儿童经由连续不断的与他人及其他文化的区别和融合的过程,而形成创造性的智慧,使孩子有机会透过自己的学习方式而获得个人独特的思考方式和对事物的敏感度"。着眼于儿童整体人格的发展,主要是儿童本位的价值取向,在课程目标上追求表现性目标和生成性目标的统一。在具体的方案教学中,教师先根据儿童的前期经验制订一般性的表现性目标,该目标仅是弹性的框架,作为教师的参照体系。在教学过程中,教师又会根据活动中幼儿的反应以及活动的进展来确定生成性目标。瑞吉欧的教育目标是一个连续动态的、由活动方案联结的纽带。该目标体系追求的是增加儿童创造和发现的可能性,促进儿童在认知、情感、态度等多方面的发展。

#### 2. 课程设计及内容选择

瑞吉欧虽然接受了杜威的部分儿童观,但瑞吉欧在课程设计上却摒弃了儿童绝对中心、忽略教师作用的放任自流式教育,在"教师中心"和"儿童中心"之间寻找到了一个有效的平衡点。从过去的单主体中心走向儿童、教师、家长三主角共同主导的团体中心,从实体中心走向关系中心,组成一个包含正在学习、行动和想象的人的教育团体,这个团体里的人都致力于探索充满可能性的世界,都在建构新的经验,不仅孩子和老师,就连家长和兴趣浓厚的参观者,都想出一份力,尽一份贡献,创造一种意义,从而构建了一种孩子与教师、成人一起游戏、工作、说话、思考、发明的课程模式。在教学内容的选择上,只要是儿童感兴趣的都可以成为活动内容,但同时也要考虑到与儿童的生活是否密切相关,是否能包含读写算等基本技能,是否能涉猎科学、社会、文化等多个领域,是否有足够丰富的内涵让儿童在较长时间内进行持续探索。

3. 课程评价

受过程评价和主体评价取向影响的瑞吉欧课程评价主要采用质性的评价方式,注重表现性目标的达成,强调对儿童团体的认知、情感、价值观、行为等发展状况做出评价;注重对课程发展、内容等层面的整体性评价。其目的不在于对儿童进行比较,或者给儿童贴标签,不是着眼于儿童的缺陷和不足,而是评估儿童能够独立完成的事情以及在外界的帮助下、在不同情境下能够达到的水平。评价的操作方式采用记录法,由教师在方案实施的不同阶段通过观察、谈话、参与和轶事记录等方式来收集资料,进行评估后提出适宜的课程以支持每个儿童的学习和发展。

(三)瑞吉欧方案的启示

根据瑞吉欧的教学方案,我们认识到:首先,在幼儿教育中不能仅仅只关心师幼关系及其主体地位的平衡,还要多考虑家园合作,把家长、社区融入幼儿教育力量中,形成教育合力,这样既丰富了幼儿教育资源,同时也让家长更加理解幼儿教育,优化了幼儿教育的社会支持体系。其次,在具体的教学中应以有效的方式观察、记录幼儿的成长变化,以便制订个性化的表现性目标,同时便于对幼儿进行纵向的评价。最后,形成瑞吉欧式的课程活动,教师的角色定位极其重要。我们应通过各类教师培训,把传统的自我定位为知识传授者的教师转变成为艺术家式的教师,正确认识教师在课程活动中的角色及地位,以观察者、记录者、指导者、支持者、激励者的角色存在于活动的各个阶段,为幼儿的自我探索、自我成长提供环境支持。

## 二、多彩光谱方案

光谱方案建立于1984年,是为学前和初小教育的评价与课程的改革所做的研究,多彩光谱象征着每个儿童的智能和潜能如光谱般多样和丰富。20世纪七八十年代,美国教育领域矛盾较多,政府于1983年发布《国家处在危险中,教育改革势在必行》,从而启动教育改革,力争实现千万人的优质教育。在这一背景下,哈佛大学加德纳(Howard Gardner,被称为当今"推动美国教育改革的首席学者",见图2-27)教授率领的"零岁方案"组和塔夫茨大学费尔德曼率领的合作小组,进行了历时10年(1984—1993)的光谱方案项目的实践与研究。光谱方案在批评传统课程忽视儿童多样性的基础上,主张应该使课程适合儿童多样化的能力和学习方式,以促进每个儿童得到发展。

(一)光谱方案的理论来源

光谱项目的进行基于加德纳的多元智能理论和费尔德曼的非普遍性发展理论。这两大理论都看到了儿童在智力上的多样性,都认为儿童具有独特性,

图2-27 加德纳

应该相应地给儿童提供多种发展空间和机会,使每个儿童都有机会发挥和实现自己的潜能,从而奠定了光谱方案的基调。

多元智能理论由加德纳于 1983 年提出。加德纳认为,智力是"个体用以解决自己遇到的真正的难题或生产及创造出有效产品所需要的能力",具有如下特点:首先,智力是分布的、情境化的,即智力不仅仅存在于人的大脑中,也可以分布在个体环境下的人和物中,其实质是指智力的发展必然受环境和文化影响,要考察一个人的智力,也必须考虑他所身处的环境;其次,智力是一种高级的问题解决能力和创造能力,他认为智力不容易被测量,但可以从个体解决实际问题和创造的产品中来判定智力发展程度;再次,智力是多维的,他把智力分为言语 – 语言智力、逻辑 – 数理智力、视觉 – 空间智力、音乐 – 节奏智力、身体 – 运动智力、人际交往智力、自我反省智力、自然观察智力共八种智力;最后,智力可以发展,任何年龄阶段、任何能力层次的人都可以通过学习提高智力,该点强调了教育在智力发展中的重要性。

加德纳认为,支撑多元智能理论的是个体身上相对独立存在着的、与特定的认知领域和知识领域相联系的八种智能,即:言语 – 语言智能(verbal-linguistic intelligence),指听、说、读和写的能力,表现为个人能够顺利而高效地利用语言描述事件、表达思想并与人交流的能力;音乐 – 节奏智能(musical-rhythmic intelligence),指感受、辨别、记忆、改变和表达音乐的能力,表现为个人对音乐包括节奏、音调、音色和旋律的敏感以及通过作曲、演奏和歌唱等表达音乐的能力;逻辑 – 数理智能 (logical-mathematical intelligence),指运算和推理的能力,表现为对事物间各种关系如类比、对比、因果和逻辑等关系的敏感以及通过数理运算和逻辑推理等进行思维的能力;视觉 – 空间智能(visual-spatial intelligence),指感受、辨别、记忆和改变物体的空间关系并借此表达思想和感情的能力,表现为对线条、形状、结构、色彩和空间关系的敏感以及通过平面图形和立体造型将它们表现出来的能力;身体 – 动觉智能(bodily-kinesthetic intelligence),指运用四肢和躯干的能力,表现为能够较好地控制自己的身体、对事件能够做出恰当的身体反应以及善于利用身体语言来表达自己的思想和情感的能力;自知 – 自省智能(intrapersonal intelligence),指认识、洞察和反省自身的能力,表现为能够正确地意识和评价自身的情绪、动机、欲望、个性、意志,并在正确的自我意识和自我评价的基础上形成自尊、自律和自制的能力;交往 – 交流智能(interpersonal intelligence),指与人相处和交往的能力,表现为觉察、体验他人情绪、情感和意图并据此做出适宜反应的能力;自然观察智能(naturalist intelligence),指个体辨别环境(不仅是自然环境,还包括人造环境)的特征并加以分类和利用的能力。

非普遍性发展理论是发展心理学家费尔德曼(Robert S. Feldman)于 1980 年在《超越普遍性的认知发展》一书中提出的。费尔德曼认为,以往的发展心理学只注重研究儿童在发展中的普遍性问题,严重忽视了儿童发展的非普遍性问题,如为什么儿童在不同领域发展的速度是不同的。他认为,人的发展不仅包括普遍性发展(每个人都必须经历的自我发展),而且还包括非普遍性发展(并非每个人都能经历的、是由环境和教育所推进的发展)。费尔德曼指出,儿童发展是由普遍性领域逐渐过渡到非普遍性领域,而且儿童发展的这种过渡有一定顺序,即普遍性能力—泛文化的能力—文化的能力—学科的能力—个人专长—个人的独特性,提出了 POWER (即预习 prepare、组织 organize、实践 work、评价 evaluate、反思 rethink)的个性化学习模式。

## （二）光谱方案体系

### 1. 课程目标

光谱方案的目的是通过研究让教师、家长以及儿童自身充分认识到个体的智力是丰富多样的，像光谱一样丰富多彩，并且每个儿童又同时具有个性化的优势智能。方案教学的课程目标是帮助儿童发现并确定其多彩智力中的优势智力以及与优势智力相关的关键能力，并通过教师的协助支持优势智力和关键能力的快速发展，把优势智力和关键能力的成长经验迁移到其他智力和能力的发展中，从而促进儿童和谐发展。

### 2. 课程内容及组织

1）课程设置的出发点

以儿童同时拥有多彩智力，优势领域与弱势领域并存为依据，教学材料的选择强调丰富性和启发性，以满足各领域智力发展的需要。以儿童拥有个性化的智力差异为依据，强调儿童活动的主体性和个性化参与。但光谱方案也认识到仅靠儿童自身的探索并不能有效地促进智力发展，还需要教师在有计划的环境里进行有目的的指导。儿童、教师、教室、材料以及外部环境在光谱方案中显得十分重要，它力图在儿童的好奇心和幼儿园课程之间、儿童的能力和幼儿园的智力课程之间、教室中的学习和外部世界之间建立起三个关联桥梁。

2）学习活动形式

光谱方案主要通过光谱学习中心进行活动，每一个光谱教室有八个学习中心，包括机械和建构、科学、音乐、运动、数学、社会理解、语言、视觉艺术活动，即八大课程领域，这些学习中心的设置以及学习中心开展的活动都是根据光谱方案的八大评估领域（运动、语言、数学、科学、社会理解力、视觉艺术、音乐、工作风格）以及相关关键技能来建构的。也可以与社区、地方儿童机构如儿童博物馆联合进行活动，实行导师制。

3）活动样板设计

光谱方案在八大课程领域里为教师提供了不同类型的活动样板，每个课程领域由15~20个活动样板组成，选择这些活动样板的依据是：能反映各种类型的智能；在各大学习领域内，能强调和练习关键能力；在有意义的背景中能与问题解决的技能有关；能给教师提供有关为每个儿童准备合适的课程信息。

4）活动步骤和活动类型

具体的活动过程一般分为四个步骤：①让儿童见识或接触广泛的学习领域；②在丰富的学习环境中发现儿童的强项；③发展儿童的强项；④把强项迁移到其他领域和学业表现中去。具体活动类型有：儿童中心的小组活动；教师中心的小组活动；儿童中心的大组活动；教师中心的大组活动。

### 3. 课程评估

光谱方案的课程评估以发现儿童的强项为目标，为儿童的强项与弱项建立联系。评估的重点是赞扬儿童的强项，并根据强项为儿童提供适宜的学习机会和学习经验。在评估过程上，光谱方案通过创设具体活动情境，在儿童的活动现场进行评估，教师会运用光谱活动材料，并根据光谱评估方案提供的对某一具体领域进行观察的详细框架对儿童进行观察,从而对儿童在某一领域的发展做出深入评估。光谱方案的评估范围突破了传统智力测试的狭窄性,评估的智力领域涉及语言、数学、运动、音乐、科学、社会理解力和视觉艺术等领域。评估结果不但应用于补充、完善课程本身,还对儿童个体和班级整体施以积极的影响。

### (三)光谱方案的启示

多元多彩是光谱方案的主要特色。根据光谱方案,我们应以发展所有人的所有方面为教育目标,这一教育目标可以通过丰富多样的课程内容来实现,在幼儿的全方位活动中发现幼儿的优势面,并用光谱教学法使幼儿优势面的学习经验迁移到弱势面上,从而促进幼儿和谐发展。这一发展需要教师与幼儿全方位合作,教师在幼儿的活动过程中密切注意观察幼儿的活动情况,并适时给予引导。对于幼儿的活动成果,教师要给予适当评价,以鼓励优势成果为切入点,增强幼儿的创造信心,以保证优势经验的迁移效果。

## 三、蒙台梭利教学法

19世纪末20世纪初,工业革命引发世界各领域发生巨变,教育也亟待革新。蒙台梭利运用生物学的观点和方法,以自创的"儿童之家"为实验基地,进行儿童教育实验研究,以期建立一门科学的教育学,以改良教育,促进社会进步。她运用科学的方法来观察幼儿的发展并加以记录,研究结果体现在《童年的秘密》《蒙台梭利方法》等著作中。蒙台梭利通过研究指出儿童的心理发展既是儿童心理内部的成熟,又受到教育、环境的影响,儿童内部的冲动是通过其自发活动表现出来的,为了使儿童得到良好发展,成人必须创造适宜的环境。

### (一)蒙台梭利思想的理论来源

生活在自然科学繁荣时期的蒙台梭利学习了多种自然科学,特别是生物学。她研究过达尔文的进化论、孟德尔和德弗里斯等人的遗传学说,以及法布尔等人的生物学理论。法国唯心主义哲学家柏格森的生命哲学思想以及卢梭的自然主义思想对蒙台梭利产生了很大的影响。柏格森认为生物的进化过程就是意志的创造过程,他用"生命的冲动"和"创造进化论"的观点来代替自然科学的见解。卢梭则主张一切顺应自然,反对无理的约束。正是在多方面的影响下,蒙台梭利认为儿童生命力的表现就是自发冲动。正是这种生命力本能的自发冲动,赋予儿童积极的生命动力,这种生命动力促进个体不断发展,窒息自发冲动也就是窒息了生命本身。所以她强调教育要顺应人的自然天性,使其自由发展,让儿童在自由发展中得到充分发展,使其生命力得到最充分的体现。

蒙台梭利在上述自然科学、哲学以及福禄贝尔学前教育思想的影响下,在教育的临床实践中总结并建构了蒙氏学前教育理论。她认为儿童的发展是一个连续的自然过程,它可以划分为不同的阶段和敏感期。在某一敏感时期,儿童对某一物体和联系特别感兴趣,能够毫无困难地应付和学会当时敏感的事物,而敏感期一旦过去,相应的兴趣也随之消失。蒙台梭利根据自己的观察和研究,把儿童的发展分为三个阶段:出生到6岁称为创造期,其中,从出生到3岁称为胚胎期,此时儿童无有意识的思维活动,3~6岁称为个性形成期;6~12岁是平稳发展时期,开始具有抽象思维的能力,这一时期最适宜学习,开始形成学习技能和艺术技能,产生道德意识和社会感;12~18岁为青春期,身心发展逐步走向成熟。

(二)蒙台梭利教育思想体系

**1. 教学目标**

蒙台梭利把教育目的概括为两方面:一是生物学目的,以实现个人的自然发展;另一个是社会学目的,以促进个体适应社会环境,成为社会的有用成员。蒙台梭利认为,儿童有生长的需要,可他必须经过自我建设、自我教育和独立奋斗来达到自我表现、自我发展,据此,蒙台梭利法的基本任务就是使儿童潜在的能力能够自由地、在有准备的环境中得到自我发展,并特别注重发展中知识欲望的获得(而不是知识本身)、能力的培养和独立性的培养。

**2. 教学内容**

蒙台梭利法的主要教学内容分为五个方面:日常生活练习、感官教育、读写算的练习、自然和劳动教育、健康教育。其中感官教育是蒙台梭利法的一大特点,在全部课程中占有突出地位。

1)日常生活练习

蒙台梭利认为:"从整个方法考虑,工作必须以为孩子适应社会生活方式做准备开始,必须吸引他们对这些生活方式的注意。"实际生活练习包括日常清洁、遵守秩序、保持安静和日常会话。

2)感官教育

感官教育是让儿童依靠设计好的教具进行自我教育的过程,包括感觉物品、认识物品和记忆物品三个步骤。蒙台梭利认为,感官教育有助于幼儿发展感知觉的敏锐性,发展区分与辨别相同、相似以及细微差异的能力。

3)读写算的练习

3~6岁儿童已经具备学习文化知识的能力,而且读写算教育以感官教育为基础,在感官教育的过程中进行。所以,教育者应当利用儿童的学习能力,为儿童准备适当的教材、教具,提供正确的学习途径。

4)自然和劳动教育

让儿童参加体力劳动,接触大自然,能引导儿童的爱心、责任心和对大自然的感情。同时动手练习还能促进儿童智力发育、人格健全。

5)健康教育

蒙台梭利认为,锻炼儿童的四肢、肌肉及各种器官机能,能促进儿童身体健康。她把这种锻炼称为"体操",包括四肢体操、自由体操、教育体操和呼吸体操。

根据蒙台梭利法,儿童在两岁半入园后,开始是进行日常生活练习,以便让幼儿习得基本生活自理能力,获得忍耐等意志力,养成基本生活习惯与态度,师生、生生之间的信赖关系。在3岁左右实施感官教育。4岁左右,感官教育有了一定基础后开始进入读写算的练习。而健康教育、自然和劳动教育则采取适合儿童年龄特点的方式进行,贯穿整个学前教育阶段。

### 3. 教学评价

蒙台梭利法对课程评价无明确定义,这与蒙台梭利法的操作过程有很大关联。在蒙台梭利教育中,儿童的学习主要是通过对"有准备的环境"中的教具进行操作,而教具具有自我矫正功能,儿童可以进行自我教育。教师的评价主要是为了鼓励和引导儿童的活动,根据儿童的观察进行合适的引导,然后通过不断调整教育材料,促进儿童良好发展。蒙台梭利法中教师的评价是隐形的,是为发展服务的过程性评价。

## (三)蒙台梭利法的启示

根据蒙台梭利法,在学前教育中,我们应为儿童创设一个能够帮助他们发展的"生命的活动"的真实环境,在这个环境中要为儿童提供足够的设备和用具,使儿童在这个环境中能够获得丰富的感觉刺激,得到自由而充分的发展。教育者在引导儿童发展的过程中,应该以培养儿童对知识的求知欲为主,不要以获得具体知识为目标。自由工作是儿童发展的核心,是儿童集中注意、形成秩序和意志力的关键,教师应事先充分设计好丰富有趣的活动,以便儿童自觉自愿地专心参与到工作中。

## 四、陈鹤琴的"活教育"方案

民国时期,在大力提倡民主和科学、反对封建旧教育的"五四"新文化运动的影响下,以及在欧美、日本等国的学前教育经验对中国教育的冲击下,1928年,陈鹤琴和陶行知联合提出了"注重幼稚教育案",把"增进幼稚儿童身心的健康、力谋幼稚儿童应有的幸福与快乐、培养人生基本的优良习惯、协助家庭教养幼稚儿童并改进家庭教育"作为学前教育的总目标。在此背景下,陈鹤琴提出了"活教育"的教育理论,并进行实践,产生"活教育"方案。

## (一)"活教育"理论的来源

杜威的实用主义教育理论是"活教育"的理论来源之一。杜威反对教育准备说,倡导教会儿童适应眼前的生活环境,提出"教育即生活",应该注重教育过程中儿童的体验。除了体验教育过程本身外,也可以让儿童在学校体验到社会生活,具体做法是选择部分社会内容浓缩到学校,把学校变成微型、雏形"社会"。他以"经验论"作为理论基础,提出"教育即经验的连续不断的改造",认为儿童经验的获得要依靠儿童自身的活动达到,即"从活动中学"。

陶行知作为同时代的教育家,对陈鹤琴影响甚大。陶行知的"生活教育理论"脱胎于杜威的实用主义教育学说,同时又对其进行了扬弃和超越。陶行知认为,杜威的教育即生活理论,以及实行的学校即社会方式,把社会的生活搬一部分到学校,犹如把一只鸟关进笼子里,这不是教育与生活的最好的连接方式,于是提出"生活即教育"主张,如果杜威强调的是教育过程中的生活性,则陶行知强调的是生活本身的教育性。

陈鹤琴在杜威、陶行知等人的影响下,通过自己的实践,提出了自己的"活教育"理论——"教活书、活教书、教书活;读活书、活读书、读书活"。可以理解为,选用灵活的教学材料,运用灵活的教学方法教学,让教学愉快;读各种有益书籍,有方法地读书,让读书快乐。陈鹤琴的决心就是要把腐败的死教育,变成前进的、自动的、有生气的"活教育"。在"活教育"方案的执行过程中,陈鹤琴还受到了克伯屈的设计教学法和道尔顿制的影响。

(二)"活教育"方案体系

1."活教育"的目标体系

"做人、做中国人、做现代中国人"是"活教育"方案的目标。同时陈鹤琴又赋予了"现代中国人"的五个方面的要求,即要有健全的身体、建设的能力、创造的能力、合作的精神、服务的意识。"做人、做中国人、做现代中国人"这三个目标逐一递进,强调民族意识、国家观念、时代精神和现实需求,使教育目标愈发具体明确,清晰地表达了陈鹤琴对个体生命发展的追求。

2.课程编制原则及方法

"活教育"课程编制遵循十大原则,包括课程的民族性、科学性、大众性、儿童性、连续发展性、现实性、适合性、教育性、陶冶性和言语性。课程编制方法有圆周法、直进法和混合法。圆周法指所有年龄段班级,教育单元内容相同,但研究难度会根据年龄从小到大,要求由浅入深。如幼儿教育中研究"猫",小班研究猫的颜色,中班研究猫吃什么,大班研究猫的习性。直进法指将儿童生活中接触的事物,按照事物的性质和内容的深浅而分布在各个不同的年龄班级中,如小班研究猫和狗,中班研究羊和牛,大班研究马和虎。混合法则是圆周法和直进法的有机结合,实际工作中多用此法。

3."活教育"的保教内容

"大自然、大社会是我们的活教材"是陈鹤琴对"活教育"课程的概述。其具体内容主要体现为"五指活动":一为儿童健康活动,包括卫生、体育、营养等方面,具体执行为包括饮食、睡眠、早操、游戏、户外活动、散步等;二为儿童社会活动,包括史地、公民、时事等方面,具体可执行为朝夕会、周会、纪念日、集会、每天的谈话、政治常识等;三为儿童科学活动,包括生、数、理、化、地等方面,具体执行为栽培植物、饲养动物、研究自然、认识环境等;四为儿童艺术活动,包括音、美、工等方面,具体执行为唱歌、节奏、欣赏、画画、剪纸等;五为儿童文学活动,包括读、写、译等方面,具体执行为故事、儿歌、谜语、读法等。这五个方面是相互联系的,就像人的五个手指,共同构成了具有整体功能的手,有主次之分,可以伸缩,整体而连贯,结成一个独立而又相互协作的教育网。它以"做"为中心组织课堂教学,使各个学科互相渗透,方便儿童掌握知识和技能。"活教育"的课程论把儿童的视野从书本移向大自然、大社会,有助于丰富儿童的知识和经验,激发他们的兴趣,培养他们的思维能力和创造能力。

4."活教育"的保教方法

"做中学、做中教、做中求进步"是"活教育"的基本原则。"做中学"指让儿童去做、去思考、去发现,其目的是激发儿童的主体性。"做中教"是指教师要用积极的暗示代替消极的命令,在做的过程中从各方面去调动学生的积极性,共同进步。陈鹤琴把这一原则体系细分为17个方面,分别是:鼓励儿童去发现他自己的世界;积极的鼓励胜于消极的制裁;大自然、大社会是我们的活教材；比较教学法；用比赛的方法来增进学习的效率；积极的暗示胜于消极的命令；凡是儿童自己能够做的，就应当教儿童自己做；凡是儿童自己能够想的，应当让他自己想；教学游戏化；教学故事化；教师教教师；儿童教儿童；精密观察；你要儿童怎样做，就应当教儿童怎样学；替代教学法；注意环境，利用环境；分组学习，共同研究。"活教育"的方法论提倡儿童是学习的主体，教师要在适当的时候指导好儿童的活动，激发儿童的兴趣，启发儿童的思想，培养他们的动手操作和独立思考能力。

"活教育"的课程组织采用"整个教学法"，陈鹤琴认为幼稚园的课程乃幼稚生在园的一切活动。课程不等于科目，幼稚园的分科教学不能违反儿童的生活和儿童心理，不能四分五裂、杂乱无章。整个教学法就是把儿童所应该学习的东西整个地、有系统地教给儿童。具体方法可分为四个步骤，即实验观察、阅读思考、创作发表和批评研讨。这四个步骤是教学过程的一般程序，不是机械的、割裂的，它们同样体现了以"做"为基础的学生主动学习。

### （三）"活教育"的启示

陈鹤琴的"活教育"方案在教育目标上体现出社会性、民族性、与时俱进；在教学内容上体现出自然性、社会性和相关性；在教学方法上体现出灵活性和整体性。这些思想不仅符合当时中国国情，而且在今天依然具有借鉴意义。如在教学目标的制订上，由于既定的官方教育目标必然滞后于教育实践，所以在制订幼儿教育教学目标时，要针对当前的社会政治文化背景对教学目标随时进行微调。在课程资源的开发上可以多利用民间资源、社区资源和自然资源，以保证资源的丰富性以及幼儿对资源的适应性。在教学方法上，应以学生活动为主，教师教为辅，让儿童在"做"的过程中不断发展，并以"整体性"的观点整合各种独立活动，使活动之间具有相关性。

## 五、海伊斯科普课程

海伊斯科普课程是海伊斯科普教育研究机构(High Scope Educational Research Foundation)的成果，又叫高瞻课程，1962年由美国儿童心理学家戴维·韦卡特创立的海伊斯科普教育研究机构所研制，是美国"开端计划"(Head Start Project)第一批通过的帮助处境不利的学龄前儿童摆脱贫苦的学前教育方案。该课程认为，发展的结果是科学的思维，尽早以适合儿童年龄的方式，通过工作以形成儿童良好的心智。

### （一）海伊斯科普课程的理论来源

海伊斯科普课程主要以皮亚杰的认知发展理论为基础，吸收了现代教育学和心理学的研究成果。海伊斯科普课程设计者以各阶段儿童心理发展的特点为依据，选择适合的学习材料，以保证课程结构内容与儿童智力发展的结构相适应，强调根据每一个儿童的发展水平去促进其发展。皮亚杰关于儿童作为知识建构者的思想在该课程中也得到了体现，课程设计者将儿童看成是主动学习者，认定儿童能在其自己计划、进行和反应的活动中获得较好的学习。该课程的主要活动内容——49条关键经验(key experiences)，也是在概括皮亚杰有关"前运算阶段"

的儿童所具有的最重要的认知特征的基础上提出的。该课程的组织还吸收了以色列心理学家斯米兰斯基(Sara Smilansky)的一日生活的组织原则:计划、工作和评价。

### (二)海伊斯科普课程体系

**1. 课程目标**

根据时代需求,海伊斯科普课程的教育目标重社会取向和结果取向。在美国大力推进教育改革的进程中,其原始目的是帮助非裔儿童在公立学校获得成功,其后发展为帮助所有儿童在学校教育中获得成功。在教学的具体目标上,1979年以前以发展幼儿的认知与智力为主,1979年开始把幼儿的主动学习和强调知识建构作为课程的核心思想,在教学目标上以认知发展为中心,同时注重儿童社会性与情感的全面发展。课程的评价性目标则是关键性经验的获得。

**2. 课程内容**

海伊斯科普课程的内容主要围绕幼儿认知发展应获得的49条关键经验展开,教师在活动中为幼儿创设环境、提供条件,帮助幼儿逐步获得这些经验。课程内容涉及幼儿认知发展的各个领域:主动学习、语言、经验和表征、分类、排序、数概念、空间关系、时间关系。其中各领域具体的关键经验如下:

1) 主动学习的关键经验

让幼儿运用自己的各种感官来探索;通过直接经验来探索关系;制作、转换和组合物体;根据自己的意愿选择材料和进行活动;获得使用工具和设备的技能;使用大肌肉进行活动;让幼儿自己做事,解决日常问题。

2) 语言运用的关键经验

与别人交流自己的有意义的经验;描述物体、事件和事物之间的关系;用语言表达情感;由教师把幼儿的口头语言记录下来并读给他听;从语言中获得乐趣(念儿歌、编故事、倾听诗歌朗诵和故事讲述)。

3) 经验和表征的关键经验

通过听、摸、尝、闻来认识物体;模仿动作;把图片、照片以及模型与真实的场景和事物联系起来;玩角色游戏和装扮游戏;用泥、积木等材料造型;用不同的笔绘画。

4) 发展逻辑推理的关键经验

分类:探究和描述事物的特征;注意并描述事物的异同并进行分类和匹配;用不同的方式使用和描述物体;描述事物所不具有的特征或不归属的类别;同时注意到事物的一个以上的特征;区别"部分"和"整体"。排序:比较,如比较大小、轻重、软硬、长短、高矮、宽窄等;根据某种特征来排列物体并描述它们之间的关系,如哪一个最长,哪一个最短等。数概念:比较数和量;用一一对应匹配的方式来比较两个数群的数量;点数物体和唱数。

5) 理解时间和空间的关键经验

空间关系:装拆物体;重新安排一组或一个物体在空间的位置并观察由此而产生的空间位

置的变化;从不同的空间角度观察事物和场景;体验和描述物体的相对空间位置;体验和描述物体与人的运动方向;体验和描述事物之间与地点之间的相对距离;体验和表征自己的身体;学习确定教室以及周围环境中各种物体的位置;理解绘画和图片中所表征的空间关系;识别和描述各种形状。时间:制订计划和完成计划;描述和表征过去的事件;用语言推测将要发生的事件并为此做好适当的准备;按信号开始或停止一个动作;识别描述和表征事件的顺序;体验和描述不同的运动速度;在讲述过去和将来的事件时学习使用惯例的时间单位;比较时间的间隔;注意观察把钟表和日历当作时间消逝的标记;观察季节的变化。

### 3. 课程组织原则

在根据关键经验安排活动、帮助幼儿主动学习时,海伊斯科普课程遵循以下原则:

1) 从具体到抽象

让幼儿对真实、具体的物体进行操作、感知,当幼儿熟悉那些物体或事物后,当这些事物不在眼前时也可以重现出来,因为对事物的具体操作是幼儿言语表征、非言语表征及逻辑思考能力发展的必要条件。

2) 从简单到复杂

儿童总是先进行简单的活动,在此基础上再进一步将动作复杂化。儿童的主动学习是简单的行动不断地组合、协调而变得复杂的过程。这些动作将逐步内化,从而构成头脑内部富有逻辑性的思考。

3) 从此时此地到彼时彼地

由于幼儿空间、时间概念还没有完全形成,因此他们的学习应该从对周围事物的认识开始,否则就会感到难以接受与理解,进而失去学习的积极性与主动性。同时,对幼儿的教育应该从他们眼前的事物入手,然后视幼儿的发展情况逐步引入不在其眼前,但又能为幼儿所理解、掌握的事物。

### 4. 课程实施步骤

海伊斯科普课程的实施是由计划→做→回忆为主的七个活动环节组成的。

计划时间:教师给予儿童表达自己想法和计划的机会,让儿童做自己决定做的事,使其体验独立工作的感觉以及与成人、同伴一起工作的快乐。简单来说,就是教师和幼儿一起决定每天活动做些什么。

工作时间:"工作时间"在日常活动中时间最长,海伊斯科普课程所说的"工作时间"就是教学活动,在这一过程中,教师的身份应该是观察者、指导者、参与者与支持者。

整理和打扫时间:幼儿将未完成的作品收好,整理其用过的材料、工具,将它们放回原处。

小组活动时间:幼儿运用教师选择、提供的材料进行活动,教师此时可根据特定的关键经验来观察和评价幼儿。

户外活动时间:幼儿和教师都积极参与户外活动,如跑步、投掷、荡秋千、攀爬、跳跃……此时的幼儿能对幼儿园环境以及大自然进行更为直接的观察,并在户外尝试操作活动时间的想法和发现。

集体活动时间：全体幼儿和教师聚集在一起唱歌、自编动作表演歌曲、演奏乐器、做律动、玩游戏，有时还讨论即将到来的一个特殊事件。

回忆时间：幼儿通过多种多样的适应身心发展的方式来描述他们的学习活动的经验，可以通过讲述活动的过程、重温儿童在活动中所遇到的问题，以及通过绘画表现活动中所做过的事情等方式进行。

5. 课程评价

海伊斯科普课程的课程评价主要根据其课程目标和内容即关键经验来进行。关键经验不仅为教师观察儿童提供了一定的依据，同时也是教师进行评价的工具。在一日活动安排中，计划时间和操作活动时间都有发展特定关键经验的任务，教师根据这些特定的关键经验来进行观察并进行评价。这种过程性的评价是为了确定儿童的发展水平，而且这次评价将成为下一次评价目标的确定即关键经验选择的基础。这种评价重视的是儿童的一般发展状况，而不是强调个体的独特性。

（三）海伊斯科普课程的启示

海伊斯科普课程的主要特色就是区分细致的关键经验，并为这些关键经验的获得准备丰富的活动区域，如积木区、娃娃家、美工区、木工区等。幼儿在教师的协助下，通过计划、操作、回忆来获得关键经验。虽然以我们国内现有的经济条件，很多幼儿园并不能提供太多的空间、材料以及足够的师资来支持协助幼儿诸多的关键经验的获得，但是在思想上我们应认识到，幼儿的认知发展是一个十分庞杂的系统，诸多的关键经验会随着时代的发展变化有所增加，幼儿园应尽可能地为幼儿提供足够的活动空间和丰富的活动材料，以便让幼儿在有计划的活动中自我建构。有计划的活动步骤是支持幼儿有效发展的关键，活动安排应遵循认知发展规律，活动顺序要支持关键经验的获得并得到巩固。教师在幼儿的发展过程中是积极的支持者、协助者和引导者，应该与幼儿进行亲密的积极的交流，不能只为教而教，不能越俎代庖，也不能放任自流。

## 六、凯米课程

凯米和德弗里斯的"衍自皮亚杰的课程试验方案"，简称凯米课程，是一个"最为纯粹地"坚持皮亚杰理论的课程方案。该课程的最大特色，就是运用皮亚杰的思想对各种传统的学前教育活动进行全面的重新的考察与审视，虽然与其他皮亚杰的课程相比定型较晚，但它被认为是比较"纯粹"和"正统"的，也是唯一经皮亚杰本人所承认的课程模式。

凯米(Constance Kamii)是美国伯明翰大学教育学教授，在日内瓦大学师从皮亚杰十多年。基于皮亚杰的认知发展理论，她发展了一套早期教育课程，尤其在科学、数学领域颇有建树，并且根据自身理论开发了初级数学教育的方案。凯米的主要作品有《重新建构孩子的数学能力——皮亚杰理论在数学上的应用》《幼儿数的教育》等。

## （一）凯米课程的理论来源

作为最为纯粹的皮亚杰式课程,凯米课程主要接受了皮亚杰关于前运算阶段儿童的知识结构应该由自然的、社会的、数理逻辑的三方面经验组成的观点,建立了一个分析各种活动的框架,对来自于传统保育学校的活动和日常经验进行全面的重新审视,从皮亚杰理论的视角发现其中的教育价值。凯米指出,皮亚杰确认了知识的内部来源与外部来源,对于个体而言,物理性知识及社会性知识的来源有部分是外部的,而数理逻辑知识的来源则是内部的,是由个体内部建构的关系所组成的。凯米等人批驳了那些认为皮亚杰理论忽视儿童发展过程中社会性因素的观点,指出皮亚杰也非常重视社会交往对儿童发展的重要作用,如皮亚杰曾说,"与别人交换思想对儿童逻辑的发展以及科学家建构科学概念都是不可或缺的"。在凯米的数学教育思想中,充分吸收了皮亚杰的这一观点,重视社会交往对儿童知识发展的重要性。凯米还吸收和发展了皮亚杰关于儿童知识获得的建构主义思想,认为儿童知识的获得是在儿童与环境相互作用的过程中,由儿童自身内部建构出来的,其中儿童自身的反思、加工和建构尤其重要。

## （二）凯米课程体系

### 1. 课程目标

凯米将课程目标分为最终目标、长期目标和近期目标三个层次。最终目标指向儿童的"发展",凯米认为发展是获得高层次的认知和道德的唯一的方法。长期目标指向发展儿童的"自律或自主性",培养未来的具有批判性、创造性思维能力,不盲从既成的权威和价值的人。近期目标涉及两个方面。认知方面包括让儿童具有主动学习、积极探索的态度;会发现并敢于提出各种问题,产生有趣的想法;注意并能发现事物间的关系和异同。在社会性和情感方面,让儿童在人际关系环境中情绪安定;尊重他人的感情和权利,会协调自己与别人的看法(去中心化与合作);独立、敏感、好奇,能运用创造性来满足自己的好奇心;自信地考虑问题并自信地表达自己的思想。

### 2. 课程内容

凯米认为,皮亚杰理论的作用不在于提供直接的内容,而是提供一个选择、修改、补充和删减课程内容和形式的原则与框架。传统幼儿学校在选择课程内容时,大都凭直觉进行判断和取舍,这很容易陷入一种伪装的成人中心主义。而一旦有了一种卓有成效的、富有解释性和指导性的理论框架,课程内容的选择就会变得更加合理,更能符合儿童的发展需要。为此,他们根据皮亚杰关于前运算阶段儿童的知识结构应该由自然的、社会的、数理逻辑的三方面经验组成的观点,建立了一个分析各种活动的框架,对来自于传统保育学校的活动和日常经验重新进行全面的审视,从皮亚杰理论的视角发现其中的教育价值,并形成了凯米课程自己的内容体系。

1) 日常生活活动

凯米认为,日常生活中有无数的情境可以激发幼儿的学习与发展。如在幼儿的进餐、散步、自由游戏中,都应有意识地、自然地进行施教;教师应该设法把握机会,鼓励幼儿期待、判断,并比较所期待的与实际出现的结果。

2)传统活动

凯米课程吸收了许多幼儿教育中被验证的有教育价值的活动,并赋予其新的意义。凯米指出,集体游戏包括各种比赛、捉迷藏、猜谜语、合作游戏等,虽不是新东西,但其教育价值远不限于平时所见。来自皮亚杰理论的洞察力,使我们能从新的角度利用传统活动来刺激儿童的发展。

3)来自皮亚杰理论启示的活动

这类活动主要依据皮亚杰关于知识的分类及不同类型的知识构造方法各异的理论。以发展幼儿的物理知识为主要目标的活动,是以幼儿自身动作为基础的活动;以发展幼儿的社会性知识为目标的活动,是一些团体游戏;以发展幼儿数理逻辑知识和能力为目标的活动,主要是分类活动及一些数学游戏活动。

3. 课程设计原则

凯米课程设计遵循三个原则。第一是能动性原则。凯米认为,知识的获得是一个能动的过程,儿童的学习必须成为儿童主动探索、自我思考、提问、比较、争论的过程,为儿童提供这样的机会、创造这样的气氛和环境是课程的根本原则。第二是充实性原则。凯米认为,课程的目的不在于超越阶段的"加速"发展,而是要对应儿童所处的发展阶段,在打牢发展的基础上下功夫。通过让儿童充分地"犯错误"来完善儿童前运算阶段的认知结构。第三是结构化原则。凯米认为,广义的知识是一个完整的结构,而不是单一技能的集合。结构化了的知识经验可以帮助儿童更好地理解和处理新问题、新信息,同时进一步完善有关知识结构。

4. 课程的组织与实施

1)独自操作的活动

在单独摆弄物体(主要是非结构性的材料,如稻草、玻璃球、木头等形状、质地、重量、大小、颜色等物理属性各异的东西)的过程中,儿童通过观察自己的动作与物体变化(运动、位移、形状改变等)之间的关系,获得关于物体的性质、特点等物理知识,形成空间关系和逻辑因果关系的认识。

2)群体讨论

讨论的目的在于培养儿童与组内其他儿童的"共同感"。通过设计儿童共同感兴趣的活动主题,教师发起讨论,研究活动的计划、执行与所需要的条件,从而让儿童通过积极的个人参与,分享集体的责任感并协调组内的各种观点,同时也在对活动所需物体的讨论中对物体的类、数进行逻辑建构。

3)小组规则游戏

这种活动的主要作用是培养幼儿的规则意识,理解并且自觉遵守规则。同时,学习在规则情境中的相互交往和相互理解,并对于符合规则要求的任何结果都感到满意。

4) 实验

凯米课程的实验,实际上就是一种有特定目的的物体操作活动或"工作"。儿童利用不同的物体,利用其在形状和数量上的关系,建构他预先想到的或在搭建过程中逐渐明确起来的形象。

(三)凯米课程的启示

凯米课程重视儿童的生活和活动,重视儿童认知发展与社会性情绪发展的密切结合,重视课程内容与学习过程的统一,重视课程内容的结构化。对我们当前的学前教育来说,要充分认识到幼儿教育是与儿童的生活融合在一起的,是否有利于儿童形成和发展生活所必需的技能,是选择课程内容的一个重要标准。在课程实践中,应该大量使用团体游戏,让儿童在游戏交往中发展认知和社会情绪,这远比讲授和说教来得有效。认知发展是通过内容(具体的经验)和结构的相互依存而实现的,两方面均不能忽视。同时知觉、语言、思维、情感、社会性发展所需要的经验是彼此联系的,各方面发展所需要的学习内容应形成一个统一的结构,这种统一的基础正是儿童的实际生活和活动。据此,我们应该为儿童提供涉及多个领域经验的综合性活动,让儿童通过多种多样的活动来积累经验,不断修正、完善内部图式。

**思考与探索**

1. 简述国内外著名教育思想家关于幼儿教育的思想与实践。
2. 简述夸美纽斯、福禄贝尔、蒙台梭利的学前教育思想。
3. 行为主义与认知发展学派的学前教育理论在实践中有哪些指导意义?
4. 简述陈鹤琴先生的学前教育思想与实践探索。
5. 现代国内外典型学前教育方案的主要思想和做法有哪些?

# 第三章 幼儿教师

● 学习目标 ●

1. 了解幼儿教师角色历史演变的过程,理解现代幼儿教师的角色。
2. 理解幼儿教师劳动的特点。
3. 掌握幼儿教师所需要的职业品质。
4. 掌握幼儿园教师专业标准对教师的要求,坚定做好幼儿教师的信念。

幼儿教师是指在幼儿教育机构履行教育工作职责的专业人员,其中主要是指各级各类幼儿园教师。幼儿教师需要经过严格的培养与培训,具有良好的职业道德,掌握系统的专业知识与专业保教技能,是"大国良师"队伍建设的首要支撑。幼儿教师是幼儿教育活动的主体之一,是整个教育活动的组织者和实施者,对幼儿身心的发展具有很大影响。随着幼儿公共教育的逐渐普及,幼儿教师对幼儿身心的全面和谐的发展扮演着越来越重要的角色。新时代的幼儿教师要有"为党育人、为国育才、培根铸魂、启智润心"的责任和担当,要有大视野、大格局、大情怀、大境界。

本著作对幼儿园教师与幼儿教师不做学术上的辨析,同义对待。

● 拓展阅读 ●

教师是太阳底下最光辉的职业。世人把最好的赞美赋予了老师,也把沉甸甸的责任、殷殷的希望寄托在了老师身上。同时期待每一位教师在立德树人的路上,严而不缚,爱而不纵,学为人师,行为世范,真正成为新时代"有理想信念、有道德情操、有扎实学识、有仁爱之心"的"四有"好老师,做学生锤炼品格的引路人、学习知识的引路人、创新思维的引路人、奉献祖国的引路人。

## 第一节 幼儿教师的角色

幼儿教师角色问题的实质就是幼儿教师在幼儿生活学习中做什么样的人的问题。教师本人的角色观直接影响其与幼儿之间的关系,也影响其所从事的教育工作。幼儿教师的角色观与幼儿观相辅相成,与教育观也有千丝万缕的联系。当幼儿教师把自己当作前辈时,幼儿就是晚辈,教育过程就是前辈对晚辈的引导、扶持过程;当幼儿教师把自己当作幼儿的知心朋友时,幼儿就是与教师平等的一员,教育过程就会更重视师生的平等交流;当幼儿教师只把自己当作"高级保姆"时,幼儿就会沦为被保护的弱者,教育工作就会以保育为主、教育为辅。因此,树立正确的教师角色观是每一个幼教工作者做好工作的观念前提。另外,社会对幼儿教师赋予很多要求与期望,这又构成了幼儿教师的社会角色观。教育理论工作者对幼儿教师也有这样或那样的期望和要求,这就构成了理论形态的幼儿教师角色观。幼儿教师的社会角色观直接影响幼儿教师的职业声望和社会地位,理论形态的幼儿教师角色观则直接影响幼儿教师的培养培训工作。

## 一、幼儿教师角色的历史演变

幼儿教师在历史上的不同时期扮演过不同的角色。总体而言,幼儿教师角色的演变经历了以下几个阶段。

(一)充当保姆阶段

在古代的少数富贵人家,幼儿的照料通常由经过挑选的女奴和女仆承担。这些女奴、女仆们通常目不识丁,让她们带孩子,自然只能扮演保姆的角色,她们的职责也仅仅是照管孩子。她们在社会其他人的心目中只是"童仆"而已。在古希腊时期的雅典,幼儿主要由母亲和家庭女仆照料。孩子们通常自己玩耍,或听母亲和女仆们在做针线活时吟唱歌曲。到古罗马时期,人们仍普遍认为儿童的学习应从7岁开始,孩子7岁之前由保姆或教仆照料,不必让孩子学习。这时,保姆和教仆充当的角色是孩子生活的看护人,而不是学习的引导者。直到近代的公共幼教机构,也主要是为照看工人的幼小子女而设立的,这些机构内部的专职人员文化素质要求不高,保多教少,多为保姆角色。

我国古代宫廷中有师、傅、保负责太子和诸侯世子的教育,其中的"太保"或"少保",便专负"保其身体"之责。内宫则另有"三母制",其中的乳母和慈母,则负责幼年皇子或公主的养育。我国宋朝首设的育婴堂、慈幼局,其"教员"都是没有接受专门训练的节妇。我国第一个幼儿公共教育机构——湖北蒙养院的保姆,也是从节妇、乳媪中挑选的。

幼儿教育工作者只被当作保姆,或实际上只能承担保姆的职责,要么只保不教,要么以保为主,辅以教育。这样的幼教工作人员指导下的幼儿,其身体可能得到较好的呵护,但心理水平和知识才能却难以得到应有的发展。

(二)充任教师阶段

随着大工业和科技的发展,人们对幼儿教育的要求越来越多,社会对幼儿的期望越来越大,对幼儿教育工作者的要求也就越来越多、越来越高。幼儿教育工作者的主要职责开始由保育转为教育,或以教育为主。幼儿教育工作者自身的素质也在逐步提高。他们不仅能从事保育工作,而且能教导幼儿,促进幼儿身心的全面发展。这样,幼儿教育工作者的工作角色就逐渐转变为教育者,人们对幼儿教育工作人员的称呼也逐渐由"保姆"转为"教师"。如1816年欧文创办的"性格形成新学园"中的"幼儿学校",将幼教机构称为"学校",将工作人员称为"教师",并对教师提出了一些教育方面的要求。幼教之父福禄贝尔认为,幼教工作者的主要职责是用恩物教育孩子。在他的幼教机构中,幼教工作者都是"教师",而非传统的保姆式人物。1849年,他开办了幼儿教师训练所,将他的教育思想传给从事幼儿工作的妇女们。从那以后,幼教机构就逐渐开始重视幼儿的教育问题,这些机构的工作人员作为"教师"的地位和声望也就逐渐地确立起来。一些教育家如爱伦·凯、蒙台梭利、德可乐利,也都注重幼教工作人员的"教师"素质而非"保姆"素质。

我国老解放区在1937年以后就开始将幼教工作人员分为教师和保育员两类,他们分别对幼儿进行教育和保育。这种对幼教工作人员的分类称谓一直沿用到现在。新中国成立后,我国开始学习苏联的幼儿教育经验,实施分科教学,强化了"上课""教学"这类概念。幼儿教育工作者几乎成为只教不保的工作人员,教师的职业特点明显地表现出来了,对幼儿的教育影响也大为加强。但是,单一的教师角色妨碍了幼儿身心的和谐发展,违背了幼儿身心发展的特点,从而削弱了教师对幼儿的影响力。

(三)角色多样化的阶段

现在,人们对幼儿教师角色的期望,已出现多样化的趋势。如皮亚杰认为,幼儿教师应是孩子的游戏伙伴;蒙台梭利认为,幼儿教师应是幼儿学习的指导者和引导者;还有人认为,幼儿教师应做幼儿母亲的替代者、幼儿的知心朋友、大姐姐等。总之,人们普遍认为,幼儿教师扮演的社会角色越多,越有利于幼儿的社会化,越有利于幼儿身心的健康发展。

## 二、现代幼儿教师的角色

(一)幼儿教师是教育者

幼儿教育机构是制度化的公共教育组织,其中心任务就是教育、教导儿童。因此,幼儿教师的主要职责还是教育孩子。幼儿教师首先是一个教育者,所以要用教育者的标准严格要求幼儿教师。

(1)幼儿教师是物质环境的提供者和组织者。幼儿主要通过物质活动学习,为了让幼儿顺利地进行物质活动,幼儿教师必须善于制作玩教具,布置好室内外环境。幼儿教师是环境的布置者和管理者。如果把幼儿园、托儿所比作花园,那么,幼儿教师就是花园里的辛勤园丁。

(2)幼儿教师是幼儿的细心观察者和记录员。幼儿都有自己的独特个性和丰富的内心世界,但他们不善于表达自己的思想愿望。幼儿正处于迅速成长的年龄阶段,变化很快。因此,幼儿教师要做到"因材施教",就必须细心观察,通过自己的一双慧眼去发现孩子的点滴进步和不良倾向,给孩子及时的引导教育。

在引导儿童活动的过程中,幼儿教师要善于及时记录幼儿的表现和保留幼儿的作品,为儿童建立成长档案。这些观察和记录不仅是幼儿教师生成课程的依据,也是幼儿教师制订教育计划、与幼儿家长和社区交流的重要内容。无论是观察还是记录,都要以"儿童"为中心,围绕"儿童"而展开。

(3)幼儿教师是幼儿的榜样和示范者。幼儿理解力形象化,难以明白一些抽象的道理,这就要幼儿教师善于示范、表演,让幼儿具体地模仿学习。另外,幼儿好奇心强,喜欢模仿,也易受别人的暗示和感染,因此,幼儿教师要注意自己的一言一行,为人师表,做幼儿的榜样。

(4)幼儿教师是幼儿学习的指导者。幼儿教师必须依照明确的教育目的,对幼儿施加具体、有效的学习指导,以促进幼儿身心健康地发展。幼儿教师应做幼儿学习的引路人和身心发展的指引者。蒙台梭利认为,幼儿教师的工作就是指导幼儿在活动中学习,就是依据孩子的成熟程度为孩子提供活动的环境及进行作业的教具。教师只能通过"工作"来培养和维持纪律,不能直接采取奖惩手段或向孩子们直接灌输。因此,蒙台梭利主张将"教师"的名称改为"指导者"。

幼儿教师的指导体现在方方面面:他可能提供新的玩教具,引导孩子关照新的对象,发现新的问题,找到更好的解决问题的办法,产生新的兴趣和探索的目标与动力;他可能用语言、动作、姿势、作品、玩具、环境等多种方式引导孩子的学习,成为幼儿学习的建构者和支持者。

(5)幼儿教师是问题的设计者和探索者。在幼儿教育中,幼儿教师必须善于设计问题,用问题引导孩子的活动和思维,将孩子的活动引向深入,使孩子做进一步的思考。问题还可以使幼儿的身心活动不至于偏离幼儿教育的目标和计划,使幼儿的活动基本在教师的预设之中。

幼儿教师应参与对各种问题的探索活动,与孩子一起提出问题,假设并验证问题,得出结论并检验问题的结论。使幼儿活动的过程成为有益的探索过程和经验的积累过程,唯如此,幼儿的智慧才能得以成长,心灵才能得以丰富。

(6)幼儿教师是教室文化和课堂气氛的营造者。幼儿教师不仅要创设良好的物质环境,还要与儿童一道营造良好的精神氛围,如团结友爱、积极上进、遵纪守法等。幼儿园班级的环境既要有秩序,又要自由和轻松,还要具备竞争与合作、独立自尊、积极上进等特征。

(7)幼儿教师是公共关系的调节人。幼儿教师应善于与幼儿、同事同行、家长、社区等方面的人员合作与交流。所有这些交流活动应以幼儿为中心和基点,因为儿童是大家联系和合作的原因所在。儿童是最大的社交资源。为了儿童的目标,因为儿童的原因,介绍儿童的学习,制订儿童教育计划,等等,应是幼儿教师调节各种关系的重心、出发点和归宿。

(二)幼儿教师是幼儿游戏的伙伴

游戏活动是幼儿的主要活动,也是幼儿教育的主要途径。其最大特点就是将课程的内容融合在幼儿自主的探索活动中,让幼儿在游戏活动中主动地捕捉其中的文化信息,并产生相应的情感体验。在幼儿快乐的游戏中,幼儿教师是游戏材料的准备者、游戏情节的献计人和游戏中矛盾的协调人。但教师做得更多的还是扮演游戏中的角色。幼儿教师要同幼儿一起做游戏、一起扮演角色,在游戏中指导游戏,使幼儿在不知不觉中接受教师的指导。因此,做孩子的游戏伙伴是幼儿教师很重要的职责。瑞士心理学家皮亚杰就非常重视儿童的物质活动,主张教师做儿童游戏的伙伴。他认为,儿童是通过物质活动学习的,教师要创造条件,让孩子自我发现,帮助孩子成为"主动的探索者"。教师应放下架子主动与儿童合作,成为儿童游戏的伙伴。皮亚杰在论述儿童的道德发展时还认为,由于成人与儿童的地位不平等,成人通过语言对儿童施加压力,就造成了儿童对成人的单方面的尊重以及道德的他律性。他认为,要促进儿童自主道德的发展,就必须有儿童之间的平行交往,以及成人与儿童之间的平等地位和合作。皮亚杰的儿童发展理论始终贯穿着一个思想,即教师要与儿童合作,要做儿童游戏的伙伴。

▪案例阅读▪

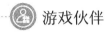 游戏伙伴

户外游戏开始了,男孩子们开始了他们喜欢的"战斗游戏"。他们迅速搭建完成大炮,并分配了角色,有的当"炮手"用大炮进攻,有的扮演"士兵"用机关枪扫射,还有的当"巡逻员"检查周围情况。瑞瑞自己拿起一块长条积木当作对讲机扮演"指挥官"。

这时,东东和晨晨没有分配到任务,便问"指挥官"瑞瑞自己做什么。"指挥官"说:"你俩也做大炮手吧。"可"炮手"说:"大炮只有一个,而且我已经是大炮手了。"瑞瑞听后也不知道该给他们分配什么任务了。这时,老师走上前问:"如果战场上士兵受伤了,怎么办?""炮手"说:"我爸的部队里都有医生。"老师继续发问:"那你们这个战场上需要医生吗?""指挥官"和"炮手"想了想,对东东和晨晨说:"咱们再搭建个医院吧,你俩就做医生,救助咱们受伤的士兵。"原本还愁眉苦脸的两人听后,立马兴奋起来,边答应着,边跑着去找材料搭建医院……"战斗游戏"终于开始了。

分析:

在该游戏中,幼儿在商讨、分配角色的过程中,受生活经验所限,短时间内想不出在战场上除了"攻击"和"防御"的角色之外,还有什么角色可以扮演,游戏暂时无法继续。教师用"在战场上士兵受伤了怎么办"的问题,引导幼儿调动已有经验,想出了新角色,解决了角色分配的难题,游戏得以顺利进行。教师不是一开始就介入幼儿游戏,而是在游戏无法继续开展时,以建议的口吻询问,并在幼儿有了新想法之后,及时退出,给幼儿留下游戏中利用角色发挥的时间和空间。

(三)幼儿教师是幼儿的"第二任母亲"

幼儿教育机构是幼儿所遇到的第一个社会性机构,可以说是幼儿迈向社会的第一站。幼儿由于生活经验缺乏,身心发展水平较低,对成人的依赖性还很强。当他们进入托幼机构以后,他们就会将对家长的依赖逐渐转移到教师身上,对家长的亲情也逐渐迁移、扩展到教师。这就要求幼儿教师要善于满足孩子的这种需要,要做他们的亲人,成为他们尊敬和爱戴的长者。现在的幼儿教师主要是女性,女性一般比较细心,感情细腻、丰富,善于接近孩子和照顾孩子,也容易在孩子的心目中树立起母亲的形象,与孩子建立起母子般的关系。

幼儿教师给予孩子母爱和母亲般的照顾,有利于消除孩子离家后的焦虑与不安,使幼儿产生"托儿所、幼儿园是我家"的感觉。这样,孩子就能安心、愉快地在幼儿园生活和学习。

### （四）幼儿教师是幼儿的知心朋友

幼儿尽管是幼稚的个体，但也有其丰富的内心世界，也有许多悄悄话和小秘密。他们的社会性得到了初步的发展，产生了交友的愿望，形成了最基本的交友能力。这时，幼儿教师可以和幼儿交朋友，以心换心，与幼儿建立起亲密的师生关系。幼儿教师可以走进幼儿的内心世界，关心和洞察他们的内心世界。幼儿也可以走进教师的生活里，与教师同喜同忧，学会观察和理解自己的老师。

苏联教育家苏霍姆林斯基认为，一个好教师必须热爱孩子，并能从与孩子的交往中寻找乐趣，他应善于和孩子们交朋友，感受他们的欢乐和痛苦，了解他们的内心，并不忘记自己过去也曾是个孩子。苏霍姆林斯基说："教师不仅要成为一个教导者，而且还要成为学生的朋友，和他们一起克服困难，一起感受欢乐和忧愁。""教师应当成为学生的朋友，体会他们的兴趣、欢乐和忧虑，要忘记自己是个教师……而这时，孩子才会把一切都告诉他。"苏霍姆林斯基的这番话，对幼儿教师也非常合适。

综上所述，幼儿教师只有充当了幼儿的教育者、游戏伙伴、知心朋友、第二任母亲等重要角色，才能在幼儿的生活和学习中承担多种职责，对幼儿的生活和学习、身体和心理的发展发挥全面而又深刻的影响。

### （五）幼儿教师是研究者和理论的建构者

幼儿教师能否履行以上提及的多种角色的任务，关键在于幼儿教师能否在工作的过程中反思实践，从事行动研究，并将经验上升到理论的高度。幼儿教师应是行动和理论的"巨人"。在工作的过程中，幼儿教师对幼儿的研究，对课程、教学和游戏的研究，对幼儿家长和社区环境的研究，对自身教学行为的反思永无止境。幼儿教师应参与教科研活动，成为教科研活动中的一员。当然，幼儿教师的教科研活动与专业研究人员不同，幼儿教师更重视教研而不是科研，更侧重行动研究和反思实践、服务于实践。幼儿教师的行动研究和理论建构活动是其专业成长的必不可少和比较现实的途径。这可以保证幼儿教师专业的可持续发展，也可以保持幼儿教育研究本身的生机和活力。

• 拓展阅读 •

 幼儿自主游戏中教师支持行为（摘录）

"以游戏为基本活动"是幼儿园教育的重要原则。中共中央、国务院印发的《深化新时代教育评价改革总体方案》中提出：幼儿园教师评价突出保教实践，把以游戏为基本活动促进儿童主动学习和全面发展的能力作为关键指标，纳入学前教育专业人才培养标准、幼儿教师职后培训重要内容。游戏既是儿童最喜欢的活动，也是幼儿园重要的教育方式。幼儿自主游戏因其自发性和内在目的性等特征对于儿童释放童年天性、发展儿童主体性和探索精神等有重要作用。

在学前教育实践领域，作为融合教育目的与儿童主体性发展之间的平衡点，教师支持成为学前教育理论与实践研究的热点。国外学者里夫(Reeve)、德西(Deci)等人从教师的角度,对教师自主支持行为作出了具体的描述:"从课堂教学角度出发,教师自主支持指的是教师能给学生提供更多的机会和选择,能提供不同的任务结构和难度供学生挑战,合理地解释班级中的规则和限制;从师生互动角度出发,教师自主支持指的是教师能对学生的信息给予反馈,允许学生按自己的想法行动,询问学生学习的看法和意见,并支持和鼓励学生进步。"玛吉欧(Mageau)、瓦兰(Vallerand)等人从学生角度出发,将教师自主支持行为界定为:"学生相信老师支持他们的自主性动机、为他们提供选择的机会、支持他们独立解决问题和做决定,并能理解他们的内心感受、避免压力性的要求。"国内有学者认为教师支持行为是指教师对幼儿的活动给予鼓励、帮助和推进,包括直接的支持性行为与间接的支持性行为。直接支持性行为包括非物质支持和物质支持两类,间接支持包括环境创设、家园沟通和社区资源利用。关于教师支持行为对儿童的影响,博贾亚诺(Boggiano)和卡茨(Katz)的研究表明,在自主支持性的课堂情境中,即使学习任务难度高,学生也会积极地思考和解决问题,还会产生愉悦感和胜任感。

但在教育实践中,教师支持行为存在许多问题,比如,有的教师不知道应该如何平衡儿童自主与教师支持之间的关系;有的教师不知道支持的目的是什么,不知道应该何时支持儿童的自主游戏;有的教师支持策略比较单一固定,无法激发儿童的游戏兴趣与学习动机;还有的教师支持主观性较强,使儿童游戏变成了"游戏儿童",等等。在自主游戏中提供有效支持对于幼儿教师来说成为一种挑战。那么,在自主游戏中教师的支持应该什么样?教师支持行为应该具备哪些特点呢?这是本文要讨论的问题。

比如,当游戏区域中的游戏材料缺乏挑战性,不能继续激发幼儿游戏兴趣的时候,教师针对幼儿特点合理地提供有一定难度的操作材料,可以使幼儿再次专注于游戏,进行更为深入的思考和更为复杂的操作。

再比如,当幼儿有新的发现需要与人分享时,教师给予具体的、带有引导性的回应,可以使幼儿的学习进入到深度的探索与思考状态。幼儿说:"我发现把放大镜拿远一点,里面的人就倒过来了!"此时教师可以由衷地赞赏:"太好了,你这个发现太有意思了!你是怎么发现的?"也可以鼓励幼儿继续探索:"你再用放大镜看看其他物体,然后告诉我你的发现。"教师还可以由此引发同伴模仿学习:"其他小朋友用放大镜看物体,是不是也能看见倒过来的物体呢?"需要注意的是,自主游戏中教师支持的深度学习,并不是超越幼儿认知水平的深奥知识的学习,而是强调在游戏过程中提高幼儿高水平认知活动的参与程度,从而使幼儿在探索中感受到游戏与学习的乐趣和成就感。

教师支持要基于对儿童游戏行为的观察与解读

"基于观察幼儿的教育支持"已经成为提升学前教育质量所关注的新方向。教师观察并解读幼儿是提升幼儿园过程性质量的基础,教师高质量的观察和解读能从各方面助力学前教育质量的提升。《幼儿园工作规程》明确提出,幼儿园教师的主要职责是观察了解幼儿,依据国家规定的幼儿园课程标准,结合本班幼儿的具体情况,制订和执行教育工作计划。教师提供有效支持行为的前提是有效观察和合理解读儿童的游戏行为。幼儿在其最热衷的游戏活动中所体现出来的行为是直观、真实的行为,教师通过对幼儿游戏行为的细致观察,能了解儿童的兴趣爱好、发展水平及个体差异,能及时满足儿童的需求,并利用儿童的已有经验,更好地促进儿童的发展。

教师将观察获得的丰富素材进行梳理和整合,把握幼儿游戏行为背后的意义与需要,将解读作为优化支持的依据。

教师的有效支持必须建立在适宜时机的基础之上。在自主游戏中,当幼儿出现技术性难题、主动求助、游戏延伸或扩展困难、不投入游戏情境、完成游戏且作品优异时,或教师通过观察发现幼儿即将进行深度思考和探索、幼儿即将产生新知识经验的学习、幼儿需要整合游戏经验时,这些情况下教师都应当提供适宜的支持。无论处于哪种时机,教师都需要对幼儿当前的游戏行为作出细致、耐心的观察,以及科学、适宜的解读。此外,教师对游戏的观察是贯穿全程的。在游戏初,教师可以进行扫描式的全面观察,了解全体儿童的游戏情况,在此基础上,再进行聚焦式的重点观察,捕捉有价值的或特别的儿童游戏行为或事件。在观察的同时可以进行文字记录或视频记录,但尽量避免带有主观色彩的描述。教师可以从以下维度进行分析与解读:儿童为什么会有这样的游戏行为?在游戏中儿童运用了哪些经验?儿童处于什么发展水平?还有哪些经验是儿童缺乏但需要的?当然,教师不一定只就该次游戏中儿童的游戏行为进行解读,还可以联系以往的游戏活动或其他活动中幼儿的表现和性格特征等,对幼儿进行全面的分析与解读。观察与解读后,当教师准备提供支持行为时,最关键的是一定要进行"是否必要"的判断,即在支持前先判断,此时支持幼儿是否比不支持好?并且教师要做好随时退出的准备,避免支持行为干扰幼儿的自主游戏。

教师对幼儿游戏行为的观察与解读并不是一种高深的、不可掌握的测量评估方式。只要教师眼中有幼儿、心中懂幼儿,带着专业精神与意愿,以及对幼儿游戏行为的敏感性,加上教师专业知识的运用,教师就能够为幼儿游戏提供有效的支持。

教师支持的方式方法灵活多样

关于教师支持的分类,国内外有多种研究。德西(Deci)等人采用实验法对教师支持行为进行观察,在21种教师指导行为中区分出了11种支持行为:教师用于倾听的时间、教师允许学生按照自己的方式做事的时间、教师询问学生想要什么、教师给予学生讨论的时间、教师对于学生座位的安排、教师提供学生行动的理由、教师给予学生表扬性的反馈信息、教师给学生的鼓励、教师给学生提示、教师对学生传递观点采纳的陈述、教师回应学生提出的问题。谢尔顿(Shelton)将教师支持划分为两种类型:心理支持和专业支持。心理支持是以促进学生的胜任感和价值感为目标,专业支持以促进学生的学业成就和专业发展为目标。教师以自身作为媒介的支持,包括情感支持和认知支持;教师以幼儿作为媒介的支持,指教师鼓励幼儿与幼儿之间进行语言、行为支持。在不同类型的教育活动中,教师的支持策略不尽相同。基于幼儿在自主游戏中学习与发展的特点,教师支持的方式方法主要分为情感支持、材料支持、策略支持。

教师情感支持,指教师通过微笑与注视、拥抱与抚摸、移情与安慰、鼓励与赞扬等方式,表达对儿童的理解、尊重和关怀,使儿童有信任感和亲切感,包括营造游戏氛围、满足幼儿情感需要、关注并回应幼儿的想法等。教师可以与幼儿建立积极的情感联结,表示对幼儿的尊重、认同与喜爱;教师也可以敏感识别幼儿的情感需求、及时给予幼儿情感支持;教师还可以倾听幼儿的想法和观点,鼓励幼儿积极主动思考与探索。教师情感支持的方式包括肢体语言,如微笑、点头、注视、倾听、拥抱、抚摸等;以及非肢体语言,如移情与安慰、肯定与接纳、回应、鼓励、赞扬等。

教师材料支持,指教师通过投放、调整材料等方式,引起儿童的好奇心或认知冲突,引发儿童的探究性行为。教师可以通过回应幼儿材料需求满足其游戏愿望,使游戏具备更多的可能性;教师还可以通过提供新材料引发幼儿动手操作,使幼儿在游戏中的探索更专注、更持久。教师调整材料包括添加、删减、组合三种方式,添加材料能引发游戏产生新的转机或进一步发展,删减材料可避免游戏的平淡期或瓶颈期,组合材料有利于生成新的游戏情节。

教师策略支持,指教师通过示范、角色扮演、提问与建议等方式,使儿童在教师的启发和引导下独立寻找解决问题的有效方法,促进儿童主动学习,包括唤醒儿童已有知识经验、引发儿童认知冲突、给予儿童方法引导。教师策略支持通过拓展幼儿的思路,让幼儿在游戏过程中自主思考,从而提高幼儿的自主性,增强幼儿的探索欲和好奇心。教师可以通过提问帮助幼儿回忆已有生活和游戏经验,引发幼儿的认知冲突;教师也可以通过为幼儿创设问题情境,鼓励其与同伴进行交流互动,引导幼儿迁移已有知识经验;教师还可以通过给予幼儿方法的引导,为幼儿的想法和行动提供理由,如利用平行游戏或图片视频等方式进行示范,引导幼儿大胆猜测或动手验证。教师策略支持的方式包括平行游戏、角色扮演、提问与询问、暗示与建议、展示与评价等。

教师以适宜的方式为幼儿自主游戏提供支持,是教师教育智慧的重要体现。支持的方式方法灵活、多样,需要教师在游戏实践中根据游戏情境和幼儿的个性特点,合理解读幼儿的游戏行为,把握支持时机,有效地帮助幼儿在游戏中深入思考与探究。幼儿自主游戏中的教师支持对幼儿教师来说是一种挑战,是教师在教育教学实践中综合运用专业知识、专业能力和专业技巧的过程,也是教师在实践和反思中不断增长教育智慧的过程。

(姚伟,赵瑾懿.幼儿自主游戏中教师支持行为的分析[J].学前教育,2023(1))

## 第二节 幼儿教师的劳动特点

幼儿教师作为教育者,其劳动与其他各级各类学校教师的劳动具有许多共同的特征,如劳动对象的主体性、劳动过程的创造性、劳动效果的隐含性等。本节主要阐述幼儿教师劳动与其他各级各类学校教师劳动的不同之处。

### 一、幼儿教师劳动的艰巨性

由于幼儿身心的幼稚性,幼儿教师不仅要承担教育任务,还要承担保育任务;不仅要负责幼儿的学习,还要负责幼儿的生活。幼儿教师所承担的保育之责是其他各级各类学校教师所无法比拟的。由于保、教一肩挑,孩子年幼依赖性大,所以,幼儿教师的劳动比其他各级各类学校教师的劳动任务更繁重,劳动更艰苦,责任更重大。

对幼儿身心安全和卫生的维护是幼儿教师日常工作中非常重要的部分,也是幼儿教育活动的基础。当前我国每一个家庭的孩子人数不多,独生子女现象还会存续很长时间,幼儿家长对孩子的重视程度和期望值很高,对幼儿园的保教工作提出了更多和更高的要求。因此幼教师身上的保育之责更重,工作更加烦琐细致;教育工作也更注重个性化。这样,劳动量无疑也增加了许多。

## 二、幼儿教师劳动的细致性

由于幼儿独立生活和学习的能力较差,幼儿教师几乎要对他们生活、学习过程中的每一件事都给予关心和帮助。从孩子早晨入园的晨检、问候开始,到孩子下午的离园叮嘱,对孩子一日生活的各个环节,幼儿教师几乎要事事躬亲。在寄宿制托儿所、幼儿园里,幼儿教师还得关心孩子晚上的休息。总之,孩子在园、所的每一分钟,幼儿教师都得守候在其身旁,关心、帮助和引导孩子们的生活和学习。幼儿教师不仅要关心孩子的吃、喝、拉、撒、睡、穿和玩,还要关心孩子学习活动中的每一个环节。如游戏活动,幼儿教师通常要帮助孩子准备材料、分配角色、调解矛盾、展开游戏情节、评价游戏、收拾游戏材料等。又如幼儿用餐,幼儿教师要准备好饭菜,组织幼儿洗手进餐,劝说孩子吃饱、不挑食、不掉饭菜,甚至要给孩子喂饭。总之,幼儿教师所做的工作非常细致、具体和琐碎,幼儿教师需要细心和耐心。

## 三、幼儿教师劳动的自主性

与中小学相比,幼儿教师的教育教学工作没有升学、竞赛、评比等压力,教师按照《幼儿园教育指导纲要(试行)》《幼儿园工作规程》及《3~6岁儿童学习与发展指南》等的要求,可以自主设计活动内容、创新课程,因而幼儿教师有较大的自主权。幼儿教师可以自定保教活动目标,自选内容,自己组织安排各种活动。由于没有考试这一环节,加之孩子年幼,不会监督评价教师的工作,因而整个监测机制没有其他教育机构那么强。幼儿教师的工作在很大程度上取决于幼儿教师的独立自觉性。因此,幼儿教师的劳动具有较强的自主性。

## 四、幼儿教师劳动的创造性

幼儿教师劳动的创造性主要体现在如下两个方面:

第一方面由幼儿本身的特点所决定。

幼儿正处于人生生长发育最快的时期,其身心变化极为迅速,可塑性极强。幼儿教师要因材施教,就得有深刻的洞察力,要用敏锐的观察力不断地探究孩子的身心特征,把握孩子在每一段时间里的每一点变化。幼儿教师观察孩子的频率和速度,为从事其他年龄段教育的教师所不能及。

第二方面则由幼儿教育特点所决定。

主要表现在四个方面。首先,由于幼儿不断地发展变化,幼儿教师的教育工作也要随之不断地加以调整,而且调整的速度要快,否则就跟不上孩子身心发展的步伐。幼儿期是身心变化最快的人生阶段,这就要求幼儿教师的工作要有较强的创造性和灵活性。其次,由于幼儿分辨力差,易受环境的影响,好模仿,易受暗示和感染,幼儿教师要密切关注来自托幼机构、家庭和社会三方面的教育影响,既要利用和扩展其中的积极因素,又要及时控制乃至消除其中的不利因素。幼儿每天接触到的环境是不断变化的,幼儿教师要不断地调整来自环境的各种教育影响,这也就加大了对幼儿教师工作的创造性的要求。再次,幼儿教师拥有较大的教育自主权,幼儿教育具有较大的灵活性,这就要求幼儿教师要善于开拓创新,积极开动脑筋。最后,幼儿教育具有很强的探索性和艺术性。幼儿教育强调幼儿在探索中学习,这要求幼儿教师应善于生成课程,实行弹性计划,依儿童而变,依环境而变。既要保证实现教育目标,又要满足儿童的兴趣和需要。幼儿教师的指导如同指南针而不是列车的时刻表。这要求幼儿教师具有很强的观察力、判断力、操控环境和组织活动的能力。幼儿教育过程实际上是师生"共舞",共同探索,共同生成和发展课程的过程。幼儿教育过程具有高度的不确定性,这无疑增加了幼儿教师从教的难度。

### 五、幼儿教师劳动的示范性和感染性

幼儿教师的工作对象是0~6岁的儿童。这一年龄阶段的儿童好奇心强,好模仿,易受教师的语言、情绪、行为的感染影响,他们对自己的教师充满了无限的信任和尊重。这就要求幼儿教师要为人师表,注意自己一言一行的示范性和感染性。幼儿教师要用自己的言谈举止、音容笑貌向幼儿展示世界的真、善、美,用自己的工作证明自己的真、善、美,从而在幼儿面前树立起较为完美的职业形象。

### 六、幼儿教师劳动的整体性

首先,幼儿教师工作的任务是个整体,那就是保教合一。其次,幼儿教师的工作过程也是一个整体,那就是持续一天或半天的"带班"活动。最后,幼儿教师还得按总的工作任务安排自己的一日、一周、一月、一个学期、一个学年,乃至整个幼儿教育阶段的保教工作,并且要使各项保教工作相互配合、相互渗透,使保教工作中的每一环节相互联系,构成网络和层次,形成整体的工作流程,以便实现保教工作的终极目标。

## 第三节 幼儿教师的职业品质

尽管幼儿教师面对的是幼小儿童,但不能因此而降低对幼儿教师的素质要求;相反,幼儿教师劳动的创造性和艺术性,对幼儿教师的素质提出了更加全面的要求。根据我国《幼儿园教师专业标准(试行)》和《中小学教师职业道德规范》等文件的相关要求,幼儿教师应具备如下素质。

### 一、思想品德素质

#### (一)认同并热爱幼儿教育事业

爱是行为的内驱力。幼儿教师只有认同并热爱幼儿教育事业,才会全身心地投入到幼儿

教育工作中去。

对工作的热爱,源于对工作意义的深刻理解。幼儿教师要把自己对这一职业的选择看作是对整个幼儿教育事业的抉择,要把自己的工作看作是为社会服务的具体方式。幼儿教师只有将个人的工作与社会、国家的发展联系起来,与人类的幸福联系起来,才能对幼儿教育工作产生深厚而持久的爱。幼儿教师对本职业的热爱,应体现在平时的一点一滴的工作之中,体现在高度的责任心,以及为了工作而不懈提高自身素质的努力之中。

### (二)热爱幼儿

如果幼儿教师能够深刻地理解自己劳动的社会意义,对幼儿教育事业充满爱,那么,他就能够对幼儿产生强烈的爱。而对幼儿的热爱,是推动幼儿教师无私地、鞠躬尽瘁地为幼儿服务,并能有所作为的精神动力,也是产生幼教责任心、耐心、细心的原动力。

幼儿教师对幼儿的爱是一种具体的教育力量,它能为幼儿创造安全、信任、和谐的教育气氛,能感化幼儿,使幼儿主动配合教师的工作,发扬积极因素,克服消极因素,不断地进步。

幼儿教师对幼儿的爱,不同于家长和一般人对孩子的爱。幼儿教师对幼儿的爱是一种博大的、理智的、社会的爱,是一种责任。因此,幼儿教师没有任何理由偏爱孩子,也没有任何理由歧视、侮辱孩子。幼儿教师对幼儿的爱伴随着对幼儿的严格合理的要求,是一种富有教育意义的爱。

### (三)尊重集体和团结家长

幼儿教师集体,是由教养幼儿的共同任务而联系起来的复杂群体。幼儿教师的年龄、经验、兴趣、爱好、教育观均有较大的差别,若要建立和谐的集体,需要大家能为共同的目标而努力工作,每个幼儿教师应遵循一定的集体道德。每个幼儿教师应尊重、团结自己的同事,热情关心和帮助同事,维护和提高同事在幼儿心目中的地位,虚心接受同事的合理建议,自觉与同事形成一致的教育观念,并在具体的保教活动中,与同事保持教育的一致性。

幼儿教育工作离不开幼儿家长的支持和配合。因此,幼儿教师要与家长进行有效沟通合作,尊重和团结幼儿家长。幼儿教师要尊重幼儿家长对其子女的爱心和责任,虚心接受幼儿家长提出的合理建议,与幼儿家长平等相处,相互支持。幼儿园教师有责任协助幼儿园与社区建立合作互助的良好关系。

▪ 拓展阅读 ▪

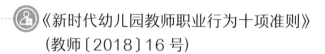

《新时代幼儿园教师职业行为十项准则》
(教师〔2018〕16号)

教师是人类灵魂的工程师,是人类文明的传承者。长期以来,广大教师贯彻党的教育方针,教书育人,呕心沥血,默默奉献,为国家发展和民族振兴作出了重大贡献。新时代对广大教师落实立德树人根本任务提出新的更高要求,为进一步增强教师的责任感、使命感、荣誉感,规范职业行为,明确师德底线,引导广大教师努力成为有理想信念、有道德情操、有扎实学识、有仁爱之心的好老师,着力培养德智体美劳全面发展的社会主义建设者和接班人,特制定以下准则。

一、坚定政治方向。坚持以习近平新时代中国特色社会主义思想为指导,拥护中国共产党的领导,贯彻党的教育方针;不得在保教活动中及其他场合有损害党中央权威和违背党的路线方针政策的言行。

二、自觉爱国守法。忠于祖国,忠于人民,恪守宪法原则,遵守法律法规,依法履行教师职责;不得损害国家利益、社会公共利益,或违背社会公序良俗。

三、传播优秀文化。带头践行社会主义核心价值观,弘扬真善美,传递正能量;不得通过保教活动、论坛、讲座、信息网络及其他渠道发表、转发错误观点,或编造散布虚假信息、不良信息。

四、潜心培幼育人。落实立德树人根本任务,爱岗敬业,细致耐心;不得在工作期间玩忽职守、消极怠工,或空岗、未经批准找人替班,不得利用职务之便兼职兼薪。

五、加强安全防范。增强安全意识,加强安全教育,保护幼儿安全,防范事故风险;不得在保教活动中遇突发事件、面临危险时,不顾幼儿安危,擅离职守,自行逃离。

六、关心爱护幼儿。呵护幼儿健康,保障快乐成长;不得体罚和变相体罚幼儿,不得歧视、侮辱幼儿,严禁猥亵、虐待、伤害幼儿。

七、遵循幼教规律。循序渐进,寓教于乐;不得采用学校教育方式提前教授小学内容,不得组织有碍幼儿身心健康的活动。

八、秉持公平诚信。坚持原则,处事公道,光明磊落,为人正直;不得在入园招生、绩效考核、岗位聘用、职称评聘、评优评奖等工作中徇私舞弊、弄虚作假。

九、坚守廉洁自律。严于律己,清廉从教;不得索要、收受幼儿家长财物或参加由家长付费的宴请、旅游、娱乐休闲等活动,不得推销幼儿读物、社会保险或利用家长资源谋取私利。

十、规范保教行为。尊重幼儿权益,抵制不良风气;不得组织幼儿参加以营利为目的的表演、竞赛等活动,或泄露幼儿与家长的信息。

## 二、基本文化素质

为了搞好幼儿教育工作,幼儿教师必须具备如下几方面的文化素养。

(一)广博的文化基础知识

文化基础知识也就是通识性知识。幼儿园不设分科的教学任务,每个幼儿教师通常要承担孩子的语言、科学、艺术、健康、品德等多方面的教养任务。为了促进幼儿身心全面和谐地发展,幼儿教师必须具备较为广泛的文化科学知识。另外,幼儿对世界充满了好奇,幼儿的提问往往涉及动物、植物、天文、地理、文学等各个领域,涉及自然和社会的许多方面。这也要求幼儿教师要有广博的文化基础知识,并且要根据社会和科技的发展,不断地更新自己的知识,完善自己的知识结构。

## （二）扎实的幼儿教育理论基础

幼儿教师若想做好自己的教育工作,首先必须了解幼儿和幼教法规。为此,幼儿教师必须具备一定的幼儿卫生学、幼儿的学习与发展、未成年人保护法等方面的知识。其次,要善于运用教育规律。为此,幼儿教师必须学习幼儿教育学、幼儿营养学、幼儿教育评价等学科的知识。最后,为发挥幼儿家庭和社区的教育力量,幼儿教师还必须懂得教育社会学、教育文化学、教育人类学等方面的知识。托幼机构中艺术、健康活动频繁,这使得幼儿教师还需具备音乐、体育、美工、舞蹈等方面的知识。

## 三、保育技能

为了有效地教养幼儿,幼儿教师仅有品德和知识方面的素质是不够的,还需具备多方面的专业教育技能。

### （一）观察与评估的能力

观察和了解孩子是教育过程的开端,是教育活动的第一步。幼儿教师只有深入地观察孩子、了解孩子,其教育才能做到有的放矢。幼儿教师不仅要学会把握全班孩子的共性,还要善于挖掘孩子的优点;要能在优秀的孩子身上找到不足,在后进的孩子身上发掘闪光点。总之,幼儿教师要能从孩子的言行中洞察出他们的心理活动,找出他们发展的倾向和动态变化的规律,以便进行有针对性的教育。

### （二）组织活动的能力

托幼机构的活动是丰富多彩的。其中既有生活活动,又有学习活动和游戏活动;既有集体活动,又有小组与个人活动;既有室内活动,又有室外活动……所有这些,都要求幼儿教师具备一定的组织能力。幼儿教师要善于依据幼儿保教目标和本班孩子的身心特点,制订各类活动方案,妥善安排本班的保教活动,使孩子在生动活泼的活动中得到全面发展。

### （三）创设与利用环境的能力

环境是指对幼儿产生影响的各种物的因素与人的因素的总和。幼儿教师要善于发动幼儿参与环境的建设,充分利用班级的空间和材料设施,创造性地使用废旧材料和自然材料,为幼儿创设活化的物质环境。幼儿教师还要善于与幼儿建立和谐的师生关系,调解幼儿之间的矛盾,创造良好的班风和气氛,为幼儿身心的健康成长创设良好的心理环境。

### （四）与幼儿交往的能力

幼儿教师在与幼儿互动的过程中,要善于站在孩子的视角分析问题,能与孩子平等交往,友好合作。要善于消除师生间的隔阂,经常与孩子们交心谈心;要善于发现和关注幼儿之间的矛盾,及时协调好幼儿之间的关系。在同孩子交往时,教师要善于运用自己的身体语言和口语表达自己的思想感情。幼儿教师的语言应生动形象、浅显易懂、亲切自然,并宜以积极的肯定性语言为主。幼儿教师是幼儿重要的信息来源,是幼儿重要的游戏伙伴。因此,善于与幼儿合作和交流,给幼儿恰当的引导是幼儿教师必备的教育技能。

(五)开展家长工作与社区工作的能力

幼儿教师要善于以保教目标为中心,深入了解幼儿的家庭情况,并保持与幼儿家长经常性的联系,指导幼儿家长提高教育意识和能力,实现家园合作,共同促进孩子的身心发展。幼儿教师还应善于摸清本社区的自然和社会情况,充分利用社区的一切自然条件和社会环境,努力争取社会人员的理解和帮助,为幼儿教育创建良好的社区环境。

(六)自我发展的能力

随着社会的发展,对幼儿教师的素质要求也在不断变化,要跟上时代的步伐,幼儿教师必须具备自我发展的能力。幼儿教师一方面要善于从书本、网络中学习,参加继续教育活动,努力提高自身对间接知识的学习能力;另一方面,要善于从实践中学习和向同行学习,积极参加幼教研究,善于总结工作经验和教训,虚心接受别人的合理建议,不断提高自己的工作能力。

## 四、个性心理素质

为了培养幼儿良好的个性心理品质,幼儿教师首先必须以身作则,具有优良的个性心理素质。幼儿教师应理智、刚毅、进取、灵敏、乐观、热情、勤勉、自尊、自主,并具备广泛的兴趣。

保教幼儿的工作极其繁重复杂,幼儿教师一天到晚与孩子生活在一起,要全面保教孩子,因此,必须具有较好的身体素质。幼儿教师应体貌端正、身体灵活、精力旺盛,且没有任何传染性疾病。

总而言之,幼儿教师尽管不必像中小学教师那样具备某一专业的系统知识,但其知识面必须更广,使用信息技术能力必须更强,身心素质必须更加全面。

# 第四节 幼儿教师的专业化

1966年10月,国际劳工组织和联合国教科文组织在巴黎会议上通过的《关于教师地位的建议》中提出:教师工作应被视为一种专业,它是一种要求教师经过严格训练而持续不断地学习研究,才能获得并保持专业知识和技能的公共业务;它要求对其管理下的学生教育和福利具有个人的和公共的责任感。在国际劳工组织制定的《国际标准职业分类》中,教师被列入"专家、技术人员和有关工作者"的类别中。1996年,第45届国际教育大会建议从四个方面不断加强教师的专业化水平:通过给予教师更多的自主权和责任提高教师的专业地位;在教师的专业实践中运用新的信息和通信技术;通过个人素质和在职培养提高其专业性;保证教师参与教育变革以及与社会各界保持合作关系。

1993年,我国颁布的《中华人民共和国教师法》,把"教师"界定为"履行教育教学职责的专业人员";1995年后相继颁布《教师资格条例》《〈教师资格条例〉实施办法》;2012年颁布的《幼儿园教师专业标准(试行)》强调"幼儿园教师是履行幼儿园教育教学工作职责的专业人员,需要经过严格的培养与培训,具有良好的职业道德,掌握系统的专业知识和专业技能";2023年国务院提交人大常委会审议的《中华人民共和国学前教育法(草案)》确定,"幼儿园教师应当爱护儿童,具备优良品德和专业能力,为人师表,忠诚于学前教育事业"。

## 一、教师专业发展的目标

### (一)学习型教师:教师在学习中适应与成长

尽管人们对教师专业发展内涵有不同的界定,但现有的各种研究表明,持续的学习就是教师专业发展的主要途径,学习是教师专业发展的永恒主题。换言之,教师专业发展的本质是持续的学习,在学习中学会适应,在学习中实现与学生的共同成长,学习型教师是教师专业发展的目标之一。

教师作为学习者,是终身教育、终身学习的理念在教师教育领域的体现。终身教育和终身学习观念的建立,使终身受用的一次性教育模式,被终身学习和终身教育所替代;单纯追求文凭以求得社会身份的认同,逐渐让位于不断获取新知识技能以求得工作能力认同和自我价值实现。当前国际社会已经形成了这样的共识:一次性的师资培训体制已不能适应时代的发展,为了使教师能够胜任时代赋予的新职能,必须使师资培训体制具有终身性。教师的终身学习使职前与职后教育在概念上不断地融合与升华。

我国各级教师专业标准明确提出:教师是学生学习能力的培养者,强调"自主学习""合作学习""探究学习"。教师教学生学将逐渐让位于师生互教互学,这对教学而言意味着人人参与、平等对话、合作建构;对教师而言,意味着上课不仅是传授知识,而且是与学生相互理解、相互启发,教育活动也不是单向度的付出,而是生命活动、专业成长和自我实现。随着学生获取知识、信息渠道的多样化,教师作为学生唯一知识源的地位已彻底动摇。教师需要重新定位,以学习来促发展,改变自己的生存状态。

由此可见,终身教育和终身学习的理念,开启了全新的教师教育模式,学习已成为教师生命存在的重要方式。学习型教师是教师专业发展的目标之一,如果教师本身不了解学习的意义与目的,缺乏学习的要领与方法,就谈不上指导学生学习,也谈不上专业发展。

### (二)研究型教师:教师在研究中突破和超越

教师的学习不同于学生的学习,教师的学习是为了更好地、更有效地指导学生的学习,因此,教师的学习不仅要使自己成为某一领域的专家,而且要成为这一领域的教育专家。教师不仅仅是一个学习者,更要通过学习不断突破和超越自我,成为研究者,这是教师专业发展的又一重要目标。

早在1979年,联合国教科文组织就指出:从教师在教育体系中的作用来看,教师与研究人员的职责趋向一致。教育是培养人的活动,现代社会发展迫切需要培养具有创新能力的人才,因此教师必须从知识的传授者、道德行为的示范者的传统角色中挣脱出来,赋予教师角色以新的内涵,向研究型教师发展,教师应是教育活动的研究者。这意味着如果教师的教育活动没有一定的理论指导,没有以研究为依托的深化和提高,就容易在固守旧经验、照搬老方法的窠臼里不能自拔,因而就不可能有持续的专业发展。

### ■ 案例阅读 ■

#### 我会自己爬起来

月月是我们小(2)班可爱的小姑娘,小小的软软的身体、大大的眼睛,说话声音甜甜的。可是由于赶在9月1日前剖宫产,从小动作就不协调,腿脚没有力气,路上稍有不平或者被小朋友轻轻一碰,就啪嗒一跤,摔跤后不知道爬起来,眼泪汪汪的,这可愁坏了她的爸爸妈妈。

针对月月这种容易摔跤的小班学生,老师给大家讲了一个故事《一二三,自己爬起来》:"森林里面,有一头小象在散步,春暖花开,天气真好啊,小象没有注意看路,骨碌一下,小象跌倒了。这时来了一只鸭子,他看到小象倒在地上,赶紧去拉小象起来,骨碌骨碌,小鸭子也跌倒了。又来了一只小老鼠,他看见小象和小鸭子都倒在地上,赶紧去拉小鸭子起来,骨碌骨碌,小老鼠也跌倒了。怎么办呢?大家都跌倒了。这时来了一只小猴子,他想了一个好办法,他说:'一二三,自己爬起来!'小象、小鸭子、小老鼠都爬起来了,四个小朋友一起去散步啦!"听了故事,做了游戏,孩子们爱上了"骨碌骨碌"的声音,也记住了"一二三,自己爬起来"的口号。

同时,老师也加强了孩子们游戏中的平衡协调和腿部力量的训练,还设计实施了"刺猬摔跤"的游戏,让幼儿在摔跤时保护好自己。

后来我观察到,当月月再次摔跤时,小朋友在边上鼓励她"一二三,自己爬起来",听到喊声,月月立刻爬起来,一边笑一边说:"我会自己爬起来!"老师和小朋友的表扬让她笑得更甜了。

分析:

摔跤是发生在幼儿园孩子身上正常不过的事情,幼儿因为头部比例较大、重心不稳很容易摔倒。很多孩子在摔跤或者身体倾斜时,逐步会学会掌握平衡的方法来保护自己。但是,不乏幼儿摔倒后身体受到伤害的情况发生,擦破皮、撞破头、摔断胳膊腿,等等。家长对孩子在幼儿园里摔跤的态度和反应差异很大,老师面对孩子摔跤,到底该采取什么态度呢?老师通过故事、锻炼和心理暗示,帮月月提高平衡的能力和自己站起来的信心,就好像老师帮她找到了"扶手",只要有了这个"扶手",就不会轻易摔跤,摔倒了也会自己爬起来。

### ■ 拓展阅读 ■

####  立足教育现场——研究型教师成长的关键

对于幼儿园教师专业成长来说,成为研究型教师是指向,立足教育现场是起点,关注学前儿童

是核心,幼儿园教师专业成长的过程就是幼儿园教师系统地、批判地考察自己在教育现场中的表现以及自身实践给幼儿发展带来的影响,从而不断提升自己研究品质的过程。幼儿园教师只有时时、事事、处处保持研究的眼光、践行研究的行为、养成研究的习惯,在具体的教育现场,眼里始终盛着儿童,才能为自己的每一项教育决断和教育选择的合理化找到可靠的依据。在研究型教师成长过程中,其阶段性成果则表现为幼儿园教师在研究型学习旅途中不断地与新的世界相遇,由此孕育的生生不息的发展动力有助于建立幼儿园教师可持续发展机制。

## 二、教师专业发展的一般阶段

教师专业发展是一个持续社会化和个性化的过程,具有多阶段的特征,各阶段发展不平衡,职前与职后形成强烈对比。综合 F.Fuller、O. Bown 以及国内学者叶澜老师的思想,教师专业发展过程大致可以分为四个阶段。

### (一)从教前关注阶段

这是师资养成的时期,师范生扮演着学生角色,他们对于教师角色仅是想象,没有教学经验,只关注自己;不仅如此,对于给他们上课的教师的观察,常常是不含感情的甚至是敌意的。

### (二)早期求生阶段

新任教师开始实际接触教学工作,所关注的是作为教师自己的生存问题,所以,他们关注对课堂的控制、是否被学生喜欢和他人对自己的评价。在此阶段,他们都具有相当大的来自于学生和教学内容熟练程度的压力。

### (三)关注教学情境阶段

此阶段关注的是教学和在这种教学情境下如何完成教学任务,所以在此阶段较重视自己的教学,所关注的是自己的教学表现,而不是学生的学习。

### (四)关注学生阶段

虽然许多教师在职前教育阶段表达了对学生学习、社会和情绪需求的关注,但是没有实际的行动。直到他们亲身体验到必须面对和克服较繁重的工作时,才开始把学生作为关注的中心。

无论是"关注"阶段论还是其他的教师专业发展阶段理论都表明,教师专业发展是一个持续社会化和个性化的过程。教师的社会化体现为不断按社会要求和社会规范从事教育工作,成为社会认可的合格教师;教师的个性化则体现为个人风格的逐渐形成,即专业自我的最终形成。这说明,教师发展与一般意义上人的发展在本质上都是社会化和个性化的统一。在这个过程中,教师能否得到有效的成长要受很多因素的影响,因而每个教师专业发展达到成熟的时间有长有短,少则三五年,多则十年、二十年。从教师的整个职业生涯来看,其专业发展既有成熟期,也有保守期和衰退期。因此,如何针对教师职业生涯不同阶段的特点,采取有效措施,创设有利于教师成长的环境,促进其专业发展,是世界各国教师、教育都在不断思考的问题。

## 三、幼儿教师的专业发展历程

幼儿教师专业发展历程呈现出多种表现形式,大致可以归纳为幼儿教师的专业素质经历"形成—提高—完善"的历程,或是幼儿教师"职前培养—入职培训—职后发展"的历程,或是幼儿教师"合格—优秀—专家"的历程,或是"新手型—熟手型—专家型"的历程。幼儿教师凭借拥有的学习力通过以上任何一种形式,都可以实现幼儿教师的专业发展。

### (一)美国幼儿教育协会划分的专业化历程

1984年,美国幼儿教育的权威机构——美国幼儿教育协会(NAEYC)提出,每一类幼儿教师都非常重要,教师助手(assistant teacher)、协助教师(associate teacher)、首席教师(head teacher)和视导员(supervisor)代表了教师专业成长的不同水平。萨若科(Saracho)和斯波戴克(Spodek)也将幼儿教师专业成长过程分为以下几个阶段。

水平1:幼儿教师助手。

取得合格文凭的刚进入幼儿教育领域的老师只能充当教育助手,尚不能独立开展活动,需由一位经验丰富的老师带领。

水平2:协助幼儿教师。

协助幼儿教师应能独立地开展一些活动和负责一组儿童。对这部分教师的培训,应加强培养幼儿发展的五个基本领域的相关能力的训练。

水平3:幼儿教师。

幼儿教师应能在幼儿教师助手和协助幼儿教师的配合下,更直接地对各组儿童负责;应有更好的教育背景,如具有早教或儿童发展方面的学位等。

### (二)我国学者划分的专业化历程

我国学者综合分析了幼儿教师专业素质发展、职业角色转变、职业生涯发展等方面的现实情况,将幼儿教师的专业化发展大致确定为三个阶段:

第一阶段:"新手型"。

"新手型"幼儿教师是幼师职业生涯的初始阶段,大致持续3~5年。在1~2年期间,开始适应每日常规工作,适应与幼儿、同事、家长、领导相处及与生活协调,初步形成稳固的专业素质,胜任常规保教工作;2~3年,在熟悉保教工作程序与要求之后,有了自己对工作的思考和领悟,工作积极主动、乐于自我表现,寻求外部的认可;3~5年,专业素质进一步夯实,逐步形成自己的风格、积累了保教工作经验,得到外界认可,了解了职业的困难与艰辛。

第二阶段:"熟手型"。

"熟手型"阶段持续的时间因人而异,有人可能经历5~8年就从"熟手型"阶段跨越到"专家型",有人可能需要花费15甚至20年,也有人一直停留在这个阶段。

在5~8年,专业素质得到进一步完善,保教工作经验丰富,获得外界的充分认可。但这个阶段可能会出现职业倦怠,容易产生"躺平"现象,经常会质疑工作的意义与价值,出现消极负面的情绪,也容易出现心理问题;8~15年,专业素质逐步完善,保教经验极大丰富,外界高度认可,能够经常观察、分析和解决保教工作中出现的问题,保持对自己工作的反思和教育价值观的审视,较好地调节自己的精神状态,幸福感保持稳定。一部分教师开始努力向更高层次发展。

第三阶段:"专家型"。

"专家型"是幼儿教师专业化发展的最高阶段,也是幼儿教师的最高尚的追求目标。但"专家型"阶段并不是幼儿教师职业生涯的必经之路,有的可能穷其一生也难得跨越到这个境界。

幼儿教师进入"专家型"阶段需要克服巨大的困难,需要在熟练自如的保教工作中实现突破与创新,需要有丰富的实践经验并提炼出自己的思想体系,能够敏感地发现各类幼儿教育现场中出现的问题,并提出可行的解决方案;有严谨的批判和反思精神,对职业有强烈的认同感,在工作中收获成就感,有较高而稳定的幸福感,成为幼教行业的领军人物。

▪ 拓展阅读 ▪

 幼儿园教师专业标准(试行)

为促进幼儿园教师专业发展,建设高素质幼儿园教师队伍,根据《中华人民共和国教师法》,特制定《幼儿园教师专业标准(试行)》(以下简称《专业标准》)。

幼儿园教师是履行幼儿园教育教学工作职责的专业人员,需要经过严格的培养与培训,具有良好的职业道德,掌握系统的专业知识和专业技能。《专业标准》是国家对合格幼儿园教师专业素质的基本要求,是幼儿园教师实施保教行为的基本规范,是引领幼儿园教师专业发展的基本准则,是幼儿园教师培养、准入、培训、考核等工作的重要依据。

一、基本理念

(一)师德为先

热爱学前教育事业,具有职业理想,践行社会主义核心价值体系,履行教师职业道德规范,依法执教。关爱幼儿,尊重幼儿人格,富有爱心、责任心、耐心和细心;为人师表,教书育人,自尊自律,做幼儿健康成长的启蒙者和引路人。

(二)幼儿为本

尊重幼儿权益,以幼儿为主体,充分调动和发挥幼儿的主动性;遵循幼儿身心发展特点和保教活动规律,提供适合的教育,保障幼儿快乐健康成长。

(三)能力为重

把学前教育理论与保教实践相结合,突出保教实践能力;研究幼儿,遵循幼儿成长规律,提升保教工作专业化水平;坚持实践、反思、再实践、再反思,不断提高专业能力。

(四)终身学习

学习先进学前教育理论,了解国内外学前教育改革与发展的经验和做法;优化知识结构,提高文化素养;具有终身学习与持续发展的意识和能力,做终身学习的典范。

二、基本内容

| 维度 | 领域 | 基本要求 |
| --- | --- | --- |
| 专业理念与师德 | （一）职业理解与认识 | 1. 贯彻党和国家教育方针政策，遵守教育法律法规。<br>2. 理解幼儿保教工作的意义，热爱学前教育事业，具有职业理想和敬业精神。<br>3. 认同幼儿园教师的专业性和独特性，注重自身专业发展。<br>4. 具有良好职业道德修养，为人师表。<br>5. 具有团队合作精神，积极开展协作与交流。 |
| | （二）对幼儿的态度与行为 | 6. 关爱幼儿，重视幼儿身心健康，将保护幼儿生命安全放在首位。<br>7. 尊重幼儿人格，维护幼儿合法权益，平等对待每一位幼儿。不讽刺、挖苦、歧视幼儿，不体罚或变相体罚幼儿。<br>8. 信任幼儿，尊重个体差异，主动了解和满足有益于幼儿身心发展的不同需求。<br>9. 重视生活对幼儿健康成长的重要价值，积极创造条件，让幼儿拥有快乐的幼儿园生活。 |
| | （三）幼儿保育和教育的态度与行为 | 10. 注重保教结合，培育幼儿良好的意志品质，帮助幼儿养成良好的行为习惯。<br>11. 注重保护幼儿的好奇心，培养幼儿的想象力，发掘幼儿的兴趣爱好。<br>12. 重视环境和游戏对幼儿发展的独特作用，创设富有教育意义的环境氛围，将游戏作为幼儿的主要活动。<br>13. 重视丰富幼儿多方面的直接经验，将探索、交往等实践活动作为幼儿最重要的学习方式。<br>14. 重视自身日常态度言行对幼儿发展的重要影响与作用。<br>15. 重视幼儿园、家庭和社区的合作，综合利用各种资源。 |
| | （四）个人修养与行为 | 16. 富有爱心、责任心、耐心和细心。<br>17. 乐观向上、热情开朗，有亲和力。<br>18. 善于自我调节情绪，保持平和心态。<br>19. 勤于学习，不断进取。<br>20. 衣着整洁得体，语言规范健康，举止文明礼貌。 |
| 专业知识 | （五）幼儿发展知识 | 21. 了解关于幼儿生存、发展和保护的有关法律法规及政策规定。<br>22. 掌握不同年龄幼儿身心发展特点、规律和促进幼儿全面发展的策略与方法。<br>23. 了解幼儿在发展水平、速度与优势领域等方面的个体差异，掌握对应的策略与方法。<br>24. 了解幼儿发展中容易出现的问题与适宜的对策。<br>25. 了解有特殊需要幼儿的身心发展特点及教育策略与方法。 |

续表

| 维度 | 领域 | 基本要求 |
| --- | --- | --- |
| 专业知识 | （六）幼儿保育和教育知识 | 26. 熟悉幼儿园教育的目标、任务、内容、要求和基本原则。<br>27. 掌握幼儿园各领域教育的学科特点与基本知识。<br>28. 掌握幼儿园环境创设、一日生活安排、游戏与教育活动、保育和班级管理的知识与方法。<br>29. 熟知幼儿园的安全应急预案，掌握意外事故和危险情况下幼儿安全防护与救助的基本方法。<br>30. 掌握观察、谈话、记录等了解幼儿的基本方法和教育心理学的基本原理和方法。<br>31. 了解 0～3 岁婴幼儿保教和幼小衔接的有关知识与基本方法。 |
| | （七）通识性知识 | 32. 具有一定的自然科学和人文社会科学知识。<br>33. 了解中国教育基本情况。<br>34. 具有相应的艺术欣赏与表现知识。<br>35. 具有一定的现代信息技术知识。 |
| 专业能力 | （八）环境的创设与利用 | 36. 建立良好的师幼关系，帮助幼儿建立良好的同伴关系，让幼儿感到温暖和愉悦。<br>37. 建立班级秩序与规则，营造良好的班级氛围，让幼儿感受到安全、舒适。<br>38. 创设有助于促进幼儿成长、学习、游戏的教育环境。<br>39. 合理利用资源，为幼儿提供和制作适合的玩教具和学习材料，引发和支持幼儿的主动活动。 |
| | （九）一日生活的组织与保育 | 40. 合理安排和组织一日生活的各个环节，将教育灵活地渗透到一日生活中。<br>41. 科学照料幼儿日常生活，指导和协助保育员做好班级常规保育和卫生工作。<br>42. 充分利用各种教育契机，对幼儿进行随机教育。<br>43. 有效保护幼儿，及时处理幼儿的常见事故，危险情况优先救护幼儿。 |
| | （十）游戏活动的支持与引导 | 44. 提供符合幼儿兴趣需要、年龄特点和发展目标的游戏条件。<br>45. 充分利用与合理设计游戏活动空间，提供丰富、适宜的游戏材料，支持、引发和促进幼儿的游戏。<br>46. 鼓励幼儿自主选择游戏内容、伙伴和材料，支持幼儿主动地、创造性地开展游戏，充分体验游戏的快乐和满足。<br>47. 引导幼儿在游戏活动中获得身体、认知、语言和社会性等多方面的发展。 |

续表

| 维度 | 领域 | 基本要求 |
|---|---|---|
| 专业能力 | （十一）教育活动的计划与实施 | 48. 制定阶段性的教育活动计划和具体活动方案。<br>49. 在教育活动中观察幼儿，根据幼儿的表现和需要，调整活动，给予适宜的指导。<br>50. 在教育活动的设计和实施中体现趣味性、综合性和生活化，灵活运用各种组织形式和适宜的教育方式。<br>51. 提供更多的操作探索、交流合作、表达表现的机会，支持和促进幼儿主动学习。 |
| | （十二）激励与评价 | 52. 关注幼儿日常表现，及时发现和赏识每个幼儿的点滴进步，注重激发和保护幼儿的积极性、自信心。<br>53. 有效运用观察、谈话、家园联系、作品分析等多种方法，客观地、全面地了解和评价幼儿。<br>54. 有效运用评价结果，指导下一步教育活动的开展。 |
| | （十三）沟通与合作 | 55. 使用符合幼儿年龄特点的语言进行保教工作。<br>56. 善于倾听，和蔼可亲，与幼儿进行有效沟通。<br>57. 与同事合作交流，分享经验和资源，共同发展。<br>58. 与家长进行有效沟通合作，共同促进幼儿发展。<br>59. 协助幼儿园与社区建立合作互助的良好关系。 |
| | （十四）反思与发展 | 60. 主动收集分析相关信息，不断进行反思，改进保教工作。<br>61. 针对保教工作中的现实需要与问题，进行探索和研究。<br>62. 制定专业发展规划，积极参加专业培训，不断提高自身专业素质。 |

## 三、实施建议

（一）各级教育行政部门要将《专业标准》作为幼儿园教师队伍建设的基本依据。根据学前教育改革发展的需要，充分发挥《专业标准》引领和导向作用，深化教师教育改革，建立教师教育质量保障体系，不断提高幼儿园教师培养培训质量。制定幼儿园教师准入标准，严把幼儿园教师入口关；制定幼儿园教师聘任（聘用）、考核、退出等管理制度，保障教师合法权益，形成科学有效的幼儿园教师队伍管理和督导机制。

（二）开展幼儿园教师教育的院校要将《专业标准》作为幼儿园教师培养培训的主要依据。重视幼儿园教师职业特点，加强学前教育学科和专业建设。完善幼儿园教师培养培训方案，科学设置教师教育课程，改革教育教学方式；重视幼儿园教师职业道德教育，重视社会实践和教育实习；加强从事幼儿园教师教育的师资队伍建设，建立科学的质量评价制度。

（三）幼儿园要将《专业标准》作为教师管理的重要依据。制定幼儿园教师专业发展规划，注重教师职业理想与职业道德教育，增强教师育人的责任感与使命感；开展园本研修，促进教师专业发展；完善教师岗位职责和考核评价制度，健全幼儿园教师绩效管理机制。

（四）幼儿园教师要将《专业标准》作为自身专业发展的基本依据。制定自我专业发展规划，爱岗敬业，增强专业发展自觉性；大胆开展保教实践，不断创新；积极进行自我评价，主动参加教师培训和自主研修,逐步提升专业发展水平。

### 思考与探索

1. 如何理解幼儿园教师的角色?
2. 幼儿园教师的劳动有何特点?
3. 如何理解幼儿园教师劳动的创造性?
4. 幼儿园教师的职业品质有哪些?
5. 学前教育专业的学生如何塑造良好的职业品质?
6. 幼儿园教师的专业化发展目标有哪些?
7. 幼儿园教师专业化发展的每一个阶段有哪些特点?
8. 如何理解我国幼儿园教师专业标准的基本理念?
9. 我国幼儿园教师专业标准的基本内容有哪些?

# 第四章 幼儿园课程

> **学习目标**
> 1. 掌握幼儿园课程的定义与特点。
> 2. 理解幼儿园课程的构成要素和类型。
> 3. 理解幼儿园课程内容及其选择的范围、原则。
> 4. 掌握幼儿园课程内容的组织与实施方法。

## 第一节 幼儿园课程概述

课程是学校教育活动的核心组成部分,是关于各科教育目标、内容、方法和评价的一个系统,是教育思想、教育理论转化为教育实践的中介。教育实践常以课程为轴心展开,教育改革也常以课程改革为突破口而进行。没有课程就没有学校教育,课程在很大程度上决定着教育质量,决定着教育活动的有效开展。

### 一、幼儿园课程定义

20世纪上半叶,幼儿园课程就已被我国幼儿园界普遍使用。近百年来,比较典型的幼儿园课程定义有以下几种。

(1)幼儿园课程即教学科目。这是新中国成立以来影响幼儿园教育时间最长、范围最广的一种观点。1981年,我国教育部颁布的《幼儿园教育纲要(试行草案)》规定幼儿园设置语言、计算、常识、音乐、美术和体育等六门课程。

(2)幼儿园课程即教育活动。从课程设计与实施的角度,认为幼儿园课程是幼儿园教育活动的总和,一切活动皆课程。

(3)幼儿园课程即学习经验。这是在20世纪多次影响我国的欧美课程观,认为幼儿园课程是儿童在幼儿园获得的全部学习经验,是"为幼儿精心选择和组织的经验"。

(4)幼儿园课程即教学计划。教学计划是预先安排的各种教育活动,包括长期的或短期的、特殊的或广泛的,且主要以书面的形式呈现,按照教学计划落实各项教育工作。

《幼儿园教育指导纲要(试行)》指出:"幼儿园的教育活动,是教师以多种形式有目的、有计划地引导幼儿生动、活泼、主动活动的教育过程。"

综合而言,我们可以认为课程是指学校为实现培养目标而选择的教育内容及其进程的总和,它包括学校教师所教授的各门学科和有目的、有计划的各种教育活动。幼儿园课程是实现幼儿园教育目的的手段,是帮助幼儿获得有益的学习经验,促进身心全面和谐发展的各种活动的总和。

## 二、幼儿园课程特点

幼儿园课程是为幼儿专门设计与开发的课程,它所面对的是3~6岁的儿童,这些儿童在学习与发展上与其他阶段的儿童相比有自己的特点,幼儿的学习特点、发展特点就决定了幼儿园课程的特质。

### (一)幼儿园课程的基础性、启蒙性

幼儿教育是向下扎根的教育,它在整个教育体系中处于奠基石的位置。幼儿园课程是幼儿教育的载体,它直接影响儿童在这一阶段所获得的经验,从而为他今后的发展奠定基础,因而具有基础性。

幼儿阶段是人一生的启蒙阶段,是儿童懵懵懂懂迈开脚步走向社会的开始,幼儿园课程只需要向儿童传递关于自然、社会与人类最浅显的知识和观念,不要求多么系统或深奥,所以幼儿园课程就应该有助儿童认识周围世界,使他们在原有发展水平的基础上得到初步的锻炼与启迪。

### (二)幼儿园课程的全面性、生活性

幼儿园课程是实现幼儿教育目的的手段,是实现儿童全面发展的中介,因此幼儿园课程就必须以实现儿童在身体、认知、情感、社会性等方面的和谐发展为目标,要具有全面性。

学前儿童处在身心发展的特殊时期,对他们来说,一些基本的生活卫生习惯、生活自理能力、与人相处的态度及基本的常识等都需要在这一阶段学习,而这些东西是不可能通过教师的讲授获得的,只能在生活的过程中学习。另外,儿童的思维是形象的、直观的,适合他们的学习内容必须是可以感知的、具体形象的。因此,幼儿园课程必然带有浓厚的生活特征,课程内容来源于儿童的生活,课程实施更要贯穿于儿童一日生活的各个环节,这种生活性是幼儿园课程的一个重要特性。要注意的是,幼儿园课程的生活性并不意味着要把教育与日常生活等同起来,混为一谈,而是要合理地加强教育与生活的联系,这符合幼儿学习的特点,也符合幼儿教育的要求。

### (三)幼儿园课程的整合性

幼儿身心发展的水平和学习特点决定了幼儿园的课程应该是高度整合的课程。幼儿园课程不应追求将现实生活割裂的或与现实生活不一致的知识系统,而应使多个学科、多个发展领

域之间相互联系、相互促进，从而构成一个有机的发展整体，更好地促进儿童的发展。《幼儿园教育指导纲要（试行）》指出，幼儿园课程相对划分为五个领域，各领域的内容要有机联系、相互渗透，从不同的角度促进幼儿的全面发展；幼儿园教育活动的组织要注重综合性、趣味性、生活性；教育活动的组织形式应根据需要合理安排，灵活运用；幼儿园要综合利用各种资源，扩展幼儿生活和学习的空间等，这都体现了幼儿园课程整合性的特点。

（四）幼儿园课程的活动性与直接经验性

对于幼儿来讲，只有在活动中的学习才是有意义的学习，只有以直接经验为基础的学习才是具有理解性的学习。幼儿必须借助于具体的情境、具体的事物，在参与、探索和交往中学习，离开了儿童与环境相互作用的各种具体活动及情境，幼儿园课程就没有了鲜活的生命力。所以幼儿园课程的实施，关键在于为儿童创设丰富的活动情境，创设有利于儿童自主、合作、探究的活动氛围，为儿童提供各种交往互动的机会，使儿童在一日生活活动中获得直接经验，从这一意义上来讲，幼儿园课程具有活动性与直接经验性。

（五）幼儿园课程的潜在性

由于儿童知识经验贫乏，自我辨别与自我控制的能力较低，模仿力强，幼儿园的一砖一瓦、一草一木，教师的一言一行、一举一动每时每刻都影响着儿童的发展。因而，幼儿园课程不仅体现在有目的有计划的教育活动中，而且更重要的是体现在环境、生活、游戏及教师不经意的行为中。也就是说，从儿童的角度来看，幼儿园课程总是蕴含在环境、材料、活动之中，潜移默化地作用于他们，影响他们的发展的。因此，和小学之后的学校课程相比，突出的潜在性也是幼儿园课程的重要特性。

当我们讨论幼儿园课程特点时，我们还要把握好两个很关键的因素：第一个因素是幼儿，着重关照幼儿这个年龄阶段所具有的独特的学习特征；第二个因素是我国幼儿教育的客观条件，包括教师质量、幼儿班级人数、幼儿园设施配备、社区文化建设水平、文化传统习惯等。过去我国幼儿教育的传统是把幼儿当作"小大人"来实施教育，不考虑他们的积极性、主体性，把他们当作被动接受知识的容器。改革开放以来，尤其是21世纪以来，教育界在重视幼儿年龄特点和学习特点的前提下倡导生成性课程，但生成性课程实施的背后需要一些什么条件、在没有这些条件的情况下生成性课程是否仍然是课程等问题仍然需要研究结果作为支撑。如果不顾幼儿的年龄特征和幼儿园的客观条件，盲目实施名目繁多、花样百出的课程，则可能是华而不实的。

理想的幼儿园课程是一系列活动的组合，教师放手让幼儿去自主操作，去发现，去做中学。幼儿园课程的特点是教师尽可能教得少而幼儿尽可能自主活动得多，对于教师教多少和幼儿自主活动到什么程度之间度的有效把握，是衡量幼儿教师专业化水平的重要指标。

## 三、幼儿园课程要素

从动态的视域看，幼儿园课程是从目标到课程内容的选择与组织、从课程实施再到课程评价的不断循环；从静态上看，幼儿园课程由四个要素组成——幼儿园课程目标、幼儿园课程内容、幼儿园课程实施、幼儿园课程评价(见图4-1)。

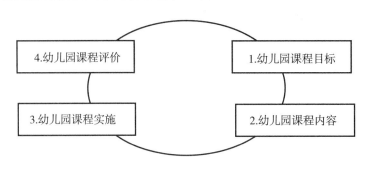

图4-1 幼儿园课程的要素

对什么是课程的回答即对课程本质的认识,决定着课程四个要素的内容。

认为课程的本质在于对学生主体的关照,那么课程目标就是学生获取经验的过程,课程的内容就是学习经验,课程实施是学生自主活动,课程评价是对学生活动过程的评价。相反,认为课程的本质在于对知识客体的重视,那么课程目标就是学生学习知识的结果,课程内容就是客观知识,课程实施是教师的教,课程评价是对学生学习结果的评价。

对课程本质的不同理解,导致了对课程要素的不同理解,它们之间的差异如图4-2所示。

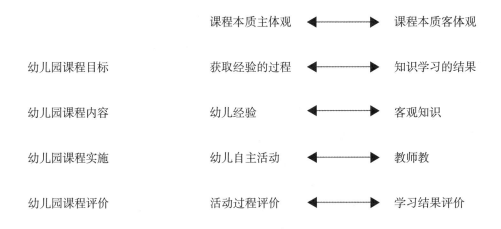

图4-2 课程本质与课程要素的关系

要尽力保持课程本质主体观与客体观的相对平衡,过分倾向某种观点都有失偏颇。坚持课程本质主体观的信念,也必须考虑知识这一手段,只有充分利用好了客体这一手段,才能真正达到学生主体成长的目标。相反,坚持课程本质客体观的信念,只想让学生掌握知识却不调动作为主体的学生的主动性、积极性,就会导致学生只会呆板地学习有限的知识。

## 四、幼儿园课程的类型

学前教育课程种类繁多,依据不同的标准可以分出不同的类别。按照课程的呈现形式和表现性行为目标,可以将幼儿园课程分为显性课程和隐性课程。

(一)显性课程

显性课程是幼儿园教育活动中,有计划、有组织地实施的"正式课程"或"官方课程"。以课程组织形态为分类标准的各种课程类型都是显性课程。

课程组织是课程内容组织的简称,指在一定的教育价值观指导下把课程的各种要素组织成动态运行的课程结构系统。不同教育价值观指导下的课程结构系统有很大区别。

从历史上看,课程组织形态大概分布在三个层面,每个层面从一个角度衍生出自己的课程类型,而三个层面的课程类型又出现相互交织的现象,用图4-3表示如下:

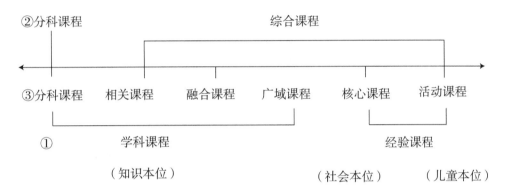

图4-3 课程组织形态类型

1. 学科课程与经验课程

学科课程注重人类长期积累的系统知识,强调心智训练,它保证学生所学知识的系统性、逻辑性,比较符合认识与教学的规律,但它陈旧、僵化的知识观以及注入式的教学方式不能保证学生切实地掌握知识、获得能力。经验课程则是一种学生自主的、探索的、实践的活动形式,它的最主要特征是打破了学科界限,具有综合性,它在发展学生的主体性、培养学生的能力方面有学科课程无法比拟的长处,但它受教师水平、物质环境条件、学生人数等制约,当这些因素不匹配时,经验课程容易使学生的自主、探索、合作实践流于表面和形式。

2. 分科课程与综合课程

分科课程是学科课程的原始形态,是近代科学发展的产物。随着近代科学的发展,科学分支越来越多,促成了基本学科门类的分化。如把数学分为算术、代数、几何、三角、微积分等,把生物分为动物、植物、解剖学等。课程作为一门科学,对它的研究是从分科课程开始的。夸美纽斯第一个提出了系统的学校体系,强调人类知识是支撑社会的存在与发展的支柱,他注重百科全书知识的主张形成了近代学校课程的基本特色,所以他是近代分科课程的鼻祖。

分科科目过细所带来的弊端很多,既加重学生负担,又不便于联系社会实际、调动学生学习积极性,也不是所有学校都有条件开设那么多科目。在这种情况下出现了合并学科的尝试,出现了综合课程。

### 拓展阅读

#### 课程的"分"与"合"

学科合并后组成的综合课程仍以学科为中心,只不过这时所说的"学科"已经是几门小学科的合并,"学科"的外延扩大了。这类综合课程包括相关课程、融合课程、广域课程,它们是对分科课程的改造。

从分科课程到相关课程、融合课程、广域课程,再到核心课程、活动课程,比较集中地反映了近代课程理论与课程实践发展史上所有课程的组织形态。这些课程组织形态在近代的起落与在当代的复兴,不仅仅是课程类型的演变,而且体现课程背后的课程观的转变。

相关课程指让两个或两个以上的科目,建立共同的关系,但各科目仍保持其原来的独立状态。它有两种设计方式:第一种是以某一学科为中心,即这一学科的逻辑结构还保持稳定,让另一种或几种学科去配合;第二种是找出几个共同的主题,每个学科都选择与此主题有关的内容。我国课程改革中艺术综合课程就属于第二种方式的相关课程。

融合课程是将有关科目合并成为一个新的学科,合并后原来科目不再单独存在。如高中生物学学科是由植物学、动物学、生理学、解剖学融合而成,是典型的融合课程。融合的含义是不同科目内容的有机整合,而不是不同科目内容的混合并列。

广域课程指不同知识分支的统合。统合后的学科与个别学科相比,具有广大的领域,同时又能改善学校课程的拥挤局面,如目前许多国家中小学课程结构中出现的综合文科和综合理科,再如把文学(戏剧、诗歌、小说)、艺术(音乐、绘画、雕刻、建筑)、舞蹈、哲学统合起来的人文学科,取的便是广域的含义。

活动课程是根据儿童经验或团体生活整合起来的课程,它的理论基础是"经验主义"课程哲学观,所以又称经验课程。这里为了把杜威的经验课程与核心课程相区别,就把杜威的经验课程固定称为活动课程。活动课程是一系列儿童自己组织的活动,儿童通过活动学习、获得经验、培养兴趣、解决问题、锻炼能力。杜威的活动课程彻底摧毁了学科课程一统天下的局面,使学校教育进入了一个学科课程与活动课程(经验课程)共分天下的时代。

核心课程是受杜威儿童中心主义影响而出现的另一经验课程类型。这种经验课程一方面反思了活动课程仅以儿童的兴趣和需要作为组织课程的依据的不足,又兼顾对社会生活需要的考虑,同时又关注儿童对活动课程的组织形态极度喜欢的事实,提出两点主张:一是反对学科分立所造成的支离破碎学习的倾向,主张将学科内容统合地组织起来,成为学习核心;二是强调学校教育的社会角色,认为科技发展使社会变得更加分隔,学校教育必须协助学生澄清及维持共同的社会价值观。正如相关课程、融合课程、广域课程是对分科课程的改造一样,核心课程是对活动课程的改造,它努力达到以社会功能和社会问题为核心的学科内容的统合,属于社会本位的课程类型。它以社会功能为核心,指的是以人类生活活动的基本领域为课程设计的中心,这些领域一般为:维护生命和健康、家庭生活及其改善、维持及改进物质条件、合作从事社会和公民行动、获取谋生之道、接受教育、表达宗教行动、美的享受及表达、从事休闲活动等。以社会问题为课程核心所选择的问题领域，一般包括职业问题、公民问题、家庭成员问题、健康问题、休闲时间利用问题、怎样过更好的生活问题、怎样改进写作和口语的问题等。

让儿童观察某种物理现象、记录描述这种现象并试图解释其原因时，也是具有经验课程的意味的。但是，同样它也不是真正的经验课程，一方面因为经验课程的内核是做中学或直接经验，另一方面，在我国幼儿园孩子们分组探究活动中，教师的控制度还是很高的，这种控制有悖经验课程的宗旨。显然，经验课程在我国幼儿教育的实践中是比较尴尬的，老师们青睐它、向往它，但客观条件跟不上。

## （二）隐性课程

隐性课程是幼儿在学习环境中（包括物质环境、社会环境和文化体系）所学习到的非预期或非计划性的知识、价值观念、规范和态度。这当然是非正式的、非官方的课程，具有"潜在性"。幼儿园课程的潜在性特征就是隐性课程所赋予的。

隐性课程在幼儿园课程中往往被忽视，社会形态、幼儿园行政管理、幼儿园环境等都是隐性课程的重要来源，幼儿园教师的教育观、儿童观、学习观、职业道德观及其性格特征是教师个体所能营造的隐性课程的主要来源，而教师个体营造的隐性课程又表现为班级的心理环境。心理环境可以走向温馨与恶劣两个极端，同理，隐性课程给幼儿带来的影响也会走向积极与消极两个极端。一个以权威、高控制、强悍姿态出现又认为自己的教育观、儿童观、学习观没有问题而拒绝接受新理念的教师，可能会营造最消极的隐性课程。从某种意义上说，显性课程给孩子的影响是表面的、大众的，而隐性课程给孩子的是本质的、内在的、个性化的影响。孩子成长的重要品质——自尊、自信是依托隐性课程获得的，同样，隐性课程也可以成为让孩子自卑、郁郁寡欢的罪魁祸首。

## （三）两者的关系

显性课程与隐性课程是两种不同的课程类型，但它们之间存在很强的内在联系。一方面，显性课程的实施总是伴随着隐性课程，因为课程的实施者是教师与幼儿，是以自主性、能动性、创造性为特征的两类主体。这就决定了课程的实施过程绝非机械地执行既定课程方案的过程，而是具有不可预期性，这个过程必然存在非计划性、非预期性的教育影响，必然存在隐性课程。另一方面，隐性课程也在不断转化为显性课程。任何显性课程都会产生隐性课程，其影响可能是积极的，也可能是消极的。当这种影响达到一定程度时，人们会在后续的课程开发和实施过程中进行相应的调整，在努力控制消极影响的同时，把那些有较大积极影响的隐性课程转化为有计划、预期性的显性课程，这些显性课程又会产生新的隐性课程。所以，显性课程与隐性课程的动态转化过程是永无止境的。

## 第二节 幼儿园课程内容

### 一、幼儿园课程内容的概念

幼儿园课程内容是指依照幼儿园课程目标选定的通过一定的形式组织和表现的基本知识、基本态度、基本行为。

幼儿园课程内容是实现幼儿园课程目标的手段,课程内容必须为实现课程目标服务,课程目标指导着课程内容的选择与组织。幼儿园课程目标服务于学前教育的整体目标,必然涵盖体、智、德、美、劳等各个方面。也就是说,通过幼儿园课程内容的学习,期望幼儿能够获得全面的、和谐的发展。

（一）幼儿园课程中的基本知识

幼儿园课程内容包含基本知识、基本态度、基本行为三个方面。这里的知识是什么？我们以往怎样看待知识？幼儿园课程内容关注的是怎样的知识范围？我们都需要认真思考。传统的知识观认为知识就是人类精神财富的一种积累,是静态的,人们学习知识就在于掌握这些凝固体。而新的知识观则认为知识不仅是一种社会积累,也是个体在建构知识时的"个人收获",知识不仅以语言和各种抽象符号形态存在,而且以"做""体验"等方式存在。从新的知识观出发,有关客观世界的粗浅的基础知识是幼儿园课程的必要内容,体验性的知识、做的知识也应该是课程不可或缺的重要内容。课程内容与知识观有着密切而直接的联系。

（二）什么是幼儿的学习

幼儿园课程的内容很丰富,学习的方式必然多种多样。《3~6岁儿童学习与发展指南》指出:"幼儿的学习是以直接经验为基础,在游戏和日常生活中进行的。"《幼儿园教育指导纲要（试行）》中也强调:"提供自由活动的机会,支持幼儿自主地选择、计划活动,鼓励他们通过多方面的努力解决问题,不轻易放弃克服困难的尝试。""提供丰富的可操作的材料,为每个幼儿都能运用多种感官、多种方式进行探索提供活动的条件。""鼓励幼儿用不同艺术形式大胆地表达自己的情感、理解和想象,尊重每个幼儿的想法和创造,肯定和接纳他们独特的审美感受和表现方式,分享他们创造的快乐。"等等。课程内容的"过程化""情境化""活动化""经验化"可见一斑。与之相对应,幼儿的学习也从间接到直接、从"掌握"到建构、从一种形式（上课）扩展到多种形式。

（三）幼儿园课程与"知识爆炸"

现代社会最大的变化之一就是知识信息呈几何级数增加,反映到幼儿园课程内容中就是"幼儿学不过来"。语言、科学、音乐、美术、健康要学,计算机、外语也要学,情感教育、能力教育也不能少。不断扩展的领域、日趋精细和深入的内容,使幼儿园课程内容日趋混乱、超载。"减负"已不再是中小学生的专利了,"过剩的、浮夸的,像电视增加节目一样增加教育材料"的现象使幼儿学得喘不过气来,"不能让孩子输在起跑线上"的伪命题让家长们疲于奔命。因此,准确把握幼儿园课程内容的概念,能够在价值高度上对待庞杂的、令人眼花缭乱的知识,从而选择幼儿发展所需的内容,从容应对"知识爆炸"的危机,有效疏导幼儿教育机构、家庭和社会的教育内容。

(四)幼儿园课程内容的条理性、一致性

尽管我们首先考虑幼儿的兴趣与需要,但幼儿园课程内容也要遵循知识的逻辑性。适宜的幼儿园课程应该是二者的有机结合。单纯重视幼儿的感受,为兴趣而兴趣,为需要而需要,将本应有"理"的内容置之不理,这是课程内容选择的一个误区。我们明确了课程内容是一个有机协调的统一体,就能够判别课程内容在逻辑上的一致性、条理性。这不仅是对分科课程的要求,也是对综合课程的要求。从一定的高度来讲,学科课程、活动课程也应遵循逻辑上的一致性。

例如,对于一些和孩子生活密切相关的主题,大、中、小各年龄班往往都会涉及。相同的内容如何体现不同年龄阶段幼儿的关注点、知识点和发展点?以"食物"主题为例,首先,活动形式不同。小班的活动主要通过参观、制作、品尝等形式实现。如参观水果、食品超市,制作各种食品,开办食品品尝会,创设小食品超市等,让幼儿喜欢吃各种食物,少吃甜食;中班则以分析"肯德基"食品为例,运用讨论、家园合作和设计食物金字塔等活动完成目标;大班从建立食物金字塔入手,家园一起设计儿童营养食谱,还可通过讲故事、家园问卷和"天天厨房"等活动,激发幼儿的兴趣。

其次,活动重点不同。从三个年龄组的活动中不难看出,小班幼儿对食物的认识重点在于运用各种感官直观了解;中班幼儿开始从食物的营养这一抽象概念入手,通过对食物金字塔的认识,知道要平衡饮食;大班的重点则放在让孩子自己设计营养套餐上,幼儿结合认识亲身实践,更深入地了解了平衡饮食的重要性。难易程度及层次性一目了然,分别达到了不同的预设目标。

总之,幼儿园课程内容要把握好以下几组关系:

第一,幼儿园课程内容的平衡问题,即基本知识、基本态度、基本能力三方面的协调关系。

第二,幼儿园课程内容预设与生成问题。预先选择和组织的内容并不是一成不变的,在课程实施时要根据实际过程中的情况,对内容进行调整或增删。

第三,幼儿园课程内容的显现与隐蔽问题。有些内容是明确写在计划里的,有些并没有明确呈现出来,而是隐蔽在活动之中,这就需要教师有敏锐的眼睛,用智慧去捕捉。

第四,幼儿园课程内容的超载与缺失问题,即如何把握课程内容的适宜性、时代性。

第五,幼儿园课程内容的组织问题,即非单纯强调知识的逻辑顺序,也非只重视幼儿的心理顺序,应该是二者的有机结合。

## 二、幼儿园课程内容的范围及类型

幼儿园课程内容要依据课程目标的要求来选择,因此在确定内容范围时,必须考虑哪些是有助于幼儿全面与和谐发展的内容。

### (一)幼儿园课程内容的范围

具体来说,幼儿园课程内容的范围是指幼儿园课程内容的基本要素或基本组成部分。我们可以将此理解为那些有助于幼儿发展的基本知识、基本态度、基本行为所组成的区域。

**1. 有助于幼儿发展的基本知识**

知识不仅是情感、态度获得的基础,也是行为、能力提高的前提。幼儿拥有知识就能更好地认识自己的生活环境,进而保证自己的健康成长。无论在怎样的情况下,我们都不能否认基本知识在课程内容中的意义。需要注意的是,在对待基本知识的时候,一方面,我们不能过分强调知识的作用,把它提到不恰当的高度,难度、深度不断加大,给幼儿带来很大的学习压力,甚至不惜牺牲幼儿的兴趣与自信;另一方面,我们也不能忽视知识教育,不能不考虑幼儿应该学习哪些必要的知识、怎么有机地组织知识,怎样帮助幼儿整理、扩充、提升他们自然的、零散的日常经验,以及如何培养他们的知识迁移与运用能力。

冯晓霞在《幼儿园课程》中这样阐述"基本知识":

(1)生命活动必需的知识,如与幼儿的健康、安全有关的知识。

(2)有利于幼儿解决基本的生活、交往问题的知识,如基本的社会行为规则、规则的意义等。

(3)帮助幼儿认识自己生活环境的知识,如自然和社会环境中常见事物的名称、属性,幼儿能理解的事物之间的关系和联系等。

(4)为今后学习系统的学科知识打基础的知识,比如基本的数、量、形、时间、空间概念等。

(5)为成长为未来社会的高素质公民奠基的知识,如简单的环保知识等。

**2. 有助于幼儿发展的基本态度**

一个人对人、对事、对己都会有一种倾向性,这种倾向性就是态度。态度是伴随着活动过程而产生的体验,它的形成是潜移默化的结果,同时,态度是学习的驱动器,良好的态度对幼儿学习知识、增强能力、获得适宜的行为方式都有积极的促进作用。因此,在幼儿园课程内容中,我们必须考虑那些有助于幼儿发展的基本态度。这需要我们在活动中捕捉有利于发展的基本态度,充当隐性课程内容;另一方面,也可以针对基本态度的范围,选择一些显性的课程内容。这样,通过显性与隐性的相互补充,将基本态度的相关内容贯穿于幼儿园的课程内容之中。

所谓"基本态度",可以理解为人作为一个社会成员所应该具有的心理品质,如基本的情感和个性品质方面的内容。幼儿阶段应着重培养诸如兴趣、自信、自我价值感、责任感、归属感、关心、友好、尊重、同情之类的态度。"幼儿在活动过程中表现出的积极态度和良好行为倾向是终身学习与发展所必需的宝贵品质"。

**3. 有助于幼儿发展的基本行为**

行为是指受思想支配而表现出来的活动。人类的活动无外乎生产劳动、社会交往、科学实践等几种基本类型,每一类活动都有各自的一些基本的方式、方法。所以,基本行为更是一些基本方式、方法的综合体。那些有助于幼儿发展的基本行为,其根本在于使幼儿获得有益的基本方式、方法。

幼儿的日常生活包括的活动很多,如锻炼、自我服务、游戏、观察、散步、交流、探索等,每种活动都包含着一些基本的方式、方法。因此,掌握基本的活动方式、方法,有利于幼儿的日常生活顺利地进行。

游戏作为幼儿园的基本活动,对幼儿发展的促进作用是全方位的。游戏活动对幼儿的作用指向身体、认知、情感和社会性多个方面,通过游戏,幼儿习得相应的活动方式、方法。

(二)幼儿园课程内容的类型

在幼儿园课程内容的类型问题上,不同时期、根据不同的标准有不同的划分方法。有的按学科结构分类,如陈鹤琴先生的"五指活动"形式,将能够体现幼儿生活的五组活动,即健康活动(包括卫生、体育、营养等)、社会活动(包括史地、公民、时事等)、科学活动(包括生、数、理、化、地等)、艺术活动(包括音、美、工等)、文学活动(包括读、写、说等)作为幼儿课程活动内容;我国1981年颁布的《幼儿园教育纲要(试行草案)》将课程内容分为体育、语言、常识、计算、音乐、美术六科。有的按幼儿直接接触的经验领域划分,如《上海市学前教育纲要》将课程内容分为共同生活、探索世界、表现与表达三个方面。凯米课程的内容包括数理逻辑经验、社会经验、物理经验,这种划分是根据皮亚杰的认知发展理论进行的。而蒙台梭利教育方案的内容则是沿着儿童敏感期的发展,由浅入深,由具体到抽象,分为日常生活练习、感觉教育、数学教育、语言教育、文化教育五个方面。

每一种课程内容的分类很难囊括所有的课程内容,事实上,也不可能包含全部,因为每一种分类都有分类者不同的角度和需要。需要明确的是,了解分类情况的不同,可以整体地、全面地把握课程内容范围,为我们选择和组织课程内容提供坚实的基础。如何分类并不是最重要的,最重要的是各种课程框架下的内容要能保证幼儿的基本学习,能为其符合目的的发展提供有益的学习经验。

我国《幼儿园教育指导纲要(试行)》和《3~6岁儿童学习与发展指南》中的课程内容均强调:幼儿园的教育内容应该是全面的、启蒙性的,可以相对划分为健康、语言、社会、科学、艺术等五个领域,每个领域按照幼儿学习与发展最基本、最重要的内容又可以划分为若干方面。各领域的内容相互渗透,从不同的角度促进幼儿情感、态度、能力、知识、技能等方面的发展。

这里有几个关键之处需要进一步理解,一是"可以相对划分",意思是并非要求所有的课程内容划分都必须依照此划分方式,可以"作其他不同的划分",关键在于"内容是否能保证幼儿的基本学习,是否能为其合目的的发展提供有益的学习经验"。《幼儿园教育指导纲要(试行)》颁布之后,依不同方式对内容划分的教材很多,选择时要特别注意。

二是"可以相对划分",其实在告诉我们世界的知识是整体联系在一起的,不可能断然分开,只是为了幼儿学习的方便才相对划分开来。这也在提醒幼教工作者"各领域的内容相互渗透"是一个要求,也是一个必然,实际工作中不能人为割裂,更不能拘泥于本领域,排斥领域间的联系,应考虑内容的相互渗透。

三是"从不同的角度促进幼儿情感、态度、能力、知识、技能等方面的发展"蕴含着这样的意义:无论怎样划分课程内容,任何分类下的子内容都要从不同的角度促进幼儿情感、态度、能力、知识、技能等方面的发展;情感、态度、能力、知识、技能等几个方面是一个整体,没有先后顺序,不能理解为排列在先就需要重点突出、特别加强。

《幼儿园教育指导纲要(试行)》和《3~6岁儿童学习与发展指南》的这种排列有现实的针对性,是一种政策的引导。在实际工作中,需要结合实际情况,做恰如其分的排列,但前提是课程内容应该是"全面的、启蒙性的"。

### 三、幼儿园课程内容的选择

课程内容尽管有理论上的范围,但实际操作起来却是一个无限的、庞大的内容"宇宙"。要想在这"浩瀚无垠"的内容"宇宙"当中,寻找到一些璀璨的明星支点,建造适宜的幼儿学习的载体,必须明确选择的原则。

（一）选择的原则

《幼儿园教育指导纲要(试行)》第三部分"组织与实施"指出,幼儿园教育活动内容的选择应体现以下原则:第一,既适合幼儿的现有水平,又有一定的挑战性;第二,既符合幼儿的现实需要,又有利于其长远发展;第三,既贴近幼儿的生活来选择幼儿感兴趣的事物和问题,又有助于拓展幼儿的经验和视野。依据这些基本要求,基于幼儿的经验、为引导幼儿的发展,在选择幼儿园课程内容时必须遵循如下具体原则。

**1. 目的性原则**

课程内容是实现课程目标的手段,内容必须紧紧围绕目标来选择,否则将会偏离方向,造成课程的无效。因此,选择幼儿园课程内容时必须牢牢把握幼儿园课程目标的要求,一方面要兼顾体、智、德、美诸方面的内容,另一方面,也要考虑每一方面在基本知识、基本态度、基本行为上的内容,要全面、整体地考虑内容,不可偏废。

**2. 适宜性原则**

选择课程内容的时候,必须要考虑我们在为谁选择课程。幼儿园课程是在园幼儿的课程,幼儿的特点、心理发展水平决定了其课程内容不同于其他任何教育阶段。那么,什么应该是幼儿的课程内容呢?简单地说,就是能够促进幼儿适宜发展的内容。

在教育学中,对"适宜"含义的理解有两个方面:一是适应需要,二是促进发展。概括来说,就是"既适合幼儿的现有水平,又有一定的挑战性"。就课程内容而言,符合"最近发展区"目标的内容是适宜的。"最近发展区"在考虑幼儿已经达到的发展水平的同时,也在进一步考虑成人和更具能力伙伴的帮助之下幼儿所将达到的潜在水平,适宜的课程内容处于两者之间。所以,分析所面对的、现实中的幼儿,是选择课程内容时遵循适宜性原则的关键。

**3. 生活化原则**

幼儿的学习特点是以无意学习为主,我们能够看到较明显的表现就是儿童很在意自己的生活,点滴不漏,并且通过看似无意的生活学到了很多东西,可以说有生活就有幼儿的学习。幼儿的学习还有一个突出的特点就是直接学习,其认识依赖于他们亲身所获得的直接经验。幼儿通过动作以及与具体事物的接触,在生活中尽情地感知体验。生活是幼儿获得直接经验的最理想的场所、最便捷的方式。

### 4. 兴趣性原则

兴趣性原则是基于幼儿学习成效的一种考虑。幼儿要学习的内容很多,有些他们感兴趣,在学习过程中我们看到他们兴致勃勃、不知疲倦;相反,则注意力不集中、没精打采、无所事事。兴趣的高低直接影响课程内容的学习效果。

### 5. 基础性原则

《幼儿园教育指导纲要(试行)》指出:"幼儿园教育是基础教育的重要组成部分,是我国学校教育和终身教育的奠基阶段。城乡各类幼儿园都应从实际出发,因地制宜地实施素质教育,为幼儿一生的发展打好基础。"课程内容应体现这一要求,将基础性凸显出来,并在选择课程内容时遵照、落实。

什么是幼儿课程学习最具基础性的东西?冯晓霞在《幼儿园课程》中指出:"判断所选内容是否具有'基础性'的参照标准,还可以看它是否与儿童现在的生活、学习有直接关系;是否必须现在学,以后再学就失去最佳时机;是否是文化或人类知识中的最基本成分,而且是今后学习所必需的基础;是否具有最大的应用性和迁移性等等。"

### 6. 逻辑性原则

幼儿所学习的课程内容,也是存在相互的联系和规律的。数学学科的逻辑性最强,它本身有客观的规律性,内在的联系是紧密的,目前我国各地幼儿园的课程体系中,数学学科往往是单列。科学学科的逻辑性较数学弱,但内在的联系还是比较突出的。概念图法在课程实施中被证明是非常有效的。首先是鼓励孩子回忆相关经验,并大胆地画出自己对某一概念的理解,之后教师分析并与学科的概念图对照,了解哪些是孩子已有的经验,哪些是孩子的迷思,这样对保证教学的有效性十分有益:既不重复孩子的已有经验,又能从孩子的经验出发,纠正错误,引导发展。这里的概念图体现的往往是科学概念内在的联系。至于健康、艺术、语言,同样存在内在的逻辑性。遵循逻辑性原则,要求我们明确学科所存在的内在规律性,结合幼儿的兴趣需要,帮助幼儿在原有水平上获得提高,体现教育独特的价值。那种单纯满足幼儿的兴趣、需要,缺乏教师整理与提升的内容选择方式对幼儿的发展绝无益处,最终会造成幼儿的时间浪费。

• 案例阅读 •

在幼儿已经获得了鸟的经验之后,教师接下来的课程内容是这样安排的:

(1)概括鸟类的共同特征:有羽毛,长着一对翅膀,两条腿,而且会下蛋(幼儿已有的经验总结)。

(2)运用总结出的鸟类共同特征的知识,辨别鸟类与非鸟类,澄清幼儿的一些模糊认识(一起来辨别鸵鸟、蜻蜓、鸭子、蝙蝠等)。

(3)对鸟类、昆虫类、家禽类等动物类别加以梳理。

## (二)幼儿园课程内容选择中容易出现的问题

幼儿园课程内容具有很大的自主选择性,幼教机构、幼儿园教师可以依据本地、本班孩子的特点,有针对性地确定适宜的课程内容。《幼儿园教育指导纲要(试行)》更是把这种自主权放大了。然而,课程内容的选择却是一件说起来容易做起来难的事情,尽管有明确的课程内容概念、选择范围、选择原则做指导,实际操作中还是出现了一些问题。总结起来,常出现的问题大致有以下几方面。

### 1. 课程目标缺失

突出的表现是:第一,选择课程内容时,体、智、德、美诸方面不完全,偏重智育;第二,选择各方面内容时又偏重基本知识与技能的比重,较少情感态度方面的内容。这样一来,本该由课程内容作为载体实现的课程目标,由于缺少最直接的支持力量,造成一部分目标缺失,使课程内容背离了课程目标的要求,从更深的层次来讲,不利于幼儿的全面发展。

### 2. 课程内容超载

课程内容在量与质上与幼儿发展特点、水平不相适宜的问题。超载首先表现为量大,幼儿沉重地奔跑,往往压得气喘吁吁。"量大"的内容会有两种特性:一种是难、深、偏、怪,大大超出了幼儿的可接受水平,幼儿学起来非常吃力,付出的代价很大,严重挫伤幼儿学习的积极性,造成幼儿对学习的厌倦。另一种特性是易、浅,没有构成对幼儿智力上的挑战,幼儿的学习是在重复自己的经验,没有适宜的提升和发展。这是一种"时间的隐性浪费",容易造成幼儿对学习的"无聊感",使幼儿失去学习的兴趣。

课程内容超载的具体表现:

(1)课程体系中的学科或领域不断增添或分化,没有或较少对学科或领域目标和内容间的联系进行全面的梳理、调整。

(2)在特定的学科或领域中,原有的课程内容不断地扩展、深化,有增无减。

(3)课程内容出现了独立化的趋势。

(4)在课程实施中过度追求真实、准确,从活动材料、操作方式及活动规范等方面都力求向成人世界靠拢,在实践中不断增加对幼儿来说并不是必不可少的也并没有多大发展价值的操作性和规范性知识,从而造成课程超载。

### 3. 课程内容脱(远)离幼儿的生活

课程内容远离生活甚至脱离生活,是一个经常出现的老问题,表现为幼儿学习的内容离他们的生活经验很远,也不是他们的兴趣和需要所在,于是他们学习时常常是有口无心,或半生不熟地"异化"知识,例如教师对中国"经典道德故事"的空洞说教。

### 4. 课程内容偏向"本本"

课程内容偏向"本本"是一个课程观的问题,虽然课程的概念有多种解读,但课程即教材的认识还是有很广泛的影响。于是,课程的选择局限于各种版本的教材内容,试图保证内容的正确与可靠。

现在市面上的儿童读物,绝大多数是幼儿教育专家集体智慧的结晶,不仅有先进的教育理念做基础,而且有很好的操作性,较适宜幼儿教师使用。关键是如何利用这些教材,如何筛选、组织成适宜的新"教材",再好的幼儿教材,也需要经过教师在实践中的再创造。

**5. 课程内容缺乏提升**

课程内容的选择还应该包括对内容条理性、逻辑性的调整,这种调整重在评价课程内容的全面性以及对幼儿发展的促进作用。幼儿经验化的学习结果是被承认和尊重的一种状态,这种状态是需要教师适时提升的。

> **案例阅读**
>
> 在小班"认识正方形"的活动中,老师让孩子通过操作、比较、观察等方法,采用游戏化的手段,获得对正方形的基本认识。这里老师提供了各种各样的材料,有长短不一的彩色小棍儿、大小不等的彩色正方形,有折叠起来的、拆开放置的。通过操作、辨析,幼儿都认为自己操作的形状就是正方形。如果考虑进一步提升的话,教师可以把每一个孩子操作的正方形聚集在一起,只需说一句话"这些都是正方形",就一下子让孩子获得了足够的"正方形"经验,并有效地为后面图形守恒的学习打下基础。

课程内容的提升不是强加给幼儿的,更不是拔苗助长,而是对孩子进行了无痕迹的智慧点拨。这种看似无意,却是有心的内容安排,需要教师对课程内容融会贯通,更需要教师富有智慧的引导。教师不能满足于所选内容,更不能仅仅依个人的经验、偏好甚至自己熟知的内容,来确定幼儿课程的内容。课程内容是一个系统,需要相互联系,节节上升。基于幼儿经验的课程,需要合理、自然、恰当地提升,从而利于幼儿完善经验、迁移经验。

## 四、幼儿园课程内容的组织

《幼儿园教育指导纲要(试行)》指出:教育活动内容的组织应充分考虑幼儿的学习特点和认识规律,各领域的内容要有机联系、相互渗透,注重综合性、趣味性、活动性,寓教育于生活、游戏之中。教育活动的组织形式应根据需要合理安排,因时、因地、因内容、因材料灵活地运用。这里的教育活动含义等同于课程含义,点明了课程组织的基本要求。

在课程内容选择完成之后,接下来的任务是对内容进行组织,以产生适应幼儿学习特点与规律的课程内容的呈现方式,保证高效地实现课程向幼儿的学习经验转化。

### (一)幼儿园课程内容组织的含义

幼儿园课程内容组织是指创设良好的课程环境,使幼儿园课程活动兴趣化、有序化、结构化,以产生适宜的学习经验和优化的教育效果,从而实现课程目标的过程。

可以从下列几个方面做进一步的理解:

(1)课程组织是指将构成课程的各种要素加以安排、联系和排列的方式。课程内容的组织属于课程组织的范畴,因此,在组织课程内容的时候首先必须分析课程内容的基本要素。

(2)不同的课程观具有不同的课程内容含义,也因此有不同的关于基本要素的认识。目前我国幼儿园课程观基本上是"活动说",是"帮助幼儿获得有益的学习经验,促进其身心全面和谐发展的各种活动的总和"。这样,幼儿园课程内容基本要素涉及幼儿的学习环境、教师的目标与价值观、幼儿的学习经验等。

(3)组织可以使分散的事物系统化、整体化。课程内容的组织自然也就是对上述诸要素有序化、结构化的过程,从而使课程内容具有连续性、顺序性和整合性。

(4)幼儿园的课程内容应该适合幼儿,是幼儿学习的载体,因此,在组织课程内容时必须依照《幼儿园教育指导纲要(试行)》的要求,保证课程的综合性、趣味性、活动性。

(5)课程内容组织的优劣,最终要看幼儿是否产生了适宜的学习经验和优化的教育效果。无论形式多么新颖、气氛多么热烈,缺乏心灵震撼的课程,耗时耗力、隐性浪费幼儿时间的课程,不是好的课程;不理解幼儿的学习方式和特点,不重视幼儿的学习品质的组织方式更不是好课程。

(6)幼儿园课程内容的组织不完全是预成的,静态的方案为课程实施提供最基本的保证,但实际情况下,往往会有这样那样的变化,需要教师细心观察,做出恰当的筛选,寻找教育契机,调整课程内容,产生生成性课程。所以,课程内容的组织事实上应该包括静态的组织和动态的组织两个方面。

### (二)幼儿园课程内容的组织方式

从不同的角度和需要出发,幼儿园课程有不同的组织方式,可以将之归纳为两类。

**1. 基本方法**

1)论理组织法

论理组织法是指根据知识本身的系统及内在联系来组织课程内容的一种方法。该方法强调知识本身的逻辑顺序,对幼儿掌握系统的知识是有益的。由于该方法能够保持学科的体系,所以教师较容易掌握,也有利于完成预定的教学目标。如20世纪80年代,幼儿园使用较多的"六科"教学,就是按每门学科内在的逻辑顺序来组织课程内容的,并重视这些内容的连续性和顺序性。

2)心理组织法

心理组织法是根据学习者的心理发展特点,以适应学习者需要的一种组织课程内容的方法。该方法强调幼儿的心理发展特点、经验、兴趣、需要,对调动幼儿学习的积极性、主动性作用很大。由于该方法能够贴近幼儿的需要,所以幼儿较有兴趣,也有利于他们身心的发展和个性培养。如在实践中较常见到的"活动课程",就是一种打破学科之间的界限,从幼儿需要出发的心理组织法的实践,它使幼儿园课程内容呈现出按心理顺序组织的特点。

上述两种方法是课程内容组织时采用的基本方法,一个重知识本身的逻辑性,一个重学习者本身的特点。在实际运用中要把握如下几点:

一是在掌握两种组织法的优点的同时,明确二者的不足。论理组织法强调的是知识的逻辑顺序,忽视了与学习者的联系;而心理组织法则强调学习者的状况,较少考虑学科自身的逻辑顺序。

二是单一地以论理组织法或心理组织法组织课程内容的做法,是不恰当的。通常的做法是两种方法相互协调,取长补短,以和谐的方式组织课程内容。在幼儿园实践中,我们可以对课程内容组织冠以不同的课程类型名称,如"分科课程""综合课程""核心课程""活动课程"等,但其内在的实质应该追求逻辑顺序与心理顺序的和谐统一。

**2. 常用方法**

1)纵向组织法

纵向组织法指的是按照课程组织的某些准则,以先后顺序排列课程内容的方法。该方法重视知识、技能的层次性,根据幼儿的学习特点,课程内容的组织安排由浅入深、由易到难、由简单到复杂、由已知到未知、由具体到抽象,逐渐递进,依次推开。

需要注意的是,纵向组织法的组织排列不是直线式的,而是螺旋递进的,即课程内容会重复出现,但是这些重复出现的内容在深度和广度上都有所增加。这样,有益于幼儿获得更加多样的经验、更加深刻的认识,也有助于他们的持续性发展,实现知识经验的增长与幼儿心理发展两者的统一。

2)横向组织法

横向组织法指的是按"广义概念"组织课程内容,即打破传统的知识体系,使课程内容与儿童已有的经验连为一体的方法。该方法强调各种知识之间、知识与儿童经验之间、儿童的经验之间形成有机的联系,帮助儿童统整和贯通知识与经验。

需要注意的是,虽然横向组织法与幼儿的发展特征和学习方式较为接近,利于幼儿的学习,但是,要切忌置逻辑性于不顾的极端做法,避免出现"大拼盘"式的课程内容。

### 思考与探索

1. 名词解释:课程、幼儿园课程、显性课程、隐性课程、经验课程、活动课程。
2. 幼儿园课程有哪些特点?
3. 可以从哪些方面把握幼儿园课程的内容?
4. 如何选择幼儿园的课程内容?
5. 幼儿园课程内容如何组织?
6. 如何防止幼儿园课程内容选择中出现的问题?

# 第五章 幼儿园教育活动设计与指导

## 学习目标

1. 了解幼儿园教育活动的含义、特点，了解幼儿园教育活动的目标和内容，熟悉幼儿园教育活动的设计策略。

2. 理解幼儿园教育活动的本质，理解教育活动各层次、目标之间的关系，理解幼儿园教育活动设计的原则。

3. 能初步设计、组织幼儿园教育活动，并对教育活动水平做出初步的评价。

## 第一节 幼儿园教育活动概述

### 一、幼儿园教育活动的本质

(一)幼儿园教育活动的含义

教育活动是一个广义的概念，是指教育者依据教育目标，对受教育者实施有目的、有计划、有组织的影响，使其发生预期变化的活动。幼儿园的一切活动都具有教育性，都应该成为促进幼儿身心发展的教育活动。

《幼儿园教育指导纲要(试行)》第三部分"组织与实施"中明确指出："幼儿园的教育活动，是教师以多种形式有目的、有计划地引导幼儿生动、活泼、主动活动的教育过程。"幼儿园教育活动有广义和狭义的理解，广义的幼儿园教育活动是指幼儿园中一切教育活动的总和，具体包括游戏活动、教学活动和生活活动，三者构成幼儿园教育活动的有机整体，它们相互联系、相互渗透、有机结合，共同促进幼儿身心全面和谐发展。狭义的幼儿园教育活动，是指幼儿教师在一定时间内专门组织的教育活动。

我们还可以从以下几个方面来理解幼儿园教育活动。

**1. 幼儿园教育活动是一种有目的、有计划的活动**

幼儿园教育活动是以促进幼儿身心发展为目的的活动,在活动过程中,教师必须根据幼儿园保教的目标和幼儿身心发展的实际水平,有目的、有计划地设计与实施具体的教育活动,最大限度地使幼儿在原有的基础上得到发展。

**2. 幼儿园教育活动是引导幼儿主动活动的过程**

幼儿园教育活动是师生双方的互动活动,在活动中教师是幼儿活动的引导者,通过教师有目的、有计划地选择活动内容、创设和利用幼儿园的环境与材料,激发幼儿积极参与活动,体现教师的主导地位。同时,幼儿是教育活动的主体,幼儿通过主动参与活动,在与人、物交往中,主动地操作与探索、大胆地交往与表达,从而促进幼儿个性的发展。

**3. 幼儿园教育活动是多种形式的活动**

幼儿园教育活动形式就是关于幼儿园教育活动应该怎样组织、活动时间和空间应该怎样加以控制和利用的问题,即幼儿园教育活动进行的方式。幼儿的生理、心理特点决定了幼儿园的教育活动必须是多种多样、丰富多彩的。按照不同的分类标准,幼儿园教育活动可分为不同的类型:

(1)根据幼儿园教育活动特征来划分:一日生活环节可分为生活活动、游戏活动、劳动活动、学习活动。

(2)根据师幼互动来划分:可以是教师组织的活动或幼儿自身组织的活动,也可以是教师与幼儿相互间的活动,如集体活动、小组活动和个别活动。

(3)根据结构来划分:有结构严谨的教学活动,有结构较轻松的区域自选活动,有随意性较大的自由活动。

(4)根据活动方式来划分:可以是幼儿按照自己想法进行的自由活动,也可以是教师按照预先制订的计划组织幼儿进行的活动。

(5)根据活动地点来划分:可以是室内活动,也可以是室外活动。

教师可根据教育目标、教育内容,根据幼儿园的实际情况及幼儿身心发展水平,选择适宜的教育形式。

## (二)幼儿园教育活动的特点

**1. 广泛性与启蒙性**

幼儿园教育活动的内容、教育过程涉及幼儿生活的方方面面,可按照幼儿学习活动的范畴相对划分为健康、社会、科学、语言、艺术五个领域。各领域的内容都应发展幼儿的知识、技能、能力、情感态度等。

根据幼儿的认知水平和年龄特点,其所能接受的内容是初步的、粗浅的,应从认识简单的事物与现象入手,引导幼儿认识事物之间的关系,运用幼儿已有的生活经验,获得粗浅的知识。如幼儿科学教育的内容十分广泛,我们可以把选择范围确定在幼儿广泛的日常生活方面,如"好玩的水""各种各样的线团""有趣的滚动"等,这些内容来源于幼儿生活,能帮助幼儿理解和接受;也可以确定在广泛的学科知识方面,按知识领域确定内容,如认识植物可以从"不一样的小草""有趣的叶子""好吃的蔬菜"等开始,启发幼儿探索、获取有关植物方面的粗浅知识。

### 2. 游戏性与趣味性

幼儿的思维具有直觉行动性和具体形象性的特点,教师在教育活动中需要借助一定的游戏或情境,唤起和调动幼儿的兴趣,吸引他们在游戏的情境中积极地交往与想象、主动地探索与交流。如"好玩的水",让幼儿在玩的过程中发现水的秘密。

### 3. 活动性与参与性

幼儿主要是在与人、物相互作用的过程中获得经验,他们的学习是以直接经验为基础。所以,幼儿园教育活动是在幼儿积极、主动的活动过程中完成的,强调每个幼儿实践与参与。

### 4. 综合性与整体性

首先,幼儿园各类(或各个)教育活动相互联系、相互渗透,综合构成一个整体,各类(或各个)教育活动都是整体的一个部分,它们综合发挥作用,共同促进幼儿的全面发展。

其次,幼儿园教育活动的目标、内容、过程、措施、评价以及环境、教材、设备、材料等因素相互联系、相互制约,共同构成教育活动的整体结构。

最后,幼儿园教育活动作为幼儿发展的基础和重要源泉,能使幼儿在活动中产生认知、技能、情感态度等方面的整体反应,在教育过程中应依据幼儿已有经验和学习的兴趣与特点,灵活、综合地组织和安排各方面的教育内容,使幼儿获得相对完整的综合发展。

## 二、我国幼儿园教育目标

### (一)我国幼儿园教育总目标

从宏观上看,实施学前教育应当坚持中国共产党的全面领导,全面贯彻国家教育方针,坚持社会主义办学方向,落实立德树人根本任务,遵循儿童身心发展规律,培育社会主义核心价值观,促进儿童德智体美劳全面发展,为培养担当民族复兴大任的时代新人奠定基础。

《幼儿园教育指导纲要(试行)》和《幼儿园工作规程》都提出:幼儿园实行保育与教育相结合的原则,对幼儿实施体、智、德、美、劳等方面全面发展的教育,促进其身心和谐发展。

具体分析幼儿园教育的总目标即幼儿园保育和教育目标,包括:

(1)促进幼儿身体正常发育和机能的协调发展,增强体质,培养良好的生活习惯、卫生习惯和参加体育活动的兴趣。

(2)发展幼儿智力,培养正确运用感官和运用语言交往的基本能力,增进对环境的认识,培养有益的兴趣和求知欲望,培养初步的动手能力。

(3)萌发幼儿爱家乡、爱祖国、爱集体、爱劳动、爱科学的情感,培养诚实、自信、好问、友爱、勇敢、爱护公物、克服困难、讲礼貌、守纪律等良好的品德行为和习惯,以及活泼开朗的性格。

(4)培养幼儿初步感受美和表现美的情趣和能力。

(二)五大领域目标

根据《幼儿园教育指导纲要(试行)》的精神,幼儿园的教育内容是全面的、启蒙性的,可以相对划分为健康、语言、社会、科学、艺术等五个领域,也可作其他不同的划分。各领域的内容相互渗透,从不同的角度促进幼儿情感、态度、能力、知识、技能等方面的发展。五大领域教育活动的目标简要表述如下。

1. 健康领域教育目标

(1)身体健康,在集体生活中情绪安定、愉快;
(2)生活、卫生习惯良好,有基本的生活自理能力;
(3)知道必要的安全保健常识,学习保护自己;
(4)喜欢参加体育活动,动作协调、灵活。

2. 语言领域教育目标

(1)乐意与人交谈,讲话礼貌;
(2)注意倾听对方讲话,能理解日常用语;
(3)能清楚地说出自己想说的事;
(4)喜欢听故事、看图书;
(5)能听懂和会说普通话。

3. 社会领域教育目标

(1)能主动地参与各项活动,有自信心;
(2)乐意与人交往,学习互助、合作和分享,有同情心;
(3)理解并遵守日常生活中基本的社会行为规则;
(4)能努力做好力所能及的事,不怕困难,有初步的责任感;
(5)爱父母长辈、老师和同伴,爱集体、爱家乡、爱祖国。

4. 科学领域教育目标

(1)对周围的事物、现象感兴趣,有好奇心和求知欲;
(2)能运用各种感官,动手动脑,探究问题;
(3)能用适当的方式表达、交流探索的过程和结果;
(4)能从生活和游戏中感受事物的数量关系并体验到数学的重要和有趣;
(5)爱护动植物,关心周围环境,亲近大自然,珍惜自然资源,有初步的环保意识。

5. 艺术领域教育目标

(1)能初步感受并喜爱环境、生活和艺术中的美;
(2)喜欢参加艺术活动,并能大胆地表现自己的情感和体验;
(3)能用自己喜欢的方式进行艺术表现活动。

教育部《3~6岁儿童学习与发展指南》提出3~6岁各年龄段儿童学习与发展目标和相应的教育建议,详细规范了五领域的教育目标,也是幼儿园教师实践工作中确定教育目标的基本依据。

以上五大领域的目标内容,从不同的角度提出了促进幼儿在情感、态度、能力、知识与技能等方面的发展,而且各领域之间是相互渗透、相互促进的。健康领域是幼儿成长的基础;语言领域是幼儿交流交往、提高认知水平的基本条件;社会领域是幼儿发展的组成部分;科学、艺术领域是培养幼儿全面素质的重要方面。

(三)幼儿园教育活动目标层次及关系

**1. 以时间维度划分幼儿园教育活动的目标**

幼儿园教育活动的目标,如果以时间维度来划分,可以分为五个层次。

第一层次为幼儿教育总目标,即幼儿园的保教目标,它是幼儿园三年教育志在实现的理想目标;

第二层次为幼儿在五大领域的发展目标;

第三层次为各年龄段幼儿发展的目标;

第四层次为各年龄段幼儿发展的学期目标;

第五层次为各年龄段幼儿一日生活或某个具体活动的教育目标。

**2. 以课程目标的层次划分幼儿园教育活动目标**

把幼儿园保教目标作为最高目标,以课程目标的层次作维度,将幼儿园教育活动的目标分为以下四个层次。

(1)课程目标:既指幼儿园课程的总目标(在综合课程中),又指幼儿园某教育领域的课程目标。如在分科或相关课程模式中,按活动对象的性质和功能的不同,分为幼儿园健康教育活动目标、幼儿园社会教育活动目标、幼儿园科学教育活动目标、幼儿园语言教育活动目标、幼儿园艺术教育活动目标。

(2)年龄目标:指幼儿园小、中、大班三个年龄段的一年期的教育目标。如在分科(相关)课程模式中,将"幼儿园科学教育活动"的目标分解成小班科学教育活动目标、中班科学教育活动目标、大班科学教育活动目标。

(3)单元目标:按不同的课程模式,单元目标通常有两种形式:①按时间单元划分,相当于学期计划、月计划和周计划中的教育活动目标;②按主题单元划分,相当于主题活动的目标。

(4)教育行为目标:即指每日或每次具体的教育活动所要达到的目标。

**3. 幼儿园教育目标层次的关系**

按照时间维度确定的五个层次的目标,组成了一个金字塔式的幼儿园教育活动目标系统。它们相互联系、相互制约,它们之间的关系如下。

(1)这五个层次是根据幼儿园教育的总目标层层分解而制定的,并且是用总目标来检查评定的。从第一层到第五层,每一层目标都是上一层目标的具体化,又受上一层目标的制约,下层目标与上层目标之间协调一致,由此共同构成达到总目标的阶梯。

(2)阶段性目标之间具有连续性和渐进性。

## 三、幼儿园教育活动的内容

幼儿园教育活动的内容是实现教育活动目标的载体,其合适与否,直接影响到目标能否顺利地实现。因此,幼儿园教师应当选择适当的活动内容。

(一)幼儿园教育活动的内容

教师组织幼儿在园的一切活动都是教育活动。因此,按照幼儿在园一日活动的类型,可以将幼儿园教育活动的内容分为以下四类。

(1)生活活动的内容,如进餐、午睡、吃点心、如厕、盥洗等。

(2)游戏活动的内容,如角色游戏、结构游戏、其他区角游戏等。

(3)劳动活动的内容,如穿脱衣服、叠被子等自我服务劳动,整理自然角、擦桌椅等公益劳动等。

(4)学习活动的内容,如语言、科学、健康、社会、艺术等五大领域,各领域的内容大致如下。

①健康领域包括身体、心理保健部分和身体锻炼部分。

②社会领域包括社会环境、人际关系、社会行为规范和社会文化四个方面。

③科学领域包括数学与科学两部分。数学部分包括分类、排序与对应、10以内的数及其加减、几何形体、量、空间和时间。科学部分包括自然现象、物质世界及其相互关系、常用的科技产品及其对人类的影响和人体的奥秘及其保护等。

④语言领域包括谈话、讲述、听说游戏、文学作品和早期阅读五个方面。

⑤艺术领域包括音乐和美术两部分。音乐部分包括唱歌、韵律活动、打击乐器演奏和欣赏四个方面。美术部分包括绘画、手工和欣赏三个方面。

(二)幼儿园教育活动内容选择的原则

**1. 内容和目标一致的原则**

一是内容层次应与目标层次相一致,即目标层次越高,则相应的内容层次越抽象;反之则越具体。

二是内容是实现目标的载体,因此,选择的内容应有利于目标的实现。一般来说,单一学科课程的内容主要由学科的性质所决定,且一般是由国家根据课程目标规定的,幼儿园主要是依据年龄目标,结合课程内容选择适合各年龄段幼儿学习和活动的教育内容。或依据各年龄段某一阶段(学期、月、周)的单元目标,结合教育内容选择适合该年龄阶段幼儿学习和活动的主题,并由此去选择或创编具体的活动内容。

**2. 活动主题的多功能原则**

在多领域整合教育和综合性主题教育课程中,教育活动的内容往往直接用主题的方式呈现,并由主题去组织丰富多样的活动内容。主题来源于幼儿周围的生活、幼儿的经验及幼儿活动与发展的兴趣和需要,因此,我们选择主题时需要考虑的是,活动主题是否具有或蕴含丰富的活动资源,是否有可能围绕主题组织多样化的活动,即是否具有多功能的特点,以及由此展开的活动能否促进幼儿认知、情感、态度、技能等方面的协调发展等内容。

如小班"玩具"这一活动主题:①可利用玩具组织幼儿进行匹配、分类、排序等数学教育活动;②可组织幼儿开展"玩具滚滚""会唱歌的玩具""我会做玩具"等科学教育活动;③可组织幼儿进行"我帮玩具找到家""爱心行动""我喜欢的玩具"等社会或语言教育活动;④可组织幼儿进行"美化玩具""画玩具""玩具进行曲"等美术或音乐教育活动等。

类似这样的主题活动都具有明显的多功能的特点。

● 案例阅读 ●

 我自己

小班上学期主题活动"我自己",通过选择具体的活动内容实现活动目标。

| 活动名称 | 活动目标 | 活动内容 |
| --- | --- | --- |
| 我的模样 | 了解自己的姓名、年龄及外貌特征,能做相应的面部表情,培养幼儿乐观的生活态度。 | 1. 向同伴介绍自己的姓名及年龄。<br>2. 学习歌曲《小娃娃》。<br>3. 玩游戏:"贴鼻子"。<br>4. "我的模样":学做面部表情。<br>5. 玩游戏:"笑一笑"。 |
| 我在长大 | 懂得自己长大与周围人的关系,学会与人交往,学会尊重与关心周围的人。 | 1. 说一说,这些衣服还能穿吗?为什么?<br>2. 我的生日会。<br>3. 摆照片,说说自己是怎样长大的。<br>4. 学唱歌曲《我的好妈妈》。 |
| 我有一双能干的小手 | 感受自己的成长过程,学习自己的事情自己做,养成良好的卫生习惯。 | 1. 学唱歌曲《我有一双能干的小手》。<br>2. 手掌印画。<br>3. 欣赏儿歌《叠衣服》。<br>4. 音乐游戏《洗手歌》《漱口歌》。<br>5. 比比谁能干。 |
| 我上幼儿园 | 知道幼儿园、班级的名称,喜欢上幼儿园,与同伴友好交往。 | 1. 参观幼儿园。<br>2. 与大班哥哥姐姐一起玩。<br>3. 建构游戏"我们的幼儿园"。<br>4. 学习歌曲《我爱我的幼儿园》。 |

**3. 教育活动内容的时代性原则**

选择教育活动内容一方面要随着时代的发展和科学技术的不断进步,补充或更新教育内容,以适应时代发展变化的要求;另一方面,要根据幼儿身心发展特点,现代幼儿无论是知识经验还是技能,较之以前的幼儿已有较大的变化和提高,因此,在选择教育活动的内容时,需选取反映现代幼儿特点的内容。

**4. 因地制宜选择教育活动内容的原则**

我国幅员辽阔,各地经济发展的状况和教育条件不尽相同,且各地区的教育资源也有较大的差异。因此,各地的幼儿园在选择幼儿园教育活动的内容时,应尽量反映幼儿园周围环境和社区的特点,充分利用当地的教育资源和条件,使教育活动的内容本土化、区域化。

# 第二节　幼儿园教育活动的设计策略

幼儿园教育活动的设计是实施幼儿园教育活动的前提条件,在广义上是指幼儿园课程的设计,即是指幼儿园依据一定的教育目标,系统地设计各层次教育教学计划(方案)的过程。它是一个系统工程,整个系统是由若干子系统构成的。幼儿园教育活动的设计在狭义上是指一个个具体的教育活动的设计,每个教育活动的具体设计包括活动目标、活动准备、活动过程、活动延伸等方面。

## 一、幼儿园教育活动设计的原则

幼儿园教育活动设计的原则是教师设计教学活动方案必须遵循的基本要求和指导思想。

### (一)科学性原则

科学性原则是指教师设计的教育活动内容应该是正确的、符合客观规律的,并能够帮助幼儿正确认识事物,形成正确的概念。同时,教师在设计教育活动的结构时也应该符合幼儿的发展水平和认知特点。

贯彻科学性原则时要做到以下两点。

**1. 教育活动的目标要科学合理**

在确立目标时,要符合幼儿的年龄特点和已有的知识技能水平;目标的确立要全面、具体、适中,使大部分幼儿经过努力可以达到。

**2. 教育活动的结构要科学合理**

活动目标的确立、活动内容的选择、活动形式和方法的运用、教育环境的创设等都是为了实现教育目标,它们在教育功能上互相作用、互为条件,以使教育活动的结构达到科学合理。

### (二)发展性原则

发展性原则是指设计幼儿园教育活动要能促进幼儿个性的全面发展,使幼儿从现有的水平向最近发展区发展。

贯彻发展性原则时要做到以下三点。

**1. 充分考虑幼儿的可接受性**

教育活动的内容、方法、分量和进度适合幼儿身心发展水平,教育目标应有一定的难度,略高于现有的发展水平又不超过发展的可能性,使大部分幼儿经过一定的努力能够达到。

**2. 充分考虑幼儿发展的全面性**

幼儿的发展是全面的,包括身体、认知、情感个性及社会性等方面,教育活动设计应着眼于追求幼儿全面素质的提高,不偏重于某一方面。

**3. 充分考虑幼儿的个别差异,因人施教**

幼儿是活动的主体,幼儿身心发展的水平是有差异的,要从幼儿的实际情况、个别差异出发,进行有差别的教育。在教育活动中,一方面,既要面向全体幼儿提出较为统一的要求,又要照顾个别差异,对不同水平的幼儿分别提出不同的要求,因人施教。另一方面,教师对每个幼儿的情况要用发展的观点对待,对他们的发展做出科学分析,使每个幼儿都能在原有的基础上获得最大限度的发展,由现有发展水平向最近发展区提升。

### (三)活动性原则

活动性原则是指幼儿园教育活动设计应以活动为基本形式,在活动中学习,促进幼儿全面发展。

贯彻活动性原则时要做到以下两点。

**1. 给幼儿充分的活动机会**

幼儿的发展是幼儿通过不断获得各种经验而实现的,经验的获得是通过自身的操作,与人、物交互作用实现的。因此,要给幼儿充分的活动机会,让其在活动中动手、动脑、动嘴,获得体验与经验。

**2. 激发幼儿主动活动**

为幼儿提供丰富的物质材料,创设能引发幼儿活动的环境,把游戏作为基本的活动,激发幼儿参与活动的主动性和积极性。如小班健康活动中对幼儿"爬"有明确的目标和要求,让幼儿机械地练习爬显得枯燥无味,难以引起幼儿的兴趣,如果设计一个"蚂蚁爬爬爬"的主题活动,创设蚂蚁妈妈带小蚂蚁散步、游戏、搬食等情景,让幼儿置身于游戏之中,在一系列游戏场景的变换中练习手膝着地自然协调地向前爬、倒退爬,从而激发幼儿爬的兴趣,提高幼儿爬的能力。

### (四)整合性原则

整合性原则是指在设计教育活动时,不仅要充分发挥活动内容、形式、过程等各因素的功能,还应加强各因素间的协调、配合,发挥其整合效能,从而促进幼儿的整体发展。

贯彻整合性原则时要做到以下三点。

**1. 注重教育内容的整合**

把各个教育领域的内容以合理的方式整合起来,或将每一教育领域的内容有机地加以整合,使之形成合理的、科学的网络结构,发挥整合教育的效应,实现多方面的发展目标。

**2. 强调教育活动形式的整合**

将上课、游戏、休息、日常生活的安排加以整合,将集体活动、小组活动、个别活动加以整合,将统一活动、自选活动、自由活动加以整合。这些活动形式互相配合,发挥各自的优势,实现教育目标。

**3. 实现教育环境的整合**

注重班级环境、园内环境、室外环境的优化和组合,注重环境中物质因素和精神因素的整合。

## 二、幼儿园教育活动设计的步骤

### （一）幼儿状况分析与设计意图

幼儿状况分析是教育活动设计的第一步。只有对幼儿的现有状况心中有数，教师才能确定活动的目标、内容和组织形式。状况分析多以隐性的形式存在，主要是分析幼儿已具备哪些与该活动有关的知识、技能、兴趣，存在什么问题以及幼儿的个别差异等，从而使设计的活动能满足尽量多的幼儿的需要。

设计意图主要是阐述该主题产生的原因及与幼儿的关系，包括：幼儿的兴趣及发展的需要，幼儿已有的经验，幼儿可获得的新经验、教师开展活动的有利条件、该活动可以达成的目标等。

### （二）教育活动目标的设计

活动目标是指通过某一次或某几次教育活动所期望取得的效果。它指明了教育要达到的标准和要求，是开展教育活动的依据。它不仅对教育内容、教育方法、教育手段和教育活动形式产生影响，也影响着教育的结果即幼儿的发展。

#### 1. 活动目标的内容

活动目标主要包括三个方面的内容：

(1)情感、态度方面。

(2)认知方面。

(3)行为技能方面。

#### 2. 活动目标表述的要素

活动目标的表述，重点应说明幼儿行为或能力的变化。活动目标表述的基本要素包括：

(1)行为：通过活动幼儿能做什么，指向的是幼儿的行为变化，关注的是幼儿的行为结果，具有客观性、可操作性。

(2)条件：说明这些行为在什么条件下产生。

(3)标准：指出合格行为的最低标准。如小班绘画活动"画妈妈"的活动目标是：通过观察妈妈放大的照片学习画妈妈的脸，能画出脸的主要部位，进一步激发幼儿爱妈妈的情感。该目标幼儿要达到的行为结果是能画出妈妈的脸，条件是通过观察妈妈放大的照片，标准是能画出脸的主要部位。

在教育活动的目标表述中，行为的表述是最基本的成分，我们常常用一些动词来表达，如"理解""掌握""欣赏""培养"等词，有的还在动词前加上"深刻""充分"等程度副词，如"深刻理解""充分掌握"，反映活动要求的提高。

#### 3. 活动目标表述的形式

教育活动目标表述形式有多种，从教育活动的主体看，有两种方式：

(1)表述教师的行为：说明教师在活动中应该做什么，如"为幼儿提供……""重点示范……

动作"。

(2)表述幼儿的行为：表述幼儿的行为变化，如"通过观察发现……""清楚连贯地讲述……"。

**4. 活动目标表述的要求**

(1)具有可操作性，避免过于笼统、概括和抽象。

如中班健康教育活动"刷牙"的活动目标之一：学习正确的刷牙方法，养成早晚刷牙的好习惯。这个目标具体、明确、便于操作。如果换成"培养幼儿良好的卫生、生活习惯"，这样就太笼统、太抽象，在操作过程中及检查活动效果时难以把握。

(2)要清晰、准确、可检测，不能用活动的过程和方法来取代。

活动目标的表述包括行为、条件、标准等，其中核心的要素是行为的表述，但教师通常用活动的过程和方法来替代活动的结果。如科学活动"乘坐公共汽车"的活动目标之一：在观察和游戏的过程中，幼儿把对汽车的兴趣转化为理解汽车的好奇心。用活动的过程来替代活动目标，目标模糊、不准确，难以检测。

(3)从统一的角度表述目标。

活动目标中行为的发出者应一致，都是教师，或都是幼儿。一般情况下，教师的"教"常用"教育、帮助、激发、要求"等词语表述，幼儿的"学"常用"学会、喜欢、说出、创编"等词语表述。

(4)一个目标要通过多种活动来实现，一个活动要指向多个目标。

教育活动目标和相应的教育活动内容并非一一对应的关系，幼儿园教育活动具有综合性和整体性的特点。一方面教师要善于整合各个教育活动，围绕一个目标协调各种教育活动来实现它。例如：中班科学活动"水"的目标之一：理解水的特性，懂得保护水资源。可以开展的活动有："好玩的水""水从哪里来""水的用处大"。使幼儿在不同的活动中，通过不同的教育过程和手段了解水的特性，并懂得保护水资源。另一方面教师要最大限度地发挥某一活动的教育功效，使一项活动能实现多方面的教育任务。例如：大班美术活动"黑白配"的活动目标是：欣赏生活中黑白配的物品，感受黑白装饰所带来的美感；能大胆运用点、线、面及黑白色彩来装饰物品，尝试在各种黑白用品上进行绘画创作。一项活动要实现寻找与发现、欣赏与比较、尝试与表现、欣赏与评价等多方面教育任务。

(5)活动目标的表述要尽可能全面。

虽然不同的教育活动的教育目标应有所不同，且应有各自的重点目标，但总体而言，除了突出本活动的重点目标外，还要兼顾其他方面的目标，每一个教育活动的目标原则上都应包括情感目标、态度目标、认知目标、行为技能目标。

### (三)教育活动准备的设计

准备工作是实施活动的前提，它直接影响着幼儿参与活动的积极性、活动的进程和实际效果。

活动准备包括：知识准备、情感准备、材料准备和空间环境准备。

### 1. 知识准备

知识准备包括两个方面。一是教师要具备相关的知识。开展某一个具体的活动,只有教师了解相关的知识,才能深入浅出地指导幼儿。当幼儿提出问题时,又能因势利导,给予适当的帮助。所以,教师除了平时积累知识外,在开展某个活动之前,查阅相关的资料以广泛地了解相关知识是非常必要的。另一方面是要了解幼儿具备哪些与该活动相关的知识、技能与能力水平,以便有针对性地开展教育活动。如大班讲述活动"可爱的花",其中的一项活动准备是:每人在家较细致地认识一种花,并在家长的配合下,了解一些有关花的常识。这就是幼儿讲述"花"的知识经验准备。

### 2. 情感准备

幼儿的活动需要情感的支持。幼儿的情感容易受到成人的影响和感染,所以教师自身能否以积极的情感投入活动的指导中去,会直接关系到幼儿在活动中的情感体验,并影响活动的效果。

### 3. 材料准备

活动之前准备材料的工作往往是一项艰巨的任务。教师可以采取各种方法,发动大家一起来准备。

活动材料既可以由教师准备,也可以是教师带领幼儿事先收集,还可以让幼儿从家中带来,教师再根据幼儿带来的材料有目的地加以补充。如大班主题活动"服装布料真多呀"的活动准备之一:请家长帮忙,在家中或缝纫店收集各种各样的小布料带到幼儿园。这样不仅减轻了教师的工作负担,还把材料的准备巧妙地变成活动的前奏、家园联系的途径。

### 4. 空间环境准备

空间对于活动的开展也是非常重要的,比如提供什么样的活动场地,是在室内还是室外? 如果在室外,是在室外的空地还是自然环境中? 如果在室内,是需要桌面的空间还是地面的空间? 甚至连活动室内桌椅的摆放,也要考虑到活动的需要:怎样有利于幼儿的独立操作,怎样有利于幼儿之间的讨论交流? 种种因素都会影响活动效果。

## (四)教育活动过程的设计

### 1. 分析教育内容

(1)把握教育内容中的重、难点,真正做到重点突出、难点突破。

(2)挖掘教育内容中有利于促进幼儿发展的因素,保证目标的顺利实现。

### 2. 设计活动过程

活动过程包括开始部分、基本部分和结束部分。

(1)活动的开始部分。

教师可以通过各种各样的方法将幼儿导入活动中。开始部分时间不能太长,要控制好时间。

(2)活动的基本部分。

在设计基本部分时,主要考虑以下几点:

①大体分为哪几个步骤?

②每个步骤必须完成哪些内容?采用什么方式方法?

③哪一个步骤是重点?哪一个步骤是难点?怎么突出重点?怎么突破难点?

④每个步骤的时间大体怎样分配?

⑤每个步骤如何进行清楚的陈述?

⑥用什么方式来进行步骤之间的过渡?

(3)活动的结束部分。

活动结束部分的设计主要考虑结束的方式。教师需要精心地设计活动的结束方式,既要使这一次活动圆满地结束,又不能就此结束幼儿对活动的积极性。活动结束的设计要充分体现开放性,在形式上不必拘泥于常规。

**3. 选择教育方法**

1)教育方法的类型

幼儿园教育活动的方法,是指教师和幼儿在活动中,为有效地完成教育目标所采用的具体方式和手段。它包括两种含义:一种是指教师在组织幼儿活动时,指导幼儿学的方法;另一种是指幼儿在活动中所采用的学习方法。幼儿园教育活动常用的方法按不同性质可分为三大类,每一类又可分为不同的方式。

(1)口头语言法,指运用口头语言指导幼儿学习的一种方法,主要包括讲述法、讲解法、谈话法、讨论法、语言评价法等。

(2)直观教育法,指教师借助于实物、教具,设计相关的教育情境,将教育内容直观地展示给幼儿,实现教育目标的一种方法。如演示法、范例法、榜样法、情境表演法等。

(3)实践法,指教师为幼儿创设一定的环境,提供充足的实物材料,让幼儿通过自身的实践、练习活动进行学习的方法。如观察法、游戏法、操作法、探究法、移情训练法、练习法等。

2)选择教育方法的依据

(1)根据教育活动目标选择教育方法。

特定的目标往往需要特定的教育方法来实现,如认知领域有识记、理解、应用、分析、综合、评价六个层次。通常,只要求达到识记、了解层次的,可选用讲述法、讲解法和阅读法等;要求达到理解层次的,可选用质疑法、探究法、启发式谈话法等;要求达到应用层次的,则应选择练习法、迁移法和讲评法等;而对于高层次的目标,如分析、综合、评价,则应选择比较法、解决问题法、讨论法等。所以在选择教育活动方法时一定要考虑教育活动所追求的目标是什么,然后根据不同种类的目标选择相应的教育方法。

(2)根据活动的具体内容选择教育方法。

不同的教育活动内容制约着教育方法的选择。即便是同样的教育活动目标,领域性质不同,具体内容不同,所要求的教育方法不一样。例如:同样是培养幼儿的操作能力,科学领域多用探究法、实验法,而艺术领域多用练习法。

(3)根据幼儿的年龄特征和学习特点选择方法。

教育方法的选择应考虑幼儿的年龄特点和知识经验准备情况,如幼儿对某一事物已有大量的感性经验,教师就无须选择演示法;反之,就用直观教具进行演示,帮助幼儿理解。同时,对处在不同年龄的幼儿和思维水平不同的幼儿要采取不同的教育方法,如发现法和讲解法,对于小班幼儿往往不能达到预期的效果,角色扮演法、游戏法更能激发幼儿活动的兴趣和积极性。所以,教育方法的选择,既要考虑幼儿的年龄特征,又要考虑如何发挥幼儿的主体性,这样选择的方法才能有成效。

(4)各种教育方法有机结合,发挥最佳功效。

每一种教育方法都有其独特的功能和长处,同时也有其局限性和不足之处。比如讲授法,它对陈述性知识的教学比较有效,但它对技能的教学则效果较差。在进行技能教学时,讲授法只有在初期告知操作规则时才是有效的,如果教师一味地依赖讲授法,幼儿就会失去练习的机会,很难促进幼儿相应技能的形成。

由于教育活动目标的多层次化,教育活动环节的多样性,必然要求教育方法的多样化。要保证教育活动目标的全面实现,教育活动中往往要求选择几种能互补的方法,并把它们有机地结合起来。

### 4.确定教育组织形式

幼儿园教育活动形式一般有集体教育活动形式、小组教育活动形式、个别教育活动形式等。这些组织形式既可以在一个教育活动中综合使用,也可以独立使用。

## 三、幼儿园教育活动计划的编制

要写好教育活动计划,首先要选择适合各年龄班幼儿的教育活动内容,确定课题名称,然后对教育内容进行深入的分析,拟定活动目标,围绕目标展开流程设计。一个完整的教育活动设计包括课题名称、活动目标、活动准备、活动过程,如有必要,最后还有活动延伸。现以科学活动的一个案例来了解教育活动计划的编制及格式。

■ 案例阅读

 科学活动:转起来

班级:大班。

*活动目标*

1.在试试、玩玩中了解转动的意思,探索使各种物体转动的方法,体验操作探索带来的乐趣和成功感。

2.关注转动在日常生活中的运用,感受现代科技带给人们的方便。

*活动准备*

1.幼儿第一次探索用的物品:纸杯、盘子、积木、废弃的光盘、勺子、笔、绳子、饮料瓶、呼啦圈等,物品数量多于幼儿人数。

2.幼儿第二次探索用的物品分组摆放:塑料齿轮玩具;当中有孔的积木、纽扣、光盘、绳子;细竹签、花形纸片;卷笔刀、铅笔;筷子、勺子,两只小碗中各盛半碗水。

3."转""搓""拧""拍""跑"等字卡各一张。

4. 风车若干(与幼儿人数相等)。

活动过程

1. 游戏:迷迷转。

(1)介绍游戏玩法。孩子们,我们现在来玩一个"迷迷转"的游戏。游戏的玩法是这样的:大家张开双手,边念儿歌边自转,"迷迷转,迷迷转,转到天空我不动!"儿歌结束时就站在原地不动,并做一个与众不同的动作。然后我数数字1到10。如果我数到10,大家还能保持不动的话就算胜利。

(2)师幼一起游戏。

2. 探索让各种物品转动起来的方法。

(1)交代任务。活动室的这些物品看大家玩得很开心,也想玩"迷迷转"的游戏。请大家帮帮忙,让这些物品也转动起来吧!

(2)幼儿操作,教师观察并指导。

当幼儿把笔放在手心并搓动时,教师提问:

①"你是用什么方法让笔转动的?""这是什么动作?"

②"除了这种方法,还有别的方法能使它转动吗?"

③"请你再试一试其他的材料,能不能让它们也转起来。"

(3)交流与分享。

①请你们讲一讲,你玩了什么东西?是怎样使它转起来的?

②出示字卡,师幼一起总结探索方法。

小结:你们用转、搓、拧、拍、跑……那么多方法使物品转动起来了,真了不起!

3. 引出转动和"力"的关系。

(1)今天老师还给每个小朋友带来了一件好玩的玩具,请你吹一吹,和好朋友比一比谁的风车转动得快,为什么会转得快?

(2)提问:孩子们,在吹的过程中,你发现了什么有趣的现象?

(3)谁到前面来讲一讲你的发现?请你演示给大家看。

小结:吹的时候用力大,风车转得快;用力小,风车转得慢。

4. 通过创造性地组合,探索让两种物品一起转动起来的方法。

(1)交代任务。请你用一样物品帮助另一样物品转动起来。

(2)幼儿操作探索,教师观察并指导。

①提问:你是把什么和什么放在一起,使它转动起来的?

②提问:你在哪里也看见过这种转动?

5. 了解转动在生活中的应用。

(1)请1~2个幼儿演示创造性地转动物品。

一个幼儿演示用筷子或绳子让光盘转动,教师提问:光盘除了这样转动,还可能在哪里转动?光盘在播放器上转动后会怎样呢?

小结:光盘在播放器上转动给我们带来美妙的音乐、精彩的动画片,让我们的生活更美好。

(2)提问:家里除了播放器会转动,还有什么会转动?

小结:有的小朋友说,我家的电风扇会转,能让我觉得很凉快;有的说,我家的闹钟会转,它能告诉我几点了,还能准时叫我起床;还有的说,果汁机会转,能让我喝上甜甜的果汁;还有的说,车轮子会转,它能把我们安全地送回家……看来转动可以给我们带来这么多方便和快乐!

(3)谈话:如果你是小小发明家,你想让什么转动起来?转动以后能给我们带来什么好处呢?让我们今后在生活中去仔细观察和发明吧!

*活动延伸*

1. 玩游戏"身体转转转",让幼儿探索转动的原理。
2. 教师和幼儿一起去室外寻找可以转动的物体。

## 第三节 幼儿园教育活动的指导策略

幼儿园教育活动指导策略是教师为促进幼儿发展,在与幼儿互动的过程中所采取的一系列特定的指导方式、方法,是教育活动科学性和艺术性的体现。幼儿教师根据具体的活动情境和幼儿的需要及时调整教育方法,这既是教育机智的外在表现,也体现了教育常规操作的技能。幼儿园教育活动指导策略主要包括:观察策略、活动组织策略、教学方法策略、语言使用策略等。

### 一、教育活动的观察策略

观察是教师对幼儿有目的、有计划、比较持久的知觉过程,它在人类实践的各个领域都具有重要的意义。幼儿园教育活动的合理开展起始于对幼儿的观察,观察是研究幼儿发展与教育教学的有效途径。

(一)观察的要求

(1)目的明确。

(2)全面客观。

(3)观察的记录要全面准确。

(二)观察的步骤

(1)设定观察目标。

(2)实施观察过程。

(3)解释观察资料。

(4)分析观察结果。

### (三)观察记录的方式及要求

(1)观察记录的方式:文字描述、列表打钩、等级评定、录音录像等。

(2)观察记录的要求:快、细、全。记录越系统准确,作用越大。

## 二、教育活动的组织策略

### (一)活动导入的策略

#### 1.活动导入的要求

活动导入要具有启发性、针对性、趣味性、艺术性和简洁性。

#### 2.活动导入的类型

(1)直观导入策略:如演示导入、材料导入、故事导入等。

(2)问题导入策略:如悬念导入、直接问题导入等。

(3)知识联系导入策略:如递进导入、直接导入、衔接导入等。

总之,导入活动的方式很多,并没有固定的模式或要求。其宗旨是引起幼儿对将要学习的内容的注意,激发幼儿对有关内容的学习兴趣。教师可以根据活动的内容灵活地选择活动导入方式,以取得较好的效果。

#### 3.活动导入技能训练

(1)请分析下列案例采用了哪些类型的导入策略,并仔细体会教师的导入语。

**美丽的小船**

在小班语言活动"美丽的小船"中,活动开始时教师说了这样一段话:"在一片大森林里,一群小动物们比赛看谁的小船最漂亮。看,有的小船是香蕉做的,弯弯的香蕉船又黄又香;有的小船是大鞋子做的,坐在里面又稳又舒服;还有的小船谁也猜不出它是什么做的,小朋友们,你们想知道吗?让我们一起到比赛现场看看精彩的小船大赛吧!"听了教师形象生动的描述,幼儿迫切地希望马上到"比赛现场"去,看看老师所描述的"小船大赛"。

**图形食品品尝会**

小班科学活动"图形食品品尝会",活动开始时教师说:"今天有许多图形宝宝来和我们一起做游戏,它们是谁呀?"教师逐一出示图形,幼儿说出图形宝宝名称。教师说:"你们知道这些图形宝宝爱藏在哪里吗?"幼儿说出藏在活动室周围的物品中。教师出示水果娃娃说:"图形宝宝除了爱藏在××地方外,还爱藏在哪里?"幼儿说出爱藏在食品中。"有哪些食品藏有图形宝宝呢?我们一起去看一看。"

(2)把学生分成4组,每组推荐2~3名同学改编以上案例的导入环节,并试讲。

(二)活动过渡的策略

1. 活动过渡策略的要求

(1)自然合理。教师必须把握前后环节内容的性质,弄清前后两个环节之间的关系,考虑衔接的方法。

(2)衔接紧凑。新旧知识前后呼应,使旧知识产生意义,又使新知识纳入已有的认知结构中,促进幼儿思维的发展。

2. 活动过渡策略的类型

(1)分析型方法:活动前后环节为逻辑深化关系,即后一个环节是前一个环节的进一步深化。

(2)演绎型方法:活动前后环节为推论关系或具体应用关系,即后一环节是前一环节的推论或具体应用。如科学活动"认识磁铁",教师在帮助幼儿了解磁铁能吸铁后,说:"琪琪的奶奶不小心把缝衣针掉到地上,怎么也找不着,你们猜猜,琪琪会想什么办法帮奶奶找到针?"从而过渡到下一环节——了解磁铁在生活中的应用。

(3)转移法:活动前后环节为并列关系,即前后两个环节具有不同的性质,教师要让幼儿顺着联想的思路,巧妙地运用语言、活动或材料来进行转移。如大班散文诗《听雨》,可分为说雨—听雨—雨趣三个环节,在第一环节向第二环节过渡时,教师说:"下雨了,小花蝴蝶在干什么呢?"从"小花蝴蝶"角色引入,引出诗歌《听雨》,由"说雨—感受雨与我们心情的关系"转移到"听雨—欣赏诗歌,交流表达对雨(声)的经验与想象"。

3. 活动过渡技能训练

(1)说说下面的案例采用了哪种类型的过渡策略,并分析其过渡语的优势与不足。

● 案例阅读 ●

 怎样移动物体

科学活动"怎样移动物体",可设计为观察、自由操作、做小实验探索"力与运动之间的关系"、游戏等环节,其中第二环节向第三环节过渡时,教师说:"刚才这些小玩具动起来没有?为什么会动?""那么,请你们试一试,还有哪些方法能够使玩具移动?"这样自然过渡到第三环节,探索让玩具动起来的各种方法,了解力与运动之间的关系。

(2)自选一个教育活动教案,说出其各环节的过渡语,在小组中进行试教并评析。

## (三)掀起活动高潮的策略

### 1. 活动高潮策略的类型

(1)悬念策略:利用幼儿急切期待了解结果的心理,集中幼儿的注意力,唤起学习兴趣。如:认识"6、7、8"的相邻数,运用摸彩票的游戏,产生悬念,激发幼儿参与活动的强烈动机。

(2)情绪感染策略:根据幼儿的认知活动总是充满感情色彩的特点,活动中教师设法使幼儿获得强烈的情感体验,达到活动的目的。如:教师朗诵诗歌可在轻音乐伴奏下进行,使幼儿陶醉其中,产生强烈的情感共鸣。

(3)随机应变策略:即教师对偶发事件巧妙应对,将活动推向另一个高潮。

(4)奇特操作策略:教师利用新颖、奇特的材料,有效激发幼儿的学习兴趣,形成高潮。如科学活动"制作跳跳糖",材料对幼儿来说较新奇,幼儿在操作活动中不断地获得新的发现,惊喜之情溢于言表,从而将活动推向高潮。

(5)启发诱导策略:通过教师的循循善诱和层层点拨,引导幼儿发现事物之间的关系变化,让幼儿在活动中得到启迪而达到活动高潮。如童话故事《胆小先生》,通过教师的启发诱导,让幼儿在胆小先生勇敢精神中得到启迪——"我是很有力量的!"从而达到活动高潮。

(6)参与表演策略:教师设计情境让幼儿身临其境地感知,加上幼儿沉浸式地参与,使教育活动达到高潮。

(7)竞赛策略:教师运用竞赛的形式,使活动达到高潮,符合幼儿心理发展特点。

### 2. 活动高潮技能训练

(1)说说下面的案例运用了哪种类型的活动高潮策略,并分析其优劣。

• 案例阅读 •

### 小花猫和小老鼠

中班老师在教唱新歌《小花猫和小老鼠》时,创设了下面的情境:

一只小老鼠悄悄地走出了门,东看看、西瞧瞧,没看见小花猫,很是得意,高高兴兴地唱起了歌来(一只小老鼠,瞪着小眼珠,龇着两颗牙,长着八字胡)。小老鼠正在乐滋滋偷吃粮食时,只听"喵、喵、喵"的叫声,吓得小老鼠连滚带爬跑回家(歌声起:一只小猫,喵、喵、喵,吓得老鼠赶紧往回跑)。然后,教师和幼儿一起边唱边玩"猫捉老鼠"的游戏。

(2)观看课堂实录(教师自备视频案例),说说该活动中的高潮部分在哪个环节,并分析教师是如何运用活动高潮策略的。

## (四)活动结束的策略

### 1. 活动结束的策略要求

首尾对应、结构完整;留有余兴、延伸扩展;水到渠成、适可而止。

#### 2. 活动结束策略常见类型

(1) 总结归纳策略：教师简明扼要复述要点，或启发幼儿回忆复述要点，引导幼儿创编（或使用现成的）儿歌、游戏形象化地总结。如"10以内数字"教学，结束时，教师根据每个数字的形状编了儿歌："1像小棍细条条，2像鸭子水上漂……"将知识归纳总结变得生动有趣。

(2) 水到渠成策略：按照活动内容顺序，根据幼儿认知规律一步步进行，最后自然收尾。此策略需在活动过程中环环相扣，才能达到预期目的，水到渠成结束活动。如音乐活动"小花猫和小老鼠"，结束部分将幼儿分成两组，一组扮演"小花猫"，一组扮演"小老鼠"，在音乐声中，玩"猫捉老鼠"的游戏，互相逗乐，在玩中结束活动。

(3) 操作练习策略：教师提供充分的材料，让幼儿在操作、练习中复习巩固所学知识。如在"复习几何图形"活动结束时，教师为幼儿准备积木、橡皮泥等材料，让幼儿玩结构游戏，进一步引导幼儿体会几何图形的应用价值。

(4) 延伸扩展策略：有时，在某个活动结束之后，还可以引发并组织其他的活动以促进该活动目标更好地达成，这些都可以写在活动延伸部分。延伸作为机动性部分，可以在教学之后的游戏或其他活动中进行，也可以延伸至家中的活动。

此外，还有游戏表演策略等。

#### 3. 活动结束技能训练

教师布置学生收集两个幼儿园活动的短视频，评析两个活动的结束方式，指出其运用了哪种类型的活动结束策略，并分析优劣。

### 三、教育活动的语言运用策略

#### （一）提问的策略

#### 1. 启发性提问策略

(1) 当教师发现幼儿对某些现象或材料感兴趣，而这种兴趣对于生成新的主题极有价值时，可通过启发性提问将幼儿引入探究的主题。如户外活动，幼儿围着蚂蚁指指点点，教师问幼儿："小蚂蚁在干什么呀？它们为什么要搬家？"从而将幼儿引入探究"下雨前，小动物的活动与平时有什么不一样"的主题活动。

(2) 当幼儿在活动中面临困难时，可通过启发性提问引导幼儿思考、讨论和探究。如在探索"哪些物体有生命"的活动中，幼儿得出"会活动的就是有生命的"结论，这时教师提问："飞机能飞，是不是有生命的？"从而启发幼儿进一步探索。

#### 2. 发散性提问策略

(1) 发散性提问可以在幼儿努力完成作品时，教师通过提问，引导幼儿对自己的"创作"进行表述。如问："你的风车是怎样做成的？"从而引导幼儿讲述风车的制作过程。

(2) 发散性提问也可以在幼儿的思维或想象单一狭窄时，通过提问，引导幼儿转变思维方向，在新旧知识联系基础上构建概念。如"它是什么样的？""它像什么？""它们一样吗？有什么不一样？"等问题，答案是完全开放的，可以让幼儿展开创造性的联想。

### 3. 层叠式提问策略

教师将探究问题前后关系连成一条推进线索的层叠式问题,在层层深入的问题中,不断推进幼儿的思考和探索。如大班"我长大了"的活动中,教师不断地提出新的问题,如:"看看这些衣服鞋子哪些还适合你穿?""婴儿的衣服鞋子你们都穿不上了,这是为什么呢?""长大了,你们学会了哪些本领?""自己能做的事自己做了吗?""是谁辛苦把你们养育大的?我们要怎样对待他们?"等等,通过层叠式提问,让幼儿不断思考与探索,获得知识。

### 4. 假设性提问策略

假设性提问是教师提出问题,让幼儿进行假设、判断和思考。这种提问往往以"假设……""如果……"等形式展开。如:"假如没有水,我们的生活会怎么样?""如果小黑羊让小黄羊先过桥,或小黄羊让小黑羊先过桥,它们会掉到河里去吗?"通过假设性提问,教师可以了解幼儿已有的经验和发散性思维水平,让幼儿展开丰富的想象。

### 5. 推理性提问策略

当引导幼儿完成一项简单的操作和探究任务后,教师要求幼儿用类似的方法概括出规律性的知识,从而获得答案。如幼儿理解了圆和半圆的关系后,教师继续引导幼儿探索:"我们知道了两个半圆在一起就是一个圆,那么,两个三角形在一起,会变成什么形状?"

### 6. 递进式提问策略

递进式提问是教师根据幼儿的思考和回答,巧妙地将一连串问题前后联系起来,层层抛出,逐步深入,从而形成一个不断推进的问题链供幼儿思考和探究。

**案例阅读**

### 到山羊伯伯家做客(活动片断)

师:刚才讲的故事中,谁要到山羊伯伯家做客?

幼:小兔、小猫、小鸡。

师:他们是怎么跟山羊伯伯打招呼的?

幼:小兔对山羊伯伯笑,小猫……小鸡……

师:你们觉得谁最懂礼貌,谁做得不好?

……

师:如果你是山羊伯伯,你会喜欢谁?为什么?

……

师:小朋友到别人家当小客人时,应该怎么做?

……

教师把复杂问题层层分解与简化,让幼儿由浅入深地思考问题,最后得出结论。

**7. 总结式提问策略**

总结式提问是教师引导幼儿对某些问题和现象进行观察和了解后,为帮助幼儿进行概括、得出结论而采用的。如科学活动"认识家禽"中,幼儿认识了鸡、鸭、鹅后,教师抛出问题:"你们知道它们共同的名字叫什么吗?""它们有什么相同的地方?"

## (二)回应的策略

在活动的具体实施过程中,幼儿会有各种疑惑,会主动询问教师。有共性的和个性的问题,有围绕活动的和与活动无关的问题,教师也要有回应的策略。

**1. 重复策略**

一是通过重复幼儿的话语,婉转表达对幼儿的提醒和暗示,启发幼儿对自己的话语做出调整。二是通过重复个别幼儿的问题或回答,向全体幼儿反馈有价值的信息,帮助幼儿获得他人的经验。如教师重复幼儿的回答:"乐乐说糖放在水里会化掉,是这样吗?"

**2. 反问策略**

反问是将幼儿在一定情境中的问题抛回给幼儿,教师通过反问引发幼儿思考、讨论和进一步探索。如教师反问:"它们都是一样的吗?""蛇冬眠了,蚂蚁也要冬眠吗?"

**3. 提炼策略**

提炼策略即教师在充分观察、认真听取幼儿观点后,对信息进行归纳提炼后呈现给幼儿,使幼儿将零星的经验系统化、条理化。如幼儿讨论、交流电池属性后,教师进行概括总结:"对了,电池有不同的形状、大小,只有选对电池并安装正确,电池才能起作用。电动玩具、遥控器、手机等都需要电池才能使用。"

## (三)评价的策略

**1. 肯定**

教师可以用简洁的语言、肯定的语气表示对幼儿的认可,如:"嗯(点头),还有别的想法吗?""这也是一种可能""这种想法很有趣""那样也是一种好想法呀"等。也可以微笑或点头表示对幼儿的肯定。

**2. 表扬**

表扬是教师对幼儿良好行为、进步表现以及独创精神的赞许、鼓励。运用时应注意:第一,表扬要适度;第二,要配合感情表达;第三,适当结合其他形式的奖励。

**3. 批评**

批评是教师对幼儿不良行为进行的否定评价。运用时应注意:第一,态度要诚恳、和蔼;第二,语言要亲切、幽默,让幼儿在善意而含蓄的批评中心甘情愿地去改进不足,不断进步;第三,就事论事,不言其他。

**4. 纠正**

纠正是指教师在发现问题、指出问题的同时告知幼儿正确的答案和做法,对错误认识和不当之处给予纠正与提示。运用纠正进行评价有时可适当延迟,让幼儿先做思考,说说应该怎么办,提高幼儿的判断能力和解决问题的能力。

### 5. 讨论

教师不直接对某个现象、某个问题给予肯定或否定评价,而是引导幼儿分析、判断,使他们在讨论中明白对错、好坏,知道如何改正。

### 6. 总结

总结是对幼儿集体活动效果、活动情况的评价,一般放在活动告一段落或活动结束时进行。

此外,教师还要善于引导幼儿自评、互评,提高幼儿分析、判断问题的能力和自我检查、自我调整、自我约束的能力。

## 第四节 幼儿园综合教育

### 一、幼儿园综合教育概述

目前,幼儿园综合教育正得到越来越多人的倡导和认同,综合教育课程也受到广大幼教工作者的重视和普遍运用。

#### (一)幼儿园综合教育的内涵

说起综合教育,人们想到的也许就是开设综合教育课程。事实上,综合教育与综合教育课程并不完全等同,前者是进行教育或设计课程的一种观念和指导思想,后者则是综合教育思想指导下的实践产物,是一种具体的课程类型。

幼儿园的综合教育可以有三层含义:第一,深层次的综合是完全打破学科和领域的界限,以主题或活动为中心组成课程(即综合教育课程),把学习内容融汇成一种新的体系;第二,综合教育作为一种教育观念或指导思想时,并不否认分领域的教育,而是试图建立各领域的联系,使领域之间的界限变得更有弹性,分与合可以根据实际需要而灵活变化;第三,在以某方面的教育为主的活动中,充分挖掘过去被大家忽视的其他方面的教育价值,也是一种综合。过去过分强调分科或分领域的教育,往往导致教师只注意某一科目或领域的教育价值,如幼儿园语言教育,只关注语言领域的教育价值,而语言活动中出现的人际交往问题或幼儿感兴趣的科学问题却容易被忽视。基于以上理解,幼儿园可以以综合教育的思想为指导,根据本地本园的实际,找准基点,进行不同层次、不同程度的综合教育。

综合教育课程就是把教育的主体、客体、中介及家庭、社会环境等各种教育要素综合起来,运用系统科学的理论,以各领域的知识内容为主导线索,有机地构成一系列教育主题,在强化课程整体系统功能的思想指导下对幼儿实施教育。整合的理念是这一综合课程最好的体现。

## (二)幼儿园综合教育的意义

### 1. 有利于提高幼儿的学习效率

幼儿园教育的对象是 3~6 岁的幼儿,幼儿心理发展水平决定了幼儿对事物的理解往往是笼统的、片面的,幼儿概括能力较低,对幼儿进行的教育不能过于分化,年龄越小越需要运用综合的形式、手段和方法去认识某个具体而综合的事物。综合教育将学科领域知识整理交织成统一、有序、互相联系的知识体系,有利于幼儿吸收,提高学习效率。

### 2. 有利于提高教育的整体效益

综合教育要想办法整合各种教育因素,强调教育手段、教育方法、教育形式的协调配合,全面地落实幼儿教育任务,促进幼儿身体、智能、个性、情感、品德同步协调发展,提高教育的整体效益。

### 3. 有利于促进幼儿观察力、概括力、创造力的发展

活动中通过操作、讨论、发现等方法,改变幼儿被动接受的学习模式。幼儿在活动中探索、讨论,学习独立地完成活动任务,自己寻找答案,能激发幼儿的求知欲,促进观察力、概括力、创造力的发展。

## (三)幼儿园综合教育课程的特点

### 1. 整体性

苏联教育家苏霍姆林斯基说:"教师付出最少的劳动而获得最优的学习效果",就"要以完整的、活动的观点来看待整个教学过程,以综合的观点来改进教学过程。"综合教育课程就是从幼儿发展的整体性出发,思考教育效果的整体性,即整体地思考教育目标、教育内容、教育方法和手段之间的联系和作用,使幼儿园教育更好地发挥整体功能。这种课程模式能有效地提高教师整体驾驭幼儿教育的能力。

### 2. 联系性

综合教育课程十分重视各领域之间的联系,各教育因素的联系,幼儿园和家庭、社会间的联系,防止与教育、教学过程的相互割裂,以充分发挥教育因素的整合功能。

### 3. 集中性

幼儿是通过生活及其他活动来学习的,这些活动尤其是生活活动,往往是综合性的,涉及多方面的学习内容。一个阶段相对集中地开展某方面的活动,让幼儿获得的信息相对集中,这既便于幼儿在学习过程中对信息的编码、储存和运用,也有利于幼儿的知识经验的积累、思考、提炼和归纳。

# 二、幼儿园综合教育课程的实施要求

幼儿园综合教育课程实施包含了教育内容、教育手段和教育过程三个方面的综合,可以实现主题活动、一日活动、个别活动三个层次的综合。

## (一) 三个方面的综合

### 1. 教育内容的综合

综合教育明确提出了学科之间综合的思想,并不是反对分科教学,而是反对分科课程中各科内容重复交叉,学科之间相互割裂。内容的综合涉及两个层面:一是课程中前后内容之间的联系,即内容的纵向联系;二是不同的、相关内容之间的联系,即内容的横向联系。

1) 教育内容的纵向整体性

教育内容的纵向整体性指的是同学科领域内容的顺序性联系,强调把每一个后继经验建立在前面经验的基础之上,由浅入深、由近及远,表现在以下两个方面。

一是强调各学科领域内的综合。从当前我国幼儿教育的实践来看,每一个学科领域的教育内容是一个相对独立的体系。如在科学领域中,有关自然界、科技、数学的内容,这些内容都有一定的独立性,甚至已自成体系,但在现实的课程中,应努力使这些内容之间尽可能地构成联系,有机结合。例如,关于动物的知识,经常与关于植物的知识联系在一起,有时又跟一定的自然环境条件联系在一起,甚至还跟科技联系在一起,其中也很可能有分类、数量等数学内容。对于我国大部分的幼儿园来说,课程的综合首先应该关注的是学科领域内的综合。

二是重视同一内容或主题在不同年龄阶段的整体性。例如,关于认识水的内容在每个年龄班都可以开展,但教育内容应由易到难、由浅入深。小班可以让幼儿感受水的无色、无味、无嗅、透明;到中班让幼儿探索一些与水有关的物理现象;再到大班探索固态、液态和气态的水以及相互变化的现象。各年龄班目标既体现出层次性,又体现了内容之间的纵向整体性。

2) 教育内容的横向综合

教育内容的横向综合是指在不影响各学科领域系统性的前提下,各科或领域之间加强联系与配合。学科领域活动中的横向综合主要有两个方面。

一是在学科领域活动中体现综合教育的理念。它是指在坚持某学科领域目标的前提下,同时关注其他学科领域的目标。例如在语言教育活动中利用美术、音乐、舞蹈等艺术形式,这是语言教育活动中最为普遍的综合形式。通过美术、音乐、舞蹈等幼儿喜爱的艺术形式,既可以达成语言表达能力的目标,还可以激发幼儿的情感体验。如文学活动"金色的房子",在引导幼儿感知、理解作品的同时,可以鼓励幼儿进行角色表演,在创造性的表演活动中,幼儿的情感和语言表述得以交融。但在开展此类活动时应注意:艺术形式的选择要从活动内容出发,在一个活动中不宜出现太多的形式,如果又是唱、又是跳、又是画,反而会冲淡文学作品本身的意境。

二是将某学科领域内容渗透于其他学科领域的活动中,即使某学科领域内容以一种隐性的方式出现在其他学科领域的活动中。例如在语言教育活动中,我们可以通过显性的、直接的方式学习语言,理解语言所表达的意思;而在科学、艺术、社会等其他学科领域的活动中,我们则是通过一种隐含的方式发展幼儿的语言。事实上,科学、艺术、社会等领域活动为幼儿提供了丰富的语言表达内容,教师在这些活动中需要注意的是:如何让幼儿将自己的想法、发现、问题和回答用自己的语言表达出来,发展幼儿的语言。

### 2. 教育手段的综合

综合教育主张综合运用多种教育手段、形式和方法。教育手段、形式和方法的综合可以在课程设计的过程中进行,也可以在经验活动展开的过程中进行,但较为重要的是在现实的教育活动中进行综合。对教育手段、形式和方法的综合是确保综合教育取得应有成效的关键。

(1)综合教育课程的实施要求教师改变过去单一的课程教学模式,充分运用集体教学、游戏活动、日常生活活动等多种教育途径,综合运用各自的优点,优势互补,发挥各自独特的作用。

(2)综合教育课程的实施要求教师根据教育目标及内容,根据幼儿的需要和兴趣,从幼儿的学习特点出发,充分挖掘和利用现实生活中广泛的教育资源,开发形式多样、新颖活泼、具有趣味性的多种多样的活动。如让幼儿从事探索和发现性的活动、观察和参观性的活动、调查和访问性的活动、查找和阅读性的活动、交流和讨论性的活动、感受和体验性的活动等。

(3)综合教育课程的实施要求充分体现幼儿在活动中的主体地位,重视采用多种方法,如操作、讨论、发现等,让幼儿动手、动脑、动口,从做中学,在与环境、与物、与人的相互作用中获得发展。

### 3. 教育过程的综合

综合应贯穿于整个教育过程,具体表现在以下三个方面。

1)教师的"教"与幼儿的"学"综合考虑

教师如何"教"应充分地考虑到幼儿如何"学","教的方法要根据学的方法"。教师在方法的选用上、语言的表达上,甚至在对幼儿提出的问题上,一定要设身处地地站在幼儿的角度来考虑,以保证教师"教"的有效性和幼儿"学"的有效性。

2)教育内容与教育环境综合考虑

为了活动的顺利开展,教师要考虑活动开展过程中需要创设哪些环境与资源,如需要哪些相应的活动区,活动区需要投放哪些材料,如何围绕教育内容创设相应的环境,需要哪些以及如何利用家长资源、社区资源,等等。还要考虑如何使这些方面形成教育合力,更好地为教育活动服务。

3)教育过程与教育目标综合考虑

教育过程的最终目的是促进幼儿身心全面和谐发展,对于任何一个教育内容、任何一项教育活动,教师都应充分挖掘其中可促进幼儿发展的因素,遵循幼儿身心发展的规律,从促进幼儿全面发展的角度出发,重视幼儿能力、情感和社会性的培养。

## (二)三个层次的综合

### 1. 主题活动的综合

主题活动又称"综合主题活动",是指在一段时间内教师以幼儿发展所需要的某个核心知识经验为中心来组织的教育教学活动。综合主题活动以"主题"的形式将幼儿园各学科领域中相互联系的内容有机地联系在一起,让幼儿在主题活动中获得较为完整的经验。

1)主题活动的类型

(1)跨学科或领域综合,即将课程中同类或相关的知识归纳起来,合并同类项并以跨越学科的内容作为课程核心。领域之间的综合有多种水平,有两个领域之间的综合、多个领域之间的综合;有领域之间的零星联系、多点联系和密集联系。在一个课程单元中,可能不同的领域间联系和综合的水平是不同的。如综合主题活动"海底世界",这一活动所涉及的领域有科学、语言、艺术和社会,是明显的跨领域综合。

(2)超学科或领域综合,即完全超越学科的界限,课程以现实生活中的真实问题为核心,展开专项研究或探索。其特点是学科界限不存在,以现实问题为主题或焦点,内容由幼儿的兴趣、需要而定,而不受任何学科指引而预先确定,如"生成课程"就是主题综合活动的最高境界。在活动过程中,教师和幼儿不断发现新的活动线索,这些新线索,能把活动不断引向深入。因此,活动的生成,要求教师有一种生成意识、生成能力,对幼儿新的需要、新的兴趣、新的发现有接纳的态度。只有这样,活动的生成才能实现,计划的活动和非计划的活动才能综合,幼儿现有的经验才能与新的经验实现综合。

2)主题活动的设计步骤

主题活动的具体组织与开展形式是多种多样的,一般来说,主题活动的设计包括以下方面。

一是选择与确定主题。选择与确定合适的主题,是开展主题活动的第一步。在选择与确定主题过程中,需要考虑的因素有:幼儿的需要、兴趣、生活、已有的经验等;主题中蕴含的可能的教育价值、可能涵盖的教育内容;教师的素质;可以利用的教育资源;已经开展过的主题与该主题的联系;主题中蕴含着哪些可能的学科知识、学习契机,等等。

选择与确定主题以后,用幼儿熟悉、喜欢、易记的,能引发幼儿探索与体验的名称给主题命名。比如"我最喜欢的一种小动物"就比"认识小兔子"的主题相对好些,容易让幼儿感到这个主题是和自己有关系的。主题命名从偏重"怎么教"转移到考虑"怎么学",反映了教育观的转变。

二是确定主题活动目标。主题活动目标的确定,需要综合考虑幼儿园总目标、主题中蕴含的价值、本班幼儿具体情况等诸多因素。

一个有意义的主题,教育的价值是多方面的,因此要从促进幼儿身体动作、语言发展、社会性发展等诸多方面思考主题的价值,并立足于幼儿的行为变化来确定主题的目标。例如大班"海底世界"主题,活动目标为:

通过参观或收集活动,知道海底有各种各样的海洋生物,了解海洋生物保护自己的方式,激发对海底世界的探索兴趣。

通过对海底动物的观察,能进行奇思妙想,大胆表达海底世界的各种奇观。

运用画、折、剪、贴等技能,发挥想象,进行个性化的审美表达与创造。

在欣赏音乐的基础上,能创编表演各种海底生物的动作,并能大胆地随着音乐协调律动。

能用各种方式表现自己对海底世界的认识,培养热爱大自然的情感和保护生态的意识。

以上目标至少具有四方面潜在价值,即科学认知、语言表达、艺术表现与创造、社会性发展等。

三是选择主题活动内容。主题内容的选择就是主题可包含的具体活动容量,它决定着将以哪些类型的活动来组织幼儿的学习以及学习哪些具体的经验。

根据主题活动的目标、幼儿的需要和兴趣、可以利用的教育资源等因素,设计一系列活动内容。一个涵盖课程领域较广的主题,有利于幼儿获得均衡的学习经验,也有利于安排各种不同类型的活动。

▎案例阅读▎

### 大班主题"海底世界"活动列表

| 序号 | 教学活动 | 区域活动 | 日常活动 | 游戏活动 | 家园活动 |
|---|---|---|---|---|---|
| 1 | 谈话:海洋里有什么 | 在图书区提供有关海底世界内容的书籍和图片 | 引导幼儿大胆提出有关海底世界的问题,并收集整理 | | 收集海洋生物资料,看有关录像 |
| 2 | 参观海底世界 | 提供材料,让幼儿在建筑角搭建海底 | 将幼儿参观海底世界的录像反复播放给幼儿看,进一步加深幼儿的印象 | 表演游戏,海豚表演 | |
| 3 | 科学:各种各样的鱼 | 在美工区通过绘画、折纸、拼摆、涂色等方式表现各种各样的鱼 | 吃海带以及鲳鱼等海鱼 | | |
| 4 | 科学:海洋里的生物 | | 吃海带、海苔、紫菜汤等海产品。收集各类海产品的包装及食品(鱿鱼丝、海米等),开办海产品展览会。观看开采石油、晾晒海盐的录像或图片,说说海洋资源与人们生活的关系 | | 幼儿品尝海鲜,参观农贸市场的海产品 |

续表

| 序号 | 教学活动 | 区域活动 | 日常活动 | 游戏活动 | 家园活动 |
|---|---|---|---|---|---|
| 5 | 让我们的教室成为海洋世界 | 用废旧物品制作海洋生物，丰富海底世界 | | | 引导孩子用各种物品做海洋生物的模型 |
| 6 | 科学：它们怎样保护自己 | | 在餐前开展"小博士"答疑活动，引导幼儿就感兴趣的问题展开讨论 | | |
| 7 | 音乐：水族馆 | | | 提供头饰和音乐，玩音乐游戏：小鱼和水草 | |
| 8 | 绘画：远洋船 | 继续引导幼儿用纸版画的方式表现对海底世界的认识 | 参观海军远洋轮船 | | |
| 9 | 歌曲：《小海军》 | | 欣赏动画片《海的女儿》 | 在音乐区提供磁带、道具和服装，鼓励幼儿结伴自由表演《小海军》 | |
| 10 | 语言（创编故事）：《小黄鱼历险记》 | 连环画：《小黄鱼历险记》 | 讲故事《渔夫和金鱼的故事》 | 引导幼儿共同收集服饰材料，提供流水声等背景音乐，引导幼儿自由创编和表演故事内容 | |
| 11 | 海底世界展示会（一）：怎样开展示会 | | 分组准备展示会所需物品：送给客人的礼物（折的鱼、虾、蟹等，画的头饰），海鲜馆的各种海鲜 | | 介绍展示会的常识，让幼儿知道什么是展示会，有些什么内容。有条件的家庭可以带幼儿参加一些服装、家电或食品等的展示会，引导幼儿体验相关服务内容 |

续表

| 序号 | 教学活动 | 区域活动 | 日常活动 | 游戏活动 | 家园活动 |
|---|---|---|---|---|---|
| 12 | 海底世界展示会（二）：怎样邀请客人 | 制作请柬、海报 | | 1. 在角色游戏中，引导幼儿按展示会职责锻炼自己的角色意识；<br>2. 学习当"讲解员"，能较好地向客人介绍班级的环境及相关展板上的内容 | |
| 13 | 海底世界展示会（三）：欢迎光临海底世界 | | | | 邀请家长共同参与活动，对幼儿的表现给予肯定 |

从以上案例的活动列表可以看出，主题活动内容包括教学活动、日常生活活动、游戏活动、家园活动等多个方面，体现了主题内容、教育方法和途径的综合。

四是主题活动方案结构。主题活动方案结构包括主题名称、主题说明、主题目标、主题网络及主题系列活动。主题系列活动指的是逐一设计的主题网络中的各个活动，一个完整的活动设计框架主要包括活动名称、活动目标、活动准备、活动过程、活动延伸等。

需要说明的是，这些在主题综合活动具体开展前列出的主题活动名称、目标等是一种计划，在具体开展过程中，由于各种因素的影响可以进行相应调整。

**2. 一日活动的综合**

一日活动的综合就是把一日活动的各个环节组成连续的教学过程，不停留在互相分割的各个片断上，把一日的各项活动综合成一个教育整体。

幼儿在园的一日生活包括多种多样的活动，主要有学习活动、游戏活动及生活活动。幼儿园课程的实施应关注各类活动之间的有机联系，强调一日活动的综合，寓教育于各项活动之中，充分发挥游戏活动与生活活动的教育价值。如主题活动"好听的声音"：通过晨间活动，让幼儿寻找大自然的声音；通过科学实验，了解声音的产生；通过欣赏故事《小灰老鼠的故事》，感受三种小动物不同的脚步声；通过游戏活动"打电话"，感受声音的传播；通过艺术活动"小小演奏会"，分辨乐音和噪音；通过生活活动，感受周围不同的声音。这样，幼儿在生活和游戏中感知声音，在科学和艺术活动中探索声音的特性，了解声音在生活中的运用。做到在生活和游戏中学习，学习联系生活，游戏反映生活、反映学习，真正实现一日活动的综合。

**3. 个别活动的综合**

个别活动的综合是指每项活动应尽可能在各个部分自然的有机联系中进行，一环扣一环，层层递进。没有不涉及其他领域只能进行某个领域学习的活动，任何活动都可以实现领域间的渗透。如"亲亲泥土",这一活动改变了以往认识泥土的单纯的常识教学的状况,把科学领域、艺术领域和语言领域等内容有机地渗透进去,从对泥土的认识,到收集、欣赏陶艺作品,再到自己动手制作泥制品,最后展示、讲解创作的泥制品等,层层递进、环环相扣,这样做,能使幼儿在一个活动中获得更多的有益经验,这种渗透是自然的、有机的,而不是拼凑的。

### (三)实施综合教育应注意的问题

#### 1. 综合本身不是目的,而是手段和方法

由于综合课程具有特殊的教育作用,有些教师盲目地把综合作为目的,使综合教育包罗万象,而未考虑到主题之下各方面的教育内容是否具有相关性,也未考虑统筹各领域教育内容的主题是否在幼儿的生活经验范围或理解范围之内。其实,在综合教育的各个主题中,强行纳入每一个领域的教育内容,是不需要也不可取的。能否把某一领域的教育内容综合到某一主题中,关键要看能否促进幼儿对主题概念的理解,是否能创造幼儿的有意义的学习。

#### 2. 各领域的教育内容必须自然联结

综合教育不是"拼合"教育,也非"多学科"教育。综合教育的实质是把本来具有内在联系而又被人为割裂的内容重新整合为一体的教育模式。这种内在联系是自然的、真实的,而非人为的、勉强的。综合课程的主要目的是以幼儿有兴趣的问题和主题作为课程的开展和结束,对主题概念充分探讨,并以概念来统整各领域的知识。

#### 3. 综合教育并非抛弃所有的学科知识

实施综合教育并非抛弃所有的学科知识,每个领域都有促进幼儿发展的关键经验,以前只重视知识点的传授和知识量的积累,而现在则需要激活这些知识,让幼儿利用它们来解决问题,来促进自己思维和能力的发展。可以说,主题是一种组织形式,各领域的关键经验是内容。只有形式而无内容的东西是空泛无意义的,只有内容而无形式的东西则是枯燥乏味的。只有两者的合理结合才能发挥最大的教育价值。

● 案例阅读 ●

 幼儿园综合教育活动案例及评析

综合教育活动:海底世界(大班)。

一、主题说明

"海"是幼儿感兴趣的话题,对于神奇的海洋,内陆地区的幼儿都充满了好奇,经常问这问那:"海底有什么?""海洋鱼是什么样子的?""它们是怎样保护自己的?"为了满足幼儿的求知欲望,让幼儿对海洋产生更大的探索兴趣,我们和幼儿一起生成此次主题活动——海底世界。

二、主题活动目标

1. 通过参观或收集活动,知道海底有各种各样的海洋生物,了解海洋生物保护自己的方式,激

发对海底世界的探索兴趣。

2. 通过对海底动物的观察,能进行仿生联想,大胆表现海底世界的各种奇观。

3. 运用画、折、剪、贴等技能,发挥想象,进行个性化的审美表达与创造。

4. 在欣赏音乐的基础上,能创编表演各种海底生物的动作,并能大胆地随着音乐协调律动。

5. 能用各种方式表现自己对海底世界的认识,培养热爱大自然的情感和保护生态的意识。

三、活动一:奇妙的海底世界

(一)活动目标

1. 知道海底有各种各样的海洋生物,能用比较完整的语言大胆讲述自己获得的信息,乐于分享他人的经验。

2. 能在游戏活动中对海洋生物进行分类,体验参与活动的乐趣。

(二)活动准备

1. 收集有关"海底世界"的资料、海洋动物标本以及若干图书。

2.《奇妙的海底世界》视频。

3. 海洋生物卡片若干套,海底背景图两幅。

(三)活动过程

1. 经验分享。

教师:这几天,我们收集了关于海底世界的资料。今天,我们都来说一说,把你知道的海底世界的知识告诉大家,好吗?

……

教师小结并导入下一个活动环节:海洋是一个神秘的世界,更是一个美丽的地方,那么,海底还有些什么呢?现在我们一起来欣赏短片。

2. 观看视频《奇妙的海底世界》,边观看边谈话(可以暂停视频)。

(1)教师:刚才我们观看了海底世界,请小朋友说一说,你看到的海底是什么样的?

(2)教师:说一说,海底有哪些动物,有哪些植物?

(3)教师:你看到的水族馆与图书里有哪些奇妙有趣的海底奇观?你最喜欢的是什么?

3. "找朋友"游戏。

游戏规则:分别将海底动物、植物卡片贴到相应的背景图上。

游戏玩法:每人一张海洋生物卡片,请幼儿仔细看看手中的卡片,想一想,它是海底动物还是植物,然后给它找"朋友",把海底动物卡片贴到海马背景图上,把海底植物卡片贴到海藻背景图上。比一比,看谁贴得又对又快。

4. 海底知识大比拼。

(1)将幼儿分成海马队和海藻队,分小组讲述海底动、植物的特征及生活习性。要求幼儿轮流、轻声地用完整的语言连贯讲述,并注意倾听同伴的讲述。

(2)每组推选一个幼儿讲述。教师用投影仪协助幼儿讲述。

海马:海马不是马,是鱼,能直立游泳,海马是海马爸爸生的。

海蜇:能吃,营养丰富,美味爽口。

章鱼:章鱼不是鱼,是一种软体动物,可以喷墨,章鱼妈妈产的卵是长长的,卵产下后章鱼妈妈就死去。

(3)幼儿每介绍一种获得一朵贴花。最后统计获得贴花情况,给获胜组发奖。

(四)活动延伸

让幼儿观看有关的图书资料,听广播、看录像、电视或向成人请教,了解更多的海洋知识。

四、活动二:各种各样的鱼

(一)活动目标

1.在欣赏海洋生物的基础上,能说出常见海洋鱼的名称及外形特征。

2.让幼儿运用画、剪、撕、贴等技能制作鱼,培养动手操作能力和创造能力。

3.让幼儿在活动中体验自主制作的乐趣,享受个人作品与他人作品组合成大型成果的快乐。

(二)活动准备

1.活动前组织幼儿参观海洋馆或观看海洋馆视频。

2.准备好常见海洋鱼的图片。

3.准备好水彩笔、油画棒、图画纸、电光纸、皱纹纸、剪刀、胶棒、纸杯、纸盘、透明胶条等。

4.在活动室内创设海洋馆环境的墙饰。

(三)活动过程

1.以谜语形式导入活动。

谜语:不是船儿水中游,摇摇尾巴点点头,深海浅水都能去,味道鲜美营养多。

2.说出常见海洋鱼的名称,了解鱼的外形特征。

(1)教师:前几天,我们一起参观了海洋馆,在那里我们看到了许多鱼,请小朋友说说,你们看到了哪些鱼?

(2)教师出示海洋鱼图片,让幼儿讨论:这些是什么鱼? 它们长什么样?

(3)幼儿分组自由交流,每组请一个幼儿小结。

教师总结:鱼的种类非常多,它们的身体形状各种各样,有的鱼像条带子,有的鱼像个鱼雷,有的鱼像个梭子,有的鱼身上长满刺,有的鱼能变颜色,有的鱼会飞……

3.让幼儿运用画、剪、撕、贴等方法制作鱼,激发幼儿制作的兴趣。

(1)教师:小朋友都特别喜欢去海洋馆看鱼,今天,老师想请小朋友一起动手来制作你喜欢的鱼,放在咱们班的"海洋馆"中。

(2)让幼儿讨论:你们想用什么方法制作鱼?

(3)让幼儿分组制作各种各样的鱼。教师分别介绍材料,幼儿自主选择活动形式,教师分组巡回指导。

剪纸组:重点指导幼儿运用对称的方法剪鱼,在此基础上鼓励幼儿大胆镂空,剪出不同形态及花纹的鱼。

绘画组:重点能画出鱼的外形特征,并大胆运用颜色较均匀地涂出美丽的花纹。

撕纸组:教师根据幼儿能力提供不同材料,一种沿线撕,一种脱线撕。

手工制作组:根据纸杯及纸盘的形状粘贴上鱼眼睛、鱼鳃、鱼鳍等,鼓励幼儿大胆装饰。

4. 装饰创建美丽的"海洋馆"。

(1)师生共同布置"海洋馆",幼儿将自己的作品随意粘贴在墙上。

(2)请幼儿简单介绍自己的作品,如是用什么方法制作的,制作的是什么鱼。

(3)请幼儿共同给海洋馆起名字。

5. 教师总结:今天我们做的"海洋馆"可真漂亮,以后小朋友要做小小发现家,看海洋里还有哪些鱼,并制作出来放到我们的"海洋馆"里。

(四)活动延伸

1. 把橡皮泥放在活动区,让幼儿用橡皮泥捏各种海底的动、植物。

2. 在日常生活中吃带鱼、鲳鱼等海鱼,感受海鱼味道鲜美,了解海鱼具有丰富的营养。

五、活动三:快乐的海底世界

(一)活动目标

1. 在欣赏音乐的基础上,创编表演各种海底生物的动作,并能跟着音乐进行协调律动。

2. 乐于创编动作,发展在音乐活动中大胆表现的能力。

(二)活动准备

1. 准备好《水族馆》音乐视频。

2. 准备好《小鱼和水草》音乐、多媒体。

3. 准备好小鱼、水草头饰若干。

(三)活动过程

1. 欣赏音乐《水族馆》后,让幼儿边讨论边表演。

(1)教师:你听到了什么?你看到的大海是什么样子的?你会用身体动作来表现吗?教师引导幼儿用动作表现相关情景:有时,微风轻轻吹过,海面泛起小小的波浪;有时,大风吹过,海水也会卷起高高的浪花。

(2)教师:大海一望无际,如果几个小朋友合作表演,我想肯定会更精彩,你们愿意来试一试吗?

2. 让幼儿跟着音乐将看到的动作自由表现出来。

教师:海里的动物最活跃、最自由,动动你的身体来模仿它们,让我猜猜你模仿的是谁。可以一个人模仿,也可以与好朋友合作试试看。

(1)让幼儿自由模仿海洋动物。

(2)让幼儿与好朋友合作,讨论模仿的动物(如螃蟹、鱼、虾、乌龟、章鱼等)。

3. 动作展示。

(1)分别请2个或者3个幼儿随着音乐展示模仿动作,请其他幼儿猜猜模仿的是什么海洋动物。

(2)集体大造型:幼儿以小组为单位,把看到的海洋动物来一个大组合,并跟着音乐表演相应动作。

4. 音乐游戏:小鱼和水草。

玩法:幼儿戴上小鱼或水草的头饰,听音乐《小鱼和水草》,模仿小鱼在水草中自由自在畅游嬉戏的情景。

(四)活动延伸

欣赏动画片:《海的女儿》。

六、活动四:海底世界展览会

(一)活动目标

1.收集各种各样的"海产品",让幼儿交流分享海底世界的秘密,并能大胆讲述自己的发现。

2.教师和幼儿一起对各种"海产品"进行分类,布置"海产品展览会"。

3.让幼儿了解"海产品"的多样性及其与环境的关系,爱护动物,有初步的环保意识。

(二)活动准备

1.有条件的家庭可以带幼儿参加一些实际生活中的服装、家电或食品等的展览会,引导幼儿体验相关服务内容。

2.让幼儿制作海报、请柬,邀请家长参加"海产品展览会"。

3.让幼儿分组准备展览会所需物品,如:送给家长的礼物(幼儿折的鱼、虾、蟹等,画的海洋鱼卡片等);各种海洋鱼的图片;贝类饰品;菜场找寻的可以食用的海洋生物;超市找寻的用海洋生物制成的干货等。

4.准备一张被污染的海洋图片(海面漂浮着废弃塑料袋、盒子等垃圾,黑色的海水),准备好《小鱼的哭泣》小视频。

(三)活动过程

1.幼儿相互介绍,讨论收集来的海产品。

教师:海洋生物丰富多彩、各不相同,小朋友收集了很多"海产品",大家说说你们都收集了哪些?

2.鼓励幼儿将收集的"海产品"分类展览。

教师:请小朋友们想一想,可以分几组来摆放海产品? 想好后请各个小组分头布置展览。

3.交流分享,幼儿分组介绍展览的"海产品"。

(1)贝类展览区:幼儿介绍各式各类海贝类生物及各式各样的贝类装饰品。

教师小结:贝类生物不仅可以吃,还可以做美丽的装饰。

(2)海洋"鱼"(图片)展览区:让幼儿介绍海洋"鱼"的名称、主要特征。

教师小结:大海里有成千上万种鱼,它们都有着自己特殊的本领,既有趣又有用。

(3)"海产品"展览区:让幼儿介绍可食用的海产品的名称及用途。

教师小结:大海为我们提供了很多既美味又有营养的食品。

(4)被污染的海洋图片展览区:播放《小鱼的哭泣》视频,幼儿介绍海水污染对海洋生物的影响。

教师小结:由于我们不注意保护海洋环境,致使海水遭受了严重的污染,海洋生物越来越少。我们要爱护大海,保持海水清澈,保护海洋生物。

4.游戏:"海产品"大派送。

玩法:每个幼儿拿一个礼物,送给家长,送的时候要介绍其名称、外形特征或用途。

(四)活动延伸

1.让幼儿在日常生活中品尝可食用的海产品,能说出海产品的名称并与家长交流。

2. 让幼儿调查海水污染给海洋生物带来的灾难,以此培养幼儿的环保意识。

七、活动评析

"海底世界"是个老题材,以往常规教法是:教师讲解、播放视频,幼儿看看、听听,有时也说说。整个学习过程幼儿较多地处于被动地位,获取的知识、信息也比较有限。本次主题综合活动,活动前要幼儿自己查找、收集有关资料,寻找答案。这一过程帮助幼儿了解到:获取信息的途径是多种多样的,学习的方法也是多种多样的。集体活动中,小组内幼儿轮流讲,再推荐代表参与集体竞赛性游戏,交流面广,信息量大,幼儿兴趣高。而且这样的点、面结合,使幼儿人人都有表现能力、发表意见的机会与条件。

整个主题活动设计体现了三个特点。

一是注重各领域教育内容的自然联结,把科学领域、艺术领域、语言领域和社会领域等内容有机地渗透进去,在对海洋生物认识基础上,进行制作、创编活动,最后展示、讲解等,层层推进,环环相扣。

二是注重根据主题中不同的活动内容,选择相应的活动手段和方法。首先通过参观与游戏,感知各种各样的海底生物。然后在此基础上让幼儿讨论、操作,用各种方法来制作鱼(剪纸、撕纸幼儿已有一定基础),随着音乐创编表演各种海底生物的动作等,制作和创编的方法、形式由幼儿自主选择,体现了幼儿在活动中的主体地位,也能激发幼儿乐于创造的情感。最后通过展览,帮助幼儿整理已有的知识,以达到幼儿对已有经验进行系统加工和提炼的目的,有效地实现了活动的教育价值。

三是注重围绕活动的开展整合园内外资源。从家园活动(收集资料、参观海底世界和展览会)到区域活动(提供材料让幼儿观看、讨论、操作)再到日常生活(运用看、听、品尝、调查等方式进一步感知),使园内外资源围绕主题形成教育合力。

### 思考与探索

1. 如何理解幼儿园的教育活动?
2. 幼儿园教育活动有什么特点?
3. 我国幼儿园的教育目标有哪些?如何理解"五领域"的教育目标?
4. 幼儿园活动的内容有哪些?如何选择幼儿园的教育活动内容?
5. 如何进行幼儿园教育活动设计?
6. 幼儿园教育活动的指导策略有哪些?具体实施过程需要做好哪些工作?
7. 幼儿园综合教育活动有哪些类型?分别有哪些要求?

# 第六章 幼儿园环境创设与教育

### 学习目标

1. 理解幼儿园环境的本质、分类及其对儿童发展的作用,明确幼儿园环境创设的目标。
2. 了解幼儿园主题活动环境创设的特点、结构与创设工作环节。
3. 熟悉幼儿园各活动区、功能区环境创设的意义与方法。

《幼儿园教育指导纲要(试行)》指出:"环境是重要的教育资源,应通过环境的创设和利用,有效地促进幼儿的发展。""幼儿园的空间、设施、活动材料和常规要求等应有利于引发、支持幼儿的游戏和各种探索活动,有利于引发、支持幼儿与周围环境之间积极的相互作用。"幼儿园作为专门的教育机构,是幼儿学习、生活的重要场所,应充分发挥其教育的目的性、组织性、计划性、科学性强的优势,为幼儿提供健康、丰富的生活和活动环境,满足幼儿多方面发展的需要。把环境创设作为幼儿园整体教育的有机组成部分,是实现教育目标的重要途径。事实上,一个好的教育环境本身就是幼儿的教科书和良师。可以说,在促进幼儿早期教育与发展方面,最有效的做法之一是创设良好的环境。因此,创设良好的教育环境是幼儿园的重要任务,是每一位幼教工作者的责任和义务,也是一项幼儿园教师必备的能力。

## 第一节 幼儿园环境的概念及其分类

### 案例阅读

张老师新学期承担了小(一)班的主班老师的工作。她发现很多幼儿对入园不适应,存在着不同程度的分离焦虑。张老师就和另外两位老师一起布置了"我的妈妈"墙饰。30位小朋友妈妈的照片,都带着温柔的笑容,仿佛在说:"宝贝别害怕,妈妈在这儿呢!"每当有孩子想家想妈妈,张老师就会引导孩子看看墙饰,孩子也像看到了妈妈一样,也就不哭不闹了。后来"妈妈"的照片又换成了每个小朋友的"全家福",都是一家人亲亲热热的幸福照,教师会指着小朋友说:"宝宝一家真快乐,你看宝宝笑得真甜!"刚刚还吵着要妈妈的孩子,很快就热情地介绍这张照片是在哪里照的,幸福安宁的情绪溢于言表。——环境像一位不说话的老师,默默地发挥着它特殊的、潜在的教育作用。

## 一、幼儿园环境的概念

从心理学角度来说,环境是指在人的心理、意识之外,对人的心理、意识的形成发生影响的全部条件,包括个人身体之外存在的客观现实,也包括身体内部的运动与变化。影响心理的外部环境,按其性质和作用,可分为自然环境和社会环境两大类。自然环境是指直接或间接影响人类生存与发展的自然界,是人类生存的基本条件,如阳光、空气、水土等。社会环境是人类在自然环境的基础上创造和积累的,主要包括被人改造的自然、人们之间的交往活动、社会意识形态等方面,它是人的心理、意识内容的主要源泉,对人的思想与个性倾向的形成起主要作用。社会环境按其性质可分为经济环境、政治环境与文化教育环境;按其社会职能又可分为家庭环境、学校环境与社会实践环境。社会环境的不同构成部分与不同性质,对个人不同年龄阶段心理发展所起的作用是不相同的。如幼儿时期,家庭环境对心理的影响最大。人的心理也并不是环境影响的消极产物,而是在实践与环境的相互作用过程中发展起来的。

幼儿园环境是一种特殊的环境,即教育环境,它有广义和狭义之分。广义的幼儿园环境是指幼儿园教育赖以进行的一切条件的总和,它既包括幼儿园内部小环境,也包括与幼儿园教育有关的家庭、社会、自然、文化等大环境。狭义的专指幼儿园环境,是指在幼儿园中对幼儿身心发展产生影响的一切物质与精神要素的总和。它是涵盖幼儿园的全体工作人员、幼儿、幼儿园房舍、设备设施、空间布局以及各种信息要素,并通过一定的教育制度与观念以及文化传统组织起来的、动态的、有形与无形相结合的教育空间范围。

## 二、幼儿园环境的分类

对环境进行分类有助于我们更全面细致地认识其内涵,我们可以从多个维度对幼儿园环境进行分类。

从幼儿活动的形式来分,幼儿园环境应当包括语言环境、运动环境、劳动环境和游戏环境。

从幼儿园强调保教结合,保教并重这一特点来分,幼儿园环境又可分为保育环境和教育环境。

从幼儿的生活、安全、活动和交往的需求来分,幼儿园的环境应当包括生存环境、安全环境、活动环境和交往环境。

从幼儿园隐性课程的结构及特征来分,幼儿园环境包括物质空间环境、组织制度环境与文化心理环境。其中,物质空间环境隐含着一定的精神与灵魂,是物化的思想、观念或教育价值观,主要有园所建筑、绿化美化、活动室设置、声音色彩等形式;组织制度环境是幼儿个体与集体行为的准则或规范,主要有教育内容与活动安排、教育评价、教育管理思想与方式等方面;而文化心理环境是幼儿园环境的"硬核",隐含在园所课程、教育语言、教师的期望和态度、行为的心理环境以及师生关系等方面之中。

从幼儿在园一日活动的主要类型来分,幼儿园环境可分为生活活动环境、游戏活动环境和学习活动环境等。如果将幼儿的活动再具体化,幼儿园环境可划分为若干种更微观的环境,如游戏活动的环境可分为户外游戏活动的环境和室内游戏活动的环境。两者还可以细分,如前者可分为玩沙玩水区环境、体育活动区环境等;后者又可以分为角色游戏区环境、表演游戏区环境、结构游戏区环境、认知活动区(如阅读区、数学区、科学区、音乐区、美工区等)环境,等等。

从幼儿园环境构成内容的特质性差异来分,幼儿园环境分为物质环境与精神环境两大类。幼儿园的物质环境又可分为自然物质环境和社会物质环境两部分,二者共同构成了幼儿在园活动的物质条件与基础。自然物质环境指幼儿园中各种自然条件的总和,如花草、树木等都是幼儿园教育活动可以直接利用的教育资源;社会物质环境主要由幼儿园的活动室、户外活动场地、各种设备和活动材料、空间结构与环境布置等要素构成。幼儿园的精神环境具体指幼儿与教师之间、教师之间、幼儿之间的人际关系及幼儿园的班风、园风等精神氛围。本著作中我们主要把幼儿园环境分为物质环境与精神环境两大类。

**拓展阅读**

 **幼儿园的精神环境**

与幼儿园物质环境相比,精神环境是无形的更为复杂与难以把握的。精神环境对幼儿认知、情感与个性品质的形成、发展具有十分重要的作用。幼儿园物质环境创设目标的实现,在很大程度上取决于幼儿园精神环境的状况,取决于幼儿与教师、幼儿与幼儿之间相互作用的方式及关系。可以说,一所幼儿园能否成为真正的儿童乐园,主要取决于幼儿园的精神环境。但现实中,许多幼儿园重视物质环境的创设,轻视精神环境的建设,这是极其错误的。其实幼儿园的物质环境和精神环境二者相辅相成、相得益彰,不可轻视任何一方,否则其功能就会大打折扣。根据现实中存在的问题,为了优化幼儿园精神环境,应充分注意以下各方面的问题:

(1)教师要能满足幼儿的各种合理需要。
(2)教师要能体谅和容忍幼儿的所作所为。
(3)教师要能民主、平等地对待幼儿。
(4)教师能对幼儿表现出种种支持的行为。
(5)教师能以平等的地位参与幼儿的活动。
(6)教师能为幼儿提供发挥其创造力的机会。
(7)幼儿园的各项活动应能适合幼儿的年龄特征和个体差异。
(8)幼儿园应对游戏和教学活动进行优化整合。
(9)教师应利用集体活动的机会帮助幼儿建立友好的同伴关系。
(10)教师应将正确的教育观念转化为实实在在的教育行为。

## 三、环境对幼儿发展的重要作用

环境影响人的发展,这是一个古老的教育命题。从我国古代教育家孔子、墨子、荀子,到西方近代教育家洛克、卢梭等人都曾对这一命题发表过精彩的言论。

在我国古代,关于环境与人的发展的关系早在孔子、孟子的教育思想中就已有论述。孔子非常重视环境对人的作用,他说:"性相近也,习相远也。"墨子以染丝为譬,比喻环境对人的浸染,曾言:"染于苍则苍,染于黄则黄……故染不可不慎也。"荀子十分明确地提出并深入地论证了环境对人的影响,"蓬生麻中,不扶而直;白沙在涅,与之俱黑",明确告诫人们要慎待环境对自身的影响。

**拓展阅读**

 孟母三迁

孟子的母亲,世人称她孟母。孟子小时候,居住的地方离墓地很近,孟子学了些祭拜之类的事。他的母亲说:"这个地方不适合孩子居住。"于是将家搬到集市旁,孟子学了些做买卖和屠杀的事情。母亲又想:"这个地方还是不适合孩子居住。"又将家搬到学宫旁边,孟子学会了在朝廷上鞠躬行礼及进退的礼节。孟母说:"这才是孩子居住的地方。"就在这里定居下来了。

在西方的文化传统中,环境对人的发展影响同样是人们关注的重要问题。洛克认为环境对幼儿的成长与发展有深切的影响,尤其是幼儿习惯的养成,常受后天环境的主宰。所以他极力主张,幼儿美好人性的发展,不可不注意其成长的环境。卢梭吸取洛克等人的思想精华,融会贯通地形成其自然主义的教育哲学,将教育的重心由教师、书本转向幼儿和活动。由于他认为人格是内存的、必然的、独立的,幼儿有一种潜在的发展可能性,因而强调教育应为幼儿提供优良的环境,使那种可能性得以实现。福禄贝尔以卢梭的自然主义教育哲学为蓝图,开拓幼儿教育的新天地,认为"教育场所是一块自由的园地"。杜威也受卢梭的影响,强调在学校中应该为学生准备相应的环境,使幼儿由做事而学习。受其影响,美国在幼儿教育大纲中明确规定"要为幼儿创造最佳环境"。这些观点和主张深刻地揭示了环境对幼儿成长和发展的重要性。

环境是有生命的,在变化中灵动,充满了灵性,因而它会改变幼儿的心情与感受,影响幼儿的感觉方式、行为表现。如果我们想要幼儿自主学习,环境必须邀请他们去探索。

不仅环境影响幼儿,幼儿同时也在改造环境。马克思认为:环境的改变和人的活动是一致的,人创造了环境,同样,环境也创造了人。这说明幼儿接受环境的影响不是消极的、被动的,而是积极的、能动的过程。幼儿在能动地反映环境的同时,还可以积极改造环境,可以充分发挥环境中的有利因素,克服并消除环境中的不利因素,创造一个良好的环境,以更好地促进自身的发展。因此,幼儿在环境面前是可以有所作为的,完全可以通过自己的活动创建出一个适

宜于自身发展的积极环境。认识到这一点，对于正确把握幼儿园环境的作用和创设良好的环境具有重要意义。

## 四、幼儿园环境创设的目标

幼儿园环境创设，首先要解决创设目标的问题。环境创设目标要符合幼儿教育的培养目标，具体言之要有利于幼儿的全面均衡发展。下面是国内外学者及教育决策部门提出的幼儿园环境创设的具体目标。

> **拓展阅读**
>
> 国外学者布罗非、古德和内德勒在1975年曾为幼儿园环境创设提出了下列目标：
> (1) 能关注幼儿的健康和安全；
> (2) 能经常保持与成人的联系；
> (3) 有积极的情绪氛围，促进幼儿自信心的发展；
> (4) 能满足幼儿的需要；
> (5) 教师对幼儿的行为有适当的反应；
> (6) 对幼儿的限制减少到最低程度，以鼓励幼儿的探索行为；
> (7) 能帮助幼儿确认和预测事情的结果；
> (8) 能为幼儿提供各种不同的且具有意义的文化经验；
> (9) 安排丰富的游戏材料和设备，促进幼儿动作技能的发展；
> (10) 应与幼儿的发展水平相符合；
> (11) 应由负责计划和制订教育目标的管理者规划和设计环境。
>
> 国内学者阎水金认为良好的幼儿园环境创设应该考虑以下几个目标：
> (1) 能满足幼儿发展的需要；
> (2) 能增进幼儿的身心健康；
> (3) 能发展幼儿的潜力；
> (4) 能充实幼儿的生活经验；
> (5) 能促进幼儿动作技能的发展；
> (6) 能鼓励幼儿的探索行为，促进自信心的发展；
> (7) 能养成幼儿良好的行为习惯；
> (8) 能增强幼儿的交往能力。

2001年，我国教育部颁布的《幼儿园教育指导纲要(试行)》中对幼儿园环境创设做了如下要求，我们可以将其看作我国幼儿园环境创设的总体目标：

环境是重要的教育资源，应通过环境的创设和利用，有效地促进幼儿的发展。

(1) 幼儿园的空间、设施、活动材料和常规要求等应有利于引发、支持幼儿的游戏和各种探索活动，有利于引发、支持幼儿与周围环境之间积极的相互作用。

(2) 幼儿同伴群体及幼儿园教师集体是宝贵的教育资源，应充分发挥这一资源的作用。

(3)教师的态度和管理方式应有助于形成安全、温馨的心理环境;言行举止应成为幼儿学习的良好榜样。

(4)家庭是幼儿园重要的合作伙伴。应本着尊重、平等、合作的原则,争取家长的理解、支持和主动参与,并积极支持、帮助家长提高教育能力。

(5)充分利用自然环境和社区的教育资源,扩展幼儿生活和学习的空间。幼儿园同时应为社区的早期教育提供服务。

可以看出,以上几类幼儿园环境创设的目标都既关注到了幼儿发展的物质环境,又关注到了精神环境;既考虑到了环境对幼儿发展的引导作用,又考虑到了幼儿主动性的发挥;既看到了幼儿园内部环境对幼儿发展的影响,又看到了与幼儿园有关的园外环境对幼儿发展的作用。

另外,制订幼儿园环境创设的目标还要考虑两个方面,一是环境本身的教育功能,也就是环境本身提供给幼儿的发展信息和发展的可能性。如幼儿园墙饰对幼儿的感染作用、宽松和谐的幼儿园精神环境对幼儿个性发展的影响等。这种功能对幼儿的影响更多的是潜移默化的、渗透性的,但其作用又是长期的。二是环境创设服务于幼儿园课程的功能,即环境创设还发挥着为幼儿园课程顺利开展提供资源、做出引导、创造条件等作用。如教师制作动物头饰等材料以顺利完成童话故事表演;再如,幼儿园周围的小区,为幼儿了解小区中的安全事项创造了条件。这种功能对幼儿的影响更多的是显性的、灵活的但又是短期的。通常,幼儿园环境创设的目标既要考虑到其本身的教育功能,又要考虑到其服务于课程的功能,二者是可以相互转化、互为补充的,不能截然分开。

## 第二节 幼儿园主题活动的环境创设

● 案例阅读 ●

某幼儿园在开展主题活动之前,要求班级教师根据自己对主题活动的目标和内容的理解对幼儿园活动室的环境进行布置。为了圆满完成任务,教师们加班加点粉刷主题墙,粘贴主题树,精心地布置主题网络,在教室内悬挂了很多图画作品和实物,用文字把活动的主要内容标示在主题墙的主题网络上,并且在教室的美工区、科学区、语言区、建构区等活动区角为幼儿精心准备了各种各样的活动材料。经过一个星期的加班,主题墙布置精美,画面栩栩如生,而且材料丰富。教师完成任务后,都感觉很满意。

刚开始,幼儿们对教师布置的环境感到比较新鲜好奇,还不时讨论,这里该放一个什么,那里应该是什么颜色的,甚至有的幼儿要教师把他们自己的作品在主题墙上张贴,可是教师担心幼儿的作品会破坏布置精美的墙面,于是拒绝了幼儿的要求。活动进行了一段时间,主题墙还是如布置之初那样精美,活动区角还是那些材料……但教师很快就发现,幼儿们很少光顾主题墙,而且对活动区角提供的材料也失去了兴趣。教师感到很困惑:为什么辛辛苦苦布置了精美的环境,提供了这么丰富的操作材料,幼儿还是没有兴趣积极参与到主题活动中?

讨论:

(1)你认为幼儿为什么对教师花了大力气布置的精美的主题活动环境不感兴趣呢?

(2)为什么布置精美的环境不能为主题活动中幼儿的探索和学习提供一个良好的支持呢?

(3)主题活动开展需要一个什么样的环境?

(4)在创设幼儿园主题活动环境中,需要综合考虑哪些要素?

(5)如果你来创设主题活动环境,你将会如何进行?

# 一、主题活动及其特点

所谓主题活动,就是在一段时间内,教师与幼儿围绕具有内在脉络或价值关联的中心内容(即主题)来组织的教育教学活动。主题活动打破学科之间的界限,根据主题的中心内容确定主题展开的基本线索,依据这些基本线索确定主题的基本内容,并创设相应的教育环境,组织开展一系列教育教学活动,让幼儿通过对主题的学习,获得与主题有关的知识和经验。

主题活动的基本特点表现在以下几个方面。

## (一)学习内容之间的广泛关联性

主题活动是与学科活动不同的一种教育组织形式,从本质上看它是综合课程在幼儿园教育情境下的一种具体操作形式。主题活动打破了学科领域之间的界限,将各个方面的学习活动有机地联系起来,这就改变了学科活动过分强调学科自身知识体系,割裂学科之间关联的弊端。因为主题活动的中心内容往往是一个问题或事件,如"食物""我是谁""春天"等,这些内容通常很自然地包含着多个学科领域。当前幼儿园开展的主题活动更多的是与幼儿园教育的五大领域——健康、语言、科学、艺术和社会结合在一起的,主题活动内容之间的有机关联可用图6-1来说明。

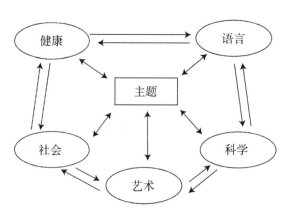

图6-1 主题活动结构示意图

在图6-1中,各个领域之间不是隔离的,而是相互关联的、相互影响的,例如:主题的选择与开展受到领域目标、内容的影响,同时又会反过来影响领域目标、内容的实现。需要说明的是,各领域学习内容在主题中的比重并不均等,会因主题自身特点、可以利用的资源、幼儿特点等因素的影响,而有所侧重。

从幼儿的角度来看,主题活动强调幼儿生活中的世界是以幼儿具体的、感性的经验为中心的,而不是以抽象出来的分门别类的学科知识为中心的。幼儿所接触的事物通常自然地超越了个别学科的界限,包含着多个学科领域,幼儿看待世界的方式和解决生活中遇到的问题的方式也是综合的,所以幼儿需要的是对事物有一个较为整体、较为全面、较为生活化的认识,而非相互割裂的认识。

因此,一个有意义的主题活动应该蕴含多种教育价值,有助于达成多方面的教育目标,幼儿园课程要以增进幼儿身体动作、智力、社会情绪、语言、创造力等方面全面和谐发展为目标。因此,主题活动的选择要支持、引导幼儿达到上述方面的发展。当然有些目标可以直接达到,有些则可以间接达到,无论如何,这些目标都是这个主题本身所蕴含的而不是牵强附会的。

(二)活动组织的系统协调性

主题活动的展开是一个复杂的过程,这是一个教师、幼儿、教育环境资源以及主题等要素之间相互作用的过程。这些要素中的任何一个方面或者几个要素之间的作用考虑如果不周全,主题活动是难以达成预期目的的。主题活动的顺利展开离不开以下要素的协调:具有一定知识储备和教学智慧的教师,能够与幼儿的需要、生活及已有经验联系的具有价值的适宜主题,幼儿园提供的必要的教育资源和环境,具备基本学科知识与能力的幼儿以及相邻主题之间的衔接等。如果其中一个方面不能很好地协调起来的话,主题活动也是难以有效开展的。例如,在开展某一生成于幼儿日间探索的主题活动时,教师对该主题了解不够深入或者教师难以抓住探究中的有利时机,主题中蕴含的学习契机就可能会失去,主题活动的应有价值难以发挥。事实上,教师在开展某一主题活动时,如果没有考虑到幼儿已有的知识储备与能力,那么这一主题的探究过程很可能流于形式。因此,在主题活动中,活动过程的成功取决于整个系统中的各个要素之间的协调运转,任何一个要素如果难以与活动过程有机作用,则主题活动过程难以达成其目标。

(三)活动目标与内容的动态生成性

主题活动是教师与幼儿在特定的教育情境中,围绕主题开展的开放式探索过程。从主题活动的目标看,主题活动过程中,活动不能仅仅局限在初始预设的目标之上,而是以初始预设的目标为基础,教师根据主题活动中的情境机智地捕捉生成性目标,预设与生成性目标共同构成了主题活动的目标体系。这就要求教师在对主题活动目标进行预设时,不宜做硬性的、细致的规定,要为生成性目标留下空间。可以说活动目标的动态生成为充分发挥教师与幼儿的主体性、发挥教师的创造性提供了可能。从活动内容看,教师会随着主题情境的变化,及时捕捉教师、幼儿与主题情境之间互动中生成的资源,即教学内容是教师与幼儿在具体的、生动的、变动不居的主题活动中共同建构、不断创造的结果,因而是一种生成性的、多主体共同建构的课程知识。因此,不断动态生成的主题活动目标与不断丰富的主题活动内容赋予了主题活动动态生成的特性。

## 二、主题活动与环境创设

由于主题活动更强调幼儿的主动探究，更注重幼儿与主题环境的互动，因而，与学科活动相比而言，主题活动中的环境创设对主题的展开及幼儿在主题中经验的提升就显得更为重要。具体而言，环境是幼儿园主题活动设计与实施的要素表现在以下两个方面。

（一）环境生成主题活动

环境是主题活动中幼儿进行探索与学习的背景，是幼儿之间、幼儿与教师之间交互作用的舞台，环境可以为幼儿的主动探索提供强有力的支持。主题的产生依赖于幼儿周围的环境，幼儿通过对环境的观察和探索，不仅能够发现许多有趣的现象，引发幼儿对活动的关注，为自然启动主题提供良好的条件，而且有助于生成许多有价值的中心主题。如果环境中的某种要素成为幼儿谈论的热点或中心的话，细心的教师通过引导幼儿围绕这一中心进行讨论，以确定是否要将这一中心发展为主题网络活动。例如"塑料袋"主题活动就是源于幼儿每天接触的各种各样的塑料袋，因为幼儿每天在家中、幼儿园、商场、小区或者在经过垃圾堆的时候总能接触到塑料袋，塑料袋的颜色、大小、材质以及用途等都引起了幼儿的关心和疑问。由此，幼儿从收集塑料袋，再到研究塑料袋的来源、功能、危害以及如何把塑料袋变害为宝等方面，一个"塑料袋"的主题一步步地发展深入和丰富起来了。其实幼儿园教育中的很多主题，如"叶子""食物""汽车"等都是生成于幼儿周围的环境。

（二）环境是拓展、延伸主题活动的源泉

即通过环境中相关活动内容的展示，进一步引发幼儿的思考或更深层次的探索行为，或生成新的主题活动内容。主题活动的展开需要某种特定环境的支持，在主题活动中，一旦主题确定后，教师与幼儿就开始着手创设适宜的活动环境了。

一方面，要围绕主题活动提供相应的物质材料和活动空间，离开了物质材料与活动空间的支持，主题活动便难以展开。例如在下面的"过大年"的主题活动案例中，为了能够让幼儿对春节有深入的了解并展开探索，教师从班级整体布置到各个区角都提供了与这一主题活动有关的材料，幼儿在与这些区角中的材料互动过程中生成了一个新的主题活动——"年历"主题活动。

▪ 案例阅读 ▪

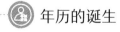 年历的诞生

主题活动"过大年"益智区中的年历引起了幼儿极大的兴趣，他们把这些废旧年历制作成漂亮的画册、叠成小帽子、做成小裙子、做成装饰品摆放在屋里……看着幼儿的作品，老师也由衷地感到

高兴。

一名幼儿兴奋地把他的发现告诉老师:"挂历中的数字,还有字体大小不一样。"一个发现带动和启发了众多幼儿对挂历的关注。随后幼儿发现了越来越多的不一样:每个月的天数不一样,月份与天数排的规律不一样,图案、颜色、形状、质地、厚薄都不一样……随着一个个的发现,幼儿对挂历的兴趣、探究的需求也越来越浓。于是,关于"年历"的主题诞生了,并且伴随着幼儿的兴趣,探究不断地深入和扩展。

另一方面,主题的展开需要一定的情境,这一情境不仅需要基本的物质材料与场所,更重要的是教师与幼儿共同创设的一种探究氛围,也就是教师与幼儿、幼儿与幼儿之间形成的某种互动关系。反之,要实现幼儿之间、幼儿与教师之间的互动,也是少不了环境的支持与介入的。因为教育乃是由复杂的互动关系所构成的,也只有"环境"中各个元素的参与,才为许多互动关系的发展提供了可能。因此,教师与幼儿之间应建立一种良好的双边互动氛围,教师在鼓励幼儿进行探索的同时能够为幼儿提供必要的指导,使幼儿真正成为推动主题活动展开的主人,让幼儿亲自动手、亲自体验。在这种良好的学习氛围中能够唤起幼儿学习与探究的欲望,促进幼儿之间、幼儿与教师之间的互动,促进对主题的深入探究。从这个角度看,环境不仅是主题活动产生的要素,而且是拓展主题活动的重要因素。

### 三、主题活动环境布局规划与结构

主题活动发生在一定的环境中,主题活动的有效延伸需要相应环境的支持,而且环境创设合理与否将会影响主题活动的展开过程和成效。环境创设合理与否很大程度上与环境的布局规划和结构有关。环境布局规划与结构是主题活动中环境设计的第二个步骤,也就是在考虑上面提到的环境的使用主体、主题活动的目标、教师的教学设计与幼儿的学习活动方式的基础上,对主题活动所需要的空间和资源进行合理的安排与配置。

#### (一)主题活动的空间布局规划

每个主题活动随着主题内容的变化,教学活动场所和活动区以及活动室都要进行相应的调整和规划。主题活动的空间主要包括室内与室外空间,室内空间又包括教学活动场所、活动区和活动室等。一般而言,主题活动中的室外空间布局主要包括楼道、教室的过道以及相应的游戏区和操作区。随着幼儿园室内资源的逐渐丰富和区角的增多,幼儿园在主题活动中越来越重视对教室过道和走廊的有效利用和使用。而且楼道和教室前过道的布置比较灵活,活动开展前在相应的区域内为幼儿提供主题活动所需要的材料,活动结束后对这些区域进行清理。

教室内部的空间规划需要考虑教室中的固定结构,例如教室中的立柱、窗户、地板等。在开展主题活动过程中,幼儿一般对主题墙面非常重视,教师与幼儿共同对这个区域进行规划,并随着活动的进展而逐渐丰富。教师要对主题墙进行合理配置,同时也要注意对教室中固定的立柱、窗户和地板以及屋顶进行合理规划,这些空间对主题活动中的活动空间划分及环境的利用具有重要影响。

教室内活动区的布置要依据主题活动涉及的内容和幼儿的学习方式进行。在教室内设计多样化的小区域，并在这些区域提供与主题有关的丰富的玩具、教具、器材和设备等材料，让幼儿主动进行探索、观察和游戏。幼儿园一般都为幼儿创设了阅读区、音乐区、建构区、积木区、装扮区、美工区以及电脑区等，但是并不是每一个主题活动都会涉及这些活动区，这就需要教师在开展主题活动的过程中根据主题的需要开放相应的区域并依据活动进展投放相应的材料。

### （二）环境中的情境布置

情境布置是指教师围绕主题活动的内容创设相应的学习环境和氛围，营造一个幼儿能够身临其境的主题情境和学习环境。情境布置是主题活动环境创设的一个重要环节，这个环节是依据幼儿园主题活动中涉及的室内外空间来进行活动所需材料的投放与充实、环境的柔化布置的过程。情境布置是幼儿学习环境的重要组成部分，对幼儿的环境知觉有着最为直接的接触与作用，情境布置需要从慎重选择器材、吸引人的展示和安排开始。

幼儿园主题活动中情境布置主要包括学习活动场所的环境创设，以及根据主题活动的需要布置相应的活动情境，可以从活动空间的自然情境和社会情境的设计与布置等方面着手。主题活动中的每一个活动的开展，通常都要涵盖一个活动空间、固定或活动的器材设备、相应的操作素材和储物区。其中，活动空间可能是活动室内的地板（或地毯）、活动区角，也可能是一个表演的场所——色彩鲜艳，有吸引人的图画、实物和展示品。情境布置的主题要依主题活动而定。一般而言，情境布置应与季节的更替相一致，例如在九月或十月份开展"秋天"的主题活动，在布置这一主题的情境时，秋季社会生活中、自然环境中的题材都可以成为情境布置的主题，如"中秋节""秋天大丰收"。

再如，在主题活动"海底总动员"中，教师收集了各种各样的贝壳，把整个活动室布置成一个光怪陆离的"海底世界"，从屋顶到墙壁，到处都是各种各样的海底生物。幼儿在这样仿真的情境中，仿佛自己也变成了小鱼，在海底世界自由自在生活和学习。教师还可以带领幼儿去真正的海底世界参观，到海洋乐园游玩，回来后让幼儿把自己在海底世界和海洋乐园看到的情景和活动室的情景相对照，然后对活动室的环境进行增添和改造，自己动手制作各种海洋动物放置其中。

## 四、主题活动环境的初步创设

主题活动与环境密不可分，环境为主题活动而创设，主题活动需依靠环境才能更深入更具体地展开，即主题的选定以及活动网络的编制都是在一定的环境考虑的基础上进行的，为了使主题活动顺利开展，需要对主题活动中的环境进行合理的规划、布置和全面考虑。由于在活动环境创设的初期更多的是针对主题活动开展前和起步阶段的物质环境准备，所以这里主要是阐述物质环境的创设。

物质环境的设计布置是主题活动环境创设的重要环节，在主题活动中，幼儿通过与物质环境的互动来学习，只有在环境与幼儿交互作用的过程中，幼儿才能真正体验到交往和探索的乐趣,而环境创设也能激发幼儿不断发现和学习的欲望。主题活动的物质环境创设主要包括以下几个方面:室内空间设置、主题展示区布置、区角材料投放以及家长和社区资源利用的初步规划等。

(一)室内空间的布局

为了促进主题活动的顺利开展,教师需要对室内场所进行合理规划。教学场所的规划取决于主题活动中所采取的教学方式,一般来说幼儿园在主题活动中采用较多的是集体与小组活动结合、集体与区角活动结合或者小组与区角活动结合的方式。如果是集体活动与小组活动结合的方式,则要求教师规划出集体活动的区域、小组活动的区域,如果室内空间不够宽敞,则需要在小组活动中有效利用集体活动的区域,这样就可以做到空间的合理利用,有效地规划和利用过道等空间。后两种组织方式也涉及室内空间场所的合理布置与利用,如小组活动与区角活动的场所如何协调等。此外,主题活动中主题展示区与活动区角要做合理的安排。一般而言,主题展示区需要一个比较宽敞的空间,因为这里不仅是主题活动的核心地带,而且是幼儿光顾频率最高的场所,这就需要教师根据幼儿园的室内面积和活动形式进行灵活的安排。宽敞的空间是幼儿开展主题探究的重要条件之一,如果室内空间狭窄或者教师没有合理安排,就会出现相互干扰的问题。

(二)主题展示区的环境创设

主题展示区,是指主题活动过程中,在幼儿园班级内或者活动室内专门设置的一个区域,例如室内墙壁、走廊或其他区域等,辅以相应空间来展示主题活动展开的基本脉络,记录幼儿学习活动的区域。从当前主题活动展示区的设置来看,幼儿园大多采取主题墙饰的方式,也就是选择教室内的一面墙壁或走廊,辅以相应的空间,并通过对这一墙壁和相应空间的布置来展示和记录主题活动的状况。从某种程度上讲,主题墙饰已经成为主题活动环境创设的核心部分了。作为物质环境的墙面环境,它是与幼儿朝夕相处的,与幼儿的互动也是最频繁的,它不仅从视觉感官上带给幼儿有关线条、形状、色彩、构图等因素的刺激,而且当幼儿置身这一环境之中时,墙面环境就如同一位"不说话的教师",默默地传递着教育信息,与幼儿进行着相互作用。

主题展示区是整个主题活动环境的核心部分,在主题展示区的设置方面涉及这样一些问题:主题展示区如何进行布置? 主题展示区应该记录和展示哪些内容? 创设主题展示区环境应该注意哪些问题? 为此,主题活动展示区的环境设置涉及以下几个方面。

**1. 主题展示区环境创设的整体思路**

主题展示区的环境创设往往以主题开展为线索,在进行主题布置时,教师根据主题开展的需要,通过幼儿的积极参与构思、创作、安排,与幼儿共同创设与主题相关的展示区环境,包括教师与幼儿在主题活动过程中把前面构建起来的主题网络物化在主题墙上,布置活动的情境背景,以及教师安排与主题墙相应的其他空间。

一般而言,在布置主题墙的过程中,可以先通过师生共同讨论主题墙的布局,然后由教师创作大背景,可以树型网络图或其他方式,来展示主题网的脉络,具体可以根据幼儿园主题墙面的状况来安排,最后通过幼儿在活动中收集和创设的图画、符号、实物等来丰富主题展示区。

主题展示区是整个主题活动环境创设的指引,系统地呈现了主题活动的内容体系,但是主题展示区不是开始就定型了的,或者说主题展示区中呈现的这些内容并不是教师在活动之初就完全预设好了的,而是教师随着主题的展开与幼儿共同建构起来的。

这就要求教师一方面在互动中通过咨询幼儿对相关活动的认识和看法等进行及时补充;另一方面,教师通过在活动中与幼儿的互动以及观察幼儿在活动中的表现、兴趣等方面的信息进行调整。通过教师与幼儿不断的互动和教师的不断调整,最终在主题活动结束时构建出一个内容丰富、布局独特的主题展示区。

**2. 主题展示区环境创设的基本要求**

主题展示区的创设是为了为主题活动中幼儿与环境、幼儿与教师、幼儿与同伴之间交流提供一个中介和桥梁,促进主题活动不断丰富和深化,最终为幼儿学习与探究提供一种氛围,为教师与幼儿互动、实现教育目标提供一个载体。在主题展示区的布置过程中要注意以下几个方面。

(1) 主题展示区的布置要适合幼儿的发展水平。

在布置主题展示区时,教师首先要考虑到幼儿的可参与性。例如,主题展示区布置的高度和主题展示区展示的方式等。对于主题展示区的高度,我国台湾地区的幼教工作者张世宗通过研究认为,幼儿园的教室内,依据墙壁高度可以分为幼儿操作带、共同操作带、成人利用带等。其中幼儿操作带约在 120 cm 以下,这个空间是幼儿可及的操作带;而 60~150 cm 之间的墙面,是幼儿、成人可以共同利用、共同使用的复合功能带。如果是创设幼儿能够积极有效地参与的主题展示区,高度最好在 1.5 m 以下,而且在展示区的表现手段上也尽可能以图片和实物呈现为主,尤其是对小班和中班的幼儿,图片和实物不仅使主题展示区看起来比较直观、生动,更主要的是这种表现手法符合这个阶段幼儿的年龄特征和兴趣需要,到了大班可以逐步增加文字到主题展示区中。

(2) 鼓励幼儿参与环境布置。

在主题展示区的环境创设中,特别是主题墙的布置,要注意处理好教师与幼儿在主题墙布置中的作用。幼儿是主题墙布置的主体,陈鹤琴先生认为:环境的布置要通过儿童的大脑和双手。通过儿童的思想和双手所布置的环境可使他们对环境中的事物认识更为深入,参与的积极性更高。但是,主题墙的面积毕竟有限,如何将所有幼儿的智慧和想法展示出来呢?这就需要教师发挥引导组织的角色,教师应将精力放在怎样启发、鼓励、引导幼儿参与,并有目的、有计划地组织幼儿参与设计、参与收集和准备材料、参与布置与管理。而幼儿参与设计与布置的过程也是幼儿积极学习的过程。

(3) 合理利用主题展示区的空间。

很多幼儿园的环境和场地并不宽裕,可以有效利用的墙面更是有限,而且在主题活动中,室内设置的众多活动区角以及玩教具和活动材料的储物柜占据了教室内的很多空间,往往与有限的墙面产生冲突。这就需要在布置主题展示区的时候充分挖掘和合理利用室内外的墙面和空间。相对而言,幼儿园在主题展示区的布置中对墙面的利用比较多,但是存在表现手法单一和利用率低的状况,往往是简单地往墙面上粘贴,这样不仅使得主题展示区显得比较单调,而且墙面只能粘贴纸质的作品或者图片,实物或者其他复杂的作品则不能在墙面上展示出来。往往随着主题活动的逐渐生成和活动内容的扩展及幼儿作品的增多,就会出现由于墙面使用紧张而无法展示幼儿的创作成果的情况。对于这种情形,需要采取多种途径来展示幼儿的作品和实物。例如活动展示区的空中垂直地带就是一个可以利用的地方,通过将屋顶改造为木格的布局,在上面布置装饰物品或悬挂大幅的幼儿作品;或者利用天花板固定玻璃丝带也可悬挂各种小的作品;或者在主题展示区配置多层的柜子,储存大量的实物和不能粘贴的作品。多样化的展示区背景不仅改变了主题展示区单调和墙面空间不足的状况,而且也为从多个角度展示幼儿的作品提供了可能。

### (三)主题活动区角的环境布置

#### 1. 主题活动区角的整体布置

在主题活动环境创设中,除了要布置主题展示区的环境外,区角环境的布置也是非常重要的,因为主题展示区中展示的幼儿作品很大程度上要依赖于区角中幼儿的活动,区角环境的布置状况在很大程度上影响了主题展示区的环境创设,也影响了幼儿在主题活动中的个体、小组探究活动的质量。虽然主题活动中涉及的区角环境仍然是采用常规区角的名称,如语言区、美工区、表演区、角色游戏区、阅读区、益智区、建构区、科学区、沙水区等,但是主题活动中涉及的区角环境是有机地把主题目标、主题活动内容物化在区域材料当中的环境。常规区角是经常性的在教室中设置的活动区域,这种区域的材料投放往往不是与某一个活动密切相关的,而是与幼儿的身心发展相关的。相对而言,主题活动中的区角,从目标到操作,结构性更高一些,相应的活动的目的性更加突出。教师在主题活动区角中投放的材料,需要不断根据主题目标和活动内容进行调整、丰富,使主题活动中的区角环境成为集体与小组教学很好的延伸和扩展,以帮助幼儿选择适合自己的方式来对主题进行探究,满足不同水平、不同兴趣幼儿发展的需要。

#### 2. 主题活动区角布置的操作步骤

在主题活动中,活动区角环境的布置要与主题活动的主旨一致,做到环境布置的主题鲜明。具体包括以下几个方面:

(1)依据主题活动目标规划布置主题活动区域。

由于每次主题活动涉及的领域不同,因此,教师要根据具体活动来规划和布置主题活动区角。区角活动中环境的布置应该凸显主题活动的核心目标,突出主题学习的要求。尤其是在提供和投放材料的时候要紧紧围绕主题活动来进行,这样幼儿只要进入区角中,就能够感受到正在进行的主题活动,并能"阅读"到其中蕴含的各种教育信息,进而在主题背景、活动内容和幼儿将要进行的活动之间建立联系。

(2)依据主题活动内容呈现并投放区域操作材料。

在主题活动中,要根据整个主题活动的目标与计划开展活动,进行材料的呈现与投放。在材料的呈现和投放过程中,材料呈现和投放的层次性和针对性也是非常重要的,这就要求教师根据预设的活动进展过程逐步地来提供和呈现材料。

• 拓展阅读 •

 主题活动"亲亲泥土"

教师按照活动内容和组织思路在不同的活动区角为幼儿提供材料:

科学探索区:收集各种透明的罐子或瓶子,便于幼儿收集各种泥土,如沙土、黏土、红土、黑土等。提供植物油、干泥、水等材料,启发与引导幼儿做泥土不干裂小实验。准备一些不同质地的土、泥等,激发幼儿自由玩弄与探索。在此过程中,引导幼儿注意感受、体验与交流不同质地土与泥的特性。

美工区:陈列收集到的各种泥制品,张贴各种泥塑作品的图片。提供各种可塑性不同的土(泥土、陶土等)、各种简易的雕塑工具,以及幼儿做泥塑时的围裙、袖套等,便于幼儿开展泥塑活动。在幼儿开展泥塑活动过程中,教师注意进行适当的指导,特别是指导幼儿学习捏、塑、雕等用泥进行艺术活动造型的方法与技能。提供各色颜料,供幼儿给泥塑上色,做彩泥。如果条件允许,可以开辟一个宽敞的玩泥场地,供各班幼儿轮流使用。

阅读区:收集有关泥制品的图画书等资料,引导幼儿进行查阅与阅读,并分享各自的发现。还可以放置一些有关泥制品制作方法的书籍,启发与引导幼儿在自由制作泥制品的过程中查阅这些书籍,借鉴书中介绍的泥制品和制作方法。在此过程中,教师要对一些幼儿不懂的地方及时进行指导。

"亲亲泥土"主题活动中,科学、美工、阅读三个区角中提供的多样材料都紧紧围绕"泥土"这一主题,这些主题明确的材料,有助于激发和引导幼儿开展相应的活动,便于幼儿在主题活动中积极地与这些区角材料进行互动。

(四)挖掘利用社区和家长资源

在主题活动中,教师需要从生态系统的角度来看待主题活动的环境和资源,家长和社区作为生态系统外围的一个层面,是主题活动环境的一个重要构成要素,也是重要的环境资源。教师要充分了解幼儿园和社区周围的资源,充分利用社区资源、调动家长资源。家长作为幼儿园的重要资源库,家长的参与不仅有助于教师更深入地了解幼儿,而且能够为幼儿园提供多种多样的资源。幼儿园在开展主题活动环境创设中,一方面要积极利用社区资源。例如在"汽车"主题活动案例中,幼儿园教师就积极联系附近的社区,参观附近的消防基地,为幼儿了解消防车提供了真实的场景和直接的经验。另一方面,在开展主题活动中,根据主题活动的需要可以邀请不同的家长参与活动,联合家长共同开展主题活动环境创设。例如在"汽车"主题活动中,在"车是靠什么开动的?"活动中,为了让幼儿更深入地了解汽车的发动机,一个幼儿不仅请他的工程师爸爸通过汽车模型给同伴讲解汽车的原理和结构,而且请爸爸把"东风猛士"开到了幼儿园。幼儿不仅对真实的汽车发动机和其他结构进行分组观察,还请这名幼儿的爸爸结合真实的汽车讲解有关原理。

教师充分挖掘并有效利用幼儿园周围与主题活动相关的资源,从而在主题活动中形成一个由幼儿园班级环境、幼儿园环境和幼儿园家长及周边社区环境构成的逐步扩展的良好的生态环境资源系统。

## 第三节 幼儿园常设活动区的环境创设

活动区活动也称区域活动、区角活动,是教育者根据幼儿的兴趣和能力,将活动室的空间划分为不同的区域,如美劳区、科学区、角色扮演区等,并在活动区中投放具有教育意义的活动材料,让幼儿自主选择活动区域,在其中自主选择活动材料和活动类型的活动。幼儿通过操作材料和与同伴的互动,获得学习与发展。区域是根据幼儿兴趣与能力,在活动室设计多样化的情境,提供丰富的材料,让幼儿自主探索和游戏的空间。

一般情况下,活动区活动是幼儿可以自由选择的,教师在活动形式、内容上干预较少。因而在活动区中幼儿获得了较大的选择权,可以根据自己的兴趣爱好来决定选择什么区域,在区域中具体选择什么内容,与谁来完成活动,活动持续的时间等。也正是因为区域活动的自由性,在区域活动中幼儿的主动性、积极性、创造性可以得到更大的发挥。

在区域活动中,幼儿更多地通过与区域中环境材料的互动获得认知、情感、交往等方面的发展。可以说,区域活动的价值主要是通过幼儿操作材料而体现的,所以操作材料包含着区域活动的主要价值。因而区域活动的环境创设对区域活动价值的体现有着至关重要的作用,这里主要介绍常设活动区设置的基本要求、各类常设活动区的环境创设。

### 一、常设活动区设置的基本要求

常设活动区是指幼儿园中常见的区域设置,如美劳区、积木区、角色扮演区、科学区、图书区、木工区、音乐区、沙水区、电脑区、益智区、语言区、数学区等,这些区域是幼儿园教学活动的重要补充,是实现幼儿发展的重要平台。

(一)活动区的选择

选择活动区,可以从种类、数量和空间上来考虑。由于有些幼儿园的空间有限,所以只能选择其中几个活动区进行设置,那么,该选择什么活动区呢?教师可以根据幼儿的年龄特征、需要和兴趣、现有的资源等进行设置。例如,根据小小班、小班的特点,教育重点主要放在情感、动作、语言以及行为规则的培养上,因此,可以设置生活区、阅读区、娃娃家、音乐区、美工区。

根据中、大班幼儿的特点,教育重点主要放在培养探究能力、思维能力、解决问题的能力上,所以,可以设置科学探究区、角色扮演区、语言区、数学区、建构区、美工区、木工区、电脑区等。

此外还要考虑现有的资源,如活动室空间的布局、幼儿园已有的材料设施、便于收集和获取的资料等因素来决定设置哪些活动区。

关于活动区的名称不必过分死板,可以更生动富有童趣,更富有创意或新颖性。如广州市某幼儿园的活动区名称就值得借鉴:将语言区称为"书吧""语言分享吧""雅言讲堂""诗意小屋""畅所欲言""甜蜜小屋""童言趣语";将科学区命名为"生活奥秘""探索与发现""创客家";把美工区命名为"绘画坊""创意DIY""艺术摇篮""编织坊""美工DIY";把数学区命名为"数量对对碰""数学屋""益智直通车""脑筋急转弯""IQ考验";把建构区命名为"创意建构区""交换空间""拼拼搭搭";把娃娃家称为"我爱我家""温馨小筑"等。

### (二)活动区的空间利用

**1. 活动区的面积要恰当**

空间的大小影响着幼儿的活动。如果活动区的空间面积过小,就容易造成幼儿之间的行动不便,引起他们的争吵,甚至是身体的攻击。但如果活动区空间面积过大,也会造成幼儿互动交流减少,所以要根据活动区人数的多少,恰当地布置空间。例如阅读区,由于阅读多数是独立进行的活动,所以面积可以相对小一些,将更多的空间腾出给别的活动区;积木区的面积就可以相对大一些,因为在积木区中,幼儿可能会"筑长城""起高楼",空间大有利于幼儿根据自己的想象、兴趣和需要进行建构。

**2. 活动区的空间利用要充分**

除了利用好室内的空间,教师还可以采取以下方法。

充分利用好"半室外"的空间。例如可以充分利用阳台、走廊等。在阳台,由于阳光较充足,位置较幽静,可以设置成阅读区。在走廊等地方,由于会经常有人走过,对幼儿活动会带来一定的干扰,所以不适合进行较安静的活动,相反可以设置音乐区、表演区等相对热闹的活动区。

此外,有条件的幼儿园还可以在室内设置小阁楼,阁楼可以用木栅栏等做成,老师可以通过木栅栏的缝隙来观察幼儿的活动。在小阁楼中,可以设置一些小场地的活动区,例如益智区、科学探索区、娃娃家等。

### (三)活动区的功能开发及情境布置

**1. 活动区可展示幼儿作品**

活动区除了可以给幼儿提供材料,让其进行活动外,还可以成为幼儿作品展示的区域。例如在区域之间作为分隔的布帘,可以换成幼儿亲手制作的风铃;美劳区的墙壁上可以贴上幼儿的美术作品。这样做不仅可以形成该活动区的氛围,还可以通过作品展示,鼓励幼儿积极地参与到活动中。

## 2. 利用环境暗示规则

在某些幼儿园经常可以看到这样的现象：幼儿进行区域活动，教师要经常在旁边提醒规则，例如鞋子要放好，材料要放在哪个颜色的盒子中等。

虽然区域活动是幼儿的自主活动，但没有规则不成方圆，规则同样重要。教师要善于让环境说话，用活动区的环境来暗示规则。例如，在活动区的门口贴上几个小脚丫，幼儿就知道应该将鞋子放在"小脚丫"上。将架子上的书籍和物品放得整整齐齐，幼儿就明白活动结束之后，要收拾材料，放回原处。在箱子上贴上积木的图片标签，幼儿就知道要将积木放在这个箱子里。

## 3. 适当布置活动区的情境

在活动区中，不仅要重视材料的提供，还必须重视活动区情境的布置，因为活动区的环境不仅包括操作材料，还包括活动区的墙面、储藏柜、布帘等。这些物品都是活动区环境的一部分，影响着幼儿心理气氛的形成。

例如在图书区，可以创设一种宁静舒服的环境，让幼儿可以静下心来阅读，可以在地面铺上暖色调的地毯，放上几个靠枕，摆上色彩柔和淡雅的书架和书桌。在木工区中，可以贴上"注意！前面施工中"的告示牌，让幼儿们感觉自己像一个真正的木工，让他们模仿成人"辛勤"的"工作"。在积木区中，可以摆上各种各样的建构模型，幼儿看到新奇漂亮的模型，就可能想进行模仿堆砌，从中也可以引导幼儿进行建构活动。

## 4. 恰当放置活动材料

活动材料要方便幼儿查看和拿取，所以不应该放得太高。放置的高度跟幼儿的身高差不多。活动材料可以放在篮子或透明的塑料箱中，便于幼儿看清楚。在每个篮子或塑料箱上做好记号，便于幼儿识别和收拾材料。如在积木区中，放积木的篮子上贴上积木的记号；在娃娃家中，放洋娃娃的塑料箱上画上洋娃娃的图案。一些不是经常用到的物品可以放在抽屉中，以免幼儿拿来玩，例如美劳区中有各种画笔和画纸，不是每一种都会经常用到，所以可以放在抽屉中，需要时才拿来用。

### （四）活动区的人数管理

教师有时会碰到这样一种情况：某些活动区人数过多，活动区面积有限，幼儿之间容易造成摩擦碰撞，而且材料也不够，很容易造成幼儿之间的争抢。而有些活动区人数太少，显得冷清，教师悉心准备好的材料也没有被充分利用。

活动区的人数影响着活动的质量，面对这种情况，教师一定要在区域活动开展之前确定每个活动区的人数，对活动区人数进行管理。

## 1. 设置进区卡

教师根据活动和幼儿的需要，为每个活动区准备进区卡，幼儿拿到某个进区卡后，才可以进入区内活动。例如数学区只设置了四张进区卡，有四个幼儿已经拿了，那么第五个幼儿只能选择其他活动区了。

### 2. 设置"身份卡"

为每个幼儿准备两张"身份卡",如果是大班的幼儿,可以在卡片上写上他们的名字;如果是小班的幼儿,可以贴上他们的照片。在每个活动区的门口设置一个牌子,上面有一定数量的挂钩,当他们想进入活动区时,只需要将"身份卡"挂在挂钩上。在活动前,教师要根据幼儿的人数和活动区的大小准备好一定数目的挂钩。当幼儿想进入该活动区时,看见自己的"身份卡"没有挂钩可以挂,就知道该活动区已经满人了,要选择其他活动区。

## (五)活动区的分隔

### 1. 活动区之间的分隔应明显

活动区之间的界定应该清晰,不应该出现活动区之间的重叠,否则幼儿在进行活动时就会不小心从一个活动区走到另外一个活动区。在室内,教师可以用橱柜、布帘等物品做分隔,因为橱柜不仅可以将两个活动区隔开,还有储存的功能,一物多用,节省空间。而用布帘做分隔物,也同样有利于空间的节省。而且这些物品方便移动,有利于随时对活动区进行调整,适应不同的活动要求。如根据活动需要,要布置一个大的娃娃家,让更多的幼儿可以在区内活动,原有的娃娃家面积不够,那么可以暂时撤开积木区的橱柜,让积木区成为娃娃家的一部分,让积木区中的积木成为娃娃家的材料。再如最近教师在美劳区中放置了很多不同的美丽贝壳,很多幼儿想用这些贝壳来做手工,而旁边的数学区只有一两个幼儿在活动,那么教师可以通过移动橱柜或者布帘等,将数学区的一部分空间腾出来给美劳区。

### 2. 关联性大的活动区应相邻设置

在活动区的类型上,可以考虑以下的联系:主动和主静的、易脏和干净的、独立和合作的、用水和不用水的、室内和室外的活动。

主静的活动区有数学区、阅读区、益智区、电脑区、美劳区等,主动的活动区有角色扮演区、积木区、音乐区等。在设置活动区的时候,要将相对安静的和热闹的活动区分开,这样就不会造成互相的干扰。

易脏的活动区有玩沙区、美劳区等,干净的活动区有阅读区、益智区、电脑区等。教师可以将易脏的活动区设置在洗手间或者其他水源附近,幼儿可以及时进行清洗。

一般的活动区是设置在室内的,但由于室内的空间有限,所以一些大型的活动区可以设置在室外或者是设置在功能室。例如,玩沙区,需要的面积比较大,而且容易脏,所以可以将它设置在室外;一些角色扮演区想布置得比较大,如邮局、医院等,可以将它设置在功能室。

在活动区的功能上,可以考虑如表6-1所示的联系。

表6-1 相关的活动区

| 活动区 | 相关活动区 |
| --- | --- |
| 积木区 | 角色扮演区、数学区、沙水区、科学区 |
| 电脑区 | 数学区、美劳区、图书区 |

续表

| 活动区 | 相关活动区 |
|---|---|
| 数学区 | 电脑区、积木区、科学区 |
| 图书区 | 科学区、数学区、电脑区 |
| 美劳区 | 木工区、角色扮演、积木区 |
| 音乐区 | 体育区、图书区、操作/数学区 |
| 科学区 | 图书区、数学区、电脑区 |
| 角色扮演区 | 积木区、美劳区、音乐区 |
| 体育区 | 积木区、音乐区、数学区、角色扮演区 |
| 木工区 | 美劳区、角色扮演区、电脑区 |

例如在科学区中，有纸制的、铁制的"小船"，幼儿将它们放在水中，发现铁制的小船会下沉，而纸制的小船会浮在水面上，幼儿对这一现象感到很好奇，那么教师可以在与科学区相邻的图书区中放置有关浮力和密度的图书，让幼儿去查阅。当幼儿在科学区中发现了问题，在图书区中找到了答案，幼儿会对科学的探索更加感兴趣，同时也会更喜欢看书。

**3. 活动区之间的封闭性应不同**

虽然活动区之间用橱柜、布帘等隔开，但根据活动区之间的关联性，活动区之间的封闭性也应有所不同。例如图书区和角色扮演区之间，封闭性应强一些，避免角色扮演区发出的声音影响了图书区幼儿的阅读；科学区和图书区的开放性可以大一些，如教师在科学区中设计了摩擦力实验，同时为了幼儿能自己探索出摩擦力的奥秘，在图书区中放置了几本有关摩擦力的图书，幼儿在做摩擦力实验时，遇到了问题，可以到图书区中"请教"图书。

大班活动区和小班活动区的分隔也有所不同。小班幼儿独立活动比较多，而且容易受其他幼儿的影响，所以活动区之间的封闭性应该较强。而大班幼儿的社会性行为较多，合作性强，因此活动区之间可以更"开放"，便于不同活动区之间的交流。

此外，要保证橱柜等分隔物不能太高，使活动区太"封闭"，妨碍教师对活动的观察。

**4. 保证活动区之间的"路线"流畅和安全**

为了保证活动区之间的"路线"流畅和安全，活动区应该靠墙设置，最好一个活动区一个入口。如果进入某个活动区时要经过另一个活动区，容易造成拥挤和碰撞，要尽量避免。除了某些需要用水和易脏的活动区，如美劳区、玩沙区需要设在洗手间旁边，其他活动区尽量不要设置在人多出入的地方。要避免死角位，因为如果幼儿在死角位活动，教师难以观察到幼儿的情况，教师可以在这些死角位摆上储物柜来避免这个问题。

（六）活动区材料及其投放要求

**1. 材料的种类**

按照材料的结构化程度可以将活动区的材料分成以下三种类型。

(1) 目标导向式材料：高结构性的材料，材料的游戏目标明确，通过材料玩法的设计，引导幼儿按照要求进行游戏，如棋类。

(2) 自由开放式材料：非结构性或低结构性材料，材料目标不明确，幼儿可以根据自己的意愿大胆自由操作，如积木和黏土。

(3) 探索发现式材料：设置问题情境，让幼儿去观察和思考，使他们发现问题、提出问题、解决问题，如进行摩擦力实验、研究蒸发现象的材料。

**2. 材料的获得**

(1) 市场选购。

活动区的材料可以在市场上选购，但成本较高。例如图书区中的童话书、积木区中的积木和娃娃家的用品。

(2) 教师制作。

活动区的材料可以由教师根据活动的需要进行制作，树叶、野花、藤条、鹅卵石、废木板都可以利用，这样做可以节省成本，而且为幼儿"量身定做"，针对性会更好。例如教师可以制作数学区和语言区中的自制图书、美劳区中的手工。

(3) 幼儿和家长制作。

由幼儿和家长共同制作材料，可以增进亲子间的感情，也可以让家长了解教师工作的辛苦。由于是幼儿参与制作，幼儿对自己动手制作的材料会更加珍惜。

**3. 材料的投放**

1) 目的性

活动区布置的目的性体现在活动区的教育目标和内容上。不少活动区都被教师精心布置得很漂亮，但有些幼儿园过分重视活动区的外观，而忽视了活动区的教育目的和内容，造成活动区流于形式，成为应付上级检查的工具，或者是教室的摆设，这样不利于发挥活动区的教育功能。

区域活动教学虽然不像集体教学一样有严谨的教育目标和内容，但作为一个教育活动，必须发挥它的教育功能，所以活动区的教学依然强调它的目的性，强调它的教育目标和内容。没有明确的教育目标和内容，环境的设置就会零散、随意，在这样的环境中，幼儿难以通过环境有效地构建自己的知识。只有教育目标和内容清晰明确，教师才能紧紧围绕目标和内容进行环境的布置，活动区的教育功能才能够得到体现和发挥。

在布置活动区时，必须全面考虑幼儿的兴趣、已有经验和发展需要等多个方面。不仅要考虑幼儿自身的因素，还必须将幼儿与环境联系起来，思考如何通过材料促进幼儿的发展，从而确定教育目标和内容。

2) 层次性

活动区的布置必须具有层次性，因为每个幼儿都有不同的发展水平，即使是同一个幼儿，在不同的发展阶段也有不同的需要。在某些活动区中，层次性不明显，每样材料都只有一个难度水平，导致有的幼儿"吃不完"，有的却"不够吃"，这样的活动区难以吸引住幼儿的兴趣，也难以使幼儿深入地进行知识构建。

为了尽可能地促进每个幼儿的良好发展,对同一活动内容,可以安排不同难度的材料,来满足幼儿的需要。例如为了锻炼手部肌肉的发展,老师在活动区中安排了穿木珠的材料,但由于每个幼儿的手部肌肉的发展情况不同,老师分别安排了硬绳、软绳、吸管,让手部肌肉没那么发达的幼儿用吸管来穿木珠,手部灵活的幼儿用硬绳来穿木珠,让手部动作非常灵活的幼儿用软绳来穿木珠,这样就照顾到了不同幼儿的需要。幼儿的发展水平是逐步递增的,当幼儿可以用吸管来穿木珠的时候,他接着就可以尝试用硬绳,接着是软绳,这样有层次的材料,可以符合幼儿不同发展阶段的需要。

3) 多样性

有些活动区的材料种类不足,例如认识四边形时,教师只放置了正方形,那么幼儿就很容易将四边形等同于正方形。布置活动区时,要考虑材料的多样性,因为幼儿构建一个概念时,需要通过反复操作,获得多种经验,概念才能逐渐构建。所以种类多样的材料,对幼儿来说十分重要。老师让幼儿认识四边形,可以提供正方形、长方形、菱形等多种图形。但多样性并不代表材料杂乱无章,材料过多过杂,反而容易让幼儿分心,也不利于幼儿知识的构建。

4) 年龄差异性

材料的投放要符合幼儿的年龄特征,而不同年龄的幼儿有不同的活动需要。

小班幼儿自我中心意识强,多独自游戏,以独立操作为主,所以材料种类不用太多,但数量要多,满足多个幼儿独立游戏的需要。小班幼儿动作粗大,灵活性欠缺,所以活动空间需要比较大。他们喜欢咬和摸教具,因此活动材料不能太小,避免他们吞食,并要消毒。

中班幼儿抽象思维能力提高了,理解力、自控力都得到了发展,合作竞争意识加强,可增加合作、竞赛、挑战性强的游戏,如棋类、扑克、拼图。

大班幼儿的社会合作性强,而且兴趣丰富,可以安排多种材料,但减少同样材料的数量,激发他们的合作行为。

年龄越大的幼儿,除了社会合作性越强,他们的认知能力也会随着年龄而提高,活动目标和内容也要相应地做出调整。表6-2是三个年龄段幼儿数学区内容,通过材料提供、活动目标及活动提示来展示材料的运用。

5) 动态性

一些活动区的材料常年不变,在材料开始放置的时候,幼儿兴致勃勃地去玩,但一段时间后,没有新材料的加入,幼儿就会慢慢失去兴趣。最终,活动区的材料成了摆设。所以活动区的材料必须具有动态性,根据幼儿的需要,及时更新,但并不是说需要全部替换,老师可以用增加、删减或者组合材料来使材料处于变化之中。

在已有的游戏中增加材料,加大游戏的难度。例如在"分豆豆"的游戏中,再加上几种豆,那么就使分类的难度增大了。同时,增加材料,也可以引发幼儿新的探索活动。

同时,组合材料也可以使幼儿的活动变得不同。例如将积木放到"娃娃家"中,"娃娃家"的材料就会更加丰富,组合出新的玩法。

同一材料也可以在不同的时间重复放置,因为幼儿的知识经验是不断增加的,所以即使是同一材料,对于幼儿的不同阶段,都有着不同的意义,幼儿增加的知识经验也会改变着材料的玩法。

表6-2 小、中、大班数学区内容

| 年龄段 | 活动名称 | 材料提供 | 活动目标 | 活动提示 |
| --- | --- | --- | --- | --- |
| 小班 | 三色猫 | 操作盒(月饼盒上贴红、黄、蓝小猫。小猫口处挖空),红、黄、蓝三色小鱼 | 1.感知颜色配对。<br>2.发展手指小肌肉。<br>3.学说一句话:"×色猫,请你吃×色的鱼。" | 1.从方盒里取一条鱼放入同色小猫嘴里。<br>2.边放边说:"×色猫,请你吃×色的鱼。"<br>3.打开盒盖,检查盒内小鱼是否放置正确 |
| 中班 | 小熊找东西 | 大小不同的材料(玩具熊、面包图片、椅子、玩具碗)各5个 | 1.通过操作,了解从大到小、从小到大的排列顺序。<br>2.培养幼儿一一对应的能力 | 1.将箩筐中的小熊从大到小或从小到大排列成一排。<br>2.将椅子、碗、面包一一对应地排列在玩具熊下面 |
| 大班 | 自然测量 | 底板两块,长颈鹿、大象、熊猫、小鸡、小白兔图片,树叶、小棒、小圆片若干,记录纸一张 | 用树叶、小棒、圆片等材料测量动物身高。能用正确的方法进行测量 | 1.两块底板拼在一起。<br>2.小动物放在规定的线上。<br>3.用小棒、树叶、圆片当测量工具,测量小动物的身高有几根小棒、几片树叶、几个圆片。<br>4.记录测量结果 |

## 二、各类常设活动区的环境创设

教师可以根据幼儿和活动的需要来设置活动区,幼儿园较常见的活动区包括美工区、积木区、角色扮演区、科学区、图书区、木工区、音乐区、沙水区、电脑区、益智区、语言区、数学区等。

### (一)美工区

美工区是让幼儿进行美术和手工创作的活动区。在这里,幼儿可以画画、涂色、搅拌、折纸、制作贝壳项链、制作图书、制作贺卡等。

**1. 区域设置目标**

尝试用不同的材料,表达自己的想法和感受;锻炼小肌肉能力;发展审美能力;发展创造力和想象力。

**2. 区域布局**

美工区的位置:美工区的位置应该接近水源,阳光充足。可以与木工区、角色扮演区邻近。

美工区的桌椅:美工区可以有竖立的小画板,也可以设置大型的桌子,让幼儿集体进行美术和手工创作,桌子上应该铺上透明的塑料胶垫,防止弄脏桌面。地面也可以铺上塑料胶垫或者是棉麻布,以免弄脏地面,并方便卫生消毒等。

美工区的作品展示:美工区的美术作品可以贴在墙上,或者用夹子夹在绳子上。一些手工作品,如风铃、贺卡等,可以挂在天花板下面,也可以作为活动区之间的分隔物。

美工区的储藏:由于美工区的材料众多,如纸张和涂色用品都有多种,不是每次都需要用到,可以将材料分开摆放,将常用的及允许幼儿自由取放的材料开架摆放在距地面较近的空间,将不常用到的材料放在高处或者抽屉中。

### 3. 基本器材

各种纸张:素描纸、白纸、卡纸(多种颜色、大小和质地)、报纸、玻璃纸、贺卡、明信片、旧杂志、月历或生活照片等。

图画器材:彩色笔、蜡笔、粉笔、水彩颜料、墨汁、毛笔、调色板、牙刷、水杯、水桶、玻璃瓶或铁罐、海绵、棉花、毛巾、小盒子、纸杯、纸盘、标签、碎纸、羽毛、贝壳、棉花球、纽扣、吸管、亮片、牙签、水彩笔、水粉笔、橡皮泥、橡皮擦等。

装订工具:安全剪刀、订书机、订书针、打洞器、糨糊、胶水、双面胶、透明胶、纸夹、铁丝、细绳、纱线、绷带、鞋带、针、线等。

其他:绘画罩衣或旧衬衫、大的布和塑料胶垫、报纸、清洁剂、抹布、扫帚、垃圾桶、垃圾铲等。

## (二)积木区

积木区是让幼儿操作积木的活动区,在这里,幼儿能利用积木自由地进行建构和组合。

### 1. 区域设置目标

发展幼儿的空间知觉;促进幼儿与他人合作能力的发展;促进幼儿表达能力的发展。

### 2. 区域布局

积木区的位置:积木区的位置应该远离主静的活动区,并需要较大的空间。可以与角色扮演区邻近。

积木区的储藏:积木可以按照形状、大小、材料等进行分类放置,可以放在篮子、箱子和盒子里。而其他小车子、小动物等可以另外分开放置。

### 3. 基本器材

建造积木:大型积木、中型积木、小型积木、乐高积木、木板、厚纸箱、机械装置(如滑轮、斜坡和小车轮)等。

游戏道具:手推车、玩具卡车、搬运车、小汽车、巴士、飞机、直升机、船、火车、小人、小动物、小树、小房子、农场、动物园、森林、交通标志等。

其他:一块大地毯(覆盖地板,避免堆砌积木的声音过大)、幼儿用积木堆成的建筑物的照片和图案、积木模型、积木模型图画。

### (三)角色扮演区

角色扮演区是让幼儿进行角色扮演游戏的活动区,角色扮演区包括餐厅、超级市场、医院、邮局、车站、建筑工地、娃娃家等。角色扮演区的场景都是幼儿日常生活的内容。

#### 1. 区域设置目标

能清楚理解所扮演的角色;能跟其他幼儿愉快合作,发展人际交往能力;能清楚表达自己的意思。

#### 2. 区域布局

角色扮演区位置:角色扮演区需要较大的空间,活动时幼儿常常会走来走去,大声交谈,因而要远离较安静的区域如图书区,可与积木区等同样活动较多的区域相邻。

角色扮演区的氛围创设:角色扮演区可设计一些隔断,并采用家具、矮架子、纸箱、积木等材料围起来以确定本区的活动范围。然后,在区域范围内,采用多种装饰材料,创设与角色扮演相适宜的氛围。

#### 3. 基本器材

角色扮演区所需基本器材如表6-3所示。

表6-3 角色扮演区所需基本器材

| 角色扮演区 | 材料 |
|---|---|
| 餐厅 | 餐巾、托盘、调味罐、菜单、点菜本、铅笔、海绵、毛巾、塑料食物、烹饪用具、围裙、收银机、电话、餐桌、餐椅、玩具钞票、碗筷、勺子、杯子、碟子 |
| 超级市场 | 食物盒和罐头、购物车、购物篮、玩具钞票、收银机、标语、超市广告单、货架 |
| 医院 | 听诊器、体重计、纱布、绷带、胶带、玩具针筒、白衬衫或外套、空药罐、床、椅子、桌子、口罩、手套、护士帽、洋娃娃、棉签、担架 |
| 建筑工地 | 榔头、锯子、螺丝钉、工具箱、油漆刷、水桶、安全帽、工作服、卷尺 |
| 车站 | 站牌、候车椅、红绿灯、玩具车 |
| 肉菜市场 | 砧板、秤、玩具钞票、塑料水果、塑料蔬菜和肉类、环保袋、玩具刀 |
| 娃娃家 | 娃娃、床、椅子、桌子、电视柜、电视、奶瓶、毛巾、牙刷、牙膏、锅、煤气炉、碟子、碗筷、锅铲、杯子、瓶子 |

### (四)科学区

科学区是幼儿进行科学探索的活动区。探索的内容包括动植物、物理现象、化学现象等,通过观察和实验,发现问题、提出问题和解决问题。

1. 区域设置目标

激发幼儿的好奇心和探究欲望,发展认知能力;培养幼儿喜欢观察,乐于动手动脑,发现和解决问题的态度;培养幼儿愿意与同伴共同探究,能用适当的方式表达各自的发现,并相互交流的能力;鼓励幼儿用多种方式来表现自己的探索过程和结果,并与他人交流、分享。

2. 区域布局

科学区的位置:科学区应该位于安静和阳光充足的地方,有利于幼儿进行观察和探索。科学区可以与图书区邻近。

科学区的材料摆放:科学区材料可以按材料的不同功能归类摆放,将易碎、易损物品摆放在幼儿不易接触的空间,将常用物品摆放在幼儿方便取放的空间。

3. 基本器材

实验器材:望远镜、三棱镜、地球仪、人体模型、磁铁、放大镜、手套、镊子、玻璃缸(养鱼)、小动物(如仓鼠)、动物笼、盆子(用于栽培植物)、海绵、吸管、天平、测量工具、杯子、勺子、镜子、塑料水桶、小铲子、大型滤器、漏斗、电池、电路板、地图等。

书写器材:纸张、笔记本、铅笔、圆珠笔、贴纸等。

辅助器材:安全剪刀、订书机、订书针、打洞器、糨糊、胶水、胶带、橡皮筋、橡皮擦、铁丝、细绳子等。

(五)图书区

图书区是幼儿进行阅读的活动区。在这里,幼儿可以阅读图书,一起讨论图书的内容,培养幼儿对画面和文字的理解能力,从小培养阅读兴趣。

1. 区域设置目标

培养幼儿良好的阅读习惯和阅读兴趣;让幼儿接触优秀的文学作品,感受语言的丰富和优美。

2. 区域布局

图书区的位置:图书区应位于光线充足和安静的地方,可以邻近科学区和电脑区。

图书区的环境:图书区的环境应该是温馨舒服的。可以设置一张大圆桌子或沙发,也可以铺上地毯,让幼儿坐在地毯上进行阅读。可以配置抱枕等,增添环境的舒适气氛。

图书区的图书:应该选择优秀的儿童读物,小、中班的幼儿读物应该以图画为主,因为幼儿的注意力维持的时间短,所以书的内容不宜超过 15 个画面。大班的幼儿读物可以加上适量的文字,培养他们对文字的感觉。他们容易被复杂的故事情节和男女主角的人格特质吸引。

3. 基本器材

阅读材料:各类纸质图书、布书、报纸、杂志、图片、标识、月历、卡片、书信等。

其他:桌子、椅子、沙发、抱枕、地毯等。

(六)木工区

木工区是幼儿用木材等材料,制作各种各样东西的活动区。在木工区中,幼儿用木头、螺丝钉等材料,通过铁锤、钳子等,制作一些小的物品,如小盒子、小架子等。

**1. 区域设置目标**

锻炼幼儿动手操作的能力;培养幼儿学会计划和制作物品;培养幼儿在制作过程中发现问题、解决问题的能力。

**2. 区域布局**

木工区的位置:木工区需要对原材料进行加工,使用工具较多,因而可以与美劳区邻近,在必要时可借用美劳区的物品。另外,由于木工区会有较大声音,产生较多木屑、纸屑等垃圾,因而适宜将其安排在走廊或室外等空间。

木工区的材料摆放:木工区的材料品种不太多,但有些材料具有一定的危险性,因而木工区的工具应放在专门的工具箱中,木工区的建造材料也应靠边或靠墙摆放,以免发生碰撞等危险。

**3. 基本器材**

建造工具与材料:木工桌、塑料锤、拔钉锤、锯子、卷尺、木板、木条、标签、树皮、砂纸等。
连接材料:螺丝钉、螺帽、牙签、铁丝等。

### (七)音乐区

音乐区是通过音乐元素的运用和音乐氛围的营造来引导幼儿欣赏音乐作品,表达音乐情绪,进行音乐表演和创作的区域。在其中,幼儿可以使用乐器、听音乐、进行音乐表演等活动。

**1. 区域设置目标**

了解和使用区域内不同的乐器;喜欢音乐活动,能用音乐的方式大胆地表现自己的感受与体验;乐于与同伴一起娱乐、表演、创作。

**2. 区域布局**

音乐区的位置:由于音乐区发出的声音比较大,所以可以安排在走廊、阳台等地方,或者设置功能室,避免干扰其他活动区的活动。

音乐区的空间设置:由于音乐区中幼儿经常会有对音乐情绪的表达和表演,因而空间也要相对较大,而且地面不宜过于光滑,以免幼儿在跳跃和表演时摔倒。

**3. 基本器材**

乐器:鼓、三角铁、铃鼓、碰铃、口琴、摇铃、木鱼、电子琴、砂槌等。
舞蹈道具:斗篷、头饰、扇子、彩带、丝巾等。
辅助材料:收藏有各类儿童音乐音频视频的移动存储器,也可以使用活动室网络链接的音乐节目。

### (八)沙水区

沙水区一般作为幼儿园的公共活动区域。在沙水区中,幼儿可以体验沙和水的乐趣,幼儿可以堆砌堡垒、围栅栏、在沙地上写字,发挥其创造力和想象力。同时,通过混合、塑造等,学习感受空间结构、数字等概念。

**1. 区域设置目标**

发展小肌肉能力;发展创造力和想象力;利用沙和水的特性,尝试解决问题。

**2. 区域布局**

沙水区的位置要近水源,而且面积要大,最好是在室外,这样便于清洁,给排水通畅。

**3. 基本器材**

沙水器具与材料:细沙、自来水、小水桶、小铲子、量杯、漏斗、滤器、石头、木片、贝壳、喷水罐、沙袋、塑料管、海绵、天平、盆子、勺子等。

游戏道具:塑料动物、塑料人、塑料船等。

其他:防水罩衣。

### (九) 益智区

益智区的游戏主要是桌面上的小型游戏,可以锻炼幼儿的手部小肌肉,促进幼儿思考问题。

**1. 区域设置目标**

锻炼幼儿的思维能力;锻炼幼儿小肌肉能力。

**2. 区域布局**

益智区应该设置在较安静的地方,远离角色扮演区、音乐区等声音较大的活动区,让幼儿可以在安静的环境中思考问题。

**3. 基本器材**

小型积木、拼图、飞行棋、六子棋、象棋、围棋、跳棋、七巧板、魔方、乐高玩具等。

### (十) 语言区

语言区是通过丰富的语言环境,激发幼儿语言表达与运用的兴趣,提高幼儿语言表达能力的区域。在语言区中,幼儿可以进行阅读、听故事、朗诵、演讲等活动。

**1. 区域设置目标**

培养幼儿的语言表达及欣赏能力;培养幼儿对文字的兴趣,认识一些日常的汉字和词语。

**2. 区域布局**

语言区应该设置在较安静的地方,也可以与阅读区邻近。

**3. 基本器材**

视觉材料:汉字卡片(如一个"碗"字卡片,剪成"石"卡片和"宛"的卡片,让幼儿找到这两张卡片组合在一起)、汉字图书(如看到苹果的图画,要将写有"苹果"的卡片贴在图画上)。

听觉材料:播放故事和诗歌的音频视频存储器。

辅助材料:圆珠笔、铅笔、橡皮擦、纸、道具麦克风等。

### (十一)数学区

数学区是通过创设充满数学元素的环境,激发幼儿探索数量、几何的世界,发展其数、量、形、空间等概念的区域。在数学区中幼儿可以开展与数字、形状、空间等有关的游戏。

**1. 区域设置目标**

培养幼儿对数学的兴趣;培养幼儿认识数量、分类、守恒、图形的能力。

**2. 区域布局**

数学区应该设置在安静的地方,且需要的空间不大。

**3. 基本器材**

尺子、纸、笔、几何图形、数学游戏道具(包括认识数量、分类、守恒和图形等的道具)等。

#### 思考与探索

1. 幼儿园环境的本质是什么?可以做哪些分类?
2. 幼儿园环境创设对儿童发展有什么意义?
3. 幼儿园环境创设的目标有哪些?
4. 简述幼儿园主题活动环境创设的特点、结构与创设工作环节。
5. 简述幼儿园各常设活动区、功能区环境创设的意义、要求和方法。
6. 各类活动区材料的投放有什么要求?

# 第七章 幼儿园游戏

### 学习目标

1. 了解游戏的类型及其主要观点，明确幼儿游戏的教育作用，掌握幼儿游戏的本质特征，全面了解亲子游戏的设计与操作方法。

2. 能对创造性游戏与有规则游戏、角色游戏和表演游戏进行比较；能观察并用所学知识分析幼儿园的游戏类型；能用所学的知识创新游戏的实施方法、设计新游戏。

3. 初步认识到幼儿游戏的重要性并产生学习游戏知识的积极愿望，愿意用所学游戏基本知识观察、分析幼儿园游戏的实际问题。

为了确保每一个孩子都能享有幸福的童年，联合国大会通过的《儿童权利宣言》和《儿童权利公约》明确提出，游戏是学前儿童的基本活动，也是他们的基本权利，家庭、幼儿园和社会都有责任为实现这项权利积极创造条件，满足幼儿游戏的需要。陈鹤琴先生也曾说过："小孩子是生来好动的，以游戏为生命的。"孩子们就是在游戏中、在玩中一天天长大和进步的。

## 第一节 幼儿游戏的本质

### 案例阅读

在幼儿园大班"娃娃家"区，一个男孩（扮演"爸爸"）独自在"家"非常专注地用橡皮泥搓长条条，将娃娃放在一边的小床上，门关着。老师扮演的客人来敲门。

客人：（敲门）有人在家吗？

爸爸：什么人？（未放下手中活）

客人：我是你们家客人，请开门啊！（没有具体身份）

爸爸：我很忙，你等会儿再来。

客人：你这个爸爸怎么没有礼貌，客人来了也不招待吗？

爸爸:(无奈,放下手中橡皮泥,过来开门)请进,你自己喝茶。

客人:主人要给客人倒茶呀!

爸爸:(想去搓橡皮泥,又不得已来"倒茶")……

客人:妈妈不在家,娃娃也没人管。

爸爸:我忙呢! 让娃娃睡会儿。

客人:你一点也不像一个好爸爸。

分析:

案例中的老师显然是以自己的标准来判断幼儿是否在游戏,因此,想方设法引导幼儿进入自己心目中的"游戏"。老师认为,这个男孩独自用橡皮泥搓长条条,没有积极的语言交流是无所事事或"不务正业"。正因为有了这种意识,才在不适当的时机进入孩子的游戏中,不但干扰了这个小男孩的正常游戏,而且做出不恰当的评价,这种指导会使孩子无所适从。之所以出现这种情况,其根本原因在于老师对幼儿游戏理解上存在着偏差。

游戏是人类社会普遍存在的一种社会现象,从咿呀学语的婴儿到年近古稀的老者,生活中都有很多游戏的存在。游戏以其独特的魅力给人的生活带来无尽的快乐,以其特有的价值促进每个人健康全面发展。

## 一、游戏的本质

游戏的说法古已有之。

在我国,"游戏"一词与"嬉戏""玩耍"极为相似,如《史记·孔子世家》提到"孔子为儿嬉戏,常陈俎豆,设礼容",描述了孔子幼年时与伙伴一起玩,经常摆设祭器,扮作行祭礼的游戏情形。在现代英语中,游戏有"play"和"game"两词,主要指"玩"和"比赛"。

福禄贝尔最早系统研究游戏并尝试创建游戏的实践体系。他认为,游戏是儿童内部存在的自我活动的表现,是一种本能性的活动。他将游戏的本质归结为生物性。

德国思想家席勒和英国教育学家斯宾塞则将游戏看作是剩余精力的发泄和运用,儿童可以从中获得愉悦和满足。

德国心理学家、生物学家格鲁斯(Karl Groos,1861—1946年)提出能力练习说,也叫生活预备说。他认为,儿童有天生的本能,但本能不足以适应将来复杂的生活,因此要有一个准备生活的阶段,游戏即是准备生活阶段练习本能的一种手段。

美国心理学家霍尔(G.S.Hall,1844—1924年)提出游戏复演论,认为人类的文化经验是可以遗传的,游戏是个体呈现祖先的动作、习惯和活动,是重演史前的人类祖先到现代人进化的各个阶段。游戏中所有的动作和态度都是遗传下来的。

苏联心理学家维果茨基认为游戏是社会性活动,是在真实的实践情况之外,在行动上再造某种生活现象。游戏的本质是以物代物进行活动。在这种活动中,凭借语言的功能,以角色为中介,了解、学习和掌握基本的人与人的社会关系。

中国《教育大辞典》认为"游戏"是幼儿的基本活动,是适合幼儿年龄特点的一种有目的、有意识的,通过模仿和想象,反映周围现实生活的一种独特的社会活动。其特点是趣味性、具体性、虚幻性、自由自愿性、社会性。

上述关于幼儿游戏本质的阐述各有特色。它们从不同的立场出发,阐述了对幼儿游戏的理解和看法。与其说各观点之间存在着根本的冲突,不如说是对游戏本质丰富性认识的相互补充。总体上看,游戏是自主自由,使个体获得愉快满足的非功利性行为的总和,它是一种跨越文化和年龄的普遍的人类行为现象。

## 二、幼儿游戏的特征

### (一)幼儿游戏是自主自愿的

"为游戏而游戏",这是幼儿游戏与成人游戏、幼儿游戏与其他工具性行为(具有一定功利目的的行为)最显著的区别。幼儿游戏是一种无拘无束的活动,不能强制,没有外加的目的,是幼儿根据自己的需要和愿望,按照自己的体力和能力选择进行的自愿自主的活动。由于游戏形式、材料和过程符合幼儿身心发展的要求,使他们对游戏产生兴趣,主动去确定自己是否参加游戏,选择什么样的玩伴,采用什么样的玩法,等等。成人不能以自己的意愿强求幼儿游戏,因为处于被动状态的游戏,幼儿不仅体会不到游戏的快乐,而且不能从游戏中获得有益的东西。

**■ 案例阅读 ■**

幼儿园中班建构区,一个男孩(甲)在用软塑料块搭"大高楼",另一个男孩(乙)在他旁边玩飞机。每当甲搭好了"大高楼",乙的"飞机"就开过来将它撞倒。细心的王老师发现,乙的行为并没有引起甲的不悦,每当"大高楼"被撞倒后,甲就迅速地又搭起一座"大高楼",似乎在等待着乙的"飞机"又一次的到来。由此,王老师判断两个男孩正在非常默契地玩一种合作游戏,所以没有去干预,而是坐到甲的身旁,也拿软塑料块搭"大高楼",一边搭一边说:"我来搭一座不容易被撞倒的大高楼。"在老师的示范启发下,"大高楼"越搭越结实,大家玩得津津有味。

分析:

在成人看来,乙的行为似乎是"破坏"而非游戏,但细心的王老师则从中发现这是幼儿自己的游戏——一个愿"打",一个愿"挨",因而,王老师不但没有干预,而且用自己的行为支持他们的游戏活动。

### (二)幼儿游戏是娱乐的

娱乐性、趣味性是幼儿游戏本身固有的特性。幼儿在游戏中能自主地控制所处的环境,表现自己的能力,满足自己的愿望,体验成功和创造的快乐。游戏没有任何功利的目的,可以减轻、消除为达到目的而产生的紧张压力感,因此,对幼儿来讲,游戏是一种享受,能给他们带来欢乐。

在游戏中,幼儿以不断重复的方式,自娱自乐,乐此不疲;在游戏中,幼儿没有任何心理负担,不受日常生活的约束,是轻松的、自由的和快乐的;在游戏中,幼儿可以全身心地投入,身体处于最佳、最自然、最轻松的状态,可以获得愉快的体验。

· 案例阅读 ·

教师:为什么你那么喜欢玩沙?
幼儿:玩沙很开心,我可以挖地洞、堆小山,还可以做很多我喜欢做的事。
教师:那你不要吃点心,一直在这里玩沙,好吗?
幼儿:好呀! 我不吃点心,我要玩沙。
分析:
是什么让幼儿宁愿不吃点心而去玩沙? 无疑,幼儿从玩中获得的愉快体验是吸引他们游戏的最大动力。因此,娱乐性是游戏的原始品质。在日常生活中,幼儿因游戏而"废寝忘食"的现象我们常常见到,而其中最大的原因是幼儿能从中获得快乐。

## (三)幼儿游戏是假想的

哲学家罗素曾经说过:"热爱游戏是幼小动物——不论是人类还是其他动物最显著的易于识别的特征。对于儿童来说,这种爱好是与通过装扮而带来的无穷乐趣形影相随的。游戏与装扮在儿童时期乃是生命攸关的需要,若要孩子幸福、健康,就必须为他提供玩耍和装扮的机会。"可见,扮演支撑着幼儿的游戏,而扮演是假想的,所以幼儿也知道"游戏是假装的"。

幼儿的游戏是现实生活与想象活动相结合的结果,是通过"假装"再现幼儿心目中的现实。游戏的这种假想性特点,使幼儿可以不受时间和地点的限制,把想象中的事情在游戏中表现出来。幼儿在游戏中的角色、情节和游戏的行为、玩具的材料均具有明显的假想性,幼儿是在这种假想的、虚构的游戏情景中来反映周围的现实生活的。如,幼儿可以在游戏中充当他们在真实生活中不可能充当的妈妈、司机、售货员等人物;他们也可以装扮成各种动物;他们可以把常用的积木做真实物品的代替品,如做长枪、大炮、菜肴等;他们把狭小的游戏场所变成从事各种各样活动的广阔天地,如娃娃家、动物园、超市、餐厅等。

· 案例阅读 ·

雪儿(女,6岁)把塑料跳绳剪成两段,一段捏在手里,另一段拖在地上,跑跳步向前,嘴里发出"驾、驾"的声音,同时挥动"马鞭"。到了路口,她双手与右腿突然高举停在空中,嘴里发出"吁"的长声,惟妙惟肖地"勒住了马"。

分析:

案例中的雪儿在玩"骑马"的游戏,支撑她游戏的是她头脑中的假想。她把自己想象成骑手,把跳绳的一端想象成马匹,把另一端想象成马鞭,如果缺少这一系列的想象,她的骑马游戏就玩不出来。

综上所述,可以这样理解幼儿的游戏,即幼儿游戏是以假想为手段,以自主自愿为核心,以娱乐为目的的一种活动。

## 三、幼儿游戏的分类

**案例阅读**

大班游戏时间,几个幼儿找来了各种积木和游戏材料,玩起了"飞机场"的游戏。他们兴致勃勃地搭起了跑道、指挥中心、候机室、售票处,飞机场建成了。接着,他们分起了角色,有飞行员、售票员、指挥员、服务员,然后玩起了"开飞机"的游戏。

分析:

在这一游戏时间里,大班幼儿玩起了角色游戏和结构游戏两种类型的游戏。一开始,他们玩的"飞机场"属于结构游戏,幼儿利用积木建构了各种建筑物。随着游戏发展的需要,幼儿玩起了角色游戏"开飞机"。在这一游戏中,两种游戏类型自然地进行转换,而这两种游戏都是幼儿喜欢的。

除了上面所讲的两种游戏类型外,我们可以从不同的角度对游戏进行分类。

### (一)国外游戏的分类

**1. 从认知发展的角度分类**

皮亚杰从儿童认知发展的角度对游戏进行分类,他认为儿童在不同的认识发展水平上,会出现不同水平、不同类型的游戏。

1)感觉运动游戏

感觉运动游戏又可以称为机能性游戏、练习性游戏、实践性游戏,这类游戏主要由简单的重复动作组成,主要动因在于感觉运动器官在游戏过程中所获得的快感,例如摇铃、拍水、滚球、滑滑梯等。机能性游戏在两岁前玩得最多,以后比例逐步下降。

2)象征性游戏

象征性游戏又可以称为符号游戏,这是学前期最典型的游戏形式,占的时间也最长,从2岁开始,直到入小学,高峰期在3~5岁。象征性游戏是儿童以模仿和想象扮演角色为手段,以物代物、以人代人为表现形式,反映周围现实生活的游戏形式。象征性游戏可以满足儿童在现实生活中不能实现的愿望和要求,因此一般认为它对于了解儿童内心状态具有诊断和治疗的意义。

3)结构性游戏

结构性游戏是儿童用各种不同的结构材料(积木、积塑、泥、沙、雪等)来建构物体的游戏,如积木、积塑、泥工、折纸、堆雪人、玩沙、玩泥等。

4)规则游戏

规则游戏是一种由2人以上参加的、按游戏规则裁判胜负的竞赛性游戏,包括智力性质的竞赛(如下棋)、运动技巧性质的游戏。规则性游戏多在4~5岁以后发展起来。由于规则本身具有不同的复杂程度,因此这种游戏从幼儿一直延续到成人。对规则的认识、理解和遵守可以为幼儿今后的人生奠定良好的基础。

**2. 从游戏社会性的角度分类**

美国心理学家帕顿(Parten,1932)根据学前儿童(2~6岁)在游戏中的社会交往水平,把游戏行为划分为六类。

1)无所用心的行为(偶然的行为)

儿童无所事事,独自发呆,并不实际参加游戏。他们玩弄自己的衣服,东游西荡,偶尔会注意看看他人,或碰到什么东西会随手玩弄两下。

2)袖手旁观的行为

儿童在近处观看同伴的活动,偶尔与他人有所交谈,有时提出建议或问题,但不主动参与游戏。

3)单独的游戏

专心地独自玩自己的玩具,不注意也不关心别人的存在。

4)平行的游戏

儿童可能会玩相同的玩具、相似的游戏,也会有相互模仿的现象和少量的交谈,但他们仍是在独自游戏,相互间没有合作。

5)联合游戏

儿童一起游戏,谈论共同的活动,时常会有借还玩具的行为,但儿童关注的仍是自己的兴趣。

6)合作游戏

以集体共同的目标为中心,有组织、有分工。例如,大家一起插一个小公园,甲插小桥、乙插小花、丙插树……然后组合在一起就成为一个小公园。

实际上这六种行为中,真正属于游戏行为的只有后面四种。

**(二)我国对游戏的分类**

**1. 从教育实践的角度分类**

1)创造性游戏

创造性游戏是幼儿主动地、创造性地反映现实生活的游戏,是幼儿典型的、特有的游戏。创造性游戏主要包括角色游戏、结构游戏和表演游戏三种。

2)规则游戏

规则游戏是成人为发展幼儿的能力而编制的、有明确规则的游戏。规则游戏主要包括智力游戏、体育游戏、音乐游戏。规则游戏的主要结构应包括游戏的目的、玩法、规则和结果四个部分。游戏的目的,是在游戏中完成增加知识、培养技能、发展动作和智力的具体任务;游戏的玩法,是为了实现游戏的目的,对幼儿动作和活动提出的要求;游戏的规则,是活动中必须遵守的规定,以确保游戏按要求进行;游戏的结果,是参加游戏的幼儿经过努力最后达到的目的。

其中,游戏的规则是此类游戏的核心,规则不明确或不遵守规则,游戏就无法进行。

**2. 从游戏目的的角度分类**

1)目的性游戏

目的性游戏是"为游戏而游戏"的游戏。这种游戏是幼儿为了获得游戏的愉快体验而进行的游戏,目的是游戏本身。在这类游戏中,幼儿具有很强的自主性,教师在幼儿的游戏中要以间接指导为主,不能随意干涉幼儿的游戏。创造性游戏和幼儿自主产生的游戏便属于此类游戏。

2)手段性游戏

手段性游戏是"为教学而游戏"的游戏。这种游戏是教师为了促进幼儿某一方面(或某几个方面)的发展而组织开展的游戏。游戏的目的是教学,游戏是完成教学的一种手段。在这种游戏中,游戏的规则、玩法、过程等都是教师确定的。

(三)其他分类

**1. 以游戏的内容分类**

布瑞恩·萨顿·史密斯(Brian Sutton Smith)在广泛吸收各种理论的基础上,结合跨文化研究形成了其独特的游戏分类法。

(1)模仿游戏(imitative play)。幼儿从出生到1岁,重复做自己会做的事情。1岁半时,幼儿会延迟模仿几小时甚至几天。2岁时,五官的知觉和认知技能使幼儿能模仿他人。3岁时,在角色中装扮他人。4岁时,角色游戏与想象混合,转化为想象性的社会角色游戏。

(2)探索游戏(exploratory play)。在婴儿6个月时出现,以舌和手作为探索的工具,在第二、三年时,这类游戏增多,且变得更加复杂。言语探索以笑话、谜语以及同音词的方式一直延续到学龄期。

(3)尝试游戏(testing play)。包括对身体技能和社会性技能的自我评价。2岁左右,幼儿集中学习大肌肉活动技能;由于身体技能和社会活动的增长,学龄期便开始了复杂的躲避游戏,如捉迷藏。通过此类游戏,儿童不仅学习并加强了身体和社会技能,而且提高了自我意识并学会了控制记忆和冲动。

(4)造型游戏(model-building play)。开始于4岁,儿童以富于想象地建造房子等活动为游戏的目的,并常常伴随着扮演角色或社会角色游戏活动。

**2. 以利用的替代物分类**

1)用与实物相似的替代物

幼儿早期(0~3岁)的游戏依赖于与实物在外形、功用上都十分相似的专用替代物,主要是一些特制的玩具,如炊具、餐具、娃娃等。如果给他们与实物相似性低的替代物,他们往往会拒绝。有人观察一组两岁半的孩子,给他们一辆玩具汽车,要求他们把它当铲子使用,结果他们中的许多人仅把汽车放在桌上推来推去。还有一些孩子则干脆拒绝:"不,我不能,这是汽车。"

2) 用与实物相似性较小的替代物

幼儿中期(4~5岁),逐渐能脱离专用替代物,选择一些离开原来实物功用的替代物。此时的孩子,思维有明显的具体形象性,虽然不能完全离开实物,但一般来说意义已比实物重要。替代物与实物的相似性减小,通用性增大,一物可以多用,如小棒可以分别代替筷子、刀、勺、炒菜铲、擀面杖、注射器、体温表等。儿童年龄越大,使用替代物的范围也越广。

3) 不依赖于实物(用语言、动作等)的替代

幼儿晚期(6~7岁)对事物的关系、意义有了更深的理解,心理活动的随意机能也进一步发展,在游戏中表现出可脱离实物,完全凭借想象,以语言或动作来替代物品。如:用斟酒的动作和小心翼翼的端杯动作来替代酒,尽管实际上杯中空无一物,甚至根本不需要"杯";用朝空中抓一把、撒向小锅的动作配以语言"放点盐"来替代"炒菜"中所需要的"盐"等。

(四)两组游戏的比较

### 1. 创造性游戏与有规则游戏

1) 创造性游戏与有规则游戏的相同点

两种游戏都能使幼儿从游戏中获得愉快的体验。无论是参与创造性的游戏还是有规则游戏,幼儿都能感到"开心""好玩"。幼儿在游戏中通过扮演各种角色(现实生活中的角色、动物角色)获得模仿、想象的乐趣,同时也体会到与同伴共同游戏的快乐。

两种游戏活动的主体都是幼儿。无论是创造性游戏还是有规则游戏,幼儿都处于游戏的主体地位,他们的主动性、积极性和创造性都能获得充分的发展。幼儿在游戏中都能体验到游戏带来的愉快和乐趣,全身心地投入游戏中,始终处于积极、主动的活动状态,这正是游戏的魅力所在。

2) 创造性游戏与有规则游戏的不同点

从游戏的态度倾向来看,创造性游戏是以自我为中心,自娱自乐地扮演自己喜欢的角色,重在儿童享受过程体验,不在乎别人的想法;角色间没有组成一个完整的整体,儿童可以一会儿这样玩、一会儿那样玩,缺一个角色并不会影响游戏的进行。而有规则游戏是帮助幼儿去自我中心化的方式,参与者形成一个整体,必须关注别人的态度,如果缺一个角色,游戏就可能无法进行下去。

从经验的角度来看,幼儿在创造性游戏中所反映的经验是零散的,是他们对现实生活中别人的经验的模仿和学习,是一种将外在经验逐步内化为自身经验的过程。例如,幼儿玩"娃娃家""医院""戏院"等游戏都是对这些主题角色的模仿。以角色的方式来玩耍,在模仿学习中内化经验,把自己想象成社会生活的成员。而幼儿在有规则游戏中所运用的经验是他自己的经验,是已经内化的幼儿自身经验体系中的经验。例如,幼儿玩"跳房子""捉迷藏""玩泥沙"等有规则游戏必须以他自己的经验来进行,否则游戏就无法进行下去。

从游戏规则的角度来看,创造性游戏的规则是隐性的、多元化的,采用不同的规则会导致不同的游戏行为发生。而有规则游戏的规则是显性的、单一化的,游戏者必须接纳同一个规则,才能使游戏继续进行。

**2. 角色游戏和表演游戏**

1) 角色游戏和表演游戏的相同点

幼儿在两种游戏中都是通过扮演角色这一主要手段来游戏的。通过扮演角色,幼儿实现了玩游戏的愿望;通过扮演角色,幼儿实现了对游戏内容的反映;通过扮演角色,幼儿获得了对游戏的基本体验。

两种游戏都具有明显的创造性。两种游戏都属于创造性游戏。幼儿在游戏中都能根据自己的意愿选择怎么玩、与谁玩、玩什么;幼儿在游戏中常常表现出以物代物、以物代人、以人代人、一物多用等创造性行为;幼儿在游戏中的积极性、主动性和创造性能够得到充分的发挥。

2) 角色游戏和表演游戏的不同点

角色的来源不同。角色游戏中幼儿所扮演的角色来自于现实生活,是幼儿通过对现实生活中的角色的认识和理解反映在游戏中的。表演游戏中幼儿所扮演的角色来自于幼儿文学作品,是幼儿根据文学作品对角色的描述反映在游戏中的。

情节的来源不同。角色游戏所反映的情节来自于幼儿对现实生活的反映,也就是说,现实生活是角色游戏的源泉。幼儿只有对现实生活有了一定的认识并内化为自己的认知结构,教师才能开展相应的游戏主题。当然,在游戏过程中,可以允许游戏进行较大程度的改变和创造。而表演游戏所反映的情节则来自于文学作品,文学作品所描述的内容和情节是表演游戏的源泉。幼儿在游戏之前,必须掌握相关文学作品的内容,对其中的情节、内容、人物、对话、动作、主题有一定的认识和理解,教师才能组织幼儿开展相应的表演游戏。

## 第二节  游戏的教育作用

**• 案例阅读**

一天上午,小来在家和爸爸一起玩。小来拿起玩具手机扮成幼儿园的王老师,给爸爸打电话。

"王老师":"喂,你是谁?"

爸爸:"我是小来爸爸。请问,你是谁?"

"王老师":"我是小(一)班的王老师。"

爸爸:"小来最近在幼儿园表现怎么样?"

"王老师":"她在幼儿园的表现很好呀!吃饭吃得好,睡觉睡得好,绘画也画得不错,跳舞嘛跳得好,英语也学得棒!"

爸爸:"她会讲哪些英语句子?你可以讲几句给我听听吗?"

"王老师":"今天没时间,因为马上要吃饭了,以后再说吧。"

爸爸:"好的。她在幼儿园上课有没有积极举手发言?"

"王老师":"有。"

爸爸:"发言的声音大不大?"

"王老师":"大。"

爸爸:"她听课认真不认真?有没有东张西望?"

"王老师":"没有,她听课很认真!"

爸爸:"好的。"

"王老师":"小来在家的表现怎么样?"

爸爸:"总的来说还可以。她能讲《西游记》的故事,讲得比较完整,词汇也记得比较多。她还能认识一些字,但有的字怎么教也记不住。"

"王老师":"那就叫她继续认,一定要记住。"

爸爸:"但是,她今天早上起来就要吃冷饮,你说能不能吃?"

"王老师":"不能。"

爸爸:"为什么?"

"王老师":"冷饮太凉了,早上空腹吃,肚子会疼的。"

爸爸:"小来早上醒来时,如果看到妈妈起床出去了,就吵着要妈妈,不肯要爸爸,还要爸爸走开。你说这能行吗?"

"王老师":"不行。不能只喜欢妈妈,对大家都要喜欢。不仅要听爸爸的话,而且还要听爷爷、奶奶的话。"

爸爸:"王老师,小来起床后,第一件事要干什么?"

"王老师":"起床后先要刷牙、洗脸,然后要吃早饭、喝牛奶。"

爸爸:"小来不好好吃鸡蛋。"

"王老师":"要叫她好好吃。"

这个案例是角色游戏"娃娃家"中的一个常见场面。小来在这个游戏中,轻松地展示了自己对成人世界的观察与理解;爸爸在和小来一起玩的过程中,潜移默化地对小来进行教育。这种教育不是空洞的说教,而是借小来之口强调社会规范,通过生活中的小事帮助小来明白了应该怎样做。孩子在玩的过程中与父母之间有着积极的互动,参与、认同和欣赏孩子的玩可以大大增进父母与孩子的亲密关系。因此,孩子的玩不是"瞎玩""傻玩",其中蕴含着很多智慧、策略和能力,也潜藏着很多教育机会。

那么,幼儿游戏对于幼儿的发展具有什么样的作用呢?

## 一、促进幼儿认知的发展

### (一)可以使幼儿积累丰富的经验

幼儿的生活离不开游戏。在游戏中,幼儿与各种各样的材料和玩具发生着各种形式的互动,也就是在这些互动中,幼儿感知、体验着物体的数、量、形、体等特征,感受着物体之间的空间关系、序列关系、包含关系等内在联系,体验着物体在时间上的流动。在游戏中,幼儿逐步积累了对有关空间、时间、可能性和因果等概念的理解。当幼儿等着玩玩具的时候,一些诸如"一会儿""几分钟""明天"甚至"下周"的概念都开始出现。虽然时间和空间的概念在幼儿的装扮游戏中并不很稳定,但是顺序和结构的概念经常是一致而且很容易理解的。

**● 案例阅读 ●**

在以"我的家真美丽"为主题的游戏中,教师先引导小朋友们谈自己家附近的各种游乐场、商店、超市等设施,同时在建构区里投放了大家一同制作的各式屋顶、招牌、数字牌、秋千、滑梯、果树、草坪等材料;然后,教师在建构区建了一幢孤零零的住宅楼,引导小朋友们美化这里的环境。小朋友们情绪高涨,思维活跃。他们搭建出各种高大漂亮的住宅楼,还贴上了楼号,装上了漂亮新颖的"窗户""门",并在住宅楼的附近搭建出幼儿园、医院、超市、公园、停车场等建筑。通过给这些建筑物挂招牌,小朋友们还认识了许多字,培养了识字的兴趣。在活动中,教师还注意引导小朋友们怎样美化环境。小朋友们结合自己的生活经验,在"小区"里种上各种绿树、鲜花,在"楼房"周围铺上绿油油的草坪,摆上路灯、亭子、长椅、垃圾桶等公共设施,尤其是在"小区"出入口设置了刷脸门禁。在教师的不断启发引导下,小朋友们搭建的小区环境新颖漂亮、别具一格,充分显示出幼儿细致的观察力和独特的创造力。

## (二)促进幼儿各种能力的发展

### 1. 发展幼儿的注意力

苏联心理学家曾做过这样一个实验:让幼儿在游戏和单纯完成任务两种不同的活动方式下,将各种颜色的纸条分装在与之同色的盒子里,观察孩子注意力集中的时间。实验结果发现,在游戏的形式下,4岁幼儿可以持续进行22分钟,6岁幼儿可坚持71分钟,而且分放纸条的数量比单纯完成任务形式下多50%;在单纯完成任务的形式下,4岁幼儿只能坚持17分钟,6岁幼儿只能坚持62分钟。实验结果表明,孩子在游戏活动中,注意力的集中程度和稳定性较强。可见,游戏可以促进幼儿注意力的发展,教师应多开展游戏活动,在游戏中培养他们的注意力。

### 2. 发展幼儿的语言能力

游戏是轻松、愉快的,在这种气氛中,孩子可以较为自由地表达出自己的想法和愿望,可以与同伴轻松地进行交流。游戏能激发幼儿的表达欲望,为幼儿自由表达创造适宜的语言环境。在语言游戏中,如儿歌"小兔子乖乖,把门开开……妈妈没回来,谁来也不开",就是将儿歌与情景、角色扮演紧密结合,通过孩子的吟唱、富有创意的改编帮助他们充分感知语言的韵律,从语音、语法规则、语义等方面理解语言,同时也培养了幼儿的安全意识。

### 3. 发展幼儿的创造力

游戏为幼儿提供了一种激励创造性思维的适宜气氛。幼儿在游戏中体验着自由、追求着自由,也在创造着自我、创造着世界,游戏是幼儿自由与创造的生活源泉。在游戏中,幼儿"以棍为马,以椅为车",充分发挥着自己的想象,实现着内部世界对于外部世界的改造和创新。幼儿在游戏中的创造表现处处可见,游戏的情节、内容、玩法、材料、形式等都可能成为幼儿创造的对象。

#### 4. 发展幼儿解决问题的能力

在游戏中,幼儿面临着许多有待动脑子去解决的问题,如拼出图案、在沙堆里挖出隧道等,这些问题能激发幼儿的思维,促使幼儿不断地想办法,并付诸实践,即使失败了也会去尝试新办法。在这个过程中,解决问题的能力便得到了发展。

> **拓展阅读**
>
>  **幼儿参加棋类游戏的价值**
>
> 赛前握手——他学会了与人交往;
> 遵守规则——他学会了控制自己;
> 把握时间——他学会了专注;
> 亲子协作——他懂得了亲情与合作;
> 双人对弈——他学会了思维策略;
> 比赛失败——他学会了面对挫折;
> 从哭到笑——他学会了情绪调整;
> 比赛成功——他学会了与人分享。
> ……

## 二、促进幼儿身体的发展

### (一)促进身体的生长和发育

在游戏活动中,幼儿的各种生理器官和系统处于自觉的活动状态,机体的血液循环加快,新陈代谢旺盛,机体动作相互配合协调,这些都使幼儿身体各种器官的功能得到充分的发展。许多游戏在户外进行,户外的阳光、空气能增强幼儿对环境的适应能力和抵抗疾病的能力,从而增强幼儿的体质。游戏中的幼儿始终处于积极、主动、愉快的情绪状态,许多色彩斑斓的玩具、有趣的游戏情节,都让幼儿欢乐、愉悦、舒畅,有利于恢复幼儿的体力和脑力劳动所造成的身心疲倦,因此,游戏是幼儿生长发育不可缺少的"营养素"。

### (二)促进动作技能的发展

幼儿正处于身体迅速生长发育的时期,十分好动、好奇,什么都想摸一摸、动一动、玩一玩,游戏满足了幼儿的这一需要,可以让幼儿反复摆弄游戏材料,不断增强手部小肌肉动作的灵活性,变得"手巧心灵";可以让幼儿做出各种动作,不仅锻炼了走、跑、跳、攀、爬等基本动作,而且逐渐掌握了基本的运动技能。如"老狼老狼几点了"这个游戏,孩子十分陶醉于"有节奏地走"、"听到特定回答立即扭头跑"的过程,他们既享受了游戏的乐趣,又锻炼了身体。

### (三)促进大脑的发展

动物学研究表明,游戏会导致一系列生物学意义上的变化,在一个不断更换游戏物的环境中生活过4～10周的老鼠,脑重量较大,神经末梢粗壮,神经传导发达,并且酶的活动强度高。研究人员发现,每天进行两个小时内容丰富的游戏活动,持续30天,能引起动物脑重的改变。因此,研究人员认为,游戏对大脑的发展是非常有利的。

实践证明,由于游戏能提供大量体育运动、技能训练、动手操作的机会,因此对发展右脑非常有利。并且,由于游戏能创造许多意想不到的情景供儿童去想、去说、去发现、去推理,因而也能有力地促进左脑功能的完善和整个大脑的功能整合。

**▪ 拓展阅读 ▪**

心理治疗家亚历山大·鲁宏(Alexander Lowen)曾说过:"人的个性,像树的年轮,是一圈一圈地发展出来的。婴儿的一圈,代表爱与享受;孩童的一圈,代表玩耍及嬉戏;少年的一圈,代表创作与幻想;青年的一圈,代表情爱及探索;而成年人的一圈,则象征现实与责任。一个完全的人,要具备上述所有特征。"这一圈一圈的发展,遵循着一定的程序。如果有一圈未完成或被破坏了,人的个性就会损伤或发育不全,而最易失去或被压制的就是孩童玩耍及嬉戏的这一圈。当今的中国家庭和幼儿园、学校,对孩子的"玩"非议多多,核心是忽略了"玩"本身也是一种学习,而且是很重要的学习。学前儿童的学习,大部分是在玩耍中进行的。

## 三、促进幼儿社会性的发展

### (一)促进社会交往能力的发展

幼儿的游戏离不开游戏伙伴。在与游戏伙伴的交往中,幼儿懂得了如何表达自己的意愿以及如何回应他人。在游戏中,为了使自己为游戏伙伴所接纳,幼儿必须对自己的某些行为进行自我约束,逐步消除以自我为中心的观念,学会与他人合作,学会关心他人。在游戏中,幼儿也逐步学会了分享、协商、轮流、谦让、公平竞争等交往技能。在与同伴的游戏中,冲突常常不可避免,每一次冲突的产生及其解决都为孩子经验的积累、心理的发育提供了机会。正是在一点一滴的交往中,孩子明白了怎样与人相处,也逐渐学习了社会行为规范。

### (二)促进独立性的发展

游戏是幼儿自主的活动。在游戏中,要求幼儿自己选择玩具、自己商量角色和玩法、自己解决游戏中遇到的困难,因此,游戏能让幼儿学会独立。例如,一个4岁的小女孩准备参加"智力闯关比赛",但是到了现场,哭着闹着非要让妈妈陪着自己。可是,当对弈游戏开始时,小女孩渐渐地将注意力转移到棋盘上。面对对方的局势,她紧锁眉头,思考着自己的每一步应对方式。在整个游戏过程中,孩子独立思考、独立决定,用自己的方式与对方交往。一个曾经害怕离开妈妈的孩子在游戏中变得如此独立,可见游戏的作用是巨大的。

### (三)促进勇敢品质的形成

游戏的魅力正在于它对幼儿构成的挑战性。通过游戏,幼儿既可动手动脑解决问题,又可以克服困难、锻炼意志,还可以发现和体验自己的能力,产生胜任感与成就感,进一步增强自信心与进取心。现在许多幼儿园都设计了幼儿喜欢的区域活动,如小舞台、语言区、音乐区等,提供了一个让幼儿展示自己的场所。一些胆怯害羞的幼儿可以在区域游戏中勇敢地表现自己,正是因为游戏的独特魅力,使幼儿在活动中解放自己,锻炼了胆量。许多体育游戏也是培养幼儿勇敢品质的理想平台。

### (四)培养活泼开朗的性格

在游戏中,幼儿以愉快的心情饶有兴趣地再现现实生活,对教师的启发诱导容易自然地接受。游戏一方面可以给幼儿充分的机会发展自主的性格和健全的意志;另一方面幼儿又受各种规则的限制,在限制中约束了自己,理解、体谅了别人,培养了活泼开朗的性格。以角色游戏为例,在游戏中幼儿可扮演在生活中接触最多的父母、老师、司机、医生等熟悉的人物,通过模仿人物来进一步认识这些角色,学习这些角色所具有的良好品质。在游戏中,一些比较内向的、不太活泼的幼儿也会参加到活动里,并通过担任不同的角色,使各个方面得到锻炼和发展,如开朗、活泼、友善、爱心、同情心等。教师在适当的时候给予引导,幼儿的性格就会逐渐活泼开朗起来。

### (五)增进心理健康

游戏具有独特的心理保健功能。首先,它可以缓解幼儿内心的焦虑和不满。在游戏中,幼儿通过"跑、跳、喊、挤、摔"等行为可以宣泄内心的不良情绪。其次,在游戏中,幼儿可以实现在现实生活中不能实现的愿望,如扮演"警察""医生""爸爸""妈妈",学小狗"汪汪"地叫,学蝴蝶翩翩起舞。最后,游戏还是一种很好的诊断方式。游戏是一面镜子,我们通过观察幼儿的游戏,可以初步诊断幼儿的发展状况。如果一个幼儿某方面发展存在缺陷,或者具有特殊的经验背景,那么这些信息会在游戏中真实自然地表露出来。这样有助于教师对这些幼儿进行有针对性的疏通。

总之,游戏是幼儿最喜欢的活动,它对于促进幼儿身心的全面、和谐发展,具有其他活动所不能替代的作用。因此,《幼儿园工作规程》等文件反复强调幼儿园必须"以游戏为基本活动,寓教育于各项活动之中"。

#### 分析与思考

某老师在语言活动"小乌龟开店"的基础上,组织一次表演游戏。教师一一出示早已准备好的道具。介绍完道具,配班老师带领全班幼儿"开火车"离开活动室去"剧场"看表演。主班老师忙着在活动室里布置场景:一家花店、一家书店、一家气球店。场景布置好了,幼儿由配班老师带领进

"剧场"。主班老师提问:"谁愿意上来表演?""哗!"几十只小手举了起来。第一轮,老师挑了五个没有举手而上次语言活动表现又不好的幼儿上来表演。表演时,老师不停地提示孩子们对话,做动作。第二轮,老师请了五个"坐得好的孩子"上来表演,五个孩子表演同一个角色。老师还时不时地按照故事情节规范语言,纠正孩子们的动作。好多孩子忙着摆弄有趣的道具,忘了表演,老师又不停地提醒……

任务:

结合对幼儿游戏本质特征的认识,试分析该游戏是不是真正意义上的游戏活动。

实训:观摩某一班级的一日游戏

目标:

1. 能观察、分析幼儿园一日生活中的游戏类型。
2. 对幼儿园的游戏类型有进一步的认识。
3. 进一步认识幼儿游戏的基本特征。

内容与要求:

学前教育专业学生下园全程观察某一班级的一日活动,并做详细记录。然后分析所观察的一日活动中,教师组织了哪些类型的游戏,这些游戏能否体现幼儿游戏的基本特征。

### 分析与思考

幼儿园里,一群家长围在"中(1)班一周活动安排表"前,议论纷纷。

"怎么一天就上这么两节课?"

"一天有这么多的时间做游戏,要玩这么长的时间吗?"

"怎么这么多的游戏?玩?我花这么多钱送我的女儿上幼儿园就是来玩的?"

"我们去找老师问问看。"

任务:

请你运用本章有关学前儿童游戏的理论,替中(1)班的老师向家长做具体解说,以解除家长们的疑惑。

## 第三节 亲子游戏

在游戏的发生发展过程中,亲子游戏的发生先于其他游戏,即孩子一生下来就与父母和看护者有了直接接触,从而发生了最早的亲子游戏。如用手绢和孩子玩"藏猫猫",用手指挠孩子的脚心逗他们笑,做各种夸张的动作或者鬼脸挑逗孩子等,就是最早的亲子游戏。开展亲子游戏,是增进亲子情感交流、建立良好亲子关系、促进婴幼儿身心健康发展的需要。

近年来,亲子游戏成为国际早期教育颇为关注的话题。随着我国从小康社会进入全面建设现代化国家的新阶段,人民生活水平的提高,家庭结构的变化,亲子游戏受到了更多家长和各托幼机构的广泛关注。他们意识到亲子游戏可以增进亲子感情,促进婴幼儿的动作、语言、认知、情感、社会性等多方面的发展。婴幼儿期是人生长发育最快的时期,如果父母每天抽出一点时间和孩子们一起做游戏,不但能使亲子关系更加亲密,还能使孩子们身心各方面都得到更好的发展。

## 一、亲子游戏的概念与特征

由于学者们对游戏的概念所持的态度不同,所以,对于亲子游戏的认识也各有不同。一些学者认为,亲子游戏是家庭内父母与儿童之间以亲子感情为基础,以儿童与父母互动游戏为核心内容,全方位开发儿童的运动、语言、认知、情感、创造、社会交往等多种能力,帮助儿童初步完成自然人向社会人过渡而进行的一种活动。还有学者认为,亲子游戏是指父母与子女之间以及祖父母与孙子女之间的游戏行为。其实,广义的亲子游戏是指父母与子女之间或者祖父母与孙子女之间、外祖父母与外孙子女之间的不论是在家庭还是托幼机构开展的游戏行为,它是亲子教育中的核心内容及主要元素,也是实施亲子教育的重要手段和方法;狭义的亲子游戏专指发生在父母和孩子们之间的一种特殊活动,它是以孩子为主体、父母为主导、家庭为单位进行的一种互动式游戏。

亲子游戏除了具有游戏的一般特点,如愉悦性、主动性、虚构性、非功利性等外,还具有自己独特的特点。广义的亲子游戏具备以下特征。

### (一)平等性

在游戏过程中,家长与孩子处于平等的地位,家长也是亲子游戏的参与者,家长和孩子要一起活动,如家长要和孩子一起学乌龟爬、一起做音乐律动、一起做手工等。

### (二)合作性

亲子游戏的形式注重家长与孩子的相互配合,设计的游戏具有一定的难度,孩子在现有能力基础上不能独立完成此项活动。应让孩子主动寻求家长的帮助,通过亲子合作,共同完成游戏活动,在游戏过程中自然而然地教给孩子一些知识和技巧。如让2岁孩子玩"穿线板"的游戏,孩子独立完成会有困难,那么孩子会主动寻求家长的帮助,亲子共同完成,体现亲子游戏的合作性。

### (三)指导性

在游戏活动过程中,家长是孩子的指导者。家长要打破传统的对孩子说教的教育理念,取而代之的是家长对孩子的启发、引导和关怀。如"钻呼啦圈"游戏,有的孩子不会低头钻,家长可以示范给孩子看,并告诉孩子低头钻的技巧,这样孩子就能学到钻的技巧,顺利地开展游戏。

### (四)趣味性

游戏的整个过程要能够给孩子和家长双方都带来乐趣,孩子在游戏中能体会到创造和成功的快乐,而家长则能够体会到亲子互动的幸福。如亲子游戏"揪尾巴",一人揪、一人躲,也可以是边躲边揪,既训练了孩子追逐跑和躲避的能力,又让家长和孩子都能体验亲子游戏的快乐,增进亲子感情。

(五)互动性

亲子游戏是家长和孩子之间的一种互动,亲子双方处于一种相互作用的动态过程,通过言语、表情、视线、动作等方式相互表达与接收信息,彼此传达需要,从而实现亲子间心理上的沟通、行为上的互动。这种互动可以是外显的,如言语交流、身体接触、行为模仿等,也可以是内隐的,如目光接触、微笑等。比如,在许多亲子游戏中,都强调家长与孩子面对面,让孩子看到家长的脸,都强调让家长面带微笑,都强调家长要与孩子进行语言交流等,这些都体现着亲子游戏的互动性。

## 二、亲子游戏的教育价值

亲子游戏是诸多游戏中的一种形式,它在促进婴幼儿全面发展方面发挥着举足轻重的作用,尤其在家长与婴幼儿之间增进情感交流、建立良好的亲子关系方面是其他游戏所不可比拟的。亲子游戏除具有一般游戏的基本功能以外,还有利于幼儿与长辈之间建立良好的社会关系和情感关系,有利于幼儿社会性的发展。

(一)有益于家长和孩子之间的情感交流

人们只注意婴幼儿的身体发育是不够的,还要关注婴幼儿的情感活动;家长不能只在孩子的房间里摆满智力玩具,还要同他们尽早开展交流,因为孩子日后心理的良好发展、上学后乃至走上社会后融入集体的能力,都始于家长与他们的早期交流。亲子游戏联结了亲子之间的情感,是家长与孩子交往和沟通的一种重要手段,家长在家里利用休闲时间与孩子一起游戏,让孩子生活在轻松愉快、无拘无束的氛围中,可以增强亲子间的亲近感和亲密性,自然而然地流露着骨肉亲情。多对话、多提问、多交流,使孩子体会到亲人的温暖,体会到亲人的关爱和支持,对于他们的认知、情感、社会性发展来说都是不可或缺的。

如亲子游戏"藏猫猫",对于年龄小的孩子,父母(或其他家长)可以和孩子一起进行,即先让爸爸藏起来,妈妈带着孩子找,边找边教孩子学会观察,学会寻找的技巧,找到爸爸后要给孩子一个拥抱或亲吻;也可把孩子藏起来,让爸爸找,边找边与孩子进行语言交流,如"我的宝宝在哪里?""哎呀!宝宝藏得真隐蔽呀!爸爸都找不到了!"等,找到后仍然要给孩子一个拥抱或亲吻。对于稍大的孩子,可以直接让孩子一个人找、一个人藏,从而愉悦身心,增加亲情,也发展了孩子的观察力、思维力等认知能力,促进其社会性的发展。此外,家长还可以利用家庭物品(如毛巾等)或玩具(如小汽车、毛绒玩具等)遮掩起来,但要留下痕迹,让孩子找,以增加游戏的多样性与趣味性。

(二)有益于家长和孩子之间建立良好的亲子关系

家长与孩子的亲密程度是孩子健康成长的关键。家长和孩子之间的联系就像与其他人的联系一样,是随亲子双方相互认识和理解的增进而发展变化的。亲子游戏是在最亲近的人,尤其是父母与孩子之间展开的,带有明显的亲情关系。从相互间的身体接触与视线交流中,孩子得到的是爱与关注。而父母对孩子游戏信号的积极回应,使孩子产生了极大的信任和满足。经常开展亲子游戏,婴幼儿会长期处于一种积极的情绪体验中,从而为他们以后活泼、开朗、自信、积极的个性发展奠定基础。

亲子游戏还可以丰富家庭生活,为现代家庭成员建立一种新型的平等关系,使家庭充满和谐、轻松和愉快的氛围,促进婴幼儿的身心健康发展,不失为家庭教育的良师益友。如亲子游戏"镜子里的你":妈妈和孩子一起照镜子,哪儿是妈妈的眼睛,哪儿是孩子的眼睛;妈妈做个鬼脸,孩子也做个鬼脸;妈妈对孩子笑,孩子也对妈妈笑。这种愉快的氛围拉近了孩子和妈妈的距离,加深了彼此之间的了解,尤其是孩子对妈妈的关注。

### 拓展阅读

 亲子游戏"蒸馒头"

一、主题:蒸馒头。

二、适宜月龄:0~12个月。

三、游戏目的:

(1)通过儿歌的朗读及动作的配合,帮助婴儿理解语言。

(2)活动婴儿的手指,增强手指的灵活性。

(3)培养愉悦情绪,建立良好的亲子关系。

四、游戏方法:

让宝宝躺在床上,妈妈跪坐在宝宝的身边,让宝宝能够看到妈妈的脸,妈妈用温柔、清晰的声音边说儿歌边做抚触。

附:儿歌及动作说明。

蒸、蒸、蒸馒头,(有节奏地按摩宝宝的胳膊)

帮我蒸一个大馒头,(有节奏地按摩宝宝的胳膊)

揉好面,(有节奏地按摩宝宝的胳膊)

拍一拍,(拍拍宝宝的小手)

然后再来揉一揉,(有节奏地按摩宝宝的胳膊)

再在中间点个点儿,(用手指点宝宝的小鼻尖)

放在蒸锅蒸一蒸,(有节奏地按摩宝宝的胳膊)

馒头蒸好啦,把它送给谁?(停顿)

送给我心爱的小宝贝。(挠宝宝的手心、胳肢窝,或亲吻宝宝的肚皮,拥抱宝宝等)

分析:

抚触可以促进孩子的血液循环,安抚孩子的情绪,更重要的是可以让孩子感受到妈妈的关爱,为建立良好的亲子关系奠定感情基础。尤其对于刚出生不久的孩子,可以经常为其做抚触。

## 三、亲子游戏的设计与指导

### (一)亲子游戏的设计原则

#### 1. 适宜性原则

适宜性原则是指亲子游戏的设计者要根据孩子的年龄特点和发展水平,确定符合孩子发展需要的游戏。根据0～3岁孩子的年龄特点,家长可为孩子设计一些以训练感官和动作为主的游戏。3～6岁孩子的家长可为孩子设计一些跑、跳及精细动作的游戏和智力游戏等,游戏内容不断增加,游戏范围不断扩大。

如对歌谣、两人三足、小指挥(让孩子骑在爸爸的脖子上,爸爸蒙着眼,由孩子指挥方向去取指定的物品)等。

此外,亲子游戏设计的适宜性原则还体现在,孩子的发展水平各有不同,在设计亲子游戏时,应考虑孩子的实际发展水平。如果有的孩子动作发展比同龄孩子好,则亲子游戏中对动作的要求就可以提高;有的孩子动作发展好而语言发展差,则亲子游戏就应强化其语言发展。

#### 2. 适度性原则

适度性原则是指亲子游戏内容的选择要科学、适度,游戏内容的安排要有一定的先后顺序。给每一年龄阶段的孩子设计亲子游戏时都应遵循由易到难、由浅入深、由单一化向多样化发展的顺序,这样才能提高孩子的游戏兴趣,保证游戏的效果。

如传统游戏"石头、剪子、布",对于2岁左右的孩子,游戏可以简化为"石头、布"(或"石头、剪子""剪子、布"),然后视孩子的实际能力,循序渐进地玩"石头、剪子、布"的游戏。

#### 3. 趣味性原则

趣味性原则是指亲子游戏内容的选择及游戏过程的设计都要具有趣味性,使孩子和家长都能感受到游戏的快乐。家长在与孩子游戏的过程中,应学会改编游戏,不同的游戏方法交替进行,使孩子不会感到枯燥,从而增加游戏的趣味性,使孩子产生愉悦的心情,取得良好的教育效果。

如帮助孩子认识颜色,家长选择不同颜色的几块积木,亲子相对而坐,家长将几块积木都藏在身体后面,然后说"变变变,看看变出的积木是什么颜色",引导孩子说出积木的颜色。为了引发孩子的游戏兴趣,可以让孩子先猜猜在哪只手中,再说出颜色;有时还可能两只手中都没有;还可以互换角色进行。

#### 4. 启发性原则

启发性原则是指亲子游戏既要利用和发挥孩子的现有能力,又要引导和发展他们新的能力,能够开发孩子的潜能。

比如,"水宝宝变变变"游戏,先在瓶盖里面放上红颜料(或其他颜色的颜料),在瓶子里装半瓶清水,然后对孩子说:"这瓶水是无色的,我能把它变成红色,你相信吗?"首先以此来激发孩子的好奇心与求知欲望,然后边念儿歌边轻轻地摇晃瓶子:"水宝宝、水宝宝变变变,水宝宝、水宝宝变变变。"引导孩子发现瓶子里水的变化,并说一说变成了什么颜色。孩子特别想知道水宝宝为什么会变,为孩子揭示秘密后,让孩子来操作。接着家长可启发孩子:"宝宝,如果把两种颜色混在一起会发生什么现象呢?"一句话激发了孩子的操作欲望,在家长的启发下,感知两种颜色混合后变出新颜色的现象,探索颜色变化的规律。

### 5. 指导性原则

指导性原则是指亲子游戏中家长应是游戏的指导者,从不同角度对孩子予以启发引导,以便孩子能顺利完成游戏过程,达到游戏目的。如,家长要引导孩子遵守游戏规则,玩后要将玩具物归原处;家长要指导孩子合理安排游戏时间,不能为了玩忘记了吃饭和睡觉等,要养成良好的游戏习惯。当孩子有进步时,家长要多用肯定、鼓励的语气,让孩子在情感上得到支持,体验游戏的乐趣和满足感,这样可以使孩子在游戏中开发潜能、培养个性、丰富心灵、陶冶情操,获得全面发展。

## (二)亲子游戏的指导

亲子游戏要以养为主,教养融合;要注重幼儿身心发展的规律,让他们在丰富、适宜的环境中实现大脑与环境有效的物质交换和信息交换,以达到"自然发展、和谐发展、充实发展"的目的,让环境、教育成为其发展过程中的重要支撑。

### 1. 家长与孩子建立平等关系

亲子游戏不同于上课,家长不能高高在上、指手画脚,而应当是游戏的参与者、合作者,和孩子处于平等的地位。家长要懂得孩子是独立的个体,在进行亲子游戏时,家长要尊重孩子的需要和兴趣,要把孩子视为游戏的主人,让孩子充分发挥其独立性。家长不能强迫孩子玩不喜欢的游戏,不能处处包办代替,让孩子有自己选择游戏内容的权利。家长不要因为自己知识丰富而过分干涉、限制甚至批评孩子,与孩子建立平等的玩伴关系是亲子游戏的最高境界,这样可以更好地调动孩子游戏的积极性与主动性,让孩子在游戏中积极模仿、思考、参与,从而发展其智力,并学会以正确的方式处理事情。

### 2. 为孩子提供适合游戏的场地

为了激发孩子参与亲子游戏的兴趣,更好地发挥亲子游戏的作用,家长首先应该创设良好的亲子游戏环境。一个自由自在、充满童趣的游戏环境,可使孩子满足而专注地在其中玩耍。当然,住房宽敞的家庭可为孩子提供专门的游戏室,对于住房不够宽敞的家庭,实际上游戏的场地在家庭里随处可建,一个角落就可以。

比如,"自然区"——只需为孩子养上一盆花,种上一颗蚕豆,就能让孩子观察和了解植物的生长过程,并学会照顾植物,为它们浇水、施肥。在卧室或客厅为孩子腾出一个角落,用废旧材料为孩子布置一个"游戏区",可以用旧的大纸箱为宝宝构建一座"房子",挖一个门,开一扇窗,装上屋顶,房内让孩子自主放置游戏需要的物品,屋顶和墙壁也可让孩子自己动手来装饰……这样的"房子"一定会让孩子乐不思蜀。除了在家中,家长还可以带孩子到广场、公园、游乐场所等地方,开展类似"踩影子""揪尾巴""踢球"等亲子游戏。

### 3. 为孩子选择适宜的玩具或游戏材料

玩具和游戏材料是为特定年龄阶段的婴幼儿设计和制造的。因此,家长要根据孩子的年龄特点正确选择玩具和游戏材料。

0~1岁的婴儿正处于各种感觉器官迅速发展的重要时期,应该为他们选择能够促进感官功能发展的玩具,如色彩鲜艳的彩球、气球等,促进婴儿视觉的发展;能发声的玩具,如拨浪鼓、音乐盒等,有助于发展婴儿的听觉;许多供婴儿抓握的玩具,可发展婴儿的触觉等。

1~3岁的婴儿能独立行走,能进行最基本的各种活动,使用的玩具可以有:智力玩具,如认识颜色、形状、大小的积木等;发展语言功能的玩具,如各类拼图等;体育玩具,如小足球、推拉玩具、小推车以及发展手指灵活性的"串珠"玩具等;形象玩具,如娃娃、餐具等。

3~4岁的幼儿,是具体形象思维形成和发展的时期,家长应为他们选择形象玩具,如娃娃玩具、动物玩具、医疗玩具、交通玩具、餐具和茶具,以及能活动的、能拆能拼的玩具,这些都有助于发展幼儿的思维力和想象力。

5~6岁的幼儿,抽象逻辑思维开始萌芽,家长应为他们选择结构玩具、智力玩具、电动玩具,如各种类型的积木、积塑,各种拼板、拼图、镶嵌板等,这些玩具和材料能激发孩子开展各种游戏,在游戏中发展孩子的动手动脑能力,同时,培养孩子的思维能力和探索精神。

另外,无论是材料投放还是玩具选择,不可忽视家中的日常用品,如扑克、靠垫、皮球、浴巾、矿泉水瓶、纸盒等。家中任何一样随手可得的物品都可以是孩子现成的玩具。游戏材料不是越贵越好,而在于其是否安全、卫生,是否能满足孩子游戏的需要。现成的玩具固然不错,但孩子往往容易失去兴趣,因为它的玩法单一、变化性有限。而家里的废旧物品、家用杂物和自制玩具,孩子们会更喜欢,对它们的兴趣会更持久,因为它们更能变化游戏的方法,更能给孩子提供想象的空间。如,矿泉水瓶是每个家庭日常生活中常见的废旧材料,可以准备大小、高矮不同的各种瓶子,让孩子给它们排排队;可以让孩子为各种瓶子盖盖子;可以让孩子装饰瓶子,为瓶子穿衣服;可以把碎纸片塞进瓶子里,让孩子观察碎纸片在瓶子里"跳舞";可以把各种豆子、米粒、沙子等装进瓶内,摇晃瓶子,听听发出的不同声音;可以用它来装水,让孩子玩舀水、盛水、倒水的游戏等。

### 4. 根据孩子的年龄特点开展游戏

不同年龄阶段的婴幼儿,生理、心理发展特点与水平不同,其游戏内容、方式也应不同。

如0~1岁婴儿可以用彩球引逗,发展婴儿的视觉追踪能力;为婴儿提供色彩鲜艳的物体或图片,给婴儿视觉上的刺激;扔玩具、敲小鼓、花样爬行、爬行追逐等动作游戏,有益于婴儿基本动作的发展。

1~3岁的婴儿开始独立行走,语言、动作、自我意识都迅速发展,这一时期适合婴儿玩的游戏有:

音乐游戏——打击乐器、音乐律动、模仿动作等;

讲故事、看图书——与婴儿进行亲子阅读,开展角色表演;

追逐游戏——踩影子、揪尾巴、扔球、踢球、接球等;

攀爬游戏——爬阶梯、坐滑梯、爬攀登架等。

> 拓展阅读

### 游戏一:踩影子

一、适宜年龄:3~6岁。
二、游戏目的:
(1)练习四散跑,促进幼儿腿部大肌肉群的发育。
(2)训练幼儿追逐跑和躲避的能力,发展幼儿灵活应变的能力。
(3)体验亲子游戏的快乐,增进亲子感情。
三、游戏方法:
选择晴朗的日子,家长和孩子到户外玩踩影子的游戏,可以是一人躲、一人踩,也可以是边躲边踩,训练孩子的反应能力。
四、游戏指导:
(1)从游戏时间看,可以选择有阳光的白天,也可以选择晚饭后散步时,利用路灯的光开展此游戏。
(2)提醒幼儿注意安全。
(3)该游戏可开展一些延伸活动。
①感知影子与光的关系,激发幼儿的探索欲望,发展幼儿的思维力。
②让幼儿仔细观察自己的影子,说一说像什么,发展幼儿的语言表达能力和想象力。
③画影子,促进幼儿手部小肌肉群的发育,发展幼儿的想象力、造型力及绘画能力。
④玩手影,促进幼儿手部小肌肉群的发育,发展幼儿的语言表达能力、想象力、造型力等。

### 游戏二:袋鼠妈妈和宝宝

一、适宜年龄:3~5岁。
二、游戏目的:
(1)加深对袋鼠的认识。
(2)训练幼儿肢体的控制力和耐力。
(3)体验亲子共同游戏的快乐,增进亲子感情。
三、游戏方法:
(1)家长和幼儿面对面,幼儿双手紧紧搂住家长的脖子,双腿用力夹住家长的腰,像小袋鼠一样紧紧地挂在家长的胸前。
(2)家长手膝着地撑起身体。
(3)家长手膝着地,一边爬行一边和幼儿一起唱儿歌:

袋鼠妈妈有个袋袋,

袋袋里边有个乖乖。

乖乖和妈妈相亲又相爱……

四、游戏指导:

(1)活动前家长要注意检查场地的安全性。

(2)第一次进行此游戏时,家长可以用毛巾等托住幼儿的后背,让幼儿有初步的安全感;经过反复游戏,家长可以解开毛巾,以便幼儿更好地训练上肢和腿部的力量。

(3)反复游戏后,家长可以根据幼儿的实际情况加大难度,如,在爬行的过程中晃动身体;延长游戏的时间等。

(4)可变换游戏方法,幼儿像小袋鼠一样紧紧地挂在家长的胸前后,家长可直立行走或跳跃(代替爬行)。

(5)在游戏中要根据具体情况进行调整,保证幼儿安全,不要让幼儿产生恐惧感。

### 思考与探索

1. 名词解释:游戏、幼儿游戏、亲子游戏。
2. 游戏的本质是什么?幼儿游戏有什么特点?
3. 幼儿游戏的类型及其主要观点有哪些?
4. 幼儿游戏的教育作用表现在哪些方面?
5. 亲子游戏有什么特点?如何做好亲子游戏的设计?
6. 创造性游戏与有规则游戏、角色游戏和表演游戏分别有什么不同?
7. 课程见习:观察并用所学知识分析幼儿园的游戏类型;能用所学的知识创新游戏的实施方法、设计新游戏。

# 第八章 幼儿园组织与管理

## ■ 学习目标 ■

1. 了解幼儿园组织机构、层级及其设置的依据。
2. 理解幼儿园管理及其内容,了解幼儿园管理的基本原则。
3. 了解我国幼儿园园长负责制及其实施的必要条件。
4. 理解幼儿园各类规章制度的定义及其落实的要求。

幼儿园组织是通过建立适宜的机构及活动规则,确定领导关系和职权分工,将幼儿园拥有的人力、物力资源等组织起来,较好地实现幼儿园的任务目标。幼儿园的管理主要是幼儿园内部的组织管理,主要关注如何发挥幼儿园组织职能的作用,通过计划、组织、指导等软件系统,将师资、设备、资金等硬件指标合理组织利用,调动各方面的积极性,从而保证幼儿园保教中心工作,促进幼儿园保教质量的提高,达到培养幼儿、服务家长的办园目标。

## 第一节 幼儿园的组织机构与制度

### 一、幼儿园组织机构设置的意义和依据

(一)幼儿园组织机构设置及其意义

组织机构的设置是为了实现工作目标,按照一定的结构形式和职权分工,将有关的人员或部门合理组织起来,形成系统的整体的管理机构,协调统一行动,保证工作目标的实现。幼儿园组织机构的设置是建立适宜的机构,确定领导关系和职权分工,将幼儿园所拥有的人力、物力资源恰当地组织起来,调动每名教职工的积极性,以实现幼儿园的基本任务目标。

现代管理科学重视组织机构的作用,组织机构作为连接管理主体与客体的纽带,是重要的管理部门,是发挥管理职能、达到管理目标的工具。美国当代著名的管理学家德鲁克(Peter Drucker)说:"没有机构就没有管理,没有管理就没有机构。"

幼儿园组织机构通过它的活动将幼儿园的人、财、物、时间、信息进行有效组织,高效实现幼儿园教育目标。

幼儿园组织机构具有聚合放大的功能,良好的幼儿园组织机构可以通过一定机制进行内部和外部的协调,发挥管理职能。

如果没有健全的管理组织,工作就会出现混乱的情况;如果组织臃肿庞大,人浮于事,也会影响工作效率。

### (二)设置幼儿园组织机构的依据

科学、合理的组织机构是实现幼儿园高效优质管理的前提。幼儿园管理实践表明,设置幼儿园组织机构主要有以下依据。

**1. 依据相关法规和规定**

我国《幼儿园工作规程》(2016)和1990年开始实施的《幼儿园管理条例》,仍是目前我国设置幼儿园组织机构的首要依据。一些省、直辖市针对《幼儿园工作规程》和《幼儿园管理条例》做的一些补充规定,是各地幼儿园设置组织机构的必然依据。相当一部分由企业部门、街道主办的幼儿园的组织机构设置还必须与主办单位相适应,接受主办上级部门与组织的领导。

**2. 依据组织设计的基本原则**

人类社会的组织形式多样,随着经济、社会和管理的发展,还会产生许多新的组织结构的形式,但任何组织机构的设置都必须遵循组织设计的最基本原则,幼儿园的组织机构设置也不例外。幼儿园组织机构设置首先要遵循任务目标的原则,要因事设职、因职设岗、先组织后人事。其次要遵循责权利一致的原则,幼儿园的各岗位要职责明确、责任清楚、权利适当、利益相符。最后要遵循协调一致、分工合作的原则,幼儿园组织既要划分保教、保健、后勤、安保等不同职能部门,明确各自的分工,同时还要相互配合协调一致、统一步调,通过集体努力有效地实现组织目标。

**3. 依据幼儿园本身的实际情况**

幼儿园本身的实际情况是设置幼儿园组织机构的重要依据,主要从以下几方面考虑。

(1)幼儿园规模,包括幼儿人数、年龄、各年龄班班数。

(2)幼儿园类型,分全日制、寄宿制或半日制。全园供应餐点情况:一餐一点、一餐二点、二餐一点、三餐一点等。

(3)幼儿园的归属,包括教育部门主办幼儿园,企业事业单位、部队所办幼儿园,民办幼儿园,街道办幼儿园等。

(4)幼儿园的性质,包括一般性幼儿园或二类园、一类园、示范园、实验园。

(5)幼儿园所处环境位置,应参考国家和各地全日制、寄宿制幼儿园编制标准,根据《幼儿园工作规程》和《幼儿园管理条例》的精神,结合幼儿园以上几方面的情况,从实际出发合理地设置幼儿园组织机构,不能强求一致或照搬文件。如医院的附属幼儿园,可与医院挂钩,免设医务室,不配专职医生,由儿科医生直接负责。

关于幼儿园各类人员的配备标准,可以依照教育部《幼儿园教职工配备标准(暂行)》的有关规定执行,具体如下。

(1)园长:6个班以下的幼儿园设1名,6~9个班的幼儿园不超过2名,10个班及以上的幼儿园可设3名。

(2)卫生保健人员:根据《托儿所幼儿园卫生保健工作规范》配备。

(3)炊事人员:幼儿园应根据餐点提供的实际需要和就餐幼儿人数配备适宜的炊事人员。每日三餐一点的幼儿园每40~45名幼儿配1名;少于三餐一点的幼儿园酌减;在园幼儿人数少于40名的供餐幼儿园(班)应配备1名专职炊事员。

(4)财会人员:根据国家和地方有关财会工作规定配备。

(5)安保人员:根据国家和地方有关安保工作规定配备。

(6)幼儿园应根据实际需要配备数量适宜的教职工,积极实行一岗多责,提高用人效益。

幼儿园可以根据社会对幼儿教育的要求不同,对组织机构做相应的调整。

## 二、设置幼儿园组织机构的程序

第一,分析并确定为达到幼儿园的任务目标需要开展哪些工作及具体组成环节,确定工作流程。

第二,根据工作任务、性质及工作流程划分职能部门。

第三,分解各职能部门的工作,再划分各组或室等专门机构,各个专门组、室是幼儿园组织机构的基本单位。例如,将保教部门按幼儿年龄分成大、中、小不同的保教班组。

第四,依据各组室的任务定员定编,即按照各组室工作量的需要确定相应数量的人员编制。

第五,根据各岗位的任务,确定各岗位人员应承担的责任、权力和应得的利益,即责权利统一的岗位责任制。

第六,将各职能部门及各组室系统综合为一个整体,分工协作,确定幼儿园的组织机构。

## 三、幼儿园组织机构系统

一般幼儿园的组织机构包括以下几个方面。

(一)行政组织

幼儿园行政组织承担幼儿园的具体管理职能,是幼儿园行政管理职能的组织保证。园长是该行政机构的核心,负责主持全园的行政工作。幼儿园的行政组织架构因幼儿园的规模大小有不同,主要以工作性质和范围分设相应的职能组织和职务。

(二)业务组织

幼儿园以保教工作为中心,因此业务组织是幼儿园工作开展的主体,承担着保教育人的各种具体工作,是幼儿园人员配备的主要部分,一般要设业务园长、教研组长。

(三)党群组织

幼儿园基层党组织、共青团组织、教代会(职代会)、工会都属于党群组织,起着保证、配合、监督、制约的作用,是幼儿园管理不可缺少的组成部分。尤其是基层党组织应该发挥政治、思想和组织领导核心作用,负责保障监督办园方向,落实思想政治教育一体化责任,对教职工进行思想政治教育工作,教育党员发挥先锋模范作用,团结教职工努力完成各项任务。

### (四)其他组织

根据国家规定、主办者和幼儿园的实际情况,还要设立家长委员会、园务委员会、爱卫会、治安保卫小组等组织,配合幼儿园完成保教任务。

## 四、幼儿园组织机构的层次

幼儿园组织机构一般分为三个管理层次。

### (一)幼儿园管理的高层为指挥决策层

园长为幼儿园行政负责人,是最高的行政领导者、指挥者,园长主持园务委员会,园务委员会主要职责为讨论贯彻上级的教育方针政策,研究决定幼儿园的重大问题。按照幼儿园编制标准,三个班以下的幼儿园设一位园长;四个班以上的幼儿园,设一正一副两个园长;十个班以上的或寄宿制的幼儿园,设一正两副三个园长,分管保教和行政。

### (二)幼儿园管理的中层为执行管理层

管理者是各个职能部门的负责人,即各部门主任。他们接受园长的领导,承担贯彻执行指挥者的决策,同时负责对本部门员工的管理和组织本部门的工作。如教研主任、保育主任等。

### (三)幼儿园管理的基层为具体的工作层

各班级或班、组、室等职能部门,如大班组、中班组、膳食组、财务组等,他们担当保教幼儿的责任和其他具体工作职责。

不同类型、不同规模的幼儿园,在机构设置、职能部门划分及人员配备上有所不同。如保健组可归后勤部,也可专设保健部。

大型(10个班级左右)幼儿园组织系统如图 8-1 所示。

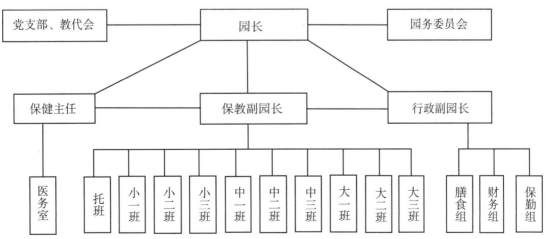

图 8-1 大型幼儿园组织系统图

中型(6个班级左右)幼儿园组织系统如图8-2、图8-3所示。

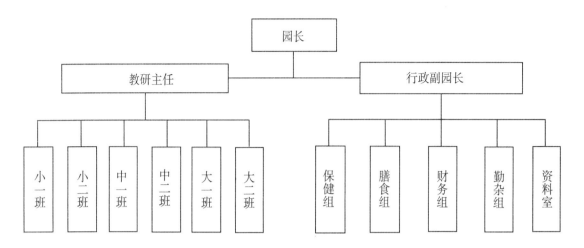

图 8-2 中型幼儿园组织系统图（一）

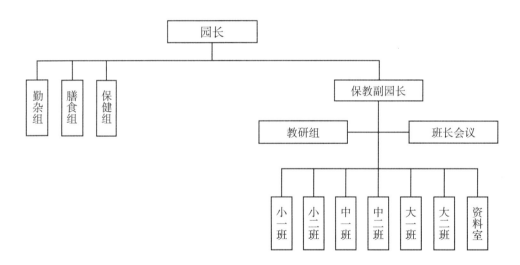

图 8-3 中型幼儿园组织系统图（二）

小型(3个班级左右)幼儿园组织系统如图8-4所示。

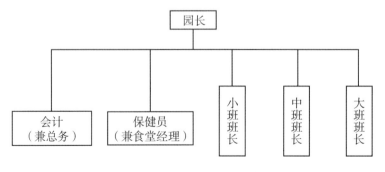

图 8-4 小型幼儿园组织系统图

### 五、幼儿园工作人员的任用和配备

幼儿园工作人员的任用和配备是组织建设的重要内容,安排合理不仅能强化每个人的职责意识,还能调动教职工的积极性。根据教育部《幼儿园教职工配备标准(暂行)》的要求,幼儿园的每一项任务都应由专人来承担,每项工作都由专人来负责,每个班级要配齐教师和保育员负责班级的教育和保育工作。现在越来越多的幼儿园在班里不配备专职的保育员,由传统的保教分离变成教师轮流做保育工作("两教一保"变成"三教三保"),这样可以更好地实施保教结合。同时,也有利于培养孩子们热爱劳动的意识,这种配班方法越来越受到幼儿园的欢迎和肯定,在规模大小不同的幼儿园都适用。

保教工作是幼儿园的主要工作,应保证把幼儿园最精锐的力量安排在保教第一线,每班一般设主班老师一人,由骨干教师担任。为了提高保教质量,各年龄班或各学科设教研组,开展教研工作,教研组长一般由骨干教师兼任。保健室要配医生、护士和保健员,小型幼儿园也可以由懂得医学的老师或园领导兼任。后勤组设会计负责财务工作,设保管员负责幼儿园财产设备等。炊事员组则设采购员负责采买食堂的材料,其余负责幼儿餐饮。勤杂组人员负责保洁消毒、水电气、安保绿化等杂务工作。寄宿制幼儿园要配夜班的保育员、洗衣员及夜间巡逻保安等工作人员。人员配备要执行《全日制、寄宿制幼儿园编制标准(试行)》。

幼儿园人员的安排要本着保证重点、全面安排的原则,保教第一线要保证人员齐备,而非一线工作应在保证工作的前提下力求精简,一些职位和岗位可兼任,合理统筹,从实际出发,不可强求一律、搞一刀切。可通过兼任岗位,精简机构,减少开支。

## 第二节 幼儿园管理

### 一、幼儿园管理的概念

幼儿园管理有宏观和微观之分。宏观意义上的幼儿园管理主要指各类上级行政部门对幼儿园的整体管理,主要是政策、法规和措施等方面的行政性管理,属于外部管理;微观意义上的幼儿园管理是作为学校教育管理的一个分支,以各个幼儿园为一个组织单位进行的专项管理,主要是指各级各类幼儿园内部所进行的实践性管理,属于内部管理。当然,两者之间没有绝对的分界线,只是相对的描述。

幼儿园管理是指幼儿园管理人员和有关教育行政人员遵循一定的教育方针和保教工作的客观规律,采用科学的工作方式和管理手段,将人、财、物等各因素全力组织起来,调动各方面的积极性,实现国家所规定的培养目标和幼儿园工作任务所进行的实践活动。幼儿园管理的任务在于通过组织、指挥、协调、控制等管理职能,有效地利用幼儿园建设与幼教事业发展的各种教育资源,确保保教质量的提高,较好地实现预期的教育培养目标和服务家长的双重任务。

## 二、幼儿园管理的内容与要素

### (一)幼儿园管理系统中的管理内容

幼儿园管理是一个复杂的管理系统,按照幼儿教育的任务、目标和内容,以及工作范围和工作规律来说,幼儿园管理的基本内容,主要包括目标管理、计划管理、保教业务管理、教学科研管理、行政事务管理、后勤事务管理、安全管理、制度管理、档案管理、质量管理、保教队伍管理以及幼儿园工作评价等。这些内容是系统中的基本组成部分,没有严格意义的划分,它们既相互独立,又相互联系、相互整合地构成一个完整的幼儿园管理系统。

### (二)幼儿园管理内容中的构成要素

贯穿于上述管理内容中的客观要素,就是幼儿园的管理要素。这些要素主要有人、财、物、事、时空、信息、手段等。

"人":人是管理中的核心因素。幼儿园管理中的人主要包括全体教职员工、幼儿及其家长。这些既是管理的对象,又是管理的主体。管理的内容主要是进行人力资源管理,把所有人的潜能发挥到最大,做到人尽其才。

"财":指办园资金。幼儿园要把有限的资金进行合理使用,使其发挥最大的效力,保证幼儿园的正常运转和发展。其具体管理工作主要是财务管理,目标是财尽其力。

"物":主要指幼儿园的硬件设施和配置。包括教学设施、活动场地、教玩具、教学材料、教育资源库、各种物质资源等办学的基本物质条件。管理工作的主要内容是资产管理和使用。目标在于物尽其用。

"事":主要指保教工作、保教服务工作和保教管理工作中的各项具体事务。管理事务的目标是高效率。

"时空":主要指时间和空间的管理。时间包括教职工的上下班和节假日安排,幼儿的作息时间管理,幼儿园重大活动时间安排等。空间主要有幼儿园内部的园舍及活动场地、幼儿家庭、社区和网络空间等。对时间的管理目标是抓住时机,珍惜时间,提高工作效率;对空间的管理目标是充分利用空间的多维特点,创造最好的教育氛围和环境。

"信息":包括幼儿园内部信息和外部大环境信息的获得、交流、沟通、处理、储存与运用。幼儿园要通过网站、QQ群、微信群(公众号)、家长用户终端等现代信息技术,宣传科学育儿,加强家园沟通。信息和时空一样是幼儿园管理不可缺少的重要资源,管理的目标是使各种信息及时、准确并有针对性,以便为决策、计划和调控服务。

"手段":主要指管理过程中所使用的工具和方法及措施。比如,网络媒体教育技术、工作责任制、结构工资制、奖励绩效等。对这一资源管理的目标是有效用。

以上幼儿园管理的各要素是相互联系、相互制约的整体,不可忽略任何一方面。在管理的各要素中,只有人是"活"的,是有生命的,其他都是由人来决定的,所以对所有要素的管理,必须以人为中心,以育人为中心,以幼儿的发展为中心,科学、合理、高效地组织、控制和利用各要素,实施灵活、动态、有实效的管理。

## 三、幼儿园管理的基本原则

幼儿园管理原则是指为实现幼儿园的工作目标,正确处理管理过程中一系列矛盾、关系或问题的指导思想,是对幼儿园管理工作提出的基本要求,是幼儿园管理活动必须遵循的基本工作准则,对整个园所管理系统的工作起统摄和指导作用。幼儿园的管理原则,是以幼儿园教育目标、任务、特点以及管理的基本规律为依据提出来的,也是实践经验的总结。

幼儿园管理原则,既要遵循教育和管理的一般性原则,比如办园方向性原则、民主管理原则、整体性原则、科学性原则等具有普遍意义的原则,又要依据时代的发展,根据幼儿园自身的性质和特点,制定区别于其他教育部门或单位的、具有针对性和实效性较强的原则。

### (一)幼儿中心原则

幼儿园以培养幼儿、促进幼儿健康成长为其主要目的,因此,幼儿园管理的中心原则是以幼儿的健康、全面发展为中心。促进幼儿身心健康、全面发展,是党中央关心、人民群众关切、社会关注的重大课题。"一切为了孩子的和谐发展"是幼儿园管理的中心思想和基本准则。幼儿发展的状况和水平,也是衡量一所幼儿园办园成功与否的主要标准。作为幼儿园管理的中心原则,要求管理者做到:一要增强对"幼儿教育战略地位"的认识;二要树立科学的儿童发展观;三要坚持社会主义办园的基本方向;四要把幼儿健康和谐发展当作一切评估的中心标准。

### (二)保教并重原则

幼儿身体的健康和心理的和谐发展是幼儿教育的两大中心任务。对幼儿教育来说,它比任何一级学校都强调身体发展的重要性。因此,我们不但要加强幼儿的智慧和品德教育,也要重视幼儿的身体教育。要把"体育"和"心育"放在同等重要的位置来看待,把促进儿童身心和谐发展作为管理活动的核心内容和要求,作为管理过程的出发点和归宿。贯彻这一原则,要求我们把"教养并举"作为制定幼儿教育工作内容的依据和要求;把"保教结合"作为工作方向和实施途径;把"安全第一"作为幼儿园工作的常规性准则;树立"所有教职工都是幼儿老师"的平等观点。

### (三)家园共育原则

对幼儿园来说,由于幼儿的年龄较小,因此,它比任何一级学校都更依赖家庭教育的合作和参与。因而,在幼儿园的各项管理工作中,家庭的参与与配合是极为关键的。可以说,单靠幼儿园自身的教育是无法顺利实现幼儿教育的培养目标的。《幼儿园教育指导纲要(试行)》在组织与实施部分指出:"家庭是幼儿园重要的合作伙伴。应本着尊重、平等、合作的原则,争取家长的理解、支持和主动参与,并积极支持、帮助家长提高教育能力。"

贯彻这一原则,幼儿园一是树立家园教育一致性的观点。二是按照教育部《关于建立中小学幼儿园家长委员会的指导意见》的要求,在园内建立家长学校,并经常开展相应的活动,教师要深入家庭,了解幼儿家庭教育情况,帮助家长转变观念,指导家长科学教养孩子,并鼓励家庭参与到幼儿园的教学和管理工作中来。中小学校、幼儿园应当将家庭教育指导服务纳入工作计划,作为教师业务培训的内容。三是根据《中华人民共和国家庭教育促进法》(2021)的要求,通过家长学校等方式,针对不同年龄段未成年人的特点,定期组织公益性家庭教育指导服务和实践活动,并及时联系、督促未成年人的父母或者其他监护人参加;幼儿园应当根据家长的需求,邀请有关人员传授家庭教育理念、知识和方法,组织开展家庭教育指导服务和实践活动,促进家庭与学校共同教育;具备条件的幼儿园应当在教育行政部门的指导下,为家庭教育指导服务站点开展公益性家庭教育指导服务活动提供支持。

### (四)因园制宜原则

管理虽然有普遍性规律,但也有实际具体的问题,因此,实施幼儿园具体管理工作要有针对性和目的性。由于各园在办园环境、设施条件、师资力量、办园经验、管理水平和教育质量等方面,都有不同的实际情况,因此在决策方向、确定目标、制订计划、采取措施和评价效果时,都应立足实际,加强针对性;尤其在确立保教目标、制订计划时,应遵照"最近发展区"理论确定教养要求的高度、难度和有效度。反对处处一刀切、事事齐步走的做法,强调按客观规律办事,只有把管理建立在从实际出发、实事求是的基础上,管理才能呈现螺旋上升的发展;它要求管理者加强目标管理、计划管理、质量管理和评价活动,立足探索管理规律、提高管理水平,谋取更多的效益和经验。管理所追求的价值,存在于实事求是之中,是实事求是的结果。

### (五)制度化原则

提高管理水平,必须建立完善的规章制度体系,即依靠制度化来保证统一组织和指挥,依靠规范来促进管理的良性循环。制度化是规范化的基础,规范化是制度化的进一步发展。

国家的宪法、教师法和幼儿教育管理的若干文件,已从宏观上为幼儿园贯彻制度化原则规定了总依据、总准则;地方教育行政部门和幼儿园制定的条例、规章制度,是实现制度化的具体保证。贯彻制度化原则,关键在于幼儿园管理者要学会以法治园,一方面要使制度化内容切合客观实际,充分体现幼儿园教育与管理的规律,用科学性和严肃性来增强其权威性;另一方面,各级管理者应身先士卒,成为制度化管理的热情宣传者和模范执行者,以榜样力量带动全体职工自觉接受法规约束,并重在培养行为习惯,形成良好的园风,确保制度化原则渗透于每个工作领域,贯彻于管理全过程。

### (六)综合整体性原则

幼儿园管理内容及其要素一方面具有多样性、层次性、综合性;另一方面又具有相互依存、相互作用、有机结合的整体性。事物的本体既然如此,那么管理者在管理中必须掌握系统的思想和方法,学会综合思考,善于综合运用各种手段和方法,综合调控管理过程,综合评价管理效果。综合是管理的世界观和方法论,是现代科学的时代特征。

整体性是管理系统的根本属性,是系统各构成部分的统一。它体现在:管理目标的确立,要求在整体上达到最佳化;管理系统的特性、运动规律和功能,都要在整合过程中显示出来;确定管理评价标准,要以反映系统的整体性为基础;考察管理的实际效应也应着眼于整体性。总之,管理要强调"以整体为准则,以整体为归宿",要贯穿于管理全过程。只有把握了整体性这条原则,才能获得"整体功能大于各部分功能之和"的功效。

### (七)实效性原则

管理的根本目的在于提高效率,并取得实际的效益。幼儿园管理要在正确的目标指导下,通过科学管理,合理组织园所人力、物力、财力等资源,充分挖掘潜力,重视经营效果,高质量、高效益地实现培养目标,完成幼儿园双重任务。

要讲究管理工作效益,就要注意研究人力、物力、财力等资源的投入或劳动耗费带来了多大的效用、功能,管理工作完成目标和任务的效率,管理活动的整个效果如何。举办幼儿园无疑也有效益问题,不仅有社会效益,也有经济效益,要计算投入产出的关系。从我国经济发展极其不平衡、城乡二元发展等实际,讲究教育的社会和经济效益具有重大的现实意义。

贯彻实效性原则一是要树立正确的教育质量观、效益观;二是树立经营管理幼儿园的意识;三是合理组织、有效运用有限的教育资源,提高管理的功能和效益,较好地实现组织的目标、任务,使幼儿在体、智、德、美、劳等方面全面和谐地发展,提高育人的质量;四是把"开源节流"作为基本措施;五是把社会对幼儿园的评价作为基本参照标准。

## 第三节 幼儿园管理体制

中共中央、国务院印发《国家中长期教育改革和发展规划纲要(2010—2020年)》,提出要"适应中国国情和时代要求,建设依法办学、自主管理、民主监督、社会参与的现代学校制度",要"加强学前教育管理,规范办园行为"。国务院《关于当前发展学前教育的若干意见》(2010年)也强调"完善法律法规,规范学前教育管理","各级政府要加强对学前教育的统筹协调,健全教育部门主管、有关部门分工负责的工作机制,形成推动学前教育发展的合力。"《中国教育现代化2035》提出教育治理现代化,要求提高各级学校自主管理能力,完善学校治理结构。2018年,中共中央、国务院《关于学前教育深化改革规范发展的若干意见》再次强调,要"完善学前教育法律法规,实现依法依规办园治园"。

我国《幼儿园工作规程》和《幼儿园管理条例》对幼儿园的领导关系和领导结构做出了具体规定,明确幼儿园领导体制为园长负责制。2012年,教育部等五部门印发《关于加强幼儿园教师队伍建设的意见》(教师〔2012〕11号),指出要"建立幼儿园园长任职资格制度"。在1996年教育部颁行《全国幼儿园园长任职资格职责和岗位要求(试行)》后,2015年教育部又发布《幼儿园园长专业标准》,以持续提高园长专业化水平。各省级教育行政部门制定了幼儿园园长任职资格制度实施办法,教育部门主办的幼儿园园长由县(市区)级教育行政部门聘任,企事业单位、集体、民办幼儿园园长由举办者按国家和地方相关规定聘任,报当地教育行政部门审核备案。

《中华人民共和国学前教育法(草案)》进一步明晰了新时代我国幼儿园的管理体制:幼儿园实行园长负责制。幼儿园园长由其举办者或者决策机构依法任命或者聘任,并报主管教育行政部门备案。幼儿园应当建立教职工大会制度或者教职工代表大会制度,依法加强民主管理和监督。幼儿园应当设立家长委员会,家长委员会参与幼儿园重大事项决策、日常管理与监督。

## 一、园长负责制的含义

园长负责制是指幼儿园在上级主管部门的宏观领导下,由园长全面负责幼儿园的保教工作管理和行政管理,教职工参与民主管理,非行政组织进行监督的完整的领导体制。

### (一)园长负责制的核心

园长对幼儿园的工作全面负责,园长是幼儿园的法人代表,对内负责全部工作,对外代表幼儿园,承担幼儿园管理的全部责任。园长的职能和职责是一致的,园长拥有幼儿园的最高行政权。

第一,决策指挥权力。根据《幼儿园工作规程》,园长有权在规定目标指导下,决定自己幼儿园的具体发展规划和教育目标,并统筹幼儿园的全面工作。

(1)贯彻执行国家的有关法律、法规、方针、政策和地方的相关规定,负责建立并组织执行幼儿园的各项规章制度;

(2)负责保育教育、卫生保健、安全保卫工作;

(3)负责按照有关规定聘任、调配教职工,指导、检查和评估教师以及其他工作人员的工作,并给予奖惩;

(4)负责教职工的思想工作,组织业务学习,并为他们的学习、进修、教育研究创造必要的条件;

(5)关心教职工的身心健康,维护他们的合法权益,改善他们的工作条件;

(6)组织管理园舍、设备和经费;

(7)组织和指导家长工作;

(8)负责与社区的联系和合作。

第二,人事管理权力。园长有权向上级提出"组阁"意见,改变幼儿园机构组织的权限关系,有权聘用、考核和奖励工作人员,有权在符合国家和地方要求的范围内制定规章制度。

第三,财政管理权力。园长有权在国家规定的范围内支配幼儿园财政费用,规划和使用幼儿园的财产设备。

### (二)党组织发挥政治领导作用

党的领导是办好幼儿园的根本保证。园长负责制的实行使党政职责明确,有利于加强党的领导,发挥党组织的政治核心和战斗堡垒作用。基层党组织领导体现在办园方向上,监督园长执行党的方针路线政策;体现在支持和协助园长完成幼儿园的各项任务上;体现在发挥其组织团结教育全体员工的纽带作用。

### （三）健全的法规法制是实行园长负责制的保证

园长负责制赋予园长相当大的权力。完善的园长负责制有赖于健全的法规法制，这是有效实现园长负责制的根本保障，它支持、监督园长行使职权、履行职责，保证幼儿园各项任务的完成，它同时亦保障全园教职员工的合法权益。

### （四）教职工参与管理，完善园长负责制

园长负责制不等于园长可以任意妄为，独断专行。《幼儿园工作规程》明确指出，要建立教职工参与管理的民主监督机制，完善园长负责制。

幼儿园实行民主管理相应的组织形式是建立园务委员会和教职工代表大会制度。具有审议作用的园务委员会由保教、医务、财务人员的代表及家长代表组成，园长任主任，定期召开园务会议（遇重大问题可临时召集），对幼儿园工作计划、工作总结、人员奖惩、财务预算和决算方案及规章制度的建立、修改、废除等涉及全园工作的重大问题进行审议。未建园务委员会的小型幼儿园，可由园长召开全体教职工大会进行商议。

《幼儿园工作规程》要求，幼儿园应建立教职工大会制度，或以教师为主体的教职工代表会议制度，加强民主管理和监督。教代会可以建立定期会议制度，不设常设机构，它具有与园务委员会同样的作用，并具有听取园长的工作报告、评议园长和其他幼儿园领导干部工作业绩的权利，有权就有关幼儿园建设和改革的重大问题提出意见、建议，决定有关教职工生活福利的重要事项，支持园长正确行使职权。

可见，园长负责制是一个三位一体的领导体制，即园长对幼儿园工作全面负责，党组织起保证监督作用，教职工民主参与管理，园长负责制必须处理好这三方面的关系。

## 二、实施园长负责制的必要条件

### （一）园长负责与园内各方面改革同步，建立科学的领导管理制度体系

幼儿园制度改革是为了进一步启动内部活力，增强自主权，它涉及用人、奖励、考评等幼儿园内部的一系列改革，从而建立起完整科学的领导管理体系和制度。要建立和完善相应的规章制度，使园长办园有自主权，也使上级主管部门督导有依据。如实行园长任期目标责任制，确定园长任职期限一般为3~4年，园长任期内，有责任对幼儿园制定目标规划，并付诸实施，以任期目标完成情况作为考核园长工作和业绩的主要依据，园长要接受上级的检查、党组织的监督，及时听取教代会的意见。

### （二）创造良好的外部办园条件

实施园长负责制，幼儿园体制的改革须取得上级有关部门的支持，创设良好的外部办园条件。主管部门对幼儿园的领导和管理应侧重宏观管理，不干涉和代替园长的工作，这要求上级部门要理顺关系，简政放权，做好"放管服"，克服以往的"婆婆"多，园长忙于应付，无自主

权的弊端,使幼儿园成为一个相对独立的实体。要制定相应的考核奖惩制度,对园长的工作考核、奖励和处罚要有具体规则。

(三)进行教师聘任制度、教师劳动报酬分配制度的配套改革,使园长职、权、责统一

实施园长负责制关键就是园长职、权、责统一,有益于发挥行政管理系统的作用,实行集中统一领导,有益于提高管理效益。如改革用人制度,教职工采用聘任制、实行双向选择,高职低聘,低职高聘,有利于教职工队伍的优化组合,园长真正有人事管理权。

教师劳动报酬分配实行结构工资制,依据对教职工的全面工作质量检查考核,将报酬与用人和工作质量挂钩,做到多劳多得、优劳多得、责重多得。

(四)园长资格从严

幼儿园的上级主管部门应根据园长任职条件、职责和岗位要求选好园长,好园长是实行园长责任制的前提,要根据《幼儿园管理条例》和《幼儿园工作规程》明确园长的任职资格,不断提高园长思想文化素质、专业素质和管理水平。

## 三、幼儿园管理体制的改革

自《国家中长期教育改革和发展规划纲要(2010—2020年)》,国务院《关于当前发展学前教育的若干意见》,中共中央、国务院《关于学前教育深化改革规范发展的若干意见》等一系列政策实施以来,我国幼儿园管理不断深化体制改革,走上了健康顺利的发展道路,逐步建立起政府主导、社会参与、公办民办并举的办园体制。广覆盖、保基本、有质量的学前教育公共服务体系基本建成,学前教育管理体制、办园体制和政策保障体系基本完善。

党中央强调:到2035年,要全面普及学前三年教育,建成覆盖城乡、布局合理的学前教育公共服务体系,形成完善的学前教育管理体制、办园体制和政策保障体系,为幼儿提供更加充裕、更加普惠、更加优质的学前教育。要大力发展公办幼儿园,充分发挥公办园保基本、兜底线、引领方向、平抑收费的主渠道作用;要积极扶持民办幼儿园提供普惠性服务,规范营利性民办园发展,满足家长不同选择性需求。

幼儿园内部管理体制变革主要在所有制、使用权、外部管理体制不变的前提下,在政策允许范围内,引进竞争机制,改革内部人事、经费、管理制度。要继续深化幼儿园内部管理体制改革,完善全员聘用制、结构工资制和岗位责任制,向管理要质量,向管理要效益,实现"按需设岗、精干高效、全员聘用、专兼结合、按岗定酬"的改革目标。深化幼儿园人事制度改革,实行全员聘用合同制,完善岗位目标责任制,提高综合办园实力。以改革人事制度和分配制度为重点的幼儿园内部管理体制改革,对推动幼儿园的整体工作起到了积极的作用,创造了社会效益与经济效益,具有强大的生命力。

## （一）改革的关键是办园思想观念的转变

发展学前教育，必须坚持公益性和普惠性，努力构建覆盖城乡、布局合理的学前教育公共服务体系，保障适龄儿童接受基本的、有质量的学前教育；必须坚持政府主导，社会参与，公办民办并举，落实各级政府责任，充分调动各方面积极性；必须坚持改革创新，着力破除制约学前教育科学发展的体制机制障碍；必须坚持因地制宜，从实际出发，为幼儿和家长提供方便就近、灵活多样、多种层次的学前教育服务；必须坚持科学育儿，遵循幼儿身心发展规律，促进幼儿健康快乐成长。

各级政府要充分认识发展学前教育的重要性和紧迫性，将大力发展学前教育作为贯彻落实教育规划纲要的突破口，作为推动教育事业科学发展的重要任务，作为建设社会主义和谐社会的重大民生工程，纳入政府工作重要议事日程，切实抓紧抓好。

举办幼儿教育机构，不能以营利为幼儿园的根本目的，而是以经营作为发展幼儿教育的手段，要突出幼儿教育服务于社会的功能，要从幼儿教育发展的目的与途径相统一的角度去认识问题，即发展教育，是为了社会同时也必须依靠社会，社会是教育投资者和受益者之统一。幼儿园必须从社会需求中，充分利用人力、物力、财力资源，最大限度地发挥其效益，找到自己的发展之路。

## （二）深化幼儿园内部管理体制的改革

幼儿园本身有没有活力、有没有创造力和竞争力，关键在于幼儿园内部管理体制的改革，使之体现为一种以发展为动力的管理机制。

### 1. 做好定员、定岗、定编、定责的"四定"工作

贯彻"责、权、利"一致原则，也提倡一人多岗。在定岗的基础上，制定相关的岗位责任制、考核奖惩制、安全制度及奖金分配制度等。制度的制定强调其科学性、针对性和实践性，并认真贯彻执行。

如某幼儿园在全园实施"岗位目标管理"，根据教职工的能力及表现，首先按照岗位目标管理细则和岗位责任制进行岗位调整，力求优化组合，加强第一线教师岗位力量。对不胜任的人员，另行安排或解聘。园领导在工作中，加大检查、监督力度并给予必要的指导。目标管理的实施，要使上下层次、平行班组职责分明，增强教职工的岗位意识，提高岗位工作绩效。岗位津贴发放是"岗位目标管理"实施过程中的一个重要组成部分。例如：凡认真履行岗位责任制、岗位职责和岗位目标管理细则并保质完成本职工作的一线教师，按园内分配原则获得岗位津贴；全体行政管理人员和第二线服务人员，按上述标准可以获得班级岗位津贴的平均数；对教育教学、卫生保健活动进行评定、考核，请假缺勤、违章违纪、公物损害等均根据规定减发或扣发岗位津贴，做到赏罚分明；对不胜任工作的人员按照幼儿园章程及时解除聘任合同。结合单位实际工作特点及岗位安排情况，配合岗位责任制、岗位职责及各岗位目标管理细则，制订岗位工资方案。岗位工资方案的实施可以按不同级差，兑现工资中活的部分，从而使教师形成一种自我约束、自我完善、自我发展、自觉工作的状态。同时也使教职工明确各自的职责和权限，

增强工作责任感和竞争意识,充分调动教职工的积极性,提高工作效益和质量。

**2. 完善全员聘任制,采取竞争上岗**

社会主义市场经济也必然有竞争,通过竞争可以打破铁饭碗,形成竞争的机制,而竞争的结果是优胜劣汰,使优秀人才脱颖而出,更好地发挥其潜能。同时通过聘任制,采取"公开岗位、平等竞争、择优聘任、合理流动",使教职工对自己进行正确评价,实行以岗择人,量才用人;能者上、庸者下,实行双向选择。使教职工产生紧迫感和危机感,增加工作的积极性,尤其对那些平时工作态度消极的同志更是极大的鞭策。如某幼儿园要实施岗位聘任制,可以让全体教职工酝酿,领导班子研究论证,制订岗位聘任制方案及实施办法,经幼儿园教职工代表大会讨论通过后实行。

第一,通过学习、宣传,教职工的认识得到了提高,认为"岗位目标管理"必须深化,"岗位聘任制"势在必行,为岗位聘任制方案的实施,营造了一个良好环境。

第二,拟订岗位聘任制方案。①设岗。参照幼儿园相关法律法规文本和幼儿园岗位的实际情况,将所有园务工作分为园长、教师、保育员、卫生保健员、总务安保后勤人员共五个方面的岗位,明确各岗位的职责、要求、待遇和评估、奖惩细则。②报岗。根据设岗情况,全体教职工依据自己的专业特长,本着自愿的原则,提出任岗申请(申请中要写明报什么岗,能否胜任该项工作,能否履行有关职责和细则等)。③定岗。聘任工作坚持条件公开、政策透明、机会均等、择优选用原则。不虚设和多设岗位,优胜劣汰,完成定岗任务。

第三,岗位聘任制的内容。①园长聘任1~2名主管业务的副园长。②主管行政总务的副园长,根据职工申报岗位情况,分别聘任有关部门的负责人;主管保教的副园长分别聘任班级承包人(或称班主任)。再由部门负责人聘任部门人员,由班级承包人聘任班级教师、保育员(二教一保)。所有聘任必须自觉自愿、双向选择、择优录取、公开透明,接受教育管理部门、全园教职工和家长委员会的监督。

第四,岗位聘任制的实施。幼儿园要坚持对教职工实行定期聘任,不搞"终身制",科学配套,优化组合。岗位聘任体制,调动广大教职工的积极性,给幼儿园增添了生机与活力,对幼儿园的高质量发展起到举足轻重的作用。

**(三)了解社会需求,把握发展契机**

了解社会多元化需要,扩大社会服务功能。幼儿教育目前在我国属于非义务教育,办园体制是多元化的。经济体制改革引起的产业结构的调整、生育政策的调整等,使得人民的生产方式和生活方式发生了变化,因此作为幼儿园要改变重教育轻服务的现状,了解家长对幼儿园的服务需求,改变办园模式,多渠道、多形式办学。现在很多幼儿园已经改变了过去幼儿园单一的全日制形式,增加了全托制、日托兼临时寄宿、半日制等多种形式供家长选择。另外,大力开展优质化服务,如周日服务、延时服务、寒暑假服务等。还提供非本园幼儿也可临时照顾的服务。每月开展一次全园幼儿集体生日会,既培养了友爱精神,共同分享喜悦与幸福,又可以吸引生源。此外,扩大服务对象,开办多种针对1~3岁儿童的服务性工作,收托年龄向低龄延伸。

调查表明，社会上对于3岁前幼儿的入托需求与我们现阶段的机构设置、收托能力有较大矛盾，而且现在小学生入学年龄降低。因此，幼儿园要解放思想，将收托幼儿的年龄向低龄延伸。同时也可开办幼儿入园前准备班，即小小班、早教班，年满1~2岁幼儿随时来随时收，这样，既方便了家长的工作与学习，也满足了社会发展的需求。

幼儿园要加大幼教宣传力度，争取社会支持。幼儿园要积极参加每年的学前主题宣传月活动，依据自身文化环境优势，通过各种途径大力宣传办园特色，争取学校所在社区、周围企事业单位和居民的理解和支持，向社会招生，提高幼儿入园率，增加幼儿园知名度。充分利用本园的师资力量，开办各种幼儿兴趣班，如舞蹈班、绘画班、武术班等，以满足家长对幼儿的培养需要，拓展社会服务功能。

总之，我们要明确幼教的发展目标和今后发展的方向，在改革中抓住机遇，深化改革，不断总结探索办园经验，建立适应新时代社会主义市场经济需要的管理模式，从而推动幼儿园的改革向纵深发展，为区域和国家的幼儿教育事业作贡献。

## 第四节 幼儿园的规章制度

### 一、规章制度的意义

规章制度是一个组织为了共同的目的，要求它的成员共同遵守的规则和章程，是组织正常运转的保障，它具有一定的约束力和强制性。

幼儿园规章制度是科学管理幼儿园的重要保障，是幼儿园的"法"。幼儿园规章制度是为实现幼儿园工作目标，对幼儿园各项工作和各类人员的要求加以条理化、系统化，规定工作人员必须遵守的行为准则和工作规程。这是幼儿园在党和国家幼教方针、政策指导下，按照保教工作规律和幼儿园实际情况，采用条文的形式，对教职员工提出的具有约束力和强制性的保证幼儿园的正常运转所必须遵守的行为准则和工作规范。幼儿园虽小，但五脏俱全，各项工作繁杂而且细致，幼儿园规章制度的建立执行，可以使管理工作程序化、规范化、科学化。如果没有规章制度的约束，就有可能出现各种问题或工作事故，对幼儿造成不必要的伤害，影响幼儿的健康成长。

（一）保证幼儿园正常工作秩序，提高工作效率和工作质量

幼儿园同大型企事业单位相比，规模较小，但组织系统并不简单，整个幼儿园的工作种类繁多，涉及儿童保教的方方面面，而且关联性强，教育工作的周期长，要使各项工作都有秩序地协调运转，就必须建立各项规章制度，做到事事有章可循，人人明确职责，使各项工作常规化、

制度化,有利于建立稳定的工作秩序和教育秩序,从而促进工作效率和教育质量的提高。

### (二)减少工作失误和人事冲突,提高管理成效

规章制度的目的就是将幼儿园的各项工作及对各类人员的要求加以系统化、条理化,规定必须遵守的条文。幼儿园规章制度是全园教职工必须遵守的行为准则和工作规程,具有约束力和规范力。幼儿园通过各项规章制度的建立和学习,使得教职工知道何时该做何事,怎样做,什么行为是禁止的,什么行为是提倡的。对于遵守规章制度的行为可以根据规章制度予以表扬,对于违反规章制度的行为予以批评和处分,使之纠正错误,使工作保持正常、有序的状态。

### (三)有助于增强教职工的责任意识,建立良好的园风

贯彻规章制度的过程就是对教职工进行教育和训练的过程,这种外部的规范制约能逐步内化为个人自觉的意识,自觉地执行,从而形成良好的工作作风,养成良好健康的园风。科学合理的规章制度对建立优秀的组织文化具有重要意义,是幼儿园重要的隐性课程,既为教育提供良好条件,本身也有教育约束作用。

## 二、制定规章制度的基本要求

规章制度是指令性文件,其制定和贯彻都是一件严肃而细致的工作,不能主观臆断或草率行事。幼儿园规章制度的制定既要依据国家有关法规和政策,以及职能部门包括上级教育行政部门的有关规定,还必须符合以下基本要求。

### (一)规章制度的制定要具有可行性

制定规章制度,要考虑幼儿园的实际,要考虑本园的人力、物力等条件,要考虑幼儿园的背景和发展状况。制度的要求要适合现状又要略高出一步,但不能脱离幼儿园的实际,教职工们经过努力能够达到,过高过低都不能发挥应有的作用,只有要求和措施恰如其分,才能切实得到贯彻执行,并行之有效。脱离实际、行之不通的规章制度,会变成一纸空文。

### (二)规章制度的内容要明确具体

制度是行动的准则,也是教育的手段。在制定规章制度的过程中,应明确制度的制定目的和内容要求,制度的内容要精练扼要,条文言简意赅,内涵明白准确,便于理解和记忆,便于执行,同时也便于管理者指导工作和督促检查。

### (三)规章制度的制定要有科学性

幼儿园规章制度必须是科学规范的,要体现幼儿教育工作的特点,符合教育和管理规律,规章制度要求标准要符合幼儿身心发展特点、符合幼儿教师的劳动特点,幼儿园管理者要以科学的态度制定规章制度、检验规章制度实施情况和效果。

（四）规章制度的制定要有相对的稳定性

规章制度颁布后，要保持其相对稳定，并持之以恒地坚决贯彻。要不断引导工作人员自觉遵守，养成习惯，形成传统，使之成为管理的有效手段。幼儿园规章制度不能朝令夕改，这样会使规章制度失去严肃性和约束力。规章制度必须与时俱进，要定期对制度进行修订完善，从而增强其现实的管理功能。

（五）规章制度的制定要有群众性

幼儿园规章制度的制定要动员全园教职工参与，让大家充分讨论，发扬民主，这样制定出的制度才符合广大教职工的利益，具有可行性，同时通过制定过程，激发全员的积极性，增强主人翁意识和责任感，提高执行的自觉性，实现自我管理和控制，使制度发挥教育群体的积极作用。

### 三、幼儿园规章制度的作用

幼儿园规章制度是科学管理幼儿园的重要保证。具体说，规章制度的作用体现在以下四个方面。

一是对教职员工的行为起到制约作用。规章制度是管理的关键环节，保证正常的保教工作秩序，通过规章制度的建立和执行，可以使每名教职员工明确什么时间做什么，哪些事情该做，哪些事情是不该做的，做到有章可循、有法可依，各类人员各司其职、各尽其责。

二是统一教职员工的思想认识，培养其组织纪律性，养成良好行为习惯和形成道德风尚，对形成良好的园风、园纪有积极的保障作用，也有助于增强教职工的责任感，培养良好的工作作风。合理的规章制度对于建立优良的幼儿园文化具有重要的意义。

三是有利于将教职工的积极性纳入科学的管理轨道，使幼儿园工作正常运转，提高管理成效，保证完成保教任务。

四是对幼儿园的管理起到依法治园的作用，幼儿园的规章制度属于法制范畴，是更具体的行为规范。

### 四、幼儿园规章制度的内容、种类

幼儿园规章制度可分两类：一类是由国家教育行政部门制定的法规和规章制度，如《中华人民共和国教育法》《中华人民共和国教师法》《幼儿园教育指导纲要（试行）》《幼儿园管理条例》《幼儿园工作规程》《幼儿园教职工配备标准（暂行）》《幼儿园收费管理暂行办法》以及即将出台的学前教育法等，也有地方部门制定的行政法规、规章，如《湖北省学前教育机构办园基本标准（试行）》《湖北省中小学幼儿园安全防范标准》等，这是国家和各级政府宏观管理幼教机构的法令法规，是国家管理幼儿园的根本依据，对幼儿园工作起着绝对的约束和指导作用；另一类是幼儿园结合本园实际自行制定的规章制度，主要包括全园性制度、部门性制度、幼儿园各类岗位责任制度、考核奖励制度等。

## （一）全园性规章制度

这是幼儿园各类人员都必须遵守的规章制度，可以发挥组织指导集体的活动，统一各类人员行为的作用。包括教职工考勤制度、监督制度、交接班制度、值班制度、学习制度、档案管理制度、收托幼儿制度、接送幼儿制度、安全制度、家长联系制度等，是全体教职工必须遵守的制度。

## （二）部门性规章制度

这是明确各部门工作任务和职责的制度，对幼儿园的科学管理起重要作用。

### 1. 保教部门的教研制度

保教部门的教研制度主要是规范幼儿园的教学和科研工作，教研制度应该包括教研工作的组织结构及活动规定。具体内容应包括保教质量检查制度、教学研究活动制度、备课制度、教学计划和记录制度、生活常规检查制度、幼儿园课外活动制度等。

### 2. 卫生保健部门的制度

卫生保健部门的制度包括幼儿的生活作息制度、体格锻炼制度、健康检查制度、卫生防疫制度、膳食营养制度、卫生保健登记制度。

### 3. 总务部门的规章制度

总务部门的规章制度包括财务制度、财产管理制度、物资采购与验收制度、伙食管理制度、安全保卫制度、门卫制度等。

## （三）岗位责任制

岗位责任制是幼儿园各项规章制度的核心。岗位责任制是通过明确的规定，使每个工作岗位上的人员的职责明晰化，并将它落实到具体的负责人的一种制度，应包括工作任务、内容、方法和质量要求。幼儿园岗位责任制明确规定各类人员的职责范围和质量要求。岗位责任制起着明确职责，调整和处理岗位之间的职务、责任、权利等关系的作用，建立岗位责任制的目的是使教职工能够在其位、行其事、尽其责。例如，园长职责、保教主任职责、教师职责、保育员职责以及保健员、炊事员、财会人员、总务人员、司机、门卫等各类人员的职责。岗位责任制的建立和执行使幼儿园工作纳入规范科学的管理轨道，提高工作效率。

## （四）考核与奖惩制度

幼儿园要定期对全园工作人员进行考核，并依据考核结果给予奖惩。考核和奖惩要形成制度，以保证其他规章制度的贯彻执行，防止规章制度流于形式。奖惩制度与岗位责任制密切相关，也可将奖惩制度与工资福利挂钩，以体现制度的严肃性和有效性，同时激励工作人员努力工作。

# 五、幼儿园执行规章制度时应注意的问题

制度是行为和活动的准则，要使制度具有实际意义，真正成为有效的管理手段，就要重视制度的执行，在执行制度中要注意以下问题。

## (一) 深入、广泛宣传制度

幼儿园要采用多种形式、多种渠道向全园教职工进行规章制度的宣传教育,使全园教职工理解和掌握各项工作的内容要求,引导教职工明确是非观念和培养自我调控能力,在幼儿园形成正确的舆论,提高管理层尤其是每一位教职工的认识水平和执行力,切不可流于形式。

例如在幼儿园开学和学期结束时,幼儿园组织教职员工学习规章制度,奖励遵守规章制度的优秀员工,使大家形成遵守规章制度的习惯,以保证幼儿园的管理工作的进展。规章制度的学习理解也可以作为园本培训的重要内容。

## (二) 严格制度执行的严肃性

要使规章制度真正体现其约束力和强制性,必须注意执行制度的严肃性,要严格要求,认真督促检查,要将检查和奖惩结合起来,可以定期或不定期依据制度逐项检查,表扬执行制度好的人和事,批评和处罚执行制度不力及违反制度的人和事。做到赏罚分明,奖优罚劣,建立良好的工作秩序,不断提高工作效果和保教质量。

## (三) 坚持制度面前人人平等

幼儿园领导必须以身作则,带头严格执行制度,为教职工起到榜样和示范作用,做出表率,发挥人格的影响作用。要坚持执行制度的一贯性和一致性,做到有章可循,避免因人而异、前紧后松,坚持制度面前人人平等,这是执行制度的关键。

### ■ 拓展阅读 ■

### 《幼儿园教职工配备标准(暂行)》

幼儿园教职工配备标准是幼儿园办园标准的重要内容,是促进幼儿园教师队伍建设的重要手段。为规范幼儿园办园行为,促进幼儿园教师队伍建设,满足幼儿在园生活、游戏和学习的需要,确保幼儿接受基本的、有质量的学前教育,促进幼儿健康成长,特制定本标准。

一、教职工与幼儿的比例

幼儿园教职工包括专任教师、保育员、卫生保健人员、行政人员、教辅人员、工勤人员。幼儿园保教人员包括专任教师和保育员。幼儿园应当按照服务类型、教职工与幼儿以及保教人员与幼儿的一定比例配备教职工,满足保教工作的基本需要。不同服务类型幼儿园教职工与幼儿的配备比例见表1。

表1　不同服务类型幼儿园教职工与幼儿的配备比例

| 服务类型 | 全园教职工与幼儿比 | 全园保教人员与幼儿比 |
| --- | --- | --- |
| 全日制 | 1∶5～1∶7 | 1∶7～1∶9 |
| 半日制 | 1∶8～1∶10 | 1∶11～1∶13 |

## 二、专任教师和保育员配备

幼儿园应根据服务类型、幼儿年龄和班级规模配备数量适宜的专任教师和保育员,使每位幼儿在一日生活、游戏和学习中都能得到成人适当的照顾、帮助和指导。

全日制幼儿园每班配备2名专任教师和1名保育员,或配备3名专任教师;半日制幼儿园每班配备2名专任教师,有条件的可配备1名保育员。

寄宿制幼儿园至少应在全日制幼儿园基础上每班增配1名专任教师和1名保育员。

单班学前教育机构,如村学前教育教学点、幼儿班等,一般应配备2名专任教师,有条件的可配备1名保育员。

对所辖社区或村级幼儿园(班)负有管理和指导职责的中心幼儿园,应根据实际工作任务和需要增配巡回指导教师。

招收特殊需要儿童的幼儿园应根据特殊需要儿童的数量、类型及残疾程度,配备相应的特殊教育教师,并增加保教人员的配备数量。

幼儿园应根据当地学前教育发展的实际情况,增设教师岗位类别和数量,满足本园发展和保教工作的需要,并确保在教师进修、支教、病产假等情况下有可供临时顶岗的保教人员。

不同服务类型幼儿园各年龄班和混龄班班级规模、专任教师和保育员的配备标准见表2。寄宿制幼儿园每班幼儿人数酌减。

表2　幼儿园班级规模及专任教师和保育员配备标准

| 年龄班 | 班级规模(人) | 全日制 | | 半日制 | |
|---|---|---|---|---|---|
| | | 专任教师 | 保育员 | 专任教师 | 保育员 |
| 小班(3~4岁) | 20~25 | 2 | 1 | 2 | 有条件的应配备1名保育员 |
| 中班(4~5岁) | 25~30 | 2 | 1 | 2 | |
| 大班(5~6岁) | 30~35 | 2 | 1 | 2 | |
| 混龄班 | <30 | 2 | 1 | 2~3 | |

## 三、其他人员配备

园长:6个班以下的幼儿园设1名,6~9个班的幼儿园不超过2名,10个班及以上的幼儿园可设3名。

卫生保健人员:根据《托儿所幼儿园卫生保健工作规范》配备。

炊事人员:幼儿园应根据餐点提供的实际需要和就餐幼儿人数配备适宜的炊事人员。每日三餐一点的幼儿园每40~45名幼儿配1名;少于三餐一点的幼儿园酌减;在园幼儿人数少于40名的供餐幼儿园(班)应配备1名专职炊事员。

财会人员:根据国家和地方有关财会工作规定配备。

安保人员:根据国家和地方有关安保工作规定配备。

幼儿园应根据实际需要配备数量适宜的教职工,积极实行一岗多责,提高用人效益。

四、本标准为各级各类幼儿园的合格标准。各地可根据当地经济社会发展水平和学前教育发展的实际情况,制定适合本地的具体实施方案。

五、本标准自发布之日起实行。

**拓展阅读**

### 《幼儿园工作规程》(中华人民共和国教育部令第39号,2016年1月5日)

**第一章 总 则**

第一条 为了加强幼儿园的科学管理,规范办园行为,提高保育和教育质量,促进幼儿身心健康,依据《中华人民共和国教育法》等法律法规,制定本规程。

第二条 幼儿园是对3周岁以上学龄前幼儿实施保育和教育的机构。幼儿园教育是基础教育的重要组成部分,是学校教育制度的基础阶段。

第三条 幼儿园的任务是:贯彻国家的教育方针,按照保育与教育相结合的原则,遵循幼儿身心发展特点和规律,实施德、智、体、美等方面全面发展的教育,促进幼儿身心和谐发展。

幼儿园同时面向幼儿家长提供科学育儿指导。

第四条 幼儿园适龄幼儿一般为3周岁至6周岁。

幼儿园一般为三年制。

第五条 幼儿园保育和教育的主要目标是:

(一)促进幼儿身体正常发育和机能的协调发展,增强体质,促进心理健康,培养良好的生活习惯、卫生习惯和参加体育活动的兴趣。

(二)发展幼儿智力,培养正确运用感官和运用语言交往的基本能力,增进对环境的认识,培养有益的兴趣和求知欲望,培养初步的动手探究能力。

(三)萌发幼儿爱祖国、爱家乡、爱集体、爱劳动、爱科学的情感,培养诚实、自信、友爱、勇敢、勤学、好问、爱护公物、克服困难、讲礼貌、守纪律等良好的品德行为和习惯,以及活泼开朗的性格。

(四)培养幼儿初步感受美和表现美的情趣和能力。

第六条 幼儿园教职工应当尊重、爱护幼儿,严禁虐待、歧视、体罚和变相体罚、侮辱幼儿人格等损害幼儿身心健康的行为。

第七条 幼儿园可分为全日制、半日制、定时制、季节制和寄宿制等。上述形式可分别设置,也可混合设置。

**第二章 幼儿入园和编班**

第八条 幼儿园每年秋季招生。平时如有缺额,可随时补招。

幼儿园对烈士子女、家中无人照顾的残疾人子女、孤儿、家庭经济困难幼儿、具有接受普通教育能力的残疾儿童等入园,按照国家和地方的有关规定予以照顾。

第九条 企业、事业单位和机关、团体、部队设置的幼儿园,除招收本单位工作人员的子女外,应当积极创造条件向社会开放,招收附近居民子女入园。

第十条 幼儿入园前,应当按照卫生部门制定的卫生保健制度进行健康检查,合格者方可入园。

幼儿入园除进行健康检查外,禁止任何形式的考试或测查。

第十一条 幼儿园规模应当有利于幼儿身心健康,便于管理,一般不超过360人。

幼儿园每班幼儿人数一般为:小班(3周岁至4周岁)25人,中班(4周岁至5周岁)30人,大班(5周岁至6周岁)35人,混合班30人。寄宿制幼儿园每班幼儿人数酌减。

幼儿园可以按年龄分别编班,也可以混合编班。

第三章 幼儿园的安全

第十二条 幼儿园应当严格执行国家和地方幼儿园安全管理的相关规定,建立健全门卫、房屋、设备、消防、交通、食品、药物、幼儿接送交接、活动组织和幼儿就寝值守等安全防护和检查制度,建立安全责任制和应急预案。

第十三条 幼儿园的园舍应当符合国家和地方的建设标准,以及相关安全、卫生等方面的规范,定期检查维护,保障安全。幼儿园不得设置在污染区和危险区,不得使用危房。

幼儿园的设备设施、装修装饰材料、用品用具和玩教具材料等,应当符合国家相关的安全质量标准和环保要求。

入园幼儿应当由监护人或者其委托的成年人接送。

第十四条 幼儿园应当严格执行国家有关食品药品安全的法律法规,保障饮食饮水卫生安全。

第十五条 幼儿园教职工必须具有安全意识,掌握基本急救常识和防范、避险、逃生、自救的基本方法,在紧急情况下应当优先保护幼儿的人身安全。

幼儿园应当把安全教育融入一日生活,并定期组织开展多种形式的安全教育和事故预防演练。

幼儿园应当结合幼儿年龄特点和接受能力开展反家庭暴力教育,发现幼儿遭受或者疑似遭受家庭暴力的,应当依法及时向公安机关报案。

第十六条 幼儿园应当投保校方责任险。

第四章 幼儿园的卫生保健

第十七条 幼儿园必须切实做好幼儿生理和心理卫生保健工作。

幼儿园应当严格执行《托儿所幼儿园卫生保健管理办法》以及其他有关卫生保健的法规、规章和制度。

第十八条 幼儿园应当制定合理的幼儿一日生活作息制度。正餐间隔时间为3.5~4小时。在正常情况下,幼儿户外活动时间(包括户外体育活动时间)每天不得少于2小时,寄宿制幼儿园不得少于3小时;高寒、高温地区可酌情增减。

第十九条 幼儿园应当建立幼儿健康检查制度和幼儿健康卡或档案。每年体检一次,每半年测身高、视力一次,每季度量体重一次;注意幼儿口腔卫生,保护幼儿视力。

幼儿园对幼儿健康发展状况定期进行分析、评价,及时向家长反馈结果。

幼儿园应当关注幼儿心理健康,注重满足幼儿的发展需要,保持幼儿积极的情绪状态,让幼儿感受到尊重和接纳。

第二十条 幼儿园应当建立卫生消毒、晨检、午检制度和病儿隔离制度,配合卫生部门做好计划免疫工作。

幼儿园应当建立传染病预防和管理制度,制定突发传染病应急预案,认真做好疾病防控工作。

幼儿园应当建立患病幼儿用药的委托交接制度,未经监护人委托或者同意,幼儿园不得给幼儿用药。幼儿园应当妥善管理药品,保证幼儿用药安全。

幼儿园内禁止吸烟、饮酒。

第二十一条 供给膳食的幼儿园应当为幼儿提供安全卫生的食品,编制营养平衡的幼儿食谱,定期计算和分析幼儿的进食量和营养素摄取量,保证幼儿合理膳食。

幼儿园应当每周向家长公示幼儿食谱,并按照相关规定进行食品留样。

第二十二条 幼儿园应当配备必要的设备设施,及时为幼儿提供安全卫生的饮用水。

幼儿园应当培养幼儿良好的大小便习惯,不得限制幼儿便溺的次数、时间等。

第二十三条 幼儿园应当积极开展适合幼儿的体育活动,充分利用日光、空气、水等自然因素以及本地自然环境,有计划地锻炼幼儿肌体,增强身体的适应和抵抗能力。正常情况下,每日户外体育活动不得少于1小时。

幼儿园在开展体育活动时,应当对体弱或有残疾的幼儿予以特殊照顾。

第二十四条 幼儿园夏季要做好防暑降温工作,冬季要做好防寒保暖工作,防止中暑和冻伤。

## 第五章 幼儿园的教育

第二十五条 幼儿园教育应当贯彻以下原则和要求:

(一)德、智、体、美等方面的教育应当互相渗透,有机结合。

(二)遵循幼儿身心发展规律,符合幼儿年龄特点,注重个体差异,因人施教,引导幼儿个性健康发展。

(三)面向全体幼儿,热爱幼儿,坚持积极鼓励、启发引导的正面教育。

(四)综合组织健康、语言、社会、科学、艺术各领域的教育内容,渗透于幼儿一日生活的各项活动中,充分发挥各种教育手段的交互作用。

(五)以游戏为基本活动,寓教育于各项活动之中。

(六)创设与教育相适应的良好环境,为幼儿提供活动和表现能力的机会与条件。

第二十六条 幼儿一日活动的组织应当动静交替,注重幼儿的直接感知、实际操作和亲身体验,保证幼儿愉快的、有益的自由活动。

第二十七条 幼儿园日常生活组织,应当从实际出发,建立必要、合理的常规,坚持一贯性和灵活性相结合,培养幼儿的良好习惯和初步的生活自理能力。

第二十八条 幼儿园应当为幼儿提供丰富多样的教育活动。

教育活动内容应当根据教育目标、幼儿的实际水平和兴趣确定,以循序渐进为原则,有计划地选择和组织。

教育活动的组织应当灵活地运用集体、小组和个别活动等形式,为每个幼儿提供充分参与的机会,满足幼儿多方面发展的需要,促进每个幼儿在不同水平上得到发展。

教育活动的过程应注重支持幼儿的主动探索、操作实践、合作交流和表达表现,不应片面追求活动结果。

第二十九条 幼儿园应当将游戏作为对幼儿进行全面发展教育的重要形式。

幼儿园应当因地制宜创设游戏条件,提供丰富、适宜的游戏材料,保证充足的游戏时间,开展多种游戏。

幼儿园应当根据幼儿的年龄特点指导游戏,鼓励和支持幼儿根据自身兴趣、需要和经验水平,自主选择游戏内容、游戏材料和伙伴,使幼儿在游戏过程中获得积极的情绪情感,促进幼儿能力和个性的全面发展。

第三十条 幼儿园应当将环境作为重要的教育资源,合理利用室内外环境,创设开放的、多样的区域活动空间,提供适合幼儿年龄特点的丰富的玩具、操作材料和幼儿读物,支持幼儿自主选择和主动学习,激发幼儿学习的兴趣与探究的愿望。

幼儿园应当营造尊重、接纳和关爱的氛围,建立良好的同伴和师生关系。

幼儿园应当充分利用家庭和社区的有利条件,丰富和拓展幼儿园的教育资源。

第三十一条 幼儿园的品德教育应当以情感教育和培养良好行为习惯为主,注重潜移默化的影响,并贯穿于幼儿生活以及各项活动之中。

第三十二条 幼儿园应当充分尊重幼儿的个体差异,根据幼儿不同的心理发展水平,研究有效的活动形式和方法,注重培养幼儿良好的个性心理品质。

幼儿园应当为在园残疾儿童提供更多的帮助和指导。

第三十三条 幼儿园和小学应当密切联系,互相配合,注意两个阶段教育的相互衔接。

幼儿园不得提前教授小学教育内容,不得开展任何违背幼儿身心发展规律的活动。

## 第六章 幼儿园的园舍、设备

第三十四条 幼儿园应当按照国家的相关规定设活动室、寝室、卫生间、保健室、综合活动室、厨房和办公用房等,并达到相应的建设标准。有条件的幼儿园应当优先扩大幼儿游戏和活动空间。

寄宿制幼儿园应当增设隔离室、浴室和教职工值班室等。

第三十五条 幼儿园应当有与其规模相适应的户外活动场地,配备必要的游戏和体育活动设施,创造条件开辟沙地、水池、种植园地等,并根据幼儿活动的需要绿化、美化园地。

第三十六条 幼儿园应当配备适合幼儿特点的桌椅、玩具架、盥洗卫生用具,以及必要的玩教具、图书和乐器等。

玩教具应当具有教育意义并符合安全、卫生要求。幼儿园应当因地制宜,就地取材,自制玩教具。

第三十七条 幼儿园的建筑规划面积、建筑设计和功能要求,以及设施设备、玩教具配备,按照国家和地方的相关规定执行。

## 第七章 幼儿园的教职工

第三十八条 幼儿园按照国家相关规定设园长、副园长、教师、保育员、卫生保健人员、炊事员和其他工作人员等岗位,配足配齐教职工。

第三十九条 幼儿园教职工应当贯彻国家教育方针,具有良好品德,热爱教育事业,尊重和爱护幼儿,具有专业知识和技能以及相应的文化和专业素养,为人师表,忠于职责,身心健康。

幼儿园教职工患传染病期间暂停在幼儿园的工作。有犯罪、吸毒记录和精神病史者不得在幼儿园工作。

第四十条 幼儿园园长应当符合本规程第三十九条规定,并应当具有《教师资格条例》规定的教师资格、具备大专以上学历、有三年以上幼儿园工作经历和一定的组织管理能力,并取得幼儿园园长岗位培训合格证书。

幼儿园园长由举办者任命或者聘任,并报当地主管的教育行政部门备案。

幼儿园园长负责幼儿园的全面工作,主要职责如下:

(一)贯彻执行国家的有关法律、法规、方针、政策和地方的相关规定,负责建立并组织执行幼儿园的各项规章制度;

(二)负责保育教育、卫生保健、安全保卫工作;

(三)负责按照有关规定聘任、调配教职工,指导、检查和评估教师以及其他工作人员的工作,并给予奖惩;

(四)负责教职工的思想工作,组织业务学习,并为他们的学习、进修、教育研究创造必要的条件;

(五)关心教职工的身心健康,维护他们的合法权益,改善他们的工作条件;

(六)组织管理园舍、设备和经费;

(七)组织和指导家长工作;

(八)负责与社区的联系和合作。

第四十一条 幼儿园教师必须具有《教师资格条例》规定的幼儿园教师资格,并符合本规程第三十九条规定。

幼儿园教师实行聘任制。

幼儿园教师对本班工作全面负责,其主要职责如下:

(一)观察了解幼儿,依据国家有关规定,结合本班幼儿的发展水平和兴趣需要,制订和执行教育工作计划,合理安排幼儿一日生活;

(二)创设良好的教育环境,合理组织教育内容,提供丰富的玩具和游戏材料,开展适宜的教育活动;

(三)严格执行幼儿园安全、卫生保健制度,指导并配合保育员管理本班幼儿生活,做好卫生保健工作;

(四)与家长保持经常联系,了解幼儿家庭的教育环境,商讨符合幼儿特点的教育措施,相互配合共同完成教育任务;

(五)参加业务学习和保育教育研究活动;

(六)定期总结评估保教工作实效,接受园长的指导和检查。

第四十二条 幼儿园保育员应当符合本规程第三十九条规定,并应当具备高中毕业以上学历,受过幼儿保育职业培训。

幼儿园保育员的主要职责如下:

(一)负责本班房舍、设备、环境的清洁卫生和消毒工作;

(二)在教师指导下,科学照料和管理幼儿生活,并配合本班教师组织教育活动;

(三)在卫生保健人员和本班教师指导下,严格执行幼儿园安全、卫生保健制度;

(四)妥善保管幼儿衣物和本班的设备、用具。

第四十三条 幼儿园卫生保健人员除符合本规程第三十九条规定外,医师应当取得卫生行政部门颁发的《医师执业证书》；护士应当取得《护士执业证书》；保健员应当具有高中毕业以上学历，并经过当地妇幼保健机构组织的卫生保健专业知识培训。

幼儿园卫生保健人员对全园幼儿身体健康负责，其主要职责如下：

（一）协助园长组织实施有关卫生保健方面的法规、规章和制度，并监督执行。

（二）负责指导调配幼儿膳食，检查食品、饮水和环境卫生。

（三）负责晨检、午检和健康观察，做好幼儿营养、生长发育的监测和评价；定期组织幼儿健康体检，做好幼儿健康档案管理。

（四）密切与当地卫生保健机构的联系，协助做好疾病防控和计划免疫工作。

（五）向幼儿园教职工和家长进行卫生保健宣传和指导。

（六）妥善管理医疗器械、消毒用具和药品。

第四十四条 幼儿园其他工作人员的资格和职责，按照国家和地方的有关规定执行。

第四十五条 对认真履行职责、成绩优良的幼儿园教职工，应当按照有关规定给予奖励。

对不履行职责的幼儿园教职工，应当视情节轻重，依法依规给予相应处分。

## 第八章 幼儿园的经费

第四十六条 幼儿园的经费由举办者依法筹措，保障有必备的办园资金和稳定的经费来源。

按照国家和地方相关规定接受财政扶持的提供普惠性服务的国有企事业单位办园、集体办园和民办园等幼儿园，应当接受财务、审计等有关部门的监督检查。

第四十七条 幼儿园收费按照国家和地方的有关规定执行。

幼儿园实行收费公示制度，收费项目和标准向家长公示，接受社会监督，不得以任何名义收取与新生入园相挂钩的赞助费。

幼儿园不得以培养幼儿某种专项技能、组织或参与竞赛等为由，另外收取费用；不得以营利为目的组织幼儿表演、竞赛等活动。

第四十八条 幼儿园的经费应当按照规定的使用范围合理开支，坚持专款专用，不得挪作他用。

第四十九条 幼儿园举办者筹措的经费，应当保证保育和教育的需要，有一定比例用于改善办园条件和开展教职工培训。

第五十条 幼儿膳食费应当实行民主管理制度，保证全部用于幼儿膳食，每月向家长公布账目。

第五十一条 幼儿园应当建立经费预算和决算审核制度，经费预算和决算应当提交园务委员会审议，并接受财务和审计部门的监督检查。

幼儿园应当依法建立资产配置、使用、处置、产权登记、信息管理等管理制度，严格执行有关财务制度。

## 第九章 幼儿园、家庭和社区

第五十二条 幼儿园应当主动与幼儿家庭沟通合作，为家长提供科学育儿宣传指导，帮助家长创设良好的家庭教育环境，共同担负教育幼儿的任务。

第五十三条 幼儿园应当建立幼儿园与家长联系的制度。幼儿园可采取多种形式，指导家长正确了解幼儿园保育和教育的内容、方法，定期召开家长会议，并接待家长的来访和咨询。

幼儿园应当认真分析、吸收家长对幼儿园教育与管理工作的意见与建议。

幼儿园应当建立家长开放日制度。

第五十四条 幼儿园应当成立家长委员会。

家长委员会的主要任务是：对幼儿园重要决策和事关幼儿切身利益的事项提出意见和建议；发挥家长的专业和资源优势，支持幼儿园保育教育工作；帮助家长了解幼儿工作计划和要求，协助幼儿园开展家庭教育指导和交流。

家长委员会在幼儿园园长指导下工作。

第五十五条 幼儿园应当加强与社区的联系与合作，面向社区宣传科学育儿知识，开展灵活多样的公益性早期教育服务，争取社区对幼儿园的多方面支持。

## 第十章　幼儿园的管理

第五十六条 幼儿园实行园长负责制。

幼儿园应当建立园务委员会。园务委员会由园长、副园长、党组织负责人和保教、卫生保健、财会等方面工作人员的代表以及幼儿家长代表组成。园长任园务委员会主任。

园长定期召开园务委员会会议，遇重大问题可临时召集，对规章制度的建立、修改、废除，全园工作计划，工作总结，人员奖惩，财务预算和决算方案，以及其他涉及全园工作的重要问题进行审议。

第五十七条 幼儿园应当加强党组织建设，充分发挥党组织政治核心作用、战斗堡垒作用。幼儿园应当为工会、共青团等其他组织开展工作创造有利条件，充分发挥其在幼儿园工作中的作用。

第五十八条 幼儿园应当建立教职工大会制度或者教职工代表大会制度，依法加强民主管理和监督。

第五十九条 幼儿园应当建立教研制度，研究解决保教工作中的实际问题。

第六十条 幼儿园应当制订年度工作计划，定期部署、总结和报告工作。每学年年末应当向教育等行政主管部门报告工作，必要时随时报告。

第六十一条 幼儿园应当接受上级教育、卫生、公安、消防等部门的检查、监督和指导，如实报告工作和反映情况。

幼儿园应当依法接受教育督导部门的督导。

第六十二条 幼儿园应当建立业务档案、财务管理、园务会议、人员奖惩、安全管理以及与家庭、小学联系等制度。

幼儿园应当建立信息管理制度，按照规定采集、更新、报送幼儿园管理信息系统的相关信息，每年向主管教育行政部门报送统计信息。

第六十三条 幼儿园教师依法享受寒暑假期的带薪休假。幼儿园应当创造条件，在寒暑假期间，安排工作人员轮流休假。具体办法由举办者制定。

## 第十一章　附　则

第六十四条 本规程适用于城乡各类幼儿园。

第六十五条 省、自治区、直辖市教育行政部门可根据本规程，制订具体实施办法。

第六十六条 本规程自2016年3月1日起施行。1996年3月9日由原国家教育委员会令第25号发布的《幼儿园工作规程》同时废止。

## 思考与探索

1. 我国幼儿园组织机构、层级的设置依据有哪些?
2. 幼儿园管理涉及哪些内容?管理的基本原则有哪些?
3. 我国幼儿园园长负责制及其内容有哪些?实施园长负责制需要哪些条件?
4. 深化幼儿园管理体制改革主要举措有哪些?
5. 幼儿园各类规章制度有何意义?制定和落实规章制度的要求分别有哪些?

# 第九章 幼儿园教育的合作与衔接

**学习目标**

1. 了解家庭教育的特点和作用、家园合作的内容和途径；了解社区教育的意义及其对幼儿园教育的影响；了解幼儿园与小学两个教育阶段的差异与衔接。

2. 掌握家园合作的基本方法，能够为家长提供科学的育儿方法指导；能够利用社区教育资源促进幼儿园的工作；能够指导家长做好幼儿入园、入学的准备工作；初步掌握制订幼小衔接工作计划的方法。

3. 学会尊重家长；树立开放办园的教育观念；树立正确的幼儿教育观念，能正确认识和对待幼儿教育中的"小学化"现象。

幼儿生活在复杂的社会环境系统中，其发展首先会受到家庭教育的影响，接着是接受全面系统的学校教育，社会和社区文化氛围也时时刻刻在影响着儿童的发展。学前儿童在不同的年龄阶段需要面对变换的外部教育环境，从家庭进入幼儿园、从幼儿园进入小学，都对其生活、学习适应能力提出了挑战。所以，幼儿园与家庭的合作、幼儿园与社区的密切联系、幼儿园与小学的衔接等问题，也成为学前教育学关注和研究的重要领域。

## 第一节 幼儿园与家庭的合作

家庭教育是指家庭中的父母及其他成年人在家庭生活中对未成年孩子施加影响的过程，它具有不同于学校教育和社会教育的特点，即教育主客体关系的亲密性、教育内容丰富性、教育方式灵活性、教育影响终身性。因此，加强幼儿园与家庭合作有利于促进幼儿身心全面发展，有利于提高幼儿园教育质量，有利于提高幼儿家长的教育水平。幼儿园与家庭应形成教育合力，鼓励和引导幼儿家长参与幼儿园教育，指导和支持家长开展家庭教育。家园合作应该贯穿于幼儿园的日常活动之中。

## 一、家庭教育及其特点

### (一)家庭及家庭教育

家庭是由婚姻关系、血缘关系或收养关系建立起来的包括父母、子女及生活在一起的其他亲属在内的社会组织,它是社会的基本单位和社会生活组织形式,是组成社会最基本的初级群体,是社会的细胞。家庭是人的出生地,也是人最早生活和成长的地方,是儿童走向社会的桥梁。从人类学、社会学、法学、教育学等多个角度来看,家庭一直都负有教育的功能,家庭是个体社会化过程的首要场所。

在原始社会时期,人类是群婚群居,没有稳定的家庭组织。在私有制出现以后,开始实行一夫一妻制,个体家庭产生并且随着生产力的发展而逐渐巩固。当今世界传统的家庭模式有三类:一是由夫妻及其未成年子女组成的"核心家庭";二是由夫妻、夫妻的父母或者直系长辈以及未成年子女组成的"主干家庭";三是由核心家庭或主干家庭加上其他旁系亲属组成的"扩大家庭"。然而,现代家庭已经远远超出传统的模式,正向更加多元的方向发展,如由单身父亲或母亲养育未成年子女的"单亲家庭";人们到了结婚的年龄不结婚或离婚以后不再婚的"单身家庭";夫妻一方再婚或者双方再婚组成的"重组家庭";夫妻有生育能力但不生孩子、浪漫自由的"丁克家庭";只有老两口生活在一起的"空巢家庭"。

家庭是一个亲属团体,其成员间有着特殊的、密切的联系,相互间有婚姻关系、血缘关系或有收养关系。基于这种特殊性,家庭便承担起了教育家庭成员、培养下一代的特殊职能。家庭教育是指父母或者其他监护人为促进未成年人全面健康成长,对其实施的道德品质、身体素质、生活技能、文化修养、行为习惯等方面的培育、引导和影响。

### (二)家庭教育的特点

家庭教育不同于学校教育和社会教育。从教育活动的主客体、教育的内容、形式及影响来看,家庭教育具有以下几个方面的特点。

#### 1. 家庭教育的主客体关系亲密无间

家庭教育一般是建立在亲子血缘关系基础上的,父母和子女朝夕相处,情感上紧密相连。未成年孩子在经济上、生活上、感情上对家长有很强的依赖性,亲子之间有亲密的依附关系。因而,家庭教育是在物质供养和深厚的亲子感情密切结合下进行的。

#### 2. 家庭教育的内容丰富多样

家庭教育涉及的内容很广,有伦理道德教育、情感教育、生活教育、知识教育、审美教育,等等。家庭是社会的细胞,凡是有子女的家庭,家长在社会带回的种种信息都会成为影响孩子的因素,家庭成员的一言一行、举手投足都对子女产生影响,所以说家庭教育的内容是十分丰富而多样的。

#### 3. 家庭教育的方式方法灵活多样

相对学校教育而言,家庭教育没有固定的设计和程式。家庭教育也不像学校教育那么严密、刻板,而是家长在日常生活中"遇物则诲,相机而教",并用言传身教、潜移默化的方法影响孩子。在这个过程中,家长还可以根据儿童的实际表现与发展水平,随时调整教育的方法,并逐步达到预期的教育目标。可见,家庭教育随时随地可以进行,教育方法灵活多样。家庭教育的方式不仅灵活多样,而且还很有针对性。家长对子女所进行的教育一般是一种个别化的教育,家长可以通过日常的生活环节和儿童亲身经历的典型事例,针对子女存在的问题和个性特点及时地、有的放矢地对孩子施加影响。

#### 4. 家庭教育的影响是终身的

与其他教育形式相比,家庭教育更具有连续性和持久性。孩子一出生就开始接受家庭教育,虽然不同阶段家庭教育的作用大小不一样,但其影响是相伴终身的。家长对子女进行长期的、持久的、连续的教育,其影响的牢固性往往要超过其他的教育形式。因此,人的一生中都在直接或间接地、有意或无意地接受家长的影响。正如人民教育家老舍先生在怀念他的母亲时所说的:"从私塾到小学,到中学,我经历过起码有百位老师吧,其中有给我很大影响的,也有毫无影响的。但是我真正的老师,把性格传给我的,是我的母亲。母亲并不识字,她给我的是生命的教育。"

根据《中华人民共和国家庭教育促进法》,我国家庭教育以立德树人为根本任务,培育和践行社会主义核心价值观,弘扬中华民族优秀传统文化、革命文化、社会主义先进文化,促进未成年人健康成长。

## 二、幼儿园与家庭合作的意义

幼儿园的教育离不开家庭的合作。我国《幼儿园工作规程》明确规定:幼儿园应主动与幼儿家庭配合,共同担负教育幼儿的任务。《幼儿园教育指导纲要(试行)》也指出:幼儿园应与家庭、社区密切合作,与小学相互衔接,综合利用各种教育资源,共同为幼儿的发展创造良好的条件。因此,幼儿教师做好家园合作工作对提高保教质量具有十分重要的意义。

### (一)家庭是幼儿成长的第一环境,家园合作有利于促进幼儿身心全面发展

孩子出生后,是父母给他们创造了生活的第一个环境。父母不仅给予幼儿先天的遗传素质,而且还给幼儿生长发育提供了不可缺少的物质环境。幼儿与父母长期生活在同一个家庭环境里,有着深厚的感情,并形成良好的亲子关系,这是幼儿成长不可缺少的精神环境。幼儿在家庭中的时间约占其全部生活时间的2/3,所以家庭环境对儿童的影响十分重要。儿童总是首先受到家庭环境的影响,尤其是父母在教育子女、与其子女的相互关系中,总是渗入了大量的社会准则与行为规范的影响。

人类最初的幼儿教育是家庭承担的,随着社会生产力的发展,这一任务转移到幼儿园。家庭和幼儿园都是幼儿重要的生活环境,通过开展有效的家园合作,教师和家长之间互相沟通,建立密切的合作关系,可以为幼儿身心全面和谐发展提供良好的社会环境。比如在培养幼儿的生活自理能力时,应该在观念上、行动上保持一致,双方共同努力,为幼儿创造良好的生活教育环境。这不仅对儿童个体的社会化进程及其体、智、德、美的全面发展,而且对社会的稳定与

发展都起到了极其重要的促进作用。正如苏联教育家马卡连柯所说:"家庭是最重要的地方,在家庭里面,人初次向社会生活迈进。"

(二)家长是幼儿园重要的教育力量,家园合作有利于提高幼儿园保教质量

家庭与幼儿之间的特殊关系决定了它在儿童发展中所起的重要作用。作为教育者的家长与作为受教育者的孩子间特有的血缘关系、亲情关系、经济关系使得这种教育具有强烈的感染性和针对性。家长作为重要的教育力量,与教师携起手来直接参与幼儿园教育对幼儿有良好而持久的影响,能够大大提高幼儿活动的兴趣和积极性,能够改善幼儿在家中的行为和密切其与家人的关系,能够使幼儿更积极地投入到幼儿园的学习生活活动。因此,家长是幼儿园教师最好的合作者,是教师了解幼儿的最好的信息源。

幼儿园在发挥幼儿教育的主导作用时,教师应该充分发掘和利用家长这一宝贵的教育资源,通过家长的配合,形成教育合力,使幼儿园教育计划更加可行、更加有效。如果家园合作开展得好,二者各自发挥优势,互相补充,互相配合,两者就在教育观念、目标、内容、方法和态度上达成一致,形成合力,就会产生"1+1＞2"的效果。同时,家长对幼儿园教育工作的肯定和支持,有助于激发幼儿教师的职业幸福感和成就感。而家长对幼儿园教育工作的合理建议也有利于幼儿园不断改进工作,共同提高保教质量。

(三)家庭是幼儿园外的重要"课堂",家园合作有利于提高幼儿家长的教育水平

每个幼儿都从自己家庭的生活中获得不同于他人的经验,形成自己的行为习惯,发展待人处事的能力以及语言,等等。但是家庭毕竟是一个依靠血缘关系而自然形成的生活环境,不是专门的教育场所。不同的家庭背景、物质条件、家庭结构、家庭气氛、家庭关系和家庭教养方式都对孩子身心发展有着不同的影响。家长的思想观念、文化素质、兴趣爱好、教育水平参差不齐,家庭教育的内容、方式方法各不一样。而幼儿园是专门的教育机构,幼儿教师是专职的教育工作者,懂得儿童身心发展的特点和规律,掌握科学的幼儿教育方法,他们对孩子的教育是有目的、有计划和有组织的。对于家长和教师自身来说,家园合作就是一个共同受教育的过程。

在家庭教育中,家长的教育知识与能力也需要有一个学习和实践的过程,家园合作就为家长提高教育水平提供了一个学习的机会,能够帮助家长树立教育好孩子的信心,获得教育的知识经验。家长可以通过幼儿园教师获得有关幼儿成长变化的信息,家长对自己孩子每天新表现、新进步给予及时的鼓励和引导。同时,幼儿园也可以为家长提供各种有益的教育咨询,让家长分享先进的教育理念、教育技能和教育经验,指导家长充分认识家庭、社区教育的价值,学会积极利用各种教育资源教育孩子,不断提高家长的教育水平。

### 三、幼儿园与家庭合作的内容

父母或者其他监护人应当依法履行抚养与教育儿童的责任,尊重学前儿童身心发展规律和特点,创设良好家庭环境,科学开展家庭教育。

(一)幼儿园与家庭应形成教育合力

按照《幼儿园工作规程》的规定,幼儿园负有主动与幼儿家庭配合、建立与家长联系的制度的责任,避免"以幼儿园中心"的态度对待家长。因此,幼儿教师应当牢固树立家园合作的思想,主动与家长合作。幼儿教师应该把自己看成是与家长一样的幼儿教育的主体,相互间是合作伙伴关系,共同的目标是促进儿童的发展。教师要树立为家长服务的意识,有责任唤起家长的主人翁意识,建立与家长沟通交流的畅通渠道,双方共同为孩子的健康成长齐心协力。教师要努力提升自己,掌握家庭教育知识,培养和发展自身开展家庭教育指导工作的能力。

同时,教师要尊重家长的权利与义务,充分发挥家长的积极主动性。教师首先要通过自己的实际行为向家长表明自己对孩子的关爱,对工作的尽心尽责,并适时适宜地通过孩子,表达对家长的尊重之情。例如,三八妇女节(国际劳动妇女节)让幼儿为妈妈做一件家务事,在日常教育中增加教导幼儿爱家、爱亲人的内容等。教师还要肯定与接受家长的教育成效,激发家长参与幼儿园教育的兴趣。当家长感受到教师对孩子的关爱和对工作的责任感时,自然就会信任教师,愿意沟通合作,形成教育合力。

(二)家园合作工作的主要内容

幼儿教师在家园合作过程中起主导作用,是家园合作活动的发起者、组织者和主导者。从幼儿教师的角度来看,家园合作的内容主要包括以下两个方面。

**1. 鼓励和引导幼儿家长参与幼儿园教育**

开展家园合作,就是要让家长直接或间接地参与到幼儿园的教育过程中来,共同提高保教质量。一方面,幼儿园应通过建立"家长学校""家长委员会",主动赢得家长的理解和支持,并就教育观念、保教目标与任务、师幼关系、园本管理等达成共识,从而增强家长对幼儿园工作的信赖感和参与的积极性。另一方面,家长作为幼儿的法定监护人,有权了解并参与幼儿园的各项教育决策,幼儿园应该鼓励和引导家长了解并参与制订幼儿的个别教育计划及幼儿园的各项管理和决策,让幼儿家长监督和评价幼儿园的保教工作。此外,幼儿教师还可以鼓励家长为幼儿园提供人力或物力诸方面的服务,如邀请家长主持一些教育活动,为幼儿园提供财、物方面的支持或信息服务,或献计献策等,共同促进幼儿园的工作。

**2. 指导和支持家长开展家庭教育**

根据《幼儿园工作规程》的要求,帮助家长创设良好的家庭环境,向家长宣传科学保育、教育幼儿的知识是幼儿园的重要任务。不少幼儿家长在教育思想观念上还存在误区,如偏重知识的灌输记诵、轻视人格养成和基本品德习惯的养成;在教育方式方法上存在偏差,如溺爱、娇惯孩子的现象十分普遍。特别是一些留守儿童家庭,由老人照看幼儿,很难按照幼儿园的要求对儿童做出及时正确的教育指导。因此,帮助幼儿家长树立正确的教育观念,掌握科学的养育、教育方法是幼儿教师义不容辞的责任。家园合作中,幼儿教师应该帮助家长树立正确的儿童观和教育观,理解家庭教育的意义,明确家庭教育的责任,强化家长"不仅是养育者,也是教育者"的意识;帮助家长营造有利于幼儿身心健康成长的物质环境和精神环境,向家长宣传幼儿教育与心理方面的一般知识和基本方法,改善家长的教育行为和教育方法,指导家长制订有针对性的家庭教育方案。

根据《全国家庭教育指导大纲(修订)》(2019),幼儿园对家庭教育指导的内容要点包括:

(1)积极带领儿童感知家乡与祖国的美好。指导家长通过和儿童一起外出游玩、观看影视文化作品等多种形式,了解有关家乡、祖国各地的风景名胜、著名建筑、独特物产等;适时向儿童介绍国旗、国歌、国徽的含义,带领儿童观看升国旗、奏国歌等仪式,培育儿童对家乡和祖国的朴素情感。

(2)引导儿童关心、尊重他人,学会交往。指导家长培养儿童尊重长辈、关心同伴的美德;关注儿童日常交往行为,对儿童的交往态度、行为及时提供帮助和辅导;结合实际情境,帮助儿童理解他人的情绪,了解他人的需要,做出适当的回应;引导儿童学会接纳差异,关注他人的感受;培养儿童多方面的兴趣、爱好和特长,增强儿童与人交往的自信心;经常带儿童接触不同的人际环境,为儿童创造交往机会,帮助儿童学会与同伴相处。

(3)培养儿童规则意识,增强社会适应性。指导家长结合儿童生活实际,为儿童制订日常生活规范、游戏规范、交往规范,遵守家庭基本礼仪;要求儿童完成力所能及的任务,培养责任感和认真负责的态度;有意识地带儿童走出家庭,接触丰富的社会环境,提高社会适应性;在儿童遇到困难时以鼓励、疏导的方式给予必要的帮助与支持。

(4)加强儿童营养保健和体育锻炼。指导家长积极带领儿童开展体育活动;根据儿童的个人特点,寻找科学合理又能被儿童接受的膳食方式;科学搭配儿童饮食,做到营养均衡、比例适当、饮食定量、调配得当;科学管理儿童的体重,学习关于儿童营养的科学知识;与儿童一起制订合理的家庭生活作息制度,培养儿童良好的生活和卫生习惯;定期带儿童做健康检查。

(5)丰富儿童感性经验。指导家长重视生活的教育价值,为儿童创设丰富的教育环境,带领儿童关心周围事物及现象,多开展接触大自然的户外活动,参观科技馆、博物馆、美术馆等,开阔儿童的眼界,丰富儿童的感性经验;尊重和保护儿童的好奇心和学习兴趣,支持和满足儿童通过直接感知、实际操作和亲身体验获取经验的需要,避免开展超出儿童认知能力的超前教育和强化训练。

(6)提高安全意识。指导家长尽可能消除居室和周边环境中的危险性因素;结合儿童的生活和学习,在共同参与的过程中对儿童实施安全教育;重视儿童的体能素质,提高其自我保护能力,减少儿童伤害。

(7)培养儿童生活自理能力和劳动意识。指导家长鼓励儿童做力所能及的事,学习和掌握基本的生活自理方法,参与简单的家务劳动,在生活点滴中启发儿童的劳动意识,保护儿童的劳动兴趣。

(8)科学做好入学准备。指导家长重视儿童幼儿园与小学过渡期的衔接适应,充分尊重和保护儿童的好奇心和学习兴趣,帮助儿童形成良好的任务意识、规则意识、时间观念,学会控制情绪,能正确表达自己的主张,逐步培育儿童通过沟通解决同伴问题的意识和能力;坚决抵制和摒弃让儿童提前学习小学课程和教育内容的错误倾向。

• 拓展阅读 •

 人是从何时起变成一个社会性动物的？

答案就是：5～6岁。

这是一个很特别的年龄段，从这时开始，孩子们感兴趣的不再只是自己的生活，而是渐渐地关心起了别人、关心起了广大的世界。而对爸爸妈妈来说，这更是一个极富挑战的时期，因为他提的问题越来越刁钻了，你越来越猜不透他在想什么，当你回想起他两三岁时乖巧的模样，你甚至会觉得有人把你的孩子给偷换了。

其实，正是这时，孩子最需要你的指引，因为他非常渴望成为一个"社会人"，融入一个群体，但他并不知道怎么去做，更不了解那些群体的规则，所以他常常会犯错，有的错误在大人眼里甚至是很严重的，比如说谎、打架，可实际上，这都是他努力长大的过程中所走的弯路。

## 四、幼儿园与家庭合作的方式

家园合作活动应该贯穿于幼儿园的日常活动之中，从家园合作活动主体的主导性来看，专门的家园合作活动大致可以分为以下两大类。

（一）以幼儿园为核心的家园合作活动

以幼儿园为核心的家园合作活动的主要目的，一是让家长了解孩子在幼儿园的各方面表现、保教活动计划以及教师是如何教育孩子的，通过观察教师的教育行为和孩子的表现，反思和改进家庭教育；二是充分利用家长的教育资源，支持配合幼儿园的教育活动。以幼儿园为核心的家园合作活动具体形式有以下几种。

**1. 幼儿入（离）园时的交谈**

这是一种以询问、谈话为主要方式的个别交流形式，主要目的是让家长了解孩子在幼儿园的学习生活表现，让教师了解幼儿在家庭里的行为表现以及所处的家庭环境。这也是最常见、最容易实施的沟通交流方式。

**2. 家长专栏**

幼儿园一般在园里的显眼处或班级门口设立"家长专栏"或"家园之窗"，将家教须知、幼儿园活动计划或食谱等内容登上，供家长了解幼儿园保育和教育情况，宣传科学育儿知识等。

**3. 家园联系册**

这是一种书面形式的个别交流方式，也是一种日常性家长工作形式，优点是能双向沟通，有连续性，可保存。

**4. 便条或电话、短信、QQ群、微信群（幼儿园微信公众号）、邮件联系**

这是一种有效的个别交流方式，它往往只需教师的寥寥数语，就可以把孩子的点滴进步传达给家长。

### 5. 家访

针对幼儿的实际,教师上门了解幼儿与家庭的情况,以便有针对性地实施教育。

### 6. 幼儿园开放日

幼儿园开放日可以是家长在幼儿入园前对幼儿园整体环境设施设备与师资力量等情况的参观、访问,也可以是幼儿入园后的一日或半日活动的参观与听课。有入园前的开放日,可以邀请家长和幼儿一起来园,熟悉新教师和新环境,消除陌生感;也可以结合特殊日子和特殊活动(如"六一"儿童节、元旦节、亲子运动会、毕业活动)让家长来园参观或和幼儿一起活动。

### 7. 幼儿学习成果展示与汇报会

家长把自己的孩子送到幼儿园接受教育,最大的愿望莫过于现场感受到孩子的成长进步。举办幼儿学习成果展览与汇报会的目的就在于向家长汇报幼儿在园的学习生活情况,让家长对幼儿园放心,并给他们以教育的信心。

## (二)以家长为核心的家园合作活动

以家长为核心的家园合作活动主要是为家长提供相应的帮助和指导,提高家长素质和家庭教育质量,促进幼儿身心健康发展,也就是幼儿园对家长进行的如何成为合格称职的好家长的教育。这种教育在我国台湾称为"亲职教育",在德国称为"双亲"教育,在俄罗斯称为"家长教育"。在以家长为核心的家园合作活动中,家长既是受教育者又是教育者。一方面,他们需要向幼儿园教师学习科学的家庭教育方法;另一方面,他们又要把学到的东西运用到自己的家庭教育实践中。以家长为核心的家园合作活动有以下几种方式。

### 1. 家长会

家长会大多由家长集体参加,其内容相对集中于大家共同关心的问题。

### 2. 家长园地或家庭教育专刊

这是以文字的形式定期对家长进行指导的一种形式。

### 3. 家教现场指导活动

这是一种互相观摩、直接指导的活动方式,常常是由教师通过对幼儿出现的问题或家长普遍关心的问题进行专门的教育活动设计,家长通过现场观摩来学习。

### 4. 家长沙龙

家长沙龙主要是为了给家长提供宽松的畅所欲言的交流环境和机会,可以由幼儿园提供场所,也可以由家长自愿在自己家里组织。

### 5. 家长座谈会

向家长汇报幼儿园工作,反映幼儿情况,发动家长配合幼儿园工作。

### 6. 家庭互助组

幼儿家庭之间的一种在家庭教育方面相互帮助、相互支持的形式。

**7. 家长学校或家庭教育讲座**

面对面地向家长宣传教育知识,帮助家长树立正确的教育观念,学习科学的育儿方法等。

## (三)家园合作工作实例

**1. 如何组织家长参加幼儿园的开放日活动**

在幼儿园开放日活动中,通常容易出现的问题是家长或漫无目的地浏览,或只顾自己的孩子。为了避免这种无序现象,引导家长有效地进行观察,幼儿园应采取一些措施,把活动内容、活动目的以及家长应该注意哪些方面等事先告知家长。比如,给家长提供一张简单的幼儿行为观察表,供其逐项对照画圈,对每项的意义向家长做适当的解释,活动后一起讨论观察的结果,以便共同制定一个帮助幼儿的个别学习计划,并明确和落实各自的责任,特别是家长在家里要做的事,然后定期再交换意见。这样的观察表既可保存起来,又可作为教师的参考,还可让家长与日后的观察再做比较,去发现孩子的进步或变化,不断总结教育经验,改善家庭教育的方法。

> **案例阅读**
>
> 幼儿园小班的活动是双脚并拢,跳过横在地上的一个接一个的长条积木。如何让家长有目的地观察呢?应该引导家长看:孩子跳时是双脚并拢的呢还是单脚跨的,跳过去后是站稳的呢还是站不稳,跳过一条积木后是接着跳下去呢还是要重新调整一下再跳,等等。这些观察不要求家长有很高的文化程度,很容易就能发现孩子动作的发展水平。然后教师与家长沟通下一步回家后如何个别辅导:如有的家长看到孩子的问题是大肌肉发展不好,就与教师商定办法,回家后不再抱孩子上楼梯,而让他自己爬;孩子跳跃后站不稳,是动作协调、平衡不好,教师就指点家长,在接送孩子时让其多自己走,少坐车;回家后可在地上画一条线,让孩子做沿线走的游戏,等等。这样,家庭教育与幼儿园活动内容扣在一起,教师与家长共同努力,就大大提高了保教的整体效果。

**2. 如何帮助家长指导孩子在家阅读**

孩子都喜欢在家里听父母给他们讲故事或一起阅读。幼儿园教师可以为家长设计一个简单的"幼儿听讲故事情况记录表",表上列出关于阅读某本书的一些简单问题,只需家长画圈、打钩即可。比如,是孩子主动要家长讲这本故事书的,还是家长要孩子听的?讲图书时,孩子是否用手指着图书上的文字?孩子听故事时什么地方插话了?说些什么?孩子喜欢书中的谁、不喜欢谁?家长讲完了以后,孩子自己是否还去翻阅那本书?孩子是否也给家长讲故事,等等。教师看了记录后,和家长一起议一议孩子的情况,让家长了解这些问题的意义,如哪些反映了孩子对图书、文字的兴趣程度,哪些反映了孩子对事物的态度、认识,哪些说明孩子关心什么,其思维水平、语言水平怎样,等等。然后和家长商量有针对性地帮助幼儿掌握阅读的方法。这样,不仅能使家长更加了解自己的孩子,学会初步的早期阅读指导方法,提高家庭教育的质量,还为教师组织教育活动、因人施教和个别指导提供宝贵的参考资料。

• 拓展阅读 •

家长在引导孩子阅读儿童读物、听讲故事时,家长需要做到:

1. 让孩子把握故事书的一些基本情况。第一次拿到一本故事书时,家长可以快速地通读一遍,大致了解书的内容,这样才能更好地引导孩子去进行有目的的阅读。作为阅读故事书的第一步,家长可以让孩子先了解一下书的基本情况,如故事书的封面、故事的主人公、故事发生的背景,等等,可以让孩子形成一定的阅读期望。

2. 帮助孩子理解故事书的主要内容。孩子在读故事书的时候,会随着故事的内容,按顺序读下去,并记在头脑里。家长可以帮助他们提取出其中最主要的情节,这样一篇一二百字的故事就能用短短的几句话概括出来,能够达到方便理解的目的。

3. 提出问题让孩子理解和思考。提出问题的目的是让孩子通过寻找答案的过程更好地理解故事的内容。比如孩子初次阅读一本故事书,家长可以提出一些"这本书讲的是谁的故事""他们在做什么"等可以直接让孩子找到答案的问题。待孩子对故事的内容比较熟悉后,家长也可以提出一些预测性、假设性的问题,如"接下来会怎么样呢?""如果你遇到这样的事情,你会怎么做呢?"这些问题虽然在故事中找不到直接的答案,但可以启发孩子联系自己的生活经验去思考,因此能够起到加深理解、考察理解程度和激发想象力的作用。

4. 引导孩子对故事做细致的观察和个人化的思考。当孩子已经大致理解了故事的内容后,家长可以给孩子布置一些小任务或一起做一些小游戏,让孩子更好地参与到阅读中来,并且进一步体验故事中角色的心理感受,还可以引导孩子观察一些阅读时没有注意到的细节,例如次要人物的动作、语言、神态、背景的变化等。这种富有主动性的阅读方式会激发孩子更浓厚的阅读兴趣,孩子往往愿意尝试着自己进行阅读。这时,家长更可以鼓励孩子摆脱文字的限制,勇于用自己的语言表述自己对于故事的理解,也可以根据孩子的年龄特点和已有水平鼓励孩子续编甚至改编故事,完成真正个人化的阅读。

• 拓展阅读 •

 家长育儿守则

(一)做好榜样。家长自身应为幼儿做出良好的表率,凡是对幼儿提出的要求,务必身体力行,自己先做到;家长自身的缺点不宜回避,要不断完善自我,做到道德高尚、举止文明。

(二)恪守一致。父母及家庭其他长辈对幼儿应该要求一致、态度一致,在教育方式方法上应沟通默契,统一思想。

(三)提示在先。针对孩子容易发生的问题和行为,家长要有针对性的提示,变被动为主动,防患于未然。

(四)尊重儿童。孩子是家庭中平等的一员,家长不可盛气凌人,要营造民主的家风,培养孩子主人翁意识和自主意识,满足孩子合理的需要,让孩子学会独立体验。

(五)善用鼓励。家长要通过多种多样的方式对幼儿好的行为或表现做出及时的肯定和鼓励,培养积极情绪。同时,鼓励的分寸要恰当,场合要因事而异,要以精神鼓励为主、物质鼓励为辅。

(六)适当回避。鉴于家长和孩子在年龄、经验、需要和责任等方面的差别,对事物和问题的理解有很大差别,影响孩子健康成长的成人活动和不同意见应该回避孩子。

> 拓展阅读

### 《教育部关于建立中小学幼儿园家长委员会的指导意见》

各省、自治区、直辖市教育厅(教委),新疆生产建设兵团教育局:

为贯彻落实《国家中长期教育改革和发展规划纲要(2010—2020年)》,推进现代学校制度建设,完善中小学幼儿园管理制度,现就建立中小学幼儿园家长委员会(以下简称家长委员会)工作提出如下意见。

一、充分认识建立家长委员会的重要意义

中小学生和幼儿园儿童健康成长是学校教育和家庭教育的共同目标。建立家长委员会,对于发挥家长作用,促进家校合作,优化育人环境,建设现代学校制度,具有重要意义。近年来,在教育部门的推动和支持下,一些地方的中小学通过家长委员会动员组织家长参与学校的教育教学活动和管理工作,取得了积极成效。面对教育改革发展的新形势,需要在更大范围推广成功经验,把家长委员会普遍建立起来。

各地教育部门和中小学幼儿园要从办好人民满意教育的高度,充分认识建立家长委员会的重要意义,把家长委员会作为建设依法办学、自主管理、民主监督、社会参与的现代学校制度的重要内容,作为发挥家长在教育改革发展中积极作用的有效途径,作为构建学校、家庭、社会密切配合的育人体系的重大举措,以更大的热情,更有效的措施,创造更好的条件,大力推进建立家长委员会工作。

二、明确家长委员会的基本职责

家长委员会应在学校的指导下履行职责。

参与学校管理。对学校工作计划和重要决策,特别是事关学生和家长切身利益的事项提出意见和建议。对学校教育教学和管理工作予以支持,积极配合。对学校开展的教育教学活动进行监督,帮助学校改进工作。

参与教育工作。发挥家长的专业优势,为学校教育教学活动提供支持。发挥家长的资源优势,为学生开展校外活动提供教育资源和志愿服务。发挥家长自我教育的优势,交流宣传正确的教育理念和科学的教育方法。

沟通学校与家庭。向家长通报学校近期的重要工作和准备采取的重要举措,听取并转达家长对学校工作的意见和建议。向学校及时反映家长的意愿,听取并转达学校对家长的希望和要求,促进学校和家庭的相互理解。

三、积极推进家长委员会组建

建立家长委员会,要发挥学校主导作用,落实学校组织责任,纳入学校日常管理工作;要尊重家长意愿,充分听取家长意见,调动家长的积极性和创造性;要根据学校发展状况和家长实际情况,采取灵活多样的组织方式,确保家长委员会工作取得实效。

有条件的公办和民办中小学和幼儿园都应建立家长委员会。学校组织家长,按照一定的民主程序,本着公正、公平、公开的原则,在自愿的基础上,选举出能代表全体家长意愿的在校学生家长组成家长委员会。特别要选好家长委员会的牵头人。要从实际出发,确定家长委员会的规模、成员分工。

家长委员会成员应具有正确教育观念,掌握科学的教育方法,热心学校教育工作,富有奉献精神,有一定的组织管理和协调能力,善于听取意见、办事公道、责任心强,能赢得广大家长的信赖。

**四、发挥好家长委员会支持学校工作的积极作用**

家长委员会要针对学校教育和家庭教育的突出问题,重点做好德育、保障学生安全健康、推动减轻中小学生课业负担、化解家校矛盾等工作。

与学校共同做好德育工作。要及时与学校沟通学生思想状况和班集体情况,经常向家长了解学生在家庭的表现和对学校、教师的看法,与学校和教师一起肯定和表扬学生的进步,解决和化解学生遇到的困难和烦恼,做好思想工作。经常通过家长了解学生所在班级的情况,及时发现班集体风气和同学之间关系存在的问题,推动形成积极向上、温暖和谐、互助友爱的班集体。

协助学校开展安全和健康教育。引导家长履行监护人责任,配合学校提高学生安全意识和自护能力,支持学校开展体育运动和社会实践活动。对学校的安全工作进行监督,与学校共同做好保障学生安全工作,避免发生伤害事故。

支持和推动减轻学生课业负担。防止和纠正幼儿园教育"小学化"。引导家长积极支持教育部门和学校采取的减轻中小学生课业负担的各项措施,监督学校的课业负担情况,及时向学校提出意见和改进的建议,与学校共同推进素质教育。

营造良好的家校关系。把学校准备采取和正在实施的教育教学改革措施,向家长做出入情入理的解释和说明,争取家长的理解和支持。及时向学校反映家长对学校工作的疑问,帮助学校了解情况改进工作。多做化解矛盾的工作,把可能出现的问题,解决在萌芽状态。

**五、为家长委员会的建设提供有力保障**

地方各级教育部门要切实加强对家长委员会组建工作的领导,把建立家长委员会列入工作议事日程,制订发展规划、工作计划和具体的实施意见和办法。要把建设和组织家长委员会作为教育行政干部和中小学校长的培训内容之一。要深入调查研究,及时总结和推广家长委员会组建、完善、发展工作的好经验、好做法,协调解决出现的问题和遇到的困难,促进和保障家长委员会的健康发展。

学校要为家长委员会开展工作提供必要的条件。完善学校科学民主的决策机制,保障家长委员会有效参与学校管理。完善科学的评价机制,保障家长委员会对学校工作实施有效监督。开放教育教学活动,保障家长委员会参与教育工作。建立学校与家长委员联席会议制度定期通报情况,保障沟通渠道畅通,确保家长委员会依法、规范、有序、有效地开展工作。

中华人民共和国教育部

二〇一二年二月十七日

## 第二节　幼儿园与社区的合作

社区是指居住在同一区域或地域范围内的若干社会群体或社会组织所结成的相互关联的社会区域共同体。社区幼儿教育具有地域性、广泛性、整合性、双向性等特点,幼儿园加强与社区合作有利于幼儿身心的健康发展,有利于幼儿园充分发掘和利用社区教育资源,有利于满足非在园幼儿的学习需要,有利于增强幼儿家长的社区教育意识和教育水平,有利于提高社区居民素质,促进精神文明建设。幼儿园的发展与社区的进步是相辅相成、互相促进的。就幼儿园方面来讲,既要发掘社区资源,服务幼儿教育事业,又要发挥自身优势,服务社区事业发展。

### 一、社区教育及其特点

幼儿园是社区中的教育机构,它与社区的发展息息相关。对幼儿身心健康发展的影响和教育不仅仅来源于幼儿园,它来自包括幼儿园、家庭、社区在内诸方面。幼儿园作为主导方面,应充分利用和开发社区教育资源,把社区教育作为幼儿园教育的补充和延伸,为幼儿全面发展创造一个良好的大教育环境。

#### (一)社区与社区教育

社区,通常是指居住在同一区域或地域范围内的若干社会群体或社会组织所结成的相互关联的社会区域共同体。社区是构成社会的基本单位,是宏观社会的一个缩影,它由一定数量的、具有某些共性(如共同的地理环境、生活服务设施、文化背景及生活方式、生活制度及管理机构等)的人群组成。在我国,城市社区一般指街道、居委会,农村社区一般指乡镇、村。

社区教育顾名思义是特定社区中的教育,是社会经济、文化、教育发展的产物。它是指特定社区范围内,以社区成员为对象,根据社区发展及其成员利益和需要整合、利用社区资源,为实现社区全体成员素质和生活质量的提高以及社区发展的一种社区性的教育活动及其过程。

社区是幼儿园教育的背景和依托,也是幼儿园取之不尽、用之不竭的教育资源。社区幼儿教育是向社会延伸和拓展的非正规形式,其对象不仅仅限于幼儿教育机构中的幼儿,而是包括社区内从出生至入学前的各年龄段婴幼儿,甚至包括他们的家长及社区全体成员。社区幼儿教育的实质在于社区生活、社会发展与教育的有机结合。随着社会的不断发展和教育改革的不断深化,幼儿园与社区的教育合作工作正在蓬勃兴起。

#### (二)社区幼儿教育的特点

社区幼儿教育具有地域性、广泛性、整合性、双向性等特点。

**1. 地域性**

地域性是社区幼儿教育的基本特点。社区是一个相对独立、自成体系的社会生活区域,每个社区有其特有的地理环境、生活设施、文化环境、居民结构、经济水平以及利益和需要等,从而形成不同社区的特定地域特点。它对该社区内的幼儿生活、身心发展也会产生不同的影响,从而导致社区幼儿教育具有明显的地域特点。

### 2. 广泛性

社区幼儿教育的对象是社区内的学龄前儿童(一般指 0～6 周岁)以及家长和其他看护人,教育内容主要是普及优生知识、指导优育、宣传优教等。因而社区幼儿教育工作不仅仅是学龄前儿童的教育工作,同时还包括对学龄前儿童的家长和其他看护人的教育、服务工作,与幼儿园教育相比它就显得更加广泛而灵活,内容也十分丰富。因此,社区教育不仅面向社区内每一个婴幼儿,而且面向每一个家庭,为他们提供优生优育、优教方面的服务指导。

### 3. 整合性

社区教育资源涉及物质环境、组织管理、文化和人力诸方面,且弥散在社区幼儿教育的各项活动中。要为社区全体成员提供教育服务,就需动员社区各方面力量乃至全体成员广泛参与,将社区内教育、卫生保健、文化娱乐、社会服务、福利保障等相关部门及工作有机联系起来,有效地整合各种资源,开展适合本社区需要的多种形式的教育服务,推动家庭、机构和社区的合作。

### 4. 双向性

幼儿园为社区服务,社区支持幼儿园教育。社区的和谐发展离不开幼儿园等教育机构,幼儿园教育离不开社区的支持和配合。因此,社区幼儿教育是社区和幼儿园之间双向互动、互利互惠的,也只有通过双向互动,社区幼儿教育才能得以生存和发展。

## 二、幼儿园与社区合作的意义

幼儿园是社区的有机组成部分之一,社区是社会大环境中与幼儿园关系最密切、对幼儿影响最大的方面。幼儿园与社区合作,是指幼儿园与其所处的社区、与幼儿家庭所处的社区密切结合,通过相互沟通和双向发展,共同为幼儿的健康成长服务,促进教育的社会化和社会的教育化。对幼儿园来说,加强与社区合作具有十分重要的意义。

### (一)有利于幼儿身心的健康发展

幼儿的健康成长有赖于其所生活的外部环境及其交互作用。除了在幼儿园外,幼儿大部分时间是生活在家庭和社区里。社区的自然环境和人文环境在幼儿的成长过程中,特别是心理发展过程中有着特殊的意义。比如,成年人一回忆起幼小时代生活过的街道、村庄、小镇、一草一木、山山水水时,总会伴随着十分美好、温馨的情感,这些情感构成了他们人生积极情感的重要内容,对人的一生都产生影响。

### (二)有利于幼儿园充分发掘和利用社区教育资源

社区作为一个集生产、生活、文化等多种功能于一体的社会小区,能为幼儿园提供丰富的人力、物力、财力、场所等多方面的支持。社区的积极参与,让幼儿走进社区课堂,能使幼儿园教育变得更生动、更富有时代气息和地域特色。比如,让幼儿参观社区中的各种机构、设施,请社区的劳动模范、解放军战士、医务人员、警察叔叔等与幼儿共同活动;幼儿园在教育活动中将社区的历史、风俗、革命传统等作为本土课程资源来利用,使幼儿园教育内容丰富而有特色;幼儿园可以通过环境布置、师幼服饰及人际交往方式等反映当地民族文化的内容。所有这些都会对丰富幼儿园的教育资源起到积极的影响。

### (三)有利于满足非在园幼儿的学习需要

幼儿园与社区开展合作,积极发展社区幼儿教育,不仅可以拓展在园幼儿的学习、成长机会,而且还可以为那些未能入园接受正规幼儿教育的孩子提供补偿教育,促进幼儿共同发展和教育平等。

### (四)有利于增强幼儿家长的社区教育意识和教育水平

幼儿教育需要广泛动员社会各方面的力量,幼儿园教育离不开家庭、社会力量的支持。幼儿园主动与社区合作,为幼儿家长提供一些托养、教育等方面的服务以及对家长和社区其他成员的教育培训活动,既可以指导家长对幼儿的家庭教育,也可以增强幼儿家长的教育意识,提高他们的家庭教育水平和质量。

### (五)有利于提高社区居民素质,促进精神文明建设

社区文化不仅对幼儿园教育有重要影响,而且也无形地影响着社区的每个成员。一般来说,文化和文明程度高的社区,幼儿园的园风、教育质量也都不错,社区的影响无疑是一个重要因素。幼儿园与社区合作,可以扩大幼儿教育的社会服务功能,有益于发挥教育对社会和社区发展的作用。幼儿园通过在社区宣传幼儿教育,可以使社区成员更加关心下一代的成长,关心和支持文化教育事业的发展,提高社区居民的文化教育素养,营造良好的社区风貌,更好地推动精神文明建设。

总之,幼儿园与社区合作是社会发展对幼儿教育提出的客观要求,又是幼儿教育自身发展的内部需要。幼儿园应当积极地探索适应社会变化的新型教育模式,促进自身的持续发展。

## 三、幼儿园与社区合作的内容与方式

根据国家的规定,全社会应当为适龄儿童接受学前教育、健康成长创造良好环境。博物馆、图书馆、美术馆、科技馆等公共文化服务机构应当提供适合学前儿童身心发展的公益性教育服务,按照有关规定对学前儿童免费或者优惠开放。

幼儿园的发展与社区的进步是相辅相成、互相促进的。就幼儿园方面来讲,我国幼儿园与社区合作的工作内容和方式主要有以下两类。

### (一)发掘社区资源服务幼儿教育事业

社区幼儿教育资源丰富,主要有如下几种形式:物质环境资源、人力及组织管理资源、文化

资源。幼儿园作为幼儿教育的主导方面,应主动争取合作,开发利用好这些资源。

**1. 开发利用社区的物质资源**

社区的物质资源包括自然景物、地理环境、社区结构及设施设备等方面。自然景物和地理环境中的花草树木、江河湖海、日月星辰、山川田野、地况地貌、季节气候、名胜古迹等丰富的资源都是可供幼儿园选择和利用的教育资源,为社区幼儿教育提供了丰富多彩的教育素材和学习生活空间。教师经常带领幼儿到街道、广场、花园、小区、博物馆等去嬉戏、玩耍,农村幼儿园就在绿水青山之中,可以激发孩子们热爱自然、热爱家园、热爱社会的情感;带领孩子走进劳动、生活现场,可以丰富幼儿社会和自然方面的感性知识。

**2. 开发利用社区的人力资源**

社区内有各种党政机关、企事业单位、社会团体等机构,它们各有其组织管理方面的优势资源。社区里的企事业人士、教育工作者、管理者、专家学者、离退休干部、儿童及其家长,以及社会各界的先进人物、知名人士、各类专业特长的居民,等等,他们是社区里最活跃的人力资源,是幼儿接触社会、认识社会、融入社会的重要人力媒介。幼儿园必须充分利用社区人力资源,创造幼儿与社区互动的机会,增进幼儿与社区互动的深度,通过"请进来、走出去"的方式开发、整合园内外教育资源。

比如,请小朋友喜爱的交警叔叔到幼儿园来教幼儿学做交通小指挥,请小朋友崇拜的先进人物来幼儿园给他们讲故事,请清洁工人讲环保的重要性和方法,请工厂工人讲机械操作技术,请农民讲种植的艰苦和现代种植技术;结合一些特殊日子带领幼儿走进工厂、农场、学校、敬老院等场所,进行参观、演出、联谊等活动。让幼儿在与形形色色的人和事接触过程中逐渐了解社会、感受新鲜事物、培养各种社会行为,增强社会适应性。

**3. 开发利用社区的文化资源**

社区的传统文化、民风习俗、道德风尚、价值观念、生活方式、审美情趣、网络文化等,都为社区幼儿教育营造了浓厚的文化氛围,通过多种途径在影响幼儿园。它们是幼儿教育资源的重要来源。幼儿园通过吸取社区的优秀文化元素,融入幼儿园课程内容,开展相应的教育活动,有利于幼儿园的文化特色建设。

## (二)发挥园所优势服务社区事业发展

幼儿园在利用社区资源发展自身的同时,还应该发挥自身作为专门教育机构的优势,充分利用幼儿园资源,以多种形式为社区发展服务,担负起社区幼儿教育的指导者、组织者和推动者的责任,向社区辐射教育功能,将正规、非正规,正式、非正式幼儿教育融为一体,为幼儿发展良好的共创社会环境。

**1. 树立幼儿园的文明形象,发挥文明示范的引领作用**

一所好的幼儿园可以成为社区精神文明的窗口,对社区的精神文明建设起示范引领作用。幼儿园作为社区的组成部分,应提高自身的文明程度,为树立社区的精神文明形象做贡献,如美化幼儿园环境,提高幼儿园教师、工作人员的素质,培养幼儿良好文明习惯等。也可以将社区生活活动和园内教育活动结合起来,如有的幼儿园开展环境教育,引导幼儿投入废物利用、节约用水用电、爱护公共卫生等活动,这样不仅给社区环境保护活动以积极的推动,幼儿也在活动中受到教育,同时促进幼儿素质和社区精神文明的发展。

### 2. 开发利用幼儿园的教育设施,与社区共享

幼儿园处于社区幼儿教育的中心,拥有齐全的幼儿教育设施设备,幼儿园可以开放这些物质资源,适时适度地面向社区婴幼儿、家长开放,为居民提供便利条件。比如,以幼儿园的玩具、图书为依托,建立"玩具图书馆",在节假日、双休日等时间段定期面向社区婴幼儿及其家长开放,让他们共享幼儿园的这些玩具设施等教育资源,以便于增强社区幼儿的愉快体验,使其更好地适应幼儿园生活。早在20世纪70年代左右,英国就出现了集社区中心、收藏馆和幼儿园于一体的"玩具馆"。2001年底,青岛市首批社区"玩具图书馆"在市南区湖南路幼儿园、晨光幼儿园等三家幼儿园同时出现,接纳社区幼儿前来借玩具、图书,使幼儿有更多机会与其他幼儿相接触,发展良好的同伴关系,也带动了成人之间的交往。

### 3. 发挥幼儿园的教育专长服务社区教育

幼儿园不仅拥有完备的硬件设施和环境,而且还拥有经验丰富的专业师资力量、有计划有组织的教育内容和活动组织等。幼儿园教师可以充分发挥自己的优势和专业特长,积极为社区服务。比如,幼儿园可以设置"亲子园"、家长学校、社区幼儿教育学校等社区幼儿教育机构,开展多种形式的育儿教育,辅导社区内的幼儿教育活动,将先进的育儿理念和科学的育儿知识送到社区内的每个家庭,提高社区居民的育儿水平。幼儿园也可协助街道或居委会为所辖行政区域的社区居民开展"优生、优育、优教"的各种文化、娱乐、服务活动,引导家长开展家庭文化、广场文化、校园文化、楼道文化、院落文化等多种形式的文化教育活动,既扩展幼儿的生活视野,充实幼儿的生活内容,又提高家长的文化素养和育儿素质,还可以建立幼儿园与社区的友好关系。

**· 拓展阅读 ·**

 **国外社区幼儿教育经验简介**

幼儿教育融入社区是世界各国幼儿教育的发展之路,越来越受到重视。在此,简要介绍几个国家的社区幼儿教育情况,给我们提供借鉴。

一、美国

美国实施了多种关于加强幼儿园与社区合作的措施,其中持续时间最长、影响最广的社区行动计划是1964年实施的"开端计划"(head start)。该计划规定至少要给90%以上的生活在贫困线以下家庭的3~5岁幼儿提供社区教育服务。利用社区的各种教育、文化、娱乐设施、人文景观和自然环境、人力资源,尤其是社区的服务工作人员和幼儿家长,对绝大多数的贫困家庭的幼儿实施免费的补偿教育。美国还推广了父母教育计划(即HAPPY计划),直接通过社区把培训带入家庭,旨

在指导学龄前儿童的家庭教育。

美国的幼儿教育机构十分重视把"社区"融入幼儿教育课程的发展中,例如在为儿童设计的自我概念课程中,就包含了"社区及社区助手"的主题内容。也重视幼儿教师关于社区教育的培训,在居民生活区中设立了社区学院,培训幼儿教育师资。

## 二、英国

为了改善处境不利儿童的生活和学习条件,英国政府于1998年制定实施了"确保开端"(sure start)项目。它以社区为依托,跨部门协作,地方政府、教育者、社区组织、家长以及志愿者共同为脆弱家庭提供帮助,营造良好的教育环境。政府官员、社区负责人、社区知名人士参与到社区教育机构的教育活动中;各社区均有"早期教育协会"这一全国性募捐组织的分部,宣传、指导社区幼教工作。社区专门建立了"社区玩具图书馆",不仅把0~5岁的儿童作为服务对象,而且还把幼儿家长纳入教育生活中。

另外,英国民间发起了幼儿社区教育活动——学前游戏小组运动(pre-school playgroups association)。英国本土学前游戏小组遍及城乡,深受不同经济条件的家庭的欢迎。英国的学前游戏小组一般是在多方的支持下,免费借用成人俱乐部、教会大厅、婴幼儿福利中心、废弃学校和富裕家庭的空房子。幼儿家长和社区工作人员自发组织,自筹资金,寻找适宜的设施和志愿工作人员。游戏小组协会负责业务管理、各游戏小组之间的协调与资源共享,并组织专业培训,开展学术交流活动。地方当局负责对设施进行检查,并要求各社区注册登记,以确保幼儿的安全和保教活动的质量。

## 三、日本

长期以来,日本十分重视利用社区资源来教育幼儿。1986年,日本教育审议会指出,幼稚园、家庭和社区三位一体对学前儿童进行教育是非常重要的,只有这样,才能克服幼儿教育封闭性。1990年日本的《幼稚园教育要领》指出:"幼儿的生活以家庭为主逐渐扩大到社区社会。"日本幼稚园同家庭、社区保持密切的联系,已形成了一个网络化的整体。1994年,日本政府颁布了《儿童养育协助基本方向》(简称"天使计划"),致力于"建立社会共同支持援助、面向社会开放的儿童教育新局面"。另外,在日本,社区幼儿教育的设施中,既有专门为儿童设立的,如儿童馆、儿童咨询所与家庭儿童咨询室、保健所与保健中心等;也有向所有社会成员开放的普通社会教育设施,如公民馆、儿童文化中心、图书馆、博物馆等。

## 四、泰国

泰国幼儿社区教育为发展中国家尤其是为农村的社区幼儿教育服务提供了很好的榜样。一是通过建立社区幼儿教育管理网络,发动各个组织参与幼儿教育管理,广泛开展了为社区幼儿教育服务的活动,向家长提供育儿知识,为幼儿提供如场地等教育环境以及为幼儿提供体检等卫生保健服务。二是以社区中的幼儿园为依托,为社区中的其他幼儿提供部分教育资源,辐射和引领社区幼儿教育、文化建设。三是重视发挥家长的参与作用,通过各种宣传使家长认识到自己的责任,提高家长的育儿水平。有关部门规定,育龄妇女必须接受育儿培训,尤其注重对0~3岁幼儿的父母进行培训。社区的幼儿园充分利用家长这个资源,经常把家长引入幼儿园的活动中,为幼儿带来各方面的知识。

## 第三节 幼儿园与小学的衔接

幼儿园教育和小学教育是相邻近的两个教育阶段。幼儿从幼儿园进入小学是其身心发展的一个重要转折。在这个过渡期，许多孩子进入小学后遇到适应性困难。比如，有的孩子不习惯小学连续上课的方式和生活节奏，出现发困、食欲不振、睡眠不足、体重下降，甚至频频生病等问题；有的孩子缺乏完成任务的成就动机和责任感，缺乏独立完成任务的信心和毅力，等等。这些问题如果处理得不好，就会对儿童日后的发展带来不利影响。因此，《幼儿园工作规程》明确指出，幼儿园和小学应密切联系，互相配合，注意两个阶段教育的相互衔接。《关于大力推进幼儿园与小学科学衔接的指导意见》则要求通过"建立幼儿园与小学科学衔接的长效机制，全面提高教育质量，促进儿童德智体美劳全面发展和身心健康成长"，从而落实党中央"建设高质量教育体系"的要求。

### 一、幼儿园与小学的差异

#### （一）幼儿园教育与小学教育的比较

幼儿园教育和小学教育是两个相邻而又不同的教育阶段，它们之间有哪些差异呢？我们可以通过表9-1做一些分析比较。

表9-1 幼儿园教育与小学教育的比较

| 不同方面 | 幼儿园教育 | 小学教育 |
| --- | --- | --- |
| 环境布置 | 幼儿园教室的环境布置生动活泼，充满童趣，有许多活动区域，有丰富的活动玩具和材料供幼儿动手操作、摆弄，并且经常随教育内容的变化而变化；没有固定排列的座位，可以自由选择游戏及进行同伴交往 | 小学教室的环境布置相对严肃，成套的课桌椅排列固定，学生有固定座位，教室内没有玩具可供选择，学生自由选择活动的活动空间较少 |
| 教育教学任务 | 根据《幼儿园教育指导纲要（试行）》《幼儿园工作规程》《3~6岁儿童学习与发展指南》所提出的保教目标，幼儿园教育的内容是广泛的、启蒙性的，可按照幼儿学习活动的范畴相对划分为健康、社会、科学、语言、艺术等五个方面 | 根据国家和地方统一的课程标准，分科目进行教育教学，分别通过相对独立的不同课程来实施 |

续表

| 不同方面 | 幼儿园教育 | 小学教育 |
| --- | --- | --- |
| 主导活动及教学方式 | 幼儿园的主导活动是各式各样、丰富多彩的游戏，幼儿在玩中学，通过幼儿动手操作等实践活动获得相关的感性经验和社会生活知识。教师按照"保教合一"的教育原则，在教学方法上注重直观性、趣味性，动静交替，寓教于乐，注重在日常生活中养成行为习惯，感知周围事物 | 小学阶段的主导活动是通过教科书呈现的各种学科文化知识的课堂教学，让儿童系统掌握科学文化知识，并在学习过程中获得德、智、体、美、劳诸方面的发展。教师的教学方法相对固定、单一，注重逻辑推理，偏重于抽象思维，学生通过听课、读书、做作业来掌握知识 |
| 作息制度 | 幼儿园的生活节奏宽松，一日生活中游戏活动时间较多，生活管理也不带有强制性，一般没有出勤考核要求，作息时间比较灵活。幼儿的学习与生活是综合的、整体的 | 小学的生活节奏快速而紧张，作息制度非常严格，对儿童的纪律和行为规范有强制性的要求，学习和活动明显区分，且活动时间、活动量明显减少。上课实行班级授课制，且时间较长 |
| 师生关系 | 每个班有固定的教师与幼儿整日生活在一起。幼儿园教师工作的重要职责之一就是照料好幼儿的身体和生活，对幼儿在生活上的照顾比较周到细致，与幼儿个别接触机会多、时间长、涉及面广；师幼关系密切、具体 | 虽然每个班都有一个固定的班主任，但小学科目多，任课教师多，师生接触主要是在课堂上，个别接触少，涉及面较窄，相对于幼儿园教师来说，小学教师对儿童的了解不够全面、深入，师生关系相对疏远 |
| 要求和期望 | 社会及成人对幼儿的要求相对宽松，幼儿园没有升学的压力，没有非完成不可的学习任务，没有家庭作业和考试制度，幼儿的压力小，自由多。教师的工作主要是根据幼儿的兴趣和需要，创设各种环境和条件，使幼儿在主动参与的各种活动中获得发展 | 社会及成人对小学生的要求相对严格，期望高。小学有明确的学习任务，学习成为儿童的一种必须完成的任务，有严格的考试和一定的家庭作业，老师把学习成绩作为评价儿童的主要指标，有升学的压力，学习压力较大，自由少，要负担一定的社会责任 |

### (二)幼儿园与小学衔接的含义

这里所说的"衔接"是指两个相邻的教育阶段之间的相互联系和对接。所谓幼儿园与小学衔接(简称"幼小衔接")是指幼儿园和小学根据儿童身心发展的阶段性和连续性规律，以及儿童终身发展的需要，做好两个教育阶段平稳过渡的教育过程，使儿童能够顺利地适应小学新生活，减少因两个教育阶段间的差异给儿童身心发展带来的负面影响，为其终身发展打下基础。

幼小衔接期是幼儿由幼儿园大班进入小学一年级，此时期恰好是幼儿结束幼儿园生活、开始接受小学教育的初期，是幼儿身心发展过程中所面临的一个重大转折期。从表9-1的对比中可以看到，幼儿园教育与小学教育是两个互相连接又有较大差别的教育阶段，儿童从幼儿园进入小学，生活、学习将发生巨大变化，将要面临新的挑战，会遇到种种不适应。因此，需要我们做好幼儿园与小学两个阶段的教育衔接工作。

## 二、做好幼小衔接工作的意义

儿童身心发展的阶段性规律,决定了教育工作的阶段性。处于幼儿园与小学阶段的儿童具有不尽相同的身心发展特征。幼儿园与小学两个教育阶段之间既有区别又有联系,前一阶段的教育是后一阶段教育的基础,后一阶段是前一阶段教育的继续和提高。为了使儿童获得健康的成长,能够从一个发展阶段顺利地过渡到下一个发展阶段,并取得良好的教育效果,衔接工作就显得特别重要。

### (一)幼小衔接工作是儿童身心发展规律的要求

儿童身心发展是一个由低级到高级、由量变到质变连续发展的过程。儿童在不同的发展阶段有不同的机体特征、不同的心理特点和不同的社会性需要。比如,在运动机能方面,幼儿园儿童会走、奔跑、跳跃、弯腰、下蹲,以及会运用手、脚、身躯和手指做各种动作。到入小学前,他们的走、跑、跳、攀登、投掷等基本动作逐渐熟练和协调,但小肌肉动作仍不够灵活和准确。入小学以后,还要经过一个时期的发展和练习,才能迅速而准确地进行手工、书写等活动。在心理品质方面,儿童的注意、感知、记忆的随意性,思维、语言能力、情感和意志的水平在不同阶段也都有鲜明的差别。学前幼儿的思维以具体形象思维的发展为主,而小学生以抽象逻辑思维的发展为主。在社会性的需要方面,幼儿园的儿童自主性逐渐加强,对同伴交往的需要日益迫切,能进行规则比较复杂、要付出一定意志努力的活动。但集体意识、坚持性和自制力的进一步发展还要在小学阶段才能完成。

儿童发展的各个阶段不是截然分开的,是有连续性的,是一个渐进的发展过程,没有哪个幼儿前一阶段一结束,前一阶段所有的特点就全部消失,后一阶段的特点就全部出现。在前、后两个发展阶段之间存在一个兼具两个阶段特点的过渡时期。在这一时期,儿童既保留了上一阶段的某些特征,又拥有下一阶段刚刚出现的某些特点。教育工作者必须对过渡阶段儿童的发展特点和需要有足够的认识,幼儿园和小学之间需要相互了解和沟通,互相配合,做好过渡阶段的教育工作,采取行之有效的教育方法,为儿童提供有效的帮助,以便入学后顺利适应新的生活。因此,衔接工作非常重要。

### (二)幼小衔接工作有利于促进幼儿和小学生的健康发展

如果教育衔接工作没做好,就会造成幼儿入学后的适应性问题,比如,身体方面的睡眠不足、身体疲劳、食欲不振、体重下降等现象,心理方面的精神负担重、心理压力大、情绪低落、自信心不足、学习兴趣降低等现象,社会性方面的人际交往不良、人际关系紧张等现象,有的学生甚至还出现怕学、厌学的情绪。这些问题如不能很好解决,就会严重影响初入学儿童身心的健康发展。

幼儿园阶段是一个人终身发展的奠基阶段,也是形成个体心理特点、情感态度、行为习惯的关键时期。幼小衔接工作做得如何直接影响到儿童今后身体、心理和社会性等方面的发展。因此,我们要明确幼儿园教育在人的终身教育中所处的地位,把幼小衔接工作放到一个人接受终身教育的大背景下去考虑,把儿童上小学看成是实现人的终身发展中的一个阶段,努力培养幼儿的独立性、主动性和自制能力,提高幼儿适应新变化的能力,使幼儿在终身的发展中有一个较好的开端。

### (三)幼小衔接工作可以更好地为小学阶段教育打好基础

幼儿园教育是终身学习的开端,是国民教育体系的重要组成部分,是基础教育的基础。幼儿园和小学虽然是相邻近的教育阶段,从教育制度上来说又都属于基础教育,但是,两个教育阶段却有明显不同的特点,在教育任务、内容、形式、教学要求和方法、作息制度和生活管理等方面都有很大的区别。幼儿园阶段的儿童是以游戏为主要活动形式,处于受成人保护、养育的情况之下,他们对社会还不负有任何责任。而小学阶段的儿童则以学习为主要活动,学习成为儿童对社会承担的义务。这一变化,对于儿童无疑是他们生活历程中的重大转折。新的教育条件和生活条件对儿童都提出了更高、更新的要求,要求他们尽快建立起一系列的神经联系,以适应新的环境,这对新入学的儿童是有一定的难度的。

如果幼儿园为幼儿入学的准备工作不够充分,小学环境的陌生、要求的悬殊、动力定型的破坏,都会使儿童在身体和心理上感到负担过重,茫然不知所措,甚至造成儿童体质下降,学习积极性减退,对学习产生厌倦情绪等,这样会挫伤儿童的学习信心和独立性。因此做好幼小衔接工作,使儿童顺利过渡,就成为保证九年制义务教育质量、提高新一代素质的有深远意义的大课题。

### (四)幼小衔接工作可以引导幼儿教育走向科学化

《幼儿园教育指导纲要(试行)》明确指出:幼儿园与家庭、社区密切合作,与小学相互衔接,综合利用各种教育资源,共同为幼儿的发展创造良好的条件。《国务院关于当前发展学前教育的若干意见》也明确指出:要遵循幼儿身心发展规律,坚持科学保教,促进幼儿身心健康发展,防止和纠正幼儿园教育"小学化"倾向。《关于大力推进幼儿园与小学科学衔接的指导意见》要求"坚持双向衔接",要"强化衔接意识,幼儿园与小学协同合作,科学做好入学准备和入学适应,促进儿童顺利过渡。"

长期以来,在幼小衔接问题中,人们只重视知识上的片面衔接,不注重幼儿学习习惯、学习兴趣以及社会适应能力的衔接,因此在幼小衔接过程中,常常会出现幼儿园关注小学情况多一些,小学则不关注幼儿园,形成了单向衔接的局面。幼儿园和小学教师也越来越认识到:衔接工作做得如何,直接影响儿童入学后的适应和今后的健康成长,影响义务教育的普及和质量的提高。幼小衔接问题是长期被教育工作者和家长所关注却一直没有得到很好解决的世界性难题。因此,积极开展幼小衔接工作的理论和实践探索,可促使我国的幼儿园与小学的衔接工作走上科学化的道路,从而有效地帮助孩子尽快适应小学生活。

## 三、幼小衔接的主要举措

根据教育部《关于大力推进幼儿园与小学科学衔接的指导意见》(2021)的指示精神,幼小衔接的主要目标是全面推进幼儿园和小学实施入学准备和入学适应教育,减缓衔接坡度,帮助儿童顺利实现从幼儿园到小学的过渡。其主要举措包括：

(1) 幼儿园做好入学准备教育。幼儿园要贯彻落实《3~6岁儿童学习与发展指南》和《幼儿园教育指导纲要》，促进幼儿身心全面和谐发展，为入学做好基本素质准备，为终身发展奠定良好基础。要进一步引导教师树立科学衔接的理念，大班下学期要有针对性地帮助幼儿做好生活、社会和学习等多方面的准备，建立对小学生活的积极期待和向往。要防止和纠正把小学的环境、教育内容和教育方式简单搬到幼儿园的错误做法。

(2) 小学实施入学适应教育。小学要强化衔接意识，将入学适应教育作为深化义务教育课程教学改革的重要任务，纳入一年级教育教学计划，教育教学方式与幼儿园教育相衔接。国家修订义务教育课程标准，调整一年级课程安排，合理安排内容梯度，减缓教学进度。小学将一年级上学期设置为入学适应期，重点实施入学适应教育，地方课程、学校课程和综合实践活动主要用于组织开展入学适应活动，确保课时安排。改革一年级教育教学方式，国家课程主要采取游戏化、生活化、综合化等方式实施，强化儿童的探究性、体验式学习。要切实改变忽视儿童身心特点和接受能力的现象，坚决纠正超标教学、盲目追赶进度的错误做法。

(3) 建立联合教研制度。各级教研部门要把幼小衔接作为教研工作的重要内容，纳入年度教研计划，推动建立幼小学段互通、内容融合的联合教研制度。教研人员要深入幼儿园和小学，根据实践需要确定研究专题，指导区域教研和园（校）本教研活动，总结推广好做法好经验。鼓励学区内小学和幼儿园建立学习共同体，加强教师在儿童发展、课程、教学、管理等方面的研究交流，及时解决入学准备和入学适应实践中的突出问题。

(4) 完善家园校共育机制。幼儿园和小学要把家长作为重要的合作伙伴，建立有效的家园校协同沟通机制，引导家长与幼儿园和小学积极配合，共同做好衔接工作。要及时了解家长在入学准备和入学适应方面的困惑问题及意见建议，积极宣传国家和地方的有关政策要求，宣传展示幼小双向衔接的科学理念和做法，帮助家长认识过度强化知识准备、提前学习小学课程内容的危害，缓解家长的压力和焦虑，营造良好的家庭教育氛围，积极配合幼儿园和小学做好衔接。

(5) 加大综合治理力度。各级教育部门要会同有关部门持续加大对校外培训机构、小学、幼儿园违反教育规律行为的治理力度，开展专项治理。落实国家有关规定，校外培训机构不得对学前儿童违规进行培训。小学严格执行免试就近入学，严禁以各类考试、竞赛、培训成绩或证书等作为招生依据，坚持按课程标准零起点教学。幼儿园满足需要的地方，小学不得举办学前班。幼儿园不得提前教授小学课程内容，不得布置读写算家庭作业，不得设学前班，幼儿园出现大班幼儿流失的情况，应及时了解原因和去向，并向当地教育部门报告。教育部门应根据有关线索，对接收学前儿童违规开展培训的校外培训机构进行严肃查处并列入黑名单，将黑名单信息纳入全国信用信息共享平台，按有关规定实施联合惩戒。对办学行为严重违规的幼儿园和小学，追究校长、园长和有关教师的责任。

## 四、幼小衔接工作的主要内容与方法

幼小衔接是根据幼儿园向小学过渡期的幼儿身心特点，从情感、态度、认知、能力诸方面，为幼儿入学及其长远发展打下良好基础。作为幼儿园教师，要特别关注的是幼儿园如何做好幼儿升入小学前的准备教育工作。其主要内容与方法如下。

(一)培养幼儿对小学生活的积极期待和向往

幼儿对小学生活的认识水平、情绪状态与其入学后的适应能力有直接关系。因此,幼儿园阶段应注意引导幼儿上学的愿意,培养对小学生活的积极期待和向往、小学生自豪感等积极态度,并让幼儿有机会获得对小学生活的积极情感体验。

为此,幼儿园可以设计多种教育活动,让幼儿逐步了解小学,喜欢小学,渴望上小学,最后愉快、自信地跨进小学。比如,为让幼儿对小学有一个初步的印象,幼儿园与附近小学合作,带领幼儿参观小学,或请小学生来幼儿园当大哥哥、大姐姐,请小学教师来园讲小学的有趣生活,等等。教师和家长在日常生活中,要一贯地、潜移默化地给幼儿正面的入学教育。比如,跟幼儿说"这个问题你现在不明白,等你上了小学以后,会学到很多东西,那时你就明白了""妈妈小学时过得真开心,我现在都还想念我的老师""爸爸现在造大轮船,是因为小学时参加了航海模型组,还代表学校去比赛过呢"这一类的话,而不要说"你看,你总是画得乱糟糟的,上了小学你要这样做作业,老师不罚你写十遍才怪呢""上了小学把玩具全部收起来,回家得好好地做功课"之类的话。这样,在幼儿的心中小学才会是一个美好的、能学到本领的地方,而不是一个让他们产生恐惧心理,感到可怕的地方。

(二)培养幼儿对小学生活的适应性

幼儿入小学后,是否适应学校的新环境,是否适应小学的人际关系,对其身心健康的影响很大。长期以来,人们有一种片面的认识,认为幼儿只要在幼儿园提前认一些字,学一点拼音、算术等就可以很好地适应小学了。幼小衔接工作的重要内容应该是培养幼儿的社会适应性,特别是主动性、独立性、交往能力等;培养幼儿的生活自理能力,特别是让幼儿学会自己的事情自己做,养成一种相对独立的学习生活习惯,像穿衣服、系鞋带、如厕、准备学习用品等身心、生活准备,都应靠孩子自己完成,慢慢学会解决生活上遇到的困难。这不仅关系着幼儿入学后的生活质量,也关系着他们在小学的学习质量。

(三)帮助幼儿做好入学前的学习准备

学习准备是着眼幼儿终身学习的需要,发展他们基本的学习素质,并在此过程中,帮助他们打下今后学习的基础。幼儿园要调整和完善幼儿园的教育内容,将入学准备教育渗透到幼儿园游戏活动和一日生活中。针对幼儿入学准备上的难点和重点,组织专题活动。让家长参与幼儿园与小学衔接工作。有的幼儿园在学习准备上偏重知识灌输,让幼儿死记硬背,机械训练,而忽视发展思维能力和分析问题、解决问题的能力。应当遵循素质教育的精神,不是"小学化"地"硬灌",应当让幼儿在游戏中愉快地发展基础性的学习能力。

比如,拼音学习的基础是语音意识的发展,是语音的辨别能力,幼儿园可以通过儿歌、绕口令,通过语言活动,通过倾听各种声音的感官练习,通过角色游戏等,为幼儿学习拼音打下良好基础。正确写字需要幼儿小肌肉的灵活、手眼的协调以及观察、识记、位置辨别、空间方位知觉等多方面的能力,因此,幼儿园可以通过丰富多彩的活动来为幼儿写字做准备。比如,有的教师通过绘画活动提高幼儿画线条的流畅性、对手的控制能力以及正确的握笔姿势等；通过手工活动，发展手眼协调和小肌肉；还用游戏、画图案画等方法来帮助幼儿熟悉田字格，让幼儿通过仔细观察对上下左右的方位有清楚的认识，为上学后用田字格写字打好基础。

（四）加强幼儿园与小学之间的联系

要使儿童能够尽快地适应新生活，幼儿园和小学相互衔接是双向的。幼小衔接不是简单的幼儿园向小学靠，也不是小学向幼儿园靠，而是双方都向儿童靠，双方要彼此沟通，相互衔接，既要保持各自的独立性、特殊性，又必须同时保持连续性，共同为儿童一生的发展创造最大的可能性。

为消除幼儿入学的紧张心理，增强入学后的适应能力，国外教育界都很重视小学教师与幼儿园教师之间的相互联系和合作。比如，美国要求幼儿园保教人员和小学教师要相互深入了解双方教育对象的心理发展水平和特点，幼儿园的保教人员可以担任小学一、二年级课程教学，小学一、二年级教师也可以担任幼儿园工作，这种了解与合作有利于搞好衔接工作。瑞士和英国不但将幼儿教育与小学低年级教育结合或合并为一个教育阶段来考虑，而且在环境布置、课程设计、教师培训等方面都围绕创设一个整体的、连续的、发展而协调的学习环境来进行。日本的小学组织大班幼儿以书信、绘画形式向小学一年级学生报告在园情况，一年级学生给予指导，或开展共同内容的单元活动，或一起参加节庆活动。在德国，大班儿童在教师带领下经常到小学参观，访问一年级学生，听他们介绍上学情况。一年级学生也由老师带领定期访问幼儿园，跟大班幼儿一起交流。加强幼小衔接工作，幼儿园和小学教师都要认真研究儿童身心发展的特点、规律及相应的教育方法，正确认识两个学习阶段在教育上的不同特点。在教育中既要照顾到儿童身心发展的阶段性，也要考虑到连续性，对儿童采取适当的教育方法，减少因教育环境的差异而给儿童入学后的生活带来的消极影响，帮助孩子顺利地由幼儿园阶段向小学阶段过渡。

自2021年秋季以来，我国政府开始统筹推进幼儿园入学准备和小学适应教育，各地都制定了推动幼小科学衔接攻坚行动实施方案，遴选实验区和试点园（校），建立幼小协同的合作机制，加强了在课程、教学、管理和教研等方面的全面合作。

（五）加强幼儿园与家庭之间的相互配合

幼小衔接工作仅仅依靠幼儿园或小学单方面的力量是不够的，幼儿园、小学、家长、社区各方应互相配合，统筹联动，形成影响幼儿成长的教育合力。目前，不少家长在有关儿童入学准备问题上，存在各种不正确的认识。如有些家长反对幼儿园以游戏为基本活动，认为孩子在幼儿园整天玩，进入小学后不能很快适应小学生活，把入学准备片面地理解为认字、做数学题，对入学前的健康准备及社会适应能力的培养重视不够等。由此造成的来自家长的压力可能对幼儿园的衔接工作构成很大冲击。因此，做好家长工作，转变家长观念，与幼儿园、与小学共同配合搞好过渡期的教育是十分必要的。幼儿园和小学要把家长作为重要的合作伙伴，引导家长与幼儿园和小学积极配合，共同做好衔接工作。此外，在整个衔接工作中，全社会对教育的支持、对儿童的关心也是不可缺少的。幼儿园与小学应加强与社区的沟通与协作,大力宣传做好衔接工作的重大意义,使全社会都对此达成共识,共同配合,做好衔接工作。

### 拓展阅读

 家长做好幼小衔接"四准备"

幼儿园是人生最无忧无虑、充满快乐的时期,随着三年幼儿园生活的结束,孩子们将要走向下一个新的天地,一个更加独立自主、更加复杂多变的生活天地——小学。那么如何让幼儿愉快地进入小学,自信独立地面对小学生活呢?在这幼小衔接的关键时期,家长的作用尤其重要,作为家长要帮助孩子做好幼小衔接"四准备"。

一、心理上的准备

家长要在孩子的心理上做好辅导工作,让孩子有个转变角色的心理准备。

1. 独立自主意识的建立是孩子成长的基础。

家长要给幼儿锻炼的机会,让他们独立完成自己力所能及的事情,同时注意培养幼儿的时间观念和劳动观念,家长要配合幼儿园的目标要求,培养幼儿做力所能及的家务劳动,如扫地、择菜等。家长应为孩子的独立而欢呼,多加鼓励,孩子在不断的尝试中体验成功的乐趣,他会为自己的成长而变得自信和快乐。

2. 对小学生活向往的激发是幼小衔接的关键。

一般来说,孩子到了六七岁的年龄,心理和身体各个方面都基本上具备了接受小学教育的条件。儿童心理的发展和客观环境的影响,使他们产生了上学读书的强烈愿望。此时,作为家长应该细心体察孩子的情绪和心态,以满腔热情来迎接他们的新生活。如家长可以对孩子说:"哇,你都长这么大了,可以读小学了。""你马上就要成为一名光荣的小学生啦,妈妈为你感到骄傲。"在家长的正面鼓励下,孩子自然很向往成长的快乐以及小学生活。

二、习惯上的准备

习惯上的准备尤其重要,良好的习惯让孩子受益终身。

1. 生活习惯的培养。

①养成良好作息的习惯。

家长要养成孩子良好的作息习惯,早睡早起,每天保证10~11小时睡眠时间。良好的作息对孩子的健康和精神状态有很大帮助。小学一般一天七节课,上午四节,下午三节,其间还要保证一小时的运动量,因此孩子在小学读书时消耗的体力是很大的,需要保证充足的睡眠。

②养成生活自理的习惯。

让孩子自己的事情自己做,自己穿衣,自己刷牙洗脸,自己整理书包等等,大人的过分包办,会使孩子过分依赖大人,尤其是精神上依赖,一旦出现问题就不知道怎么解决。只有养成良好的生活自理习惯,逐渐学会管理自己,孩子进入小学后才能够开始忙而不乱、有条不紊的生活和学习。

③养成待人礼貌的习惯。

孩子的礼貌培养要从小开始,如放学回家要说:"爸爸妈妈我回来了。"上学或出门要说:"我走了,爸爸妈妈再见!"一旦养成有礼貌的习惯,就会自然而然地营造良好的人际关系,在学校里能成为老师、同学喜欢的对象。

2. 学习习惯的培养。

学习是幼儿从幼儿园升入小学之后增加的一项重要内容,因此,在幼儿园的时候帮助幼儿养成良好的学习习惯能够帮助幼儿顺利融入小学时期。

①培养完成任务意识。

孩子的责任心的培养要从一个个小任务开始。在幼小衔接时期,幼儿园大班教师会有意识地布置一些口头作业,不一定是书面作业,可以包括各种形式的任务,比如周一来幼儿园时带一个空塑料瓶、带一幅和爸爸妈妈合作的画等等,这时家长一定要注意及时配合教师的要求,采取有意识地提醒和及时鼓励的方法,比如在回家的路上和孩子聊聊:"老师今天有没有布置什么任务?""你打算怎样做?"家长培养孩子的任务意识,让他们觉得自己长大了,完全能承担大人布置的任务,树立自信,培养责任心。

②培养正确书写的习惯。

幼儿掌握正确的坐姿、写姿、握笔姿势是一件值得重视的事情,如果这些基本姿势不正确,在以后的学习中纠正往往收效甚微,甚至还需花费大量的时间去学书法来纠正。因此,画画写字的时候要让孩子保持正确的姿势,一开始孩子们的姿势不够正确,往往需要提醒和督促,坚持一段时间的练习,孩子会收到良好的效果。

③培养做事专心的习惯。

做事专心是培养孩子注意力集中的一个好方法。有些家长很喜欢打断孩子,如孩子正在专注于拼图,家长跑来说:"宝贝喝杯牛奶吧!"结果孩子放下手上的拼图转而喝起了牛奶。这样的打断看似好意,其实是破坏了孩子的注意力,使得孩子很难集中精神做一件事。最好的方式是,孩子专注于某一件事,或玩某一样物品时,我们不要去打断,鼓励孩子坚持玩,不要轻言放弃,这样有助于延长孩子的注意力时间。

④培养注意倾听的习惯。

培养幼儿良好的倾听习惯尤为重要,在家里,家长应该让孩子养成倾听的好习惯。比如大人说话时,不随便打断,有问题可以等大人话说完再提出来;在听故事时,不能做其他事情;和其他小朋友相处时,要倾听同伴说的话,等等。当然,父母首先要学会倾听孩子说的话,给孩子做榜样。到了小学后,每节课的内容和密度都增加了,如果注意力不集中,势必会影响学习效果,降低学习效率。

三、学习上的准备

在学校让老师感到头痛的不是那些在入学前缺少知识的孩子,而是那些对学习根本没有兴趣,不爱动脑思考的孩子。如何让自己的孩子知识广、兴趣旺、能力强呢?家长要多关注孩子的学习情绪,要多与孩子沟通,帮助解决他们的问题,提高孩子的学习兴趣。

1. 欣赏爱提问的孩子。

5~6岁孩子的年龄特点之一就是喜欢问为什么,不管是什么事情他们总喜欢打破砂锅问到底,这是孩子智力发育的明显特征,家长应该为此感到欣喜。孩子有问题,家长尽可能地帮助他,答不上来,和孩子一起上网或看书查资料。有些家长觉得孩子老是问问题很烦,总是会说"问什么问,管好你自己就行了!"或是针对孩子的问题瞎说一通,这样对孩子好学善问的良好品德是个严重的打击。

2. 激发爱学习的孩子。

孩子的学习需要强大的求知欲来推动,家长的作用是不断激发,而不是苛求。有些家长对学习的认识过于肤浅,认为坐在家里看书写字才是学习,生怕孩子不爱学习,每天给孩子布置了很多书写作业,对于六七岁的孩子来说,他们的手还未完全发育好,过度的书写会使孩子厌恶和害怕学习。其实学习无处不在:走楼梯的时候让孩子数数是学习;散步的时候让孩子读车牌是认识字母的学习;认认路边的路牌;广告牌是认字学习;玩玩找不同、走迷宫的游戏是培养注意力的学习;休息的时候在沙地里搭城堡也是一种学习。学习无处不在,关键家长要有一颗善于观察和挖掘的心,抓住学习的契机,这样培养出来的孩子会善于观察,喜欢学习,对任何事物都充满热情。

3. 鼓励不畏难的孩子。

畏难情绪也许是大部分孩子的通病,看到自己得心应手的,他们会喜笑颜开;碰到自己不会的,他们就会愁眉苦脸,甚至放弃。家长在此时的引导尤为关键,当孩子出现畏难情绪时,家长要耐心引导,鼓励孩子克服困难,让孩子获得克服困难的那种舒畅的情感体验,从而明白"坚持的意义"。

### 四、能力上的准备

在幼小衔接的过程中,能力上的准备甚至比学习上的准备更为重要,很多孩子最初不适应小学生活,不是他的智力有问题,而是能力上达不到。书包里像垃圾桶,作业发下来一会儿就找不到了,等等,这些大班常常出现的问题也会带到小学,因此孩子的能力培养是当务之急。

1. 要做"小能手"。

家长要让孩子成为生活中的"小能手"。让孩子自己整理书包,自己整理房间,自己整理玩具,自己的事情独立完成,不管是能力上还是精神上都不依赖大人。家长还要让孩子做些力所能及的小家务,这有利于孩子的手部肌肉发育,同时还培养了孩子的责任意识。如帮大人剥毛豆、叠被子,或是收碗筷、拿拖鞋、倒垃圾,事情不要过多,但要坚持做,渐渐地,孩子在成为"小能手"的同时,责任意识也会提高。

2. 爱看"大新闻"。

鼓励孩子看些知识性较强或是内容丰富的节目,减少孩子重复反复看动画片的情况。提倡给孩子适当地看些新闻,让孩子了解国家大事,拓宽视野,更为今后成为一名有责任意识的中国公民打下基础。现在的小学注重的不只是孩子的书面知识学习,更是注重对社会认知的全面发展。

3. 乐于"看图书"。

孩子的阅读能力的培养很重要,这对孩子的识字量的提高有很大的帮助。因为孩子还小,亲子阅读是最好的方式,可以通过阅读提些小问题,让孩子说说喜欢故事里的谁,为什么等,多给孩子看绘本,通过视觉和听觉的双重体验发挥孩子想象,让孩子提高阅读兴趣和能力。

4. 喜欢"交朋友"。

在平时的生活中,家长要培养孩子主动交往的意识,如主动帮助他人,主动交些新朋友,只有在交往中才会发现更多的问题,让孩子学会在交往中变换角色,换位思考很重要。只有豁达、宽容、谦逊、自信的孩子才会受到大家的欢迎。

5. 敢于"我决定"。

一味服从的"乖宝宝"不是现代社会需要的人才,只有有主见、敢于表达的人才会获得别人的尊重。因此,尊重孩子,培养孩子有主见、敢争议极为必要。有时家庭会议请孩子一起参加,有时家里的事情让孩子来做决定,这样他会觉得自己是家里的一分子,也有说话的权利,敢于表达自己的见解。

那么,家长也许要问,"幼小衔接"怎么样算是成功了呢?可不可以用这样三句话概括:一是"学习感兴趣",即对学习内容本身充满着好奇和兴趣,能积极主动地学习,不懂就问;二是"生活有条理",也就是能独立自主地安排妥当包括学习在内的基本生活起居,不必大人催着、盯着才去完成;三是"活动能合群",就是在日常学习活动中,能与家人、亲友、老师、同学和睦相处。

总之,孩子从幼儿园进入小学学习,是他们成长中的一件大事、生活中的一个重大转折,也是他们接受教育的标志性阶段。在家园共同努力下,孩子们一定会顺利地过渡到小学生活,从而快乐地学习成长!

(上海学前教育网,https://www.age06.com/Age06Web3/Home/ImgFontDetail/35e7853d-8c77-4e8f-b14c-b695e13c409f,有改动)

## 五、幼小衔接工作应注意避免的几个问题

长期以来,由于人们过分强调社会发展对儿童的要求,在幼小衔接工作中忽视了作为发展主体幼儿的作用,从而导致了幼小衔接中的一些问题,我们应该努力加以避免。

### (一)小学化

许多人认为幼儿园的教育为幼儿入小学做准备,就是要向小学靠拢。这就容易将幼小衔接片面地理解为"提前学习"或者是"小学化"。于是,有的幼儿园让幼儿提前学习小学的内容,让幼儿学拼音、学识字、写字和做算术,一味地追求知识灌输,忽视了幼儿园本身应该具有的保育和教育的任务、内容和方式。有些幼儿园的教育活动也小学化,将小学生行为规范等搬到幼儿园来,往幼儿头上套。比如:要求幼儿对老师要绝对服从,不许顶嘴,不许辩解;上课要专心听讲,不许开小差、玩小动作、说话等;精神要集中,回答问题要举手,课间要安静地休息。有的幼儿园(包括学前班)甚至照小学的样子排出课程表,采用班级授课的教学形式,简单地照搬小学的一套,过早地使幼儿投入纯知识学习、纯课堂教学活动,这不仅不能提高孩子入学后的适应能力,反而会妨碍他们的身心健康发展。

小学化倾向与许多人不了解幼儿身心特点、不明白幼儿园与小学衔接的实质有关。家长过高的期望和社会上的错误导向也在幼儿教育"小学化"中起了推波助澜的作用。有些家长认为会读、写、算的孩子就是聪明的孩子,于是要求幼儿园要教会孩子汉语拼音、加减乘除法等,家长当然都不想自己的孩子落在别人后面,于是随波逐流。这种提前学习也使得教育内容

重复,容易造成幼儿入学后缺乏学习的好奇心和积极性,而又似懂非懂,教育效果差,结果是欲速不达,甚至难以适应小学学习生活,出现种种逆反心理。

### (二)表面化

有的幼儿园教育工作者认为,幼儿园与小学衔接就是让幼儿园大班在外部环境和条件上采取措施,让幼儿对小学生活有所了解。如:组织幼儿多参观几次小学,到小学听课,与小学生共同活动;让幼儿教师与小学教师相互联谊,相互听课;使幼儿园大班的环境、生活学习制度及要求逐渐靠拢小学;开毕业典礼,赠送文具,欢送幼儿入小学等。这些活动是必要的,也是有效的,但难以取得长期效应。有的孩子刚入小学兴趣很浓,雄心勃勃,但小学对他们已没有了神秘感,几经挫折之后,他们就开始厌学、怕学,开始怀念幼儿园的美好时光。这说明,仅让小孩熟悉、向往小学生活还是很不够的。如前所述,做好幼小衔接工作要注意保持幼儿园本身的特点,注意幼儿的年龄特征和身心发展规律,不能把两个阶段的教育等同起来或混淆起来。幼小衔接是一个长期的、循序渐进的过程,不仅要在观念上衔接,更要注重内涵。

### (三)片面化

片面的幼小衔接,就是在教育衔接中往往重知识而轻综合素质的培养,把幼儿入小学的准备重点放在知识教育上,片面强调对幼儿进行读、写、算方面的训练,没有把非智力因素的培养作为衔接工作的主要任务之一,忽视了对幼儿发展同样至关重要的体育、德育、美育、行为习惯等方面的衔接。这种片面、单一的衔接内容所训练出来的幼儿是很难适应小学的学习生活的。幼儿的入学准备,最重要的是促进其生理、心理的和谐发展,尤其要注重培养幼儿的自信心、独立性、坚持性和创造性。入学准备是全面素质的准备,包括身体、学习和社会性适应等方面,衔接的内容要包括体、智、德、美各个方面。在家庭方面,有的家长每天在空闲的时候都教幼儿背唐诗宋词、背故事、学写字,不让幼儿玩玩具,也不让幼儿参与劳动实践。由于衔接工作不全面、不平衡,致使当前许多孩子的知识和智力能适应小学的学习,但存在体质弱、易生病、精力匮乏、社会交往能力差、个性不佳、自理能力不足、审美能力不强等问题。

### (四)局部化

幼小衔接涉及幼儿园、家庭、小学、教育行政、社会等各个领域,衔接工作之所以还存在不少问题,是因为各个方面还没有形成联动机制。在幼小衔接工作主体方面,光靠幼儿园单方面地实施衔接工作是远远不够的,需要全社会积极配合。首先,幼儿园与小学没有形成双向互接的关系。幼儿园为幼儿入小学积极做准备,使幼儿顺利地适应小学的学习生活;小学却没有以幼儿园保教目标为基础,引导孩子顺利地通过幼儿园向小学过渡的阶段。其次,儿童的生活行为习惯、自理能力、身体素质、学习态度和能力以及社会适应能力等都离不开家长态度的影响,由于家长的教育理念落后,家长没有共同做好幼儿衔接工作。最后,在衔接的时间上,多只注重起于学前晚期(大班期末)、止于小学一年级第一学期,甚至更短,忽视了整个幼儿园教育阶段各环节的衔接以及小学后的适应能力和素质培养。

### 拓展阅读

 **教育部《关于规范幼儿园保育教育工作 防止和纠正"小学化"现象的通知》(教基二〔2011〕8号)**

各省、自治区、直辖市教育厅(教委),新疆生产建设兵团教育局:

近些年来,各地在加快学前教育发展的同时,积极推进幼儿园教育改革,努力更新教育观念,促进了幼儿园保育教育质量的不断提高。但是,由于应试教育和社会上一些不良宣传的影响,当前幼儿园教育"小学化"的现象日益突出,严重干扰了正常的保育教育工作,损害了幼儿的身心健康。为进一步贯彻落实《国务院关于当前发展学前教育的若干意见》(国发〔2010〕41号)和《幼儿园教育指导纲要(试行)》,规范办园行为,防止和纠正"小学化"现象,保障幼儿健康快乐成长,现就有关要求通知如下:

一、遵循幼儿身心发展规律,纠正"小学化"教育内容和方式。幼儿园(含学前班,下同)要遵循幼儿的年龄特点和身心发展规律,科学制定保教工作计划,合理安排和组织幼儿一日生活。要坚持以游戏为基本活动,灵活运用集体、小组和个别活动等多种形式,锻炼幼儿强健的体魄,激发探究欲望与学习兴趣,养成良好的品德与行为习惯,培养积极的交往与合作能力,促进幼儿身心全面和谐发展。严禁幼儿园提前教授小学教育内容。幼儿园不得以举办兴趣班、特长班和实验班为名进行各种提前学习和强化训练活动,不得给幼儿布置家庭作业。

二、创设适宜幼儿发展的良好条件,整治"小学化"教育环境。幼儿园要创设多种区域活动空间,配备丰富的玩具、游戏材料和幼儿读物,为幼儿自主游戏和学习探索提供机会和条件。严禁教育行政部门推荐和组织征订各种幼儿教材和教辅材料,严禁任何单位和个人以各种名义向幼儿园推销幼儿教材和教辅材料。幼儿园不得要求家长统一购买各种幼儿教材、读物和教辅材料。幼儿园要严格控制班额,不得违反国家相关规定超额编班,坚决纠正大班额现象。

三、严格执行义务教育招生政策,严禁一切形式的小学入学考试。规范小学招生程序,依法坚持就近免试入学制度,严禁小学举办各种形式的考核、面试、测试等招生选拔考试,不得将各种竞赛成绩作为招生的依据。严禁小学提前招收不足入学年龄的幼儿接受义务教育。

四、加强业务指导和动态监管,建立长效机制。各地要充实学前教育教研力量,建立并完善学前教育教研制度,依托城市优质幼儿园和农村乡镇中心幼儿园,形成覆盖城乡的学前教育教研指导网络,定期对各类幼儿园进行业务指导。教育行政部门要研究建立幼儿园保育教育质量监测评估机制,切实加强对各类幼儿园保育教育工作的动态监管,定期对"小学化"现象进行专项检查,对违反规定的,责令其限期整改。存在"小学化"现象的幼儿园,举办招生选拔考试的小学一律不得参与评优、评先。设立家长举报电话,加强社会监督。

五、加大社会宣传,营造良好社会氛围。各地教育行政部门要加大力度,开展多种形式的社会宣传。充分利用和引导各种传媒宣传科学的学前教育理念。幼儿园要采取多种形式开展家庭教育指导,实现家园共育,形成全社会共同关心支持的良好社会氛围。

各地接到本通知后,应采取切实可行的措施,对幼儿园教育"小学化"现象和小学违规举行入学考试的现象进行督查和整改,并于2012年3月底前将本省整改情况书面报送我部基础教育二司。

中华人民共和国教育部

二〇一一年十二月二十八日

### 拓展阅读

###  教育部《关于大力推进幼儿园与小学科学衔接的指导意见》(教基〔2021〕4号)

各省、自治区、直辖市教育厅(教委),新疆生产建设兵团教育局:

为深入贯彻党的十九届五中全会"建设高质量教育体系"的要求,落实党中央、国务院《关于学前教育深化改革规范发展的若干意见》和《关于深化教育教学改革全面提高义务教育质量的意见》,推进幼儿园与小学科学有效衔接,现提出如下指导意见。

一、总体要求

(一)指导思想

以习近平新时代中国特色社会主义思想为指导,全面贯彻党的教育方针,落实立德树人根本任务,遵循儿童身心发展规律和教育规律,深化基础教育课程改革,建立幼儿园与小学科学衔接的长效机制,全面提高教育质量,促进儿童德智体美劳全面发展和身心健康成长。

(二)基本原则

坚持儿童为本。关注儿童发展的连续性,尊重儿童的原有经验和发展差异;关注儿童发展的整体性,帮助儿童做好身心全面准备和适应;关注儿童发展的可持续性,培养有益于儿童终身发展的习惯与能力。

坚持双向衔接。强化衔接意识,幼儿园与小学协同合作,科学做好入学准备和入学适应,促进儿童顺利过渡。

坚持系统推进。整合多方教育资源,行政、教科研、幼儿园和小学统筹联动,家园校共育,形成合力。

坚持规范管理。建立动态监管机制,加大治理力度,纠正和扭转校外培训机构、幼儿园和小学违背儿童身心发展规律的做法和行为。

(三)主要目标

全面推进幼儿园和小学实施入学准备和入学适应教育,减缓衔接坡度,帮助儿童顺利实现从幼儿园到小学的过渡。幼儿园和小学教师及家长的教育观念与教育行为明显转变,幼小协同的有效机制基本建立,科学衔接的教育生态基本形成。

二、重点任务

(一)改变衔接意识薄弱,小学和幼儿园教育分离的状况,建立幼小协同合作机制,为儿童搭建从幼儿园到小学过渡的阶梯,推动双向衔接。

(二)改变过度重视知识准备,超标教学、超前学习的状况,规范学校和校外培训机构的教育教学行为,合理做好入学准备和入学适应,做好科学衔接。

(三)改变衔接机制不健全的状况,建立行政推动、教科研支持、教育机构和家长共同参与的机制,整合多方资源,实现有效衔接。

三、主要举措

(一)幼儿园做好入学准备教育。幼儿园要贯彻落实《3—6岁儿童学习与发展指南》和《幼儿园教育指导纲要》,促进幼儿身心全面和谐发展,为入学做好基本素质准备,为终身发展奠定良好基础。要进一步引导教师树立科学衔接的理念,大班下学期要有针对性地帮助幼儿做好生活、社会和学习等多方面的准备,建立对小学生活的积极期待和向往。要防止和纠正把小学的环境、教育内容和教育方式简单搬到幼儿园的错误做法。

(二)小学实施入学适应教育。小学要强化衔接意识,将入学适应教育作为深化义务教育课程教学改革的重要任务,纳入一年级教育教学计划,教育教学方式与幼儿园教育相衔接。国家修订义务教育课程标准,调整一年级课程安排,合理安排内容梯度,减缓教学进度。小学将一年级上学期设置为入学适应期,重点实施入学适应教育,地方课程、学校课程和综合实践活动主要用于组织开展入学适应活动,确保课时安排。改革一年级教育教学方式,国家课程主要采取游戏化、生活化、综合化等方式实施,强化儿童的探究性、体验式学习。要切实改变忽视儿童身心特点和接受能力的现象,坚决纠正超标教学、盲目追赶进度的错误做法。

(三)建立联合教研制度。各级教研部门要把幼小衔接作为教研工作的重要内容,纳入年度教研计划,推动建立幼小学段互通、内容融合的联合教研制度。教研人员要深入幼儿园和小学,根据实践需要确定研究专题,指导区域教研和园(校)本教研活动,总结推广好做法好经验。鼓励学区内小学和幼儿园建立学习共同体,加强教师在儿童发展、课程、教学、管理等方面的研究交流,及时解决入学准备和入学适应实践中的突出问题。

(四)完善家园校共育机制。幼儿园和小学要把家长作为重要的合作伙伴,建立有效的家园校协同沟通机制,引导家长与幼儿园和小学积极配合,共同做好衔接工作。要及时了解家长在入学准备和入学适应方面的困惑问题及意见建议,积极宣传国家和地方的有关政策要求,宣传展示幼小双向衔接的科学理念和做法,帮助家长认识过度强化知识准备、提前学习小学课程内容的危害,缓解家长的压力和焦虑,营造良好的家庭教育氛围,积极配合幼儿园和小学做好衔接。

(五)加大综合治理力度。各级教育部门要会同有关部门持续加大对校外培训机构、小学、幼儿园违反教育规律行为的治理力度,开展专项治理。落实国家有关规定,校外培训机构不得对学前儿童违规进行培训。小学严格执行免试就近入学,严禁以各类考试、竞赛、培训成绩或证书等作为招生依据,坚持按课程标准零起点教学。幼儿园满足需要的地方,小学不得举办学前班。幼儿园不得提前教授小学课程内容,不得布置读写算家庭作业,不得设学前班,幼儿园出现大班幼儿流失的情况,应及时了解原因和去向,并向当地教育部门报告。教育部门应根据有关线索,对接收学前儿童违规开展培训的校外培训机构进行严肃查处并列入黑名单,将黑名单信息纳入全国信用信息共享平台,按有关规定实施联合惩戒。对办学行为严重违规的幼儿园和小学,追究校长、园长和有关教师的责任。

四、进度安排

(一)精心部署,试点先行。省级教育行政部门统筹推进幼儿园入学准备和小学入学适应教育,制订推进幼小科学衔接攻坚行动实施方案,遴选实验区和试点园(校),实验区制订具体实施方案,2021年5月底前完成。地方各级教研部门建立联合教研制度,先行组织开展教师培训。试点园(校)建立深度合作机制,试点园探索实施入学准备活动,试点校同步研究入学适应活动,2021年秋季学期开始实施。

(二)总结经验,全面铺开。在研究分析入学准备和入学适应教育成效,梳理总结试点工作经验的基础上,2022年秋季学期开始,各省(区、市)全面推行入学准备和入学适应教育,建立幼小协同的合作机制,加强在课程、教学、管理和教研等方面的研究合作。

(三)完善政策,健全机制。在系统总结本地区实践经验成果基础上,地方各级教育行政部门完善幼小衔接政策举措,健全工作机制,加强幼儿园和小学深度合作,提高入学准备和入学适应教育的科学性和有效性,健全联合教研制度,加强业务指导,及时研究解决教师在幼小衔接实践中的困惑问题,2023年底前完成。

五、组织实施

(一)加强组织领导。幼小衔接是一项系统工程,各级教育部门要充分认识做好幼小衔接工作的重要意义,研究制订本地幼小科学衔接具体实施方案,切实把幼小衔接工作纳入基础教育课程改革的重要内容,统筹各方资源,提供经费支持,确保幼小衔接工作取得实效。

(二)设立幼小衔接实验区。各省(区、市)要以县(区)为单位确立一批幼小衔接实验区,遴选确定一批试点小学和幼儿园,先行试点,分层推进。省级教育行政部门要成立省级专家组,遴选具有儿童发展研究基础、幼儿园教育改革和义务教育课程教学改革经验的专家,指导县级教育行政部门做好具体试点方案,对试点幼儿园和小学提供专业指导。

(三)建立工作推进机制。教育行政部门要加强统筹协调,整合专业资源,发挥教研部门和专家在指导教育教学实践、促进教师专业成长等方面的作用,加强幼小衔接科学研究。健全科学的评价机制,将入学准备和入学适应纳入幼儿园和义务教育质量评估的重要内容,对成绩突出的学校和教师给予表彰奖励,并作为学校评优评先和教师职称晋升的重要依据。

(四)加强宣传引导。各地要加大社会宣传力度,利用多种媒体宣传科学做好幼小衔接的重要意义和有效途径,及时总结推广典型案例和经验做法,树立科学导向,引导家长自觉抵制违背儿童身心发展规律的行为,支持和参与幼小衔接工作,形成良好的社会氛围。

附件:1. 幼儿园入学准备教育指导要点(略)
   2. 小学入学适应教育指导要点(略)

教育部
2021年3月30日

## 思考与探索

1. 名词解释:家园合作、幼儿园与社区合作、幼小衔接。
2. 家庭教育有何特点?如何理解家园合作的意义?
3. 家园合作的主要内容有哪些?
4. 家园合作的有效方法(方式)有哪些?具体如何组织?
5. 社区教育有何特点?幼儿园与社区合作有何意义?
6. 幼儿园与社区合作的内容和方式有哪些?
7. 幼儿园与小学两个教育阶段的差异表现在哪些方面?
8. 幼小衔接工作的意义有哪些?衔接的具体内容包括哪些?
9. 幼小衔接的举措与方法有哪些?如何完成"准备"与"适应"工作?
10. 课程见习:观察分析幼儿园家长学校的机制、幼儿园与社区的合作机制;尝试为幼儿园设计幼小衔接工作方案。

# 第十章 学前教育科学研究

### ● 学习目标 ●

1. 理解学前教育科学研究的意义、原则。
2. 了解学前教育科学研究课题的主要来源及选题方法。
3. 掌握学前教育科学研究常用的方法和当代学前教育科学研究的新方法。
4. 能初步尝试一次学前教育的研究并对研究成果做规范的表述。

### ● 拓展阅读 ●

如果你想让教师的劳动能够给教师带来乐趣，使天天上课不至于变成一种单调乏味的义务，那你就应当引导每一位教师走上从事研究的这条幸福的道路上来。

——苏霍姆林斯基

## 第一节 学前教育科学研究概述

### 一、教育科学研究的含义

要理解学前教育科学研究的含义，首先有必要了解科学研究、教育科学研究的意义。

#### （一）科学研究

科学研究是人类有目的地探索自然、社会和思维运动及其发展规律的社会实践活动。它是在一定理论的指导下，在社会实践的基础上，以脑力劳动为主的认识活动，具有不同程度的探索性和创造性。科学研究的成果一般是以知识形态的科学概念和原理表现出来的精神产品。

科学研究一定是有明确的研究目的，有严密的研究计划，并且运用科学的研究方法，有系统、有意识地去搜集、整理和研究资料，从而揭示现象的本质，发现事物发生、发展、变化的规律。所以科学研究比一般的认识过程具有更高的理论自觉性、研究的目的性和研究设计的周密性、科学性。也正是因为科学研究有这样的一些特征，人类借助科学研究就可以尽可能缩短认识的过程,减少错误的认识,从而更大限度地推进人类文明的进程。

### (二)教育科学研究

教育科学研究可以简称为教育科研、教育研究,是科学研究在教育科学领域的具体体现。它是研究者在一定的教育理论和科学研究理论的指导下,运用科学研究的原理和方法,有意识、有目的、有计划地对教育现象和教育实践中的事实进行了解、收集、整理和分析,从而发现和认识教育现象的本质和规律,指导教育事业的发展和教育工作的开展。教育科研是衡量一个国家教育发展水平的重要标志。

教育科研具有规范性、创新性的特点。教育科研活动必须按照客观规律进行,使研究活动遵循一定的教育伦理和行为规范,排除无关因素的干扰,提高研究的客观性、科学性水平,获得有效、可靠的结论。教育科学研究还要在已有的研究和认识基础上进行新的发现,探索新的规律,寻找新的认识,产生新颖、独特、有价值的知识和理论。

教育科研还有迟效性和难控性的特点。教育效果从来不是立竿见影的,其显现是滞后的,不能急于求成。例如"户外活动对幼儿社会性发展的影响"教育实验研究,实验班每天下午进行户外活动,组织体育游戏、参观社区等,控制班没有这些活动。一个星期以后考核,如果实验班成绩比控制班高,就得出实验结论,说明户外活动能够促进幼儿的社会性发展,这样的结论往往让人难以信服。幼儿社会性发展受到多种因素的长期影响才能逐步形成,其发展变化绝非一两个活动、一两天时间就可以实现的。同时,教育科学研究很难进行极为精确的定量分析,尤其是在涉及人的主观态度、心理倾向时,要取得一般性结论非常不容易。

## 二、学前教育科学研究及其意义

### (一)学前教育科学研究的含义

学前教育科学研究也可简称为学前教育科研、学前教育研究,是探索学前教育科学的认识过程,其目的是揭示和发现学前教育领域内各种现象的客观规律,不断丰富和完善学前教育科学的知识体系,进而更有效地指导学前教育实践。

我们可以将学前教育科学研究分为两个领域:一是学前儿童发展研究,是对学前儿童在身体、心理、社会能力等方面的发展状况与发展规律进行的研究,它着重帮助人们理解学前儿童发展的本质和过程,为学前教育提供科学的依据;二是学前儿童教育研究,是指对学前儿童教育的过程、内容、方法及效果等进行的研究,它强调在一定的科学理论和原则的指导下改善教育的手段和效果,促进学前儿童的健康发展。

学前教育科学研究自古就是人类社会研究的重要领域。我国古代的"小学""蒙学"中就含有大量关于幼儿教育内容、教育方法的论述。随着社会的不断进步发展,学前教育日益受到广泛的重视。尤其是我国建设中国特色社会主义现代化,要求为全体儿童提供公平而优质的教育,对学前教育提出了新的更高的要求。只有深入开展学前教育科学研究,在全社会建立科学的儿童观,推崇科学的幼儿教育观,才能促进我国学前教育事业的高质量发展。

### (二)学前教育科学研究的意义

开展学前教育科学研究具有以下四个方面的意义。

#### 1. 有利于提高学前教育质量

学前教育是基础教育的基础,是个体发展过程中的首要阶段,只有不断加强对这一时段教育现象、教育问题的研究,才能把握学前教育的规律,从而在学前教育实践中更好地贯彻教育方针,增强教育的自觉性,减少盲目性,促进幼儿健康发展,提高学前教育的质量。

#### 2. 有利于丰富完善学前教育体系

通过学前教育研究,可以系统地总结提升我国广大学前教育研究工作者多年来积累的宝贵实践经验和理论探索的成果,形成具有中国特色的学前教育理论体系。同时,通过整理古今中外学前教育优秀的教育思想,借鉴富有成效的国外学前教育实践,丰富和发展学前教育科学体系。

#### 3. 提升学前教育工作者的科研意识和研究水平

相比较而言,我国学前教育科学是一个相对不成熟、较为薄弱的学科。要发展学前教育科学,就必须依靠广大的学前教育工作者开展广泛的科学研究。《幼儿园教师专业标准(试行)》中指出,幼儿园教师不仅要主动收集分析相关信息,不断进行反思,改进保教工作,还要针对保教工作中的现实需要与问题,进行探索和研究。通过研究,促使广大学前教育工作者尤其是幼儿园教师增强科研意识,形成科学的研究态度,并在研究中掌握规范的科学研究方法,不断提高幼儿园教师的研究能力和水平。

#### 4. 推动学前教育改革的全面深入

学前教育研究与学前教育的改革相辅相成,一方面,学前教育改革必须以学前教育科学研究的成果为指导;另一方面,在推进学前教育改革的过程中又要通过加强对存在的问题的研究来保证改革的顺利进行。在我国,自 2010 年以来,尤其是党的二十大以来,教育事业发展进入高质量发展的快车道,各类学前教育的法律法规、政策制度纷纷发布实施,学前教育工作者将面对各种新的问题,只有加强研究,逐步解决好新形势下的新问题,才能促进新时代我国学前教育事业全面深入的发展。

## 三、学前教育科学研究的基本原则

为了保证学前教育科学研究的科学性,必须遵守学前教育研究的一系列基本要求。这些要求,要贯穿于教育研究的整个过程,体现于每一环节之中。

### (一)客观性原则

客观性是指任何现象都是客观存在的,是不以人们的意志为转移的。因此,坚持客观性原则就是要求研究者对客观事实采取实事求是的态度,避免个人的主观偏见,不能歪曲或虚构事实。

## (二)教育性原则

学前教育科学研究主要是以幼儿为具体研究对象,所以在研究过程中要牢记育人使命。研究者应始终保持"我是教育者"的意识,所从事的一切研究必须符合我国教育方针、幼儿教育与发展目标的要求,把教育人、培养人、塑造人作为出发点和归宿。

## (三)可行性原则

幼儿教师进行教育科研,要注意选择研究课题的可行性。因为幼儿园保教工作繁忙,幼儿教师工作压力大,研究精力有限,所以要结合本身的具体情况,尽量选择较小的课题进行研究。一方面力所能及,另一方面能早出成果,能比较快地尝到成功的喜悦,可以有效地激发进行教育科研的积极性。

## (四)伦理性原则

教育研究的最终目标是使教育更符合规律,从而促进儿童的健康发展。因此,学前教育研究应遵循基本的社会伦理道德准则和法律法规,不侵犯研究对象或研究参与者的权益,避免对研究对象造成身心伤害。

# 第二节 学前教育科学研究课题的选择

**· 拓展阅读 ·**

提出一个问题往往比解决一个问题更重要,因为解决问题也许仅仅是一个数学上或实验上的技能而已,而提出新的问题、新的可能性,从新的角度去看待旧的问题,却需要有创造性的想象力,而且标志着科学的真正进步。

——爱因斯坦

## 一、教育问题与教育研究课题

在工作、学习和生活中,我们经常会遇到各种各样的疑难和矛盾。所谓问题,是客观事物之间的矛盾在人们头脑中的反映,它所要表现的是人们对客观事物或现象认识的不足。正是这些问题激发了人们的思考与探索,推动了科学活动的开展。在教育领域,无论是理论还是实践,人们没有认识或者认识不深入的现象与规律很多,也就存在许多教育问题。

教育研究课题,即教育研究要解释或解决的问题,是依据教育研究的目的,通过对研究对象的主客观条件进行分析而确立的研究问题。教育研究课题来源于教育问题,问题的发现和提出是课题产生的前提条件。但是,问题不一定能够成为课题,两者存在一定的差别。首先,问题作为人们在理论学习中遇到的疑难或在实践工作中碰到的困难，往往反映的是个人认识上的局限性，而不是其他人的问题。课题反映的是人类在某个领域中或某个事物上认识的局限性，其研究才有认识上的价值。其次，人们发现或提出问题往往反映了其对某一事物思考的大致内容，甚至只是一个思考方向，较为笼统和概括，可以在一个较广的范围开展讨论，而课题则是明确而具体的。最后，在表述上，问题通常用疑问句式，随意而不追求严谨。课题一般用陈述句式表述，相对确切，用语严谨且符合专业规范。

在问题中寻找课题，然后确立研究课题，这是教育科学研究的首要阶段，对于整个研究过程乃至研究者自身水平的提高，都具有十分重要的意义。

## 二、学前教育科学研究课题与分类

学前教育科学研究课题是指在学前教育领域中要解释或解决的理论性、实践性的问题。按照研究领域划分，可以分为以下三种类型。

### （一）基础性研究课题

基础性研究课题是以揭示教育现象的本质和规律，形成或发展教育科学理论为目的而进行的研究课题。通过教育的客观规律，寻找新的事实，发现新的理论和重新评价原有的理论，回答"为什么"的问题，它具有高度的抽象性、理论的体系性、效益的长期性和研究的连续性。例如，我国关于幼儿教育的本质、幼儿教育的目的、幼儿园教育过程的规律、幼儿教育评价等方面的研究，其目的在于建立具有中国特色的现代化的幼儿教育理论体系。

### （二）应用性研究课题

应用性研究课题是针对某一具体的实际应用目标而进行的科学实验和技术性研究。教育的应用性研究可以把教育科学的基本理论知识转化为教育技能、教育方法、教育手段和教育方案，使教育理论同教育实践结合起来，达到某个具体的预定的目标，以便回答"是什么"的问题。应用性研究课题能够直接解决学前教育管理和改革中的很多实际问题，使基础理论研究成果具体化和实用化，是理论联系实际的关键环节。目前，绝大多数的学前教育研究都是应用性研究，如幼儿心理健康研究、多元智能在幼儿教育中的实践研究、幼小衔接中的"准备性"研究、幼儿园开展奥尔夫音乐教育的有效方法研究等。

### （三）开发性研究课题

开发性研究课题是综合运用已有的研究成果去解决教育实践中的现实问题，开辟新的途径进一步开发现有的研究成果。它既可以形成和发展教育科学理论，又可以将教育理论转化为教育技能、方法和手段，可以同时回答"为什么"、"是什么"的问题。如幼儿园区域活动中材料投放的研究、幼儿园亲子游戏活动中的家园互动效果的实验研究。

## 三、学前教育科学研究课题的来源

学前教育科学研究的课题来源于社会和幼儿教育发展的需要，可以概括为以下几个方面。

(一)从社会发展的需要提出课题

当前社会实践中迫切需要解决的重大问题,往往是学前教育科学研究的重大课题。例如,中共中央、国务院于2018年11月发布的《关于学前教育深化改革规范发展的若干意见》中提出的"完善学前教育体制机制""健全学前教育政策保障体系""推进学前教育普及普惠安全优质发展""为培养德智体美劳全面发展的社会主义建设者和接班人奠定坚实基础"等问题,都是新时代我国学前教育需要研究的宏观重大课题。《中国教育现代化2035》提出的"有质量的学前教育"、"学前教育保教质量标准"、"建立更为完善的学前教育管理体制"、数字时代的教师需要具备怎样的能力与素养等都是今后一个时期我国发展学前教育事业必须深入开展研究的课题。

中国学前教育研究会2021年发布了"十四五"课题指南,提出"党建引领学前教育发展"的基本原则,要求在学前教育中践行社会主义核心价值观、弘扬爱国主义精神、遵守社会道德风尚以及党建引领学前教育发展等,并列举了"社会主义核心价值观融入幼儿园课程研究""新时代学前儿童劳动精神培育路径研究""立德树人背景下学前儿童德育教育研究""新时代学前儿童爱国主义教育研究""新时代学前儿童理想信念教育研究"等重大研究课题。

(二)从学前教育实践中提出课题

从学前教育实践中提出的问题往往是研究课题最基本的来源,学前教育科学研究正是通过不断有效解决实践中的各种问题而实现自己的价值。实践是推进学前教育科学研究的动力和源泉。从教育实践中选题,这是由教师科研的目的、性质与特点所决定的,也是当前教师教育研究所推崇的基本思想,可以从三个方面入手。

1. 从困难的问题中选题

教育工作是一项高创造性的脑力劳动,更是一项错综复杂的系统工程。在具体的教育实践中,经常会遇到各种各样的带有普遍性的困难问题。如在幼儿园里经常会遇到一些令老师头疼的"调皮儿童","调皮儿童"的特点、成因和有效的教育策略,老师们一直都在做个案研究。这类选题体现出对解决实践中困难的指导作用。

2. 从争论的问题中选题

争论的问题往往是教育改革与发展中所关注的急需解决的热点问题。研究者若能从见仁见智的争论性问题中,选择合适的课题加以研究,以检验各家观点并形成自己的看法,那么这类选题也是很有价值的。如对学前儿童是否可以学习外语的问题,有人主张可以教幼儿学习外语,因为学前期是儿童语言形成和发展的敏感时期,错失这一时期十分可惜;也有人反对这一做法,认为儿童应该有一个快乐的童年,不能让单调、枯燥的学习占据他们的童年。在这种相持的争论中,研究者选择"大班幼儿英语学习的实验研究""幼儿英语学习兴趣调查研究"课题,通过实验、调查看看幼儿能不能学、有没有兴趣学、是否因为英语学习增加了负担等,得出自己的结论和看法,而不是人云亦云。

3. 从盲点的问题中选题

幼教领域存在很多问题常常被成人忽略或者不被重视,特别是一些学科交叉的问题,研究者因为各自的专业视野等因素的制约,极易使这些问题的研究处于"盲点"状态。如果研究者能够敏锐地从"盲点"的问题中选择课题进行研究,也可以取得意想不到的成果,如"幼儿媒体素养培育研究""幼儿生态教育研究"等。

### (三)从日常观察中发现问题

为什么有的幼儿"分离焦虑"持续很长时间?为什么有的幼儿来幼儿园就"肚子疼"?为什么有的幼儿经常有攻击性行为?为什么有的幼儿喜欢"告状"?日常的保教工作中有太多的问题,都值得学前教育工作者去研究,一日生活是提出研究课题的一个重要途径。

对于幼儿园教师来说,日常观察是他们教育教学的重要手段,它不仅是教师了解幼儿、获得教育信息反馈的途径,更是教师进行思考、发现问题的重要策略。这就要求教师在平时的工作、生活中多注意观察,包括观察幼儿的行为、家长的行为、自己的行为、幼儿园各类工作安排的效果,等等,发现问题,确立课题。

### (四)从幼儿园课程改革需要提出课题

自改革开放以来,尤其是党的十八大以来,我国幼儿园的课程改革在理论基础、思想观念、目的目标、课程设计、活动材料、活动方式等方面都取得了丰硕的成果。国家加强幼儿园专业指导,印发《3~6岁儿童学习与发展指南》和《幼儿园教育指导纲要(试行)》,明确了幼儿的身心发展特点和规律,对幼儿园孩子应该"学什么"、"怎么学"和"教什么"、"怎么教"提出了指导性要求,各地深入贯彻落实指南和纲要,在幼儿园课程改革实践方面深入探索,掀起了幼儿园课程改革的热潮。如"基于学习品质提升的课程实施策略研究""促进幼儿阅读素养提升的幼儿园早期阅读指导策略研究""实施探索性主题活动的问题及对策""幼儿园课程资源筛选机制及有效性研究"等课题,都来源于新时代幼儿园课程改革的实践需要。

### (五)从国内外学前教育前沿信息的分析中提出问题

今天的世界将变得更加开放,教育信息的传播会变得更加便捷。学前教育是一个开放的系统,国际交流与合作也会更加广泛深入。我们可以对国内外学前教育信息包括对世界各国学前教育发展潮流及趋势进行分析,对引进国内外先进的学前教育理论思想或某学派理论进行系统研究,这同样对我们具有重要的启发意义和参考价值,也是课题的一个重要来源。

如 2004 年瑞吉欧学前教育国际研讨会上,Jerome Bruner 教授首先从心理学的角度阐述了重视儿童权利与潜力的重要性,他指出儿童不仅是学习者,他们也有自己的世界,有自己的表述方式与看问题的角度,成人如何看待他们是成人的问题,如何去挖掘他们的潜力、认识他们的学习过程是我们的工作。2007 年,华东师范大学朱家雄教授与韩国汉阳女子大学金恩姬教授共同牵头组织的"中韩幼儿教育领域瑞吉欧教育方案的应用与转化"国际研讨会在上海召开,朱家雄教授和金恩姬教授分别作了"向瑞吉欧学习什么"、"学习并挑战瑞吉欧"的主题报告,中韩两国的幼儿园园长与教师代表分别介绍了各自在学习瑞吉欧教育方案过程中的一些经验或碰到的一些问题。中方还组织韩国代表观摩了上海芷江中路幼儿园和东方幼儿园,双方代表在观摩过程中亦展开了热烈的交流和讨论。

在引进国内外先进的教育思想和理论时,可以结合我国的实际确定专题研究。这就要求研究者一定要保持对国内外学术动态和实践前沿的密切关注,经常收集学术会议的信息,多阅读学前教育研究的学术期刊与著作,养成浏览专业研究机构的网站的习惯,关注其公众号,从中获得即时的研究成果信息,获得研究的灵感。

(六)从学前教育学和其他相关学科交叉关系中提出问题

现代科学发展经历了大分化,也会走向大综合。各个学科之间的交叉领域会涌现出大量值得开拓研究的新领域,如学前教育哲学、学前教育社会学、学前教育生态学、学前教育评价学等;现代脑科学与人类认知的研究成果也为我们开辟了研究幼儿的新天地;人工智能、网络技术也展开了很多新的教育研究领域。运用多种学科的研究方法与成果,使得学前教育科学研究也得到了有效的深化。

除了以上几个主要途径让我们获得研究课题外,还可以从国家、省市有关部门、研究机构发布的课题指南或规划中选题,这些课题往往带有导向性,研究者可以组成研究团队共同攻关。只要我们做个有心人,认真学习教育理论,关注教育改革,深入教育实践,勇于探索,勤于动脑,就会发现很多有价值的研究课题。

## 第三节 学前教育科学研究的一般方法

进行教育科学研究,需要有正确、科学的研究方法。一般来说,教育科学研究方法可以分为三个层次:第一层次是适用于一切科学研究的哲学方法论;第二层次是适用于各门科学的一般研究方法;第三层次是适用于教育科学领域的具体研究方法。学前教育科学研究常用的方法有观察法、调查法、实验法、个案研究法、文献检索法等,另外还有行动研究、质性研究、叙事研究等新兴的研究方法。

### 一、观察法

观察是人们对事物有目的、有计划、比较持久的知觉,它是人类认识世界、进行创造的基础。观察的重要特点是在"自然发生"的条件下,对观察对象不加任何干预和控制。

(一)观察法的定义

教育研究中的观察法是研究者通过感官或借助仪器,在一定时间内有目的、有计划地对处于自然状态下的客观事物进行感知、考察并收集资料的一种研究方法。观察法是教育研究中最基本、最常用的一种方法,特别是对于作为学前教育研究对象的幼儿,是最适宜的方法。

(二)观察法的分类

根据不同的标准,观察法可以分为不同的类型。

(1)根据观察的情景条件可以分为自然情景中的观察和实验室观察。自然情景中的观察包括自然行为的偶然现象观察和系统的现象观察;实验室观察有严密的计划,有详细的观察指标体系,对观察情景有较严格的要求,有利于探讨事物内在的因果关系。

(2)根据观察的方式可以划分为直接观察与间接观察。直接观察是凭借人的感官,在现场直接对观察对象进行感知和描述;间接观察是利用一定的仪器或者其他技术手段为中介对观察对象进行的观察。

(3)根据观察者是否直接参与被观察者所从事的活动可划分为参与性观察与非参与性观察。参与性观察是研究者直接参加到所观察对象的群体活动当中去,不暴露研究者真正的身份,在参与活动中进行隐蔽性的观察研究;非参与性观察不要求研究者站到与被观察对象同一地位上,而是以"旁观者"身份,采取公开或秘密的方式进行观察。

(4)按照观察实施的方法可以划分为结构式观察与非结构式观察。结构式观察是有明确目标、问题和范围,有详细的观察计划、步骤和合理设计的可控制性观察,观察前通常要设计好观察记录表,并在观察过程中严格按照制订好的计划进行观察;非结构性观察则是对研究问题的范围、目标采取弹性的态度,观察内容项目与观察步骤不预先确定,也无具体记录要求的非控制性观察,这种方法比较灵活,适应性强,简便易行,常用于对观察对象不甚了解的情况。

(三)观察法的实施

为使观察能够顺利有效地进行,在观察实施之前必须对观察活动进行设计,明确观察的目的和内容,确定观察方式、观察设备和记录手段。观察设计好之后就可以进入具体的实施阶段,主要包括:界定研究问题并确定观察对象、了解观察对象的基本情况、编制观察记录表、记录观察资料、分析资料并得出结论。

教育观察研究简便易行,不需要使用复杂的仪器设备,不需要特殊条件,观察过程不受研究对象的左右,适合于广大的一线教师使用;观察研究不妨碍被观察者的日常学习、生活和正常发展,也就不会产生不良后果。但观察研究也有其局限性:难以控制对观察活动起到影响作用的外部因素,导致观察到的现象可能只是偶然事件;不能判断因果关系的问题,只能研究外在行为;观察研究往往取样很小,观察的资料难以系统化,普遍性不高;观察结果容易受观察者的主观因素影响等。

**案例阅读**

 帕顿对幼儿在游戏中的社会参与程度研究

帕顿(Mildren B. Parten)的观察对象是2~5岁儿童,她根据儿童在游戏中的社会参与程度,将游戏分为6种活动类型——无所事事、旁观、单独游戏、平行游戏、联合游戏、合作游戏,并对每一类型赋予操作定义,还设计了观察量表,这个量表也成为后来使用比较广泛的游戏观察量表。帕顿在规定的游戏时间内,依次观察每个儿童一分钟,并根据儿童社会参与程度和6种游戏类型的操作定义,判断每个儿童在这一分钟所表现的行为属于哪种类型,记入观察记录表。通过对一系列观察资料的整理分析,结果表明2~5岁学前儿童在游戏中的参与程度,随年龄的增长表现出一定的顺序,即年龄越小的儿童往往喜欢单独游戏,随着年龄的增长逐渐发展到平行游戏,再发展到社会化程度较高的联合游戏和合作游戏。

帕顿6种游戏类型的操作定义如下:

| 游戏类型 | 操作定义 |
| --- | --- |
| 无所事事 | 儿童没有做游戏,只是碰巧观望暂时引起他们兴趣的事情,如没有可注视的就玩弄自己的身体,或走来走去、爬上爬下、东张西望 |
| 旁观 | 儿童基本上观看其他儿童的游戏,有时凑上来与正在做游戏的儿童说话,提问题,出主意,但自己并没有直接参加游戏 |
| 单独游戏 | 儿童独自一人游戏,只专注于自己的活动,根本不注意别人在干什么 |
| 平行游戏 | 儿童能在同一处玩,但各自玩各自的游戏,既不影响他人,也不受他人影响,互不干涉 |
| 联合游戏 | 儿童在一起玩同样的或类似的游戏,互相追随,但没有组织与分工,每人做自己想做的事 |
| 合作游戏 | 儿童为某种目的组织在一起进行游戏,有领导、有组织、有分工,每个儿童承担一定角色任务,并且相互帮助 |

游戏类型观察记录表如下:

| 被试代号 | 游戏类型 | | | | | |
| --- | --- | --- | --- | --- | --- | --- |
| | 无所事事 | 旁观 | 单独游戏 | 平行游戏 | 联合游戏 | 合作游戏 |
| 1 | | | | | | |
| 2 | | | | | | |
| 3 | | | | | | |
| … | | | | | | |

## 二、调查法

在教育研究中,调查法是使用较广泛的一种研究方法,它几乎不受时空的限制,研究的对象宽,研究的内容广。无论是了解人们对某种教育现象的看法、态度以及对某一教育问题所持的立场、观点,还是了解教育领域某一方面的实际情况和状态,使用教育调查法都是恰当和便利的。

### (一)调查法的定义

调查法是在自然条件下,通过以提出问题的方式搜集资料,以分析教育现状或变量之间相互关系的研究方法。调查研究最早是在西方国家的社会研究中采用,与一般的社会调查不同,教育调查研究是以教育问题为研究对象,是为了认识某种教育现象、过程或解决某个实际问题而进行的有目的、有计划的实地考察活动。

## （二）调查法的分类

(1) 按调查的目的划分，可以分为现状调查、相关调查、发展变化调查、原因调查。

①现状调查是指对调查对象的当前状况和基本特征的调查，如"幼儿园教师专业化发展愿望调查""幼儿园教师职业倦怠状况调查"。现状调查的目的是对教育现象的真实情况做出具体的描述，以便于了解情况，发现问题，改进工作。

②相关调查是调查两种或两种以上教育现象之间是否存在相关关系。例如"家庭环境与幼儿社会适应的相关研究"，可以采用自编的问卷调查3~6岁儿童的家庭环境（包括幼儿年龄、幼儿性别、幼儿家庭结构、主要抚养人、父母经济收入、父母文化程度、父母职业）和社会适应能力，得到了儿童社会适应能力与儿童性别相关，女童的社会适应能力比男童高；儿童的社会适应能力与父亲的文化程度呈负相关等结果。相关调查的目的是寻找相关因素，以便探讨出解决问题的办法。

③发展变化调查是对某一调查对象在一个较长的时间内的特征变化进行调查，目的是了解研究对象前后的变化和差异情况。如要了解儿童的学习行为的年龄特征，就可以利用发展变化调查，了解不同年龄阶段儿童的学习行为的变化情况。

④原因调查是对具有某种特征的个体或教育现象形成的可能原因进行的调查。在有些情况下，研究者很难或者不可能通过一项（次）实验研究去分析、确认某种特征或现象的原因，这时就可以通过对具有某一特征的一组对象和不具备该特征的另一组对象进行比较，或通过对处于不同条件下不同组对象所具有的特征进行比较，探讨其可能形成的原因。例如，魏运华的《父母教养方式对少年儿童自尊发展影响的研究》，研究者选择小学、初中各三个年级组，将父母教养方式分为五个维度，通过原因调查发现：父母教养方式与儿童自尊发展均存在显著的差异，"温暖与理解"的教养方式能够显著提高儿童的自尊水平。

(2) 按调查对象来划分，可分为普遍调查、抽样调查、个案调查。

①普遍调查是对某一范围内全部被研究对象进行调查，也称为全面调查。如要了解某乡镇学前教育的发展状况，可以对该乡镇所有幼儿园园舍、设备、师资、幼儿入园率等方面的情况做全面调查，从而准确地得出该乡镇学前教育发展状况的结论。

②抽样调查是指按照一定的科学方法从研究对象的总体中抽取一部分（样本）进行调查，根据对样本进行调查的结果，来获得有关总体的情况。在教育调查研究中，研究者由于受到时间、精力、资金等的限制，常常不对全部研究对象进行一一调查，而是利用科学的抽样方法，从总体中抽出具有代表性的样本，通过对样本的调查，得出样本的特性，再根据一定的规则把样本特性推断到总体。

③个案调查是在对被调查对象进行具体分析的基础上有意识地从中选择某个调查对象进行深入调查和描述。这种方式主要用于对调查对象进行的深入访谈。

(3) 按调查手段划分，可分为问卷调查、访谈。

①问卷调查是指研究者根据研究目的将编制成的系统问题或表格发给被调查对象，请求填写答案，然后收回答案加以整理、分析和研究。研究者可以通过现场发放问卷、访问问卷、邮

寄问卷、线上问卷(如问卷星)等方式给出系列问题及其选项,根据研究问题的需要决定是否匿名。通过问卷星问卷可以获得大样本的信息,提高了研究的信度。

②访谈是研究者通过口头交谈的方式,向被调查者提出问题,让调查对象作答,以收集调查对象对教育问题或现象的态度和看法。

### ■ 拓展阅读 ■

#### 父母问卷调查:幼儿自理能力调查表(部分)

请您根据孩子的实际情况,在适当的选项后面的括号中打√。

1. 有序地穿衣服。

会( ) 基本会( ) 不会( )

2. 有序地脱衣服。

会( ) 基本会( ) 不会( )

3. 自己洗脸、漱口。

会( ) 基本会( ) 不会( )

4. 自己睡午觉。

会( ) 基本会( ) 不会( )

5. 玩具、图书不乱扔乱放。

会( ) 基本会( ) 不会( )

6. 自己整理书包。

会( ) 基本会( ) 不会( )

7. 自己吃饭。

会( ) 基本会( ) 不会( )

### (三)调查法的实施

调查法的具体研究方式很多,且各有侧重,但在实施过程中都应遵循以下几个步骤。

#### 1. 明确问题,形成调查设计

第一,要阐述研究问题,研究者根据教育研究或教育实践的需要提出调查课题之后,要根据调查的性质、目的和任务具体阐述调查的问题。同时,还应对调查课题的核心概念做出准确的界定,对课题中的有关变量要下操作性的定义,确定操作指标。

第二,选择调查对象。调查研究既可以采用总体研究,也可以进行抽样研究。如果决定进行抽样研究,还需要确定抽样的方法及样本容量。调查对象的选择要综合考虑调查课题的性质、目的和任务,调查的类型,研究对象的总体中所包括的对象的数量及地域分布的范围,调查者所拥有的人力、物力、财力等多方面情况。如问卷调查、访谈调查等,不同的调查类型,在选择调查对象方面有很大的差别。如果研究对象的总体中所包括的对象的数量大且地域分布范围广,研究者拥有的人力、物力、财力有限,采用抽样研究则比较恰当。

第三,要确定方法手段。教育调查研究包括问卷调查和访谈调查。这两种调查方法和手段具有不同的特点,如问卷法适用的范围广、效率高、经济、快捷,适用于规模较大且有多个不同调查地点的调查;访谈法则深入、细致,易于了解事物的本质,适用于样本较小的调查。在确定调查方法和手段时,可以根据研究课题的不同情况,针对每种方法和手段的优势和局限,恰当地选用,当然,必要时两种方法可配合使用。

第四,要编制选用工具。在确定调查方法和手段的基础上,应设计出相应的调查工具,如调查问卷、访谈提纲等。

第五,制订调查计划。调查计划是调查工作的程序安排,通常包括如下内容:调查课题和目的;调查对象及范围;调查地点及时间;调查的方式方法;调查步骤及日程安排;调查的组织领导及人员分工;调查报告完成的日期。

2. 实施调查,搜集调查资料

实施调查就是将调查计划付诸实施从而获得调查资料的过程。调查资料一般有两大类:

一是回收的问卷、访谈记录。问卷的有效回收率是影响问卷调查质量的一个关键性因素。有效回收率越高,对其整理、分析的价值也就越大。问卷的有效回收率一般受课题的吸引力、问卷前言与指导语的表述的恰当性、被调查者的态度和能力、调查研究人员态度以及问卷题目难易程度等因素影响。访谈记录要真实可靠,研究者要实事求是,不要以自己的主观想象去代替被访者的思路。

二是有关被调查者的背景材料。这类材料的搜集便于以后的分析、印证,主要包括一些书面资料,如教科书、教师教案、学生作业、学校工作总结、计划、教育行政部门的档案等。

搜集资料要力求全面、系统,要注意资料的准确性、客观性和真实性。

3. 整理分析,撰写调查报告

问卷、访谈所得的原始资料需要经过整理与分析才能得出有意义的结论。整理与分析资料时,首先,要审核资料。审核资料是指识别调查资料的真伪和它的价值。分清真、伪,去除假、错、缺,以保持资料的真实、准确与完整。其次,整理资料。整理资料是指对审核后的资料进行分组、分类、汇总、加工,使之系统化和条理化,并以集中、简明的方式反映调查对象的总体情况。最后,分析资料。对资料的分析可以是定性的逻辑分析,也可以是定量的统计分析,抑或将两者相结合。资料分析的方法有赖于资料的性质和研究目的。

撰写教育调查报告是整个调查研究工作的收尾阶段。调查报告要着重说明调查结果与研究结论,并对调查研究的过程、所采用的方法及调查结果进行系统的阐述与说明;同时,要提出建设性意见和解决存在问题的方式方法,以便发挥教育调查研究的理论功能与实践作用。

### 三、实验法

教育实验研究法是教育科学研究最主要的方法之一,实验法作为教育研究中可以揭示事物或现象之间的因果关系的方法,在教育科学研究中发挥了重要作用。

(一)实验法的定义

实验法是通过对某些影响实验结果的无关因素加以控制,有目的、系统地操纵某些实验条件,然后观测与这些实验条件相伴随现象的变化,从而确定条件与现象间因果关系的一种研究方法。对变量的操纵和对因果关系的揭示是实验研究的本质。

(二)实验法的分类

(1)按实验进行的场所和情境不同,可划分为实验室实验和自然实验。

实验室实验是在人工特设的实验室内,或模拟生活环境、高度控制的实验场地进行的实验。这种实验可以有效地控制无关变量,把自变量严格分离,对各种变量定义明确,能够较为精确地探讨自变量和因变量的函数关系,常用于探讨理论问题。

自然实验是在自然常态下的教育情境中进行的实验,通常不能完全控制无关变量,但能较长时期地持续进行。因实验在真实环境中进行,研究结果较能解决教育实践中的实际问题。自然实验可以回避实验室方法所需条件的限制,较容易推广实验成功的经验,大大提高了外在效度,故其运用最广泛,最易推广。

(2)按实验进行的目的和功能不同,可划分为探索性实验、验证性实验。

探索性实验是指为了探索一个前人从未探索过的新的教育理论问题或教育实践中的新问题,从事的一种具有开创性的实验研究。这类实验,有科学的理论假设、严格合理的条件控制、比较规范的实验程序以及对资料数据的统计处理,寻求尽可能大的内部效度,并以科学理论解释实验结果。探索性实验一般研究教育理论体系中的根本性问题。

验证性实验是以验证已取得的实验成果为目标,是对已取得的认识成果用再实践的经验来检验、修订和完善的一种实验。这类实验具有鲜明的重复性,是在不同环境条件下进行,不仅对实验条件有明确分析,而且实验方案具有可操作性。验证性实验关注实验结果应用的普遍性,追求的是实验较高的外在效度。

(3)按施加实验因素的多寡,可分为单因素实验和多因素实验。

单因素实验是在实验中只施加一种实验因素的实验。

多因素实验是在实验中施加两种或两种以上实验因素的实验。

(4)按实验变量的控制程度,可划分为前实验、准实验和真实验。

这是美国教育家坎贝尔(D.T.Campbell)和斯坦利(J.C.Stanley)的划分方法。

前实验是指不能随机分派被试,可以进行观察和比较,但对无关干扰和混淆因素缺乏控制,误差程度较高的一种实验。前实验往往无法说明因果关系,也无法验证自变量与因变量的因果关系,很难将实验结果推论到实验以外的其他群体或情境中去,内外效度均很低。尽管前实验几乎失去实用价值,极少被采用,但它仍具备实验研究的最基本的两个要素——实验处理和测量。它是其他实验类型发展的基础。

准实验是不能随机分派实验对象,无法像真实验那样完全控制误差来源,只尽可能予以条件控制。准实验是在教育的实际情境中进行的,因而具有推广到其他教育实际中去的可行性。之所以说教育实验大多属于准实验,是因为教育实验的情境和教育实验的对象的特殊性,教育实验难以满足一般科学实验的规范要求,在许多教育实验中,实验对象是处于正常的自然状态接受实验的。

真实验是能随机分派被试,完全控制无关干扰来源,能系统地操作自变量的实验。相对于前实验和准实验,真实验的实验效度高,误差程度低。

### (三)实验法的实施

#### 1. 实验前的准备

实验的准备工作是指教育实验实施之前的准备工作,主要做好理论研习、方案设计、环境布置、设备和测量工具的准备等方面的工作。

理论研习是基础,实验前务必深入研习与教育实验课题有关的理论,弄清实验课题所涉及的重要概念和名词并进行界定。理论研习有助于研究者根据实验的目的,确定指导实验的理论框架。这种指导性的理论,能够启发研究人员按照研究目的对实验研究的方向、范围以及如何搜集、分析和解释数据资料做出明确的具体规定。

方案设计是在理论思考的基础上进行的,设计要从实际出发,周密细致,尽可能实行一定条件的控制。方案设计的思考要以书面的形式呈现,形成实验计划书。一份完整的教育实验方案,一般由如下几部分组成:实验的背景、目的和假设;有关变量的界定;实验对象;实验方法;实验的观测指标,实验资料的收集和处理;实验的组织工作;主要参考文献等。

环境和工具等方面的准备要尽可能细致而周到。如果实验需要幼儿园教师配合,则应预先组织教师学习和训练,使其熟悉实验计划的实验操作规程,以便按要求开展教育实验,避免实验者效应对实验的干扰,以保证具有较高的效度。教育实验一般在幼儿园班级里进行,实验在哪一个教室进行,对教室的环境布置有何要求,要事先有所准备。教育实验设备如录像机、录音机、记录表格、钟表、投影仪、视频播放器等,如果需要,应事先选定并检查和准备好。实验中使用的测量工具有些可以采用别人的,有些则需要自行编制。无论是采用专家编制的量表,还是自行编制的试题、问卷,都应考虑测验的目标与实验目的是否一致,考虑测量工具对实验被试的适用性,考虑测量工具的信度、效度、难度和区分度,考虑数据的统计处理方法。

#### 2. 实验方案的正式实施

实验方案的实施是指将实验方案付诸实践,收集资料以检验假设。将实验方案付诸实践的过程要求研究者主要抓好实验自变量的操作、无关变量的控制和测量工具的使用等三项内容。特别要强调的是,实验活动的开展,一般应严格按实验方案进行,不应随意更改实验程序和实验措施。

实验的实施还要做好实验资料的搜集和整理分析工作。实验资料包括实验实施过程中观察、谈话、测量所得的信息,如观察和谈话记录、测验分数等。对检验假设有用的资料都要搜集。搜集时,记录要客观、准确,还要考虑资料的可靠性。资料的整理与分析,既可定量统计,也可定性分析。定量统计要注意根据研究目的及数据的类型正确选择与使用统计方法,定性分析要注意使分析过程符合逻辑规则。

#### 3. 实验后的总评

要对实验中取得的资料数据进行处理分析,确定误差的范围,从而对研究假设进行检验,最后得出科学结论。教育实验与自然科学实验不同,一个教育实验取得了实验预期的结果,并不意味着实验就此结束,它还需要在总结的基础上,进一步推广,更要在已有实验的基础上,向纵深发展,挖掘更深刻的内容,为学生的发展服务。在实验研究结果分析的基础上,写出实验报告。

检验教育实验结果的准确性和可靠性,有如下几种方法:

(1)从实验程序上检验,包括审核设计、抽样、分组、控制等工作。全面地考察整个实验的全过程,检查实施过程的各个环节。一般来说,实验设计科学、程序正确,所得到的结果就可靠。

(2)用实验系数进行检验。

(3)与其他有关的已确立的定理、定论对照进行验证,如果相一致,就证明此结果和结论是可靠的,否则就值得怀疑。

(4)用重复实验来检验。这种方法是另行抽样,改变实验对象,进行重复实验。重复实验的结果若与原实验结果相符合或差别不大,就证明实验可靠。

### 四、个案研究法

个案研究法起源于医学,是通过个别病例探寻起因、发展及医治的办法,后来逐步成为社会科学研究的一种重要的研究方法。随着教育科学改革的深入发展,个案研究法在教育领域中的应用也日趋广泛,现已成为教育研究方法体系中一种非常重要的方法。特别是近年来随着"质的研究法"的兴起,个案研究法得到更为广泛的重视。

#### (一)个案研究法的定义

个案研究法是指以一个特殊的个体(幼儿或幼儿园教师)、典型的教育事件或教育团体为研究对象,通过搜集、整理、分析与该研究对象有关的一切资料,来探究某种特殊情况形成和发展的原因,揭示出其发展变化的规律,并采取有针对性的帮助措施,促进研究对象改进和发展的研究方法。

#### (二)个案研究法的分类

(1)依照个案研究法的内容不同,可划分为:

人种学个案研究。它通过参与性观察对个案进行深入研究,并通过面谈对观察结果加以验证。这种方法模拟文化或社会人类学中的研究方法,把重点放在理解各种人类社会及其文化方面。它尤其强调在习俗中观察和理解人际关系。它对研究对象认为理所当然的看法提出异议,并从旁观者的立场对此做出解释。这种解释把重点放在研究对象没意识到的因果关系或结构模式方面。

评价性个案研究。对个案进行深入的评价性研究的目的是为教育工作者或决策者(行政管理人员、教师、父母等)提供信息，以帮助他们对教育政策、方案或机构的优点与价值做出判断。

教育个案研究。通过对教育理解的加深或对实际经验的提炼，拓宽教育工作者的思路，对教育实践有一个深刻的理解。其中多场所个案研究的方法在教育个案研究中会发挥越来越重要的作用。

实践研究中的个案研究。实践研究或称活动研究旨在通过提供有益的反馈信息改进教育活动，并推动被研究个案的进展，是对教育评价信息的反馈和持续改进的研究。教师往往通过这种方式来提高自己的教学质量。

(2)依照个案研究法的对象不同，可划分为：

个人个案研究。以某个特殊的个体为研究对象，在教育科学研究中则主要指对某个学生或教师所进行的研究。它通过运用观察法、访谈法、调查法、测量法、文献资料法等多种研究方法来搜集与研究对象有关的一切资料，然后分析、诊断造成该个体特殊行为的原因，并施以补救措施。如对于智力超常的学生或行为不良的学生、学习困难的学生及其他问题学生的研究，都属于个人个案研究范畴。

团体个案研究。以某个社会团体为研究对象，这样的个案包括农村、企业或学术性团体、群众性组织等。在学校，可以以团队组织、学生会组织、某个小组等作为个案。

机构个案研究。这样的个案可以是一个家庭、一所幼儿园、一个机关、一个工厂、一个医院或一个电影院等社会机构。教师一般可以一个年龄段的班级作为个案研究对象。

### (三)个案研究法的实施

**1. 确定研究对象**

有效地选择研究对象十分重要，这关系到所得出的结论是否有价值。研究者应根据个案研究的目的和内容，确定在某一方面具有典型特征的人或事作为研究对象。我们可以人作为研究对象的个案研究为例来说明这个问题。如果我们研究的目的是了解超常儿童的特点，帮助智力超常儿童成才，探索智力超常儿童成才的规律，那就应该选择真正智商高、学习成绩出众的学生作为研究对象，因为这样才有典型意义，研究这样的学生得出的结论对于培养超常儿童、促进他们的发展才有价值。如果我们选择了一些智商一般、学习平平的学生作为研究对象，无论我们如何研究，由此得出的研究结论对于超常儿童来讲是没有多少价值的。

例如，对某一学生创造能力发展的个案研究，可以根据平日印象看他是否经常有些小发明、小制作、小创作等；在创造能力测验中的得分是否突出；教师与家长对该生的创造行为是否有较深的印象；能否举出一些反映该生头脑灵活、思维敏捷、常提怪问题等方面的事例。在此基础上可以确定个案研究的对象。

**2. 搜集研究资料**

搜集全面的研究资料，是个案研究有效性的重要保证。尽量全面地搜集个案研究资料有助于研究者对个案的历史与现状有一个比较完整、客观的认识。因此在确定了研究对象以后，应当认真做好的一项工作就是要搜集完备的资料。

1) 资料的来源

资料的来源大致有三种，第一种为个案本身的资料，第二种为学校记录，第三种为家庭和社会背景。在个人资料中，除必要的辨认资料，如姓名、性别、年龄、出生年月、籍贯等外，还应包括健康状况，如身高、体重、缺陷、各种体能、重症记录和目前健康状况的总评。另外，收集学生历年的学习手册、鉴定、考试成绩、作业本、日记、周记、幼儿作品等也很有必要。在学校记录中，除现在就读的学校、年级和班别外，尚应包括过去所有的成绩记录，能力、兴趣、人格等测验结果，操行评语，课外活动状况，所得的奖励，教师的评定，以及同学的判断等。在家庭与社会背景方面，应调查父母的教育程度、职业、家庭经济状况，居住地区的文化状况，父母的管教方式及对被研究者的态度，被研究者在家庭内所处的地位、与家人的情感状况、从事家庭活动与计划的程度、与来往密切的亲友和邻居的情感、平时所常交的朋友或法律记录等。

从事上述资料的搜集，可采用多种不同的方式来进行。如可利用调查表的形式，让有关人员填写；可采取测验的方式，让被试回答；可调阅被研究者的自传、周记、日记等，了解被研究者自身的基本情况；可以通过访问的形式，访问有关人员收取口头报告；与被研究者面谈，当面观察其行为反应，收取第一手资料，在谈话过程中还可以发现一些隐含的因素。

2) 资料的录入与整理

数字化视频录制设备的应用使资料的记录工作更为省时、简便、准确，然而在有些研究情境下，使用这些设备，可能会影响研究的真实性与自然性，这时研究者迅速、准确的现场记录或事后的回忆记录仍是重要的记录方式。

记录的原始资料通常需要经过整理才能用于分析和解释。由于个案研究往往会收集到大量信息，因此原始资料的整理是一项比较费时费力、需要技术和耐心的工作，包括将录音、录像资料转换成文字资料，把速写、简写的记录还原为完整、详细的描述，以及根据研究设计的需要，按照一定的编码系统对这些文字资料进行编码。

### 3. 分析研究资料

资料的分析是挖掘事件、行为、现象等所包含的意义，揭示其间的联系，发现其中规律的过程。对个案研究而言，资料的分析从资料收集的那一刻就开始了，从观察个案时获得最初的印象，直到最后将各种印象整合在一起并得出结论。在这一过程中，研究者需要进行详尽的观察、深入的思考、不断的反思和质疑。

个案研究中资料分析的方式主要有两种：一是针对描述性的资料直接解释某一事件或现象，这时研究者给自己提出的问题是"这意味着什么"，通过分析，探明它的意义，使它成为可以被人理解的论点，这是一种偏于定性的方法；二是整合重复发生的事件，将之作为一类现象来分析，以期发现在特定条件下保持不变的事项，或总结出现象背后的规律，这是一种偏于定量的方法。经过编码的资料更易于在变量之间进行比较，发现变量间的联系，从而使分析过程变得更为简便。上述两种方式经常结合使用。

对个案资料进行分析,需要注意以下几个问题:

(1)资料的筛选。在个案研究中,研究者通常会面临庞大的信息量,对所有资料进行分析往往是不可能的,而且并非所有的资料都有价值,因此,研究者应根据研究主题的要求对资料进行缜密筛选,选择与问题关系密切的资料进行分析。

(2)选择分析方式。个案研究资料的分析与解释通常兼具定性、定量的特色,在具体选择分析方式时,需要考虑研究的性质(即对内在性个案研究通常倾向于用定性的方式,对工具性个案研究则倾向于用定量的方式)、资料的特征(即对于描述性的资料倾向于用定性的方式,对经过编码的资料倾向于用定量的方式)、时间安排(即时间紧迫时倾向于用定性的方式,时间允许时,则可以对较为重要的资料进行编码,采用定量的方式)。

(3)从多种角度考虑问题。为了避免主观性,研究者需要综合考虑来自不同角度的信息,对其中的矛盾之处应尤为重视,并采取其他方法进行检验。研究者需要不断质疑先前的印象和假设,并尝试从不同角度对同一现象做出解释,给读者留下判断、选择的余地。

**4. 形成研究成果**

个案研究成果可以是论文或研究报告。案例类论文或研究报告的写作没有统一的格式,但有一些基本的要求,内容结构应包括案例、分析和评议三部分。个案研究报告一般主要包括三部分:①案例事件描述部分,包括时间、地点、人物、事件发生过程、结果等的详细记述;②案例理论分析部分,包括案例分析目的、教育理论依据、教育意义等;③案例评议部分,包括案例自评或者专家点评、改进意见等。案例写作的重点在于分析部分,要深入分析案例本身所蕴含的教育意义或启示。作为一种科研方法,个案研究重在分析,而不在案例记述,案例记述不等于案例。另外,案例的三部分内容要环环相扣,不能相脱离,特别是案例与案例分析部分更是要紧密融为一体,不能是两张皮。

每个个案研究都要突出一个鲜明的主题,它常常与教学改革的核心理念、实际教育活动和教育管理活动中常见的疑难问题以及容易引起困惑的事件有关。它源于教育教学实践但又不是简单的教育教学活动实录,它有相对完整的情节乃至戏剧性的矛盾,以反映事件发生的过程,反映教育实践中的教师和学生角色的变化,揭示教育教学工作的复杂性,并引人思考。个案中的角色常常不仅仅是园长、教师和幼儿,也可能是幼儿家长或者其他影响教育活动的人。

## 五、文献检索法

文献是记录、积累、传播和继承知识的最有效手段,是人类社会活动中获取信息最基本、最主要的来源。文献检索是教育研究过程中一个重要步骤,它不仅仅是在研究的准备阶段被运用,而且贯穿于研究的全过程。

### (一)文献检索的定义

文献一词最早见于《论语·八佾》:"文献不足故也"。朱熹在《四书章句集注》中解释:"文,典籍也;献,贤也。"可见文献在古代原意指典籍和宿贤两个方面的内容,即"文"指历史上的图书、档案等典籍记录;"献"指贤者所发的议论和追记的记录。

根据2021年中华人民共和国国家标准《信息与文献 资源描述》中的定义，文献是指包含知识内容和/或艺术内容的有形的或无形的实体，即把人类知识用文字、图形、符号、音频和视频等技术手段记录在一定物质载体上的结合体，或理解为固化在一定物质载体上的知识。载体不仅包括手稿、书籍、报刊、学位论文、档案、科研报告等书面印刷品，也包括录音、录像、影片、幻灯片、文物等实物形态的各种材料，还包括计算机使用的磁盘、光盘和其他电子形态的数据资料等。

教育文献是指一切用各种符号形式保存下来的，对教育研究具有一定历史价值、理论价值和资料价值的文献材料，即记载有关教育科学的情报信息和知识的载体。有较大的理性认识价值或实践指导价值的文献，是教育研究的重要情报源和信息源。

文献检索就是通过一定的方法和程序在众多的文献中迅速、准确地获取所需要的文献的过程。"文献检索"和"文献查阅"常常互用。"检"和"查"都有寻求、查找的意思，"索"指索取、获得文献的意思，"阅"指阅读文献，并有分析评价之意。文献检索的思想与方法贯穿于研究的全过程。当研究课题尚未确定时，课题的产生常常是从泛泛地浏览文献、阅读文献开始的；研究课题初步确定后，研究人员必须围绕课题内容广泛地收集和查阅有关的文献，以了解前人在这一领域的研究成果，从而避免不必要的重复劳动，避免重犯前人已犯过的错误，少走弯路，减少了不必要的浪费，节省了大量人力与物力。甚至在研究实施过程中，在分析研究结果、撰写研究报告时，仍需时刻关注文献资料的进展情况。

### （二）教育文献的分布

由于创造、记录与传播的方式不同，教育文献的分布极其广泛且形式多样，主要有书籍、报刊、交流文献三大类，有纸质的、数字化的，有线下的、线上的多种形式。

**1. 书籍**

书籍是教育科学文献中品种最多、数量最大、历史最长的情报源，包括名著要籍、教育专著、教科书、资料性工具书（如教育辞书和百科全书）及科普通俗读物等。

(1) 名著要籍。

名著要籍指一个时代、一门学科、一个领域内最有影响的权威著作。如马克思主义经典作家论教育，古今中外著名教育家、哲学家的教育名著等。它们是人类文化的瑰宝，是治学和研究的基础，是进行教育研究的必读书、必备书。

(2) 教育专著。

教育专著指就教育领域内某一学科专门对某一教育问题做系统全面深入论述的著作或论文集，内容包括有关问题的发展历史和现状、研究方法和成果、不同学派的观点和争论，以及存在的问题和发展趋势。专著大多是作者多年研究的结晶，专著阐明作者自己的独到见解，介绍新颖的材料，反映学术研究的最新进展，论文较系统，形式较规范，一般专著后面还附有大量的参考文献和书目，会成为研究者寻找新文献的线索。论文集往往汇集了许多学者的学术论文，问题集中，论点鲜明，情报容量大，学术价值高。如瞿葆奎主编的"教育学文集"即属此类。

(3)教科书。

教科书是专业性书籍,具有严格的科学性、系统性和逻辑性。教科书的内容一般包括教育科学的基本理论、基础知识、学科领域的科研成果以及讨论的问题。它要求学术的稳定性、名词术语的规范性、结构系统的严谨性、文字叙述的可读性。由于教科书学术上的稳定性和出版周期较长、更新速度较慢等,教科书往往滞后于学术研究的进展程度。

(4)教育年鉴。

教育年鉴是查阅事件、概况的工具书,是系统汇集一年或数年内重要事件、学科进展与各项统计资料的工具书,以记事为主,内容包括专论或综述、统计资料与附录等。由于年鉴具有记载翔实、内容丰富、项目齐全等优点,是研究者重要的参考工具书。如《中国现代教育大事记》《中国教育年鉴》《中国教育统计年鉴》《中华人民共和国教育大事记》《中国教育大事典》《中国近代教育大事记》等,以条目形式,分门别类地介绍了各个年度各类教育发展的成就与经验、教育法规及重大事件等。这些工具书对我们了解我国某个时期的教育概况,如教育方针、制度、经费、各类教育计划指标等有特殊意义。

(5)手册。

手册是某一方面经常需要查阅的文献资料或专业知识的工具书,往往就某一分支学科有关问题的历史和现状、方法和结果以及各种争论观点做广泛客观的叙述,不涉及作者本人的见解。手册具有类例分明、资料具体、叙述简练、小型实用、查阅方便等特色。例如《当代中国社会科学手册》第十三章"教育学研究",就分别介绍了教育心理学、教育经济学、幼儿教育、普通教育、职业技术教育、高等教育和教育史等不同领域的发展历史、当前研究的主要问题与发展趋势。

(6)教育资料工具书。

教育资料工具书主要指教育辞书、教育百科全书和检索工具书。教育辞书提供教育科学的名词术语的有关资料,规范、精练、准确,以条目形式出现,有一定格式。常用的教育辞书除《辞海》外,有《教育辞典》《教育学辞典》《简明教育辞典》《西方教育词典》《教育大辞典》《中国教育事典》等。这些教育辞书对我们检索有关教育的名词术语很方便,有的具有一定的权威性。教育百科全书是汇集各门教育科学分支学科知识的大型工具书,它概述了教育科学各主要学科领域迄今为止取得的进展。1985年出版的《中国大百科全书·教育》是我国第一部教育百科全书,包括教育科学、教育学、教育心理学、教育管理、中国教育、外国教育六个部分,收词目800余条,内容丰富,条目清晰,是全面系统了解和查检有关知识的重要工具书。检索工具书主要供查阅论著之用。例如要查阅全国最近出版的新书则需查阅年刊《全国总书目》,其教育部分分为教育理论、学前教育、初等教育、中等教育、高等教育、家庭教育、自学等,所有的书目都附有内容提要;要了解国内外出版的报刊,则有《全国报刊索引》《中文报刊教育论文索引》《报刊资料索引·文化、教育、体育》《国外社会科学论文索引》等。

2. 报刊

报刊包括报纸和期刊类的定期或不定期的连续出版物。

(1) 报纸。

报纸以出版迅速、情报及时而为研究者所重视。目前我国出版发行的教育类专业报纸有几十种,如《中国教育报》《教育时报》《教育导报》《教师报》《教育信息报》及各省的教育报等。《光明日报》《文汇报》《中国青年报》等的教育专栏,也很受研究人员的关注。

(2) 期刊。

期刊出版周期短、内容新颖、论述深入、发行量大、影响面广、反映学术界当前最新研究成果,是研究者的主要参考资料。期刊包括杂志、学报和文摘。杂志主要刊载有关科研论文、研究报告、文献、综述、评述与动态,兼容性较强,适合一般研究人员阅读。学报一般刊载专业学会会员、高等院校和科研机关研究人员的科研论文。学报所刊论文专业性强且要求有所创新,适合于专业人员及有较高素养的研究者阅读。文摘杂志(包括复印资料)是一种资料性及期刊情报索引性刊物,如《新华文摘》《教育文摘》《中国社会科学文摘》等。

### 3. 交流文献

(1) 会议交流。

会议交流主要指学术会议前后散发的有关论文、会议报告、会议纪要等,虽然多数是未公开发表的资料,但往往反映了一个学科领域内的最新研究动向和研究成果,是研究者重要的研究资料来源。学术会议上学者们面对面地交流教育科研的新成果、新进展或新课题,可以使人们获得在报刊文献中得不到的新信息。特别是同本专业的学者交流和倾听他们的讨论发言,不但可以了解到别人正在研究什么、如何研究,而且还可以发现自己的缺陷,从而使自己得到启发。这不仅能获得大量有价值的信息,还能提高科学研究能力和业务素质。

(2) 个别交流。

在教育研究活动中,有意识地与学者、专家、同行进行个别交流也很重要。因为在个人接触过程中,不但可以自然而然地获得有关研究的情报,而且思想能受到启发,学到别人思考问题的方法。特别是同行之间的对话、交谈、辩论,能使原来模糊的问题得到澄清,错误的思想得到及时修正。因此,教育研究工作者一定要加强与同行的广泛联系。

### 4. 其他文献

(1) 教育档案类。

档案资料是人类在各种社会实践活动中直接形成的,并且具有保存价值的原始文献材料。教育档案包括教育年鉴、教育法令集、教育统计、教育调查报告、学术会议文件、资料汇编、名录、表谱以及地方志(我国特有的地方百科全书)、墓志、碑刻等。

(2) 专家询问。

专家询问指通过个人交往接触的非正式渠道搜集资料,研究者与本专业或相近专业的研究人员、学者进行交谈,交流讨论学术问题,具有高度的选择性和针对性以及启迪作用。

(3) 非文字资料。

非文字资料包括校舍、遗迹、绘画、出土文物、歌谣等。

> 拓展阅读

 CNKI数字图书馆

国家知识基础设施(national knowledge infrastructure，NKI)的概念由世界银行在《1998年世界发展报告》中提出。1999年3月，以全面打通知识生产、传播、扩散与利用各环节信息通道，打造支持全国各行业知识创新、学习和应用的交流合作平台为总目标，中国知网启动了中国知识基础设施工程(China national knowledge infrastructure，CNKI)，得到了全国学术界、教育界、出版界、图书情报界的大力支持和密切配合。

CNKI工程是以实现全社会知识资源传播共享与增值利用为目标的信息化建设项目，由清华大学、同方股份有限公司发起，始建于1999年6月。在党和国家领导以及教育部、中宣部、科技部、国家新闻出版署、国家版权局、国家发改委的大力支持下，在全国学术界、教育界、出版界、图书情报界等社会各界的密切配合和清华大学的直接领导下，CNKI工程集团经过多年努力，采用自主开发并具有国际领先水平的数字图书馆技术，建成了世界上全文信息量规模最大的"CNKI数字图书馆"，并正式启动建设中国知识资源总库及CNKI网格资源共享平台(中国期刊网全文数据库，http://www.gz.cnki.net/)，通过产业化运作，为全社会知识资源高效共享提供最丰富的知识信息资源和最有效的知识传播与数字化学习平台，对促进教育、科技、文化、出版等事业和文化创意产业发展提供了大有作为的信息网络空间。

### (三)教育文献检索的过程和方法

围绕研究课题对教育文献进行搜集、整理和综合的过程，就是文献检索的过程。文献检索过程中，研究者通常需要回答以下问题：需要寻找什么信息？到哪里去寻找信息？用什么途径或方法去寻找信息？找到信息后如何加工处理这些信息？

**1. 分析准备阶段**

从众多的文献中迅速准确地查找出符合特定需要的文献，是资料查找、搜集的过程，也是分析研究的过程。

(1)明确检索方向与要求。文献检索，首先要明确课题研究的方向和要求，确定所需文献的主题范围、时间跨度、地域、载体类型等。对研究课题了解越充分，检索的针对性越强，效率也越高。

(2)确定检索标志和工具。正确地确定检索标志和工具，能够以最简捷的方法，迅速、准确地获得研究所需的文献信息。要确定检索工具和检索标志，通常要求研究者了解各种检索工具的性质、内容和特点，根据现有条件选择与课题适宜的、自己所熟悉的检索工具，在自己能把握的信息源中查找文献。教育研究常用检索性工具书按其用途，可分为检索性工具书和参考资料性工具书两类。

(3)确定检索途径和方法。常见的检索途径有手工检索和计算机检索，手工检索可根据文

献的既定标识,即文献外表特征(如作者名、文献名、代码等)或内容特征(如分类目录、主题词等)进行查找。以计算机为工具进行文献检索的方法主要有:光盘检索法、联机检索法和计算机网络检索。教育文献常用的检索方法有顺查法、逆查法、追踪法、综合查找法。

2. 搜索获取阶段

搜索获取阶段即根据检索结果获取文献。搜索与所研究问题有关的文献,然后从中选择重要的和确实可用的资料分别按照适当的顺序阅读,并以文章摘录、资料卡片、读书笔记、打印、复印等方式保存有价值的信息和资料。

3. 加工整理阶段

(1) 文献的分类整理。分类整理是指将大量无序的文献材料按一定的分类标准,进行分门别类、系统整理的过程。可按时间、内容或主题等做标准进行分类。

(2) 做摘要或笔记。摘要是关于原始文献主要信息的总结。研究者在阅读原始文献过程中做摘要的目的主要是为研究需要有针对性地进行资料积累,作为课题研究的参考,以备今后查考。摘要要用简练的语言,将原文的主要内容进行浓缩、加工、整理,概括反映文献的特征、要旨、梗概。如果文献是书籍,摘要内容包括主题、概述、评论三部分,可利用出版提要、原书提要、前言、后记、序跋等;如果文献是研究报告,摘要内容包括问题、方法、结果。每份摘要前要有完整的书目登录。

笔记是记录、整理文献资料的主要方法。做读书笔记有标记、批注、摘录、提要、札记、综述等多种方式。读书笔记的积累价值不仅是抽取并积累了文献中对研究者来说最有价值的部分,而且积累了研究者对文献的评价以及自己在研究过程中出现的新思想和新观点,这对继续研究的进行起到重要的作用。

(3) 写综述或评论。研究者在阅读和分析大量原始文献的基础上对某个问题的研究状况进行的归纳、综合。文献综述中所介绍的内容不仅包括研究所从事的工作,还必须包括活跃于该课题领域内的其他专家、学者的工作以及他们的观点、理论或学说。

(4) 准备参考书目。对参考文献编目排序,以提供综述撰写过程中所依据的资料,便于读者查对所引证的文献正确与否,也为再次检索资料提供方便。一般来说,应该将所有参考文献名称按照一定的格式,准确、完整、无误地列出;如果数量过于庞大,也可以仅列出主要参考文献的目录。

## 第四节　当代学前教育科学研究的新方法

近百年来,观察法、调查法、实验法、数据统计法等方法在学前教育科学研究中做出了重要贡献,研究成果有力地推动了儿童研究理论和实践的进步。改革开放以来,我国教育工作者更加关注儿童的发展与研究,同时认为学前教育科学研究也不能简单地照搬自然科学的研究方法,行动研究、质性研究、叙事研究等方法逐步得到广泛的应用,研究成果也就能够更全面地展现儿童生活与发展的全部内容。

## 一、教育行动研究

行动研究(action research)作为近年来教育研究领域新兴的研究范式,吸引着愈来愈多教师的目光,它是一种适合于广大教育实际工作者的研究方法。可以说,行动研究既是一种方法技术,也是一种新的科研理念、研究类型。行动研究不是一种独立的研究方法,而是一种研究活动,它是一种与基础研究、应用研究并列的研究活动类型。它广泛地运用于社会实践的很多部门和领域(如社区研究、医务护理等)。在教育领域,行动研究也越来越受到关注。

### (一)教育行动研究的定义与价值

教育行动研究是教育领域适合于实践工作者开展的应用研究,它强调以工作在学校第一线的基层教师为研究的主体,针对教师自己在学科教学和班级管理中所遇到的问题,在校外和校内人员的合作下进行诊断和分析,找出问题产生的原因,制订解决问题的具体计划和方案并付诸实施,观察和评估结果并进行反思。如此循环往复,使教师的教学和管理行为不断得到改善与提高。

教育行动研究是教师在现实教育教学情境中自主进行反思性探索,并以解决工作情境中特定的实际问题为主要目的,强调研究与活动的一体化,使教师从工作过程中学习、思考、尝试和解决问题。教育行动研究以教师的教育实践为主要导向,是应用研究的一种,强调对日常教学活动的关注。通过教育行动研究,更精准地提高教师适应并参与课程和教学改革的有效性,促进教师的专业成长。

### (二)教育行动研究的实施过程

教育行动研究的具体实施过程如下。

#### 1. 确定研究课题

行动研究的根本目的是解决问题。教师在教育教学实践中,总会遇到一些需要解决的问题或困难。因此,首先要对问题进行确认,进而选择和确定研究课题,并对研究课题的成因进行分析诊断与肯定。

#### 2. 拟订研究计划

明确研究课题的总目标,围绕课题目标设计研究方法、程序和监控手段等。这个过程需要教师收集资料(收集现有资料、观察记录情境等)并通过内在激发自己的隐含知识,与其他教师交流与合作,查阅相关文献,进行必要的理论学习等,明确问题的核心,确定重要因素和对象以及研究的关键任务,形成行动研究策略及确定行动后达到的结果。由于行动研究有很强的情景性与实践性,因此研究计划必须要有充分的灵活性和开放性,要允许不断修正计划,把始料不及的又在行动中显示出来的各种情况和因素纳入计划。

#### 3. 实施行动研究

这是教育行动研究最关键最核心的环节,包括对行动过程、结果、背景以及行动者特点的观察,从而收集资料,拟订并实施有效的教育措施。

#### 4. 评价与反思

评价即对行动的过程和结果做出判断评价,对有关现象和原因做出分析解释,找出计划与结果的不一致性,从而形成基本设想,包括总体计划和下一步行动计划是否需要修正,需做哪些修正的判断和构想,再实施新一轮的行动研究,直至实现研究总目标。反思是对行动过程及行动结果的思考,其主要任务是在经过一段时间的试验,收集了相关的数据之后,根据行动结果,对整个研究做出全面评价和总结。

总之,教育行动研究是一个螺旋式深入的发展过程,每一个螺旋发展圈又都包括计划—实施—观察—反思四个相互联系、相互依赖的基本环节。

## 二、教育质性研究

在教育科学研究领域,量性研究(quantitative research)和质性研究(qualitative research)是两种相得益彰的研究范式。

### (一)教育质性研究的含义

所谓质性研究,通常也被翻译为质的研究、质化研究、定质研究,它是以研究者本人作为研究工具,在自然情境下采用多种资料收集方法对社会现象进行整体性探究,使用归纳法分析资料和形成理论,通过与研究对象互动对其行为和意义建构获得解释性理解的一种活动。量性研究是用数学的工具对事物进行数量的分析,而质性研究则采用多种资料收集方法(访谈、观察、实物分析),对研究现象进行深入的整体性探究。

质性研究与定性研究有一些相似之处:它们都重视对对象性质的研究,都强调在自然情境中进行研究,都倾向于对资料进行归纳分析。其不同之处主要在两点:①定性研究的理论基础主要是哲学上的本体论和认识论,坚守实证主义的研究立场,强调对事物中普遍本质的寻找,强调研究的结论性、抽象性和概括性。质性研究的理论基础主要是现象学、解释学,已经超越早期对自然科学的简单模仿,开始对真理的唯一性和客观性进行质疑,强调研究的过程性、情景性和具体性。②定性研究没有系统收集和分析原始资料的要求,具有较大的习惯性和随意性,主要强调研究者的思辨能力。质性研究强调原始资料的收集与归纳,并且重视规范的资料收集手段和分析方法,并要求研究者对研究的具体过程有明确的意识和反省,其探究方式已经超越纯粹的哲学思辨和个人见解。

### (二)教育质性研究的特点

对质性研究特点的分析有助于我们更全面地把握质性研究的概念。

#### 1. 研究环境

质性研究主张在自然环境而非人工控制的环境中进行研究。质的研究是一种情境的、自然的研究,它有别于实验室研究。质的研究强调将自然情境当作获取资料的直接源泉。质的研究强调研究者在自然情境下深入学校、家庭、社区和其他场所,对个人的"生活世界"、学校组织和家庭等领域所凸显的问题进行研究。

#### 2. 研究者的角色

在质的研究中,研究者本人就是研究的工具。在整个过程中,研究者要长期深入实地去体验生活,所以,质的研究对研究者本人的素质提出了很高的要求。在质的研究中,研究者力图站在被研究者的角度,进入被研究者所处的情境,通过自己亲身体验其情绪、情感和态度,对被研究者的生活故事和意义做出理解和诠释。

#### 3. 收集和处理资料的方法

区别于定量研究,质的研究是一种描述性的研究,其收集资料的方法有很多种,如开放型访谈、参与型与非参与型观察、实物分析等。质的研究以非量化的方式来处理资料。其研究报告主要用文字来描述,同时辅以图表、照片、视频、私人文件和备忘录等形式,并且尽可能使分析的资料如同原始记录一样丰富。

#### 4. 形成结论或理论的方式

质的研究走的是一种自下而上的在资料中提升出分析类别和理论假设的路线。质的研究用归纳法收集、分析资料并且在此基础上建构理论。研究者将自己投入现实的情境,获得第一手资料,并对相关事件和人物进行描述和解释,在此基础上提升出理论或组合出一个完整的故事情境。

#### 5. 研究过程

质的研究的过程是一个动态的、充满流变的过程,很有弹性。在整个过程中,收集和分析资料的方式可能会变,研究主体也有可能发生变化。在研究中,研究者本人的因素以及他(她)与被研究者的关系对研究的影响一定要考虑到,同时,质的研究还要求反思有关的伦理道德问题和权力关系。

由此我们可以看出:质性研究比较适合在微观层面对教育现象进行比较深入细致的描述和分析,适合对小样本进行个案调查和比较深入的研究,适合研究者对不熟悉的现象进行探索性研究,注重事件发生的自然情境和事件发生的动态过程,叙事的方式更接近于一般人的生活,研究结果容易起到迁移作用。同时,质性研究又不适合在宏观层面对规模较大的人群或幼儿园进行研究,不适合对事物的因果关系或相关关系进行直接的辨别,研究没有统一固定的程序和公认的质量标准,研究结果的信度和效度难以进行准确的测量,研究结果不具备量化研究的普遍意义和广泛推广价值。

### (三)教育质性研究的实施过程

教育质性研究的实施过程一般包括:研究设计、研究问题的选择、研究资料的收集、整理分析资料、研究成果的表达、研究结果的评估。这些环节虽然与一般的教育研究实施过程类似,但质性研究在开始实施之前,很少对所要研究的问题提出假设。

## 三、教育叙事研究

叙事研究在社会科学研究领域中已有很长的历史。当前,叙事研究已经被广泛引入教育研究领域,深受人们的推崇。

### (一)教育叙事研究的含义与特点

教育叙事研究主要是指以叙事的方式开展的教育研究。它是研究者(主要是教师)通过对有意义的校园生活、教育教学事件、教育教学实践经验的描述与分析,从而揭示内隐于这些生活、事件、经验和行为背后的教育思想、教育理论和教育信念,进而发现教育的本质、规律和价值意义。

教育叙事即是教师讲有关教育的故事,陈述的是教师在日常生活、课堂教学、教改实践活动中曾经发生或正在发生的事件,也包括教师本人撰写的个人传记、个人经验总结等各类文本。这些"故事"样式的实践记录是具体的、情境性的,活灵活现地描绘教师的经验世界,是教师心灵成长的轨迹,是教师在教育教学活动中的真情实感。

教育叙事研究特别适合于广大一线教师。对教育事件的叙述,能使教师看到在平时视而不见、习以为常的事例。通过研究对象的叙述来描述其个人生活中的重要事件,并将其以故事的形式呈现,就形成这种类似于以"自传"方式叙述自己生活的教育故事,通常这种教育"记叙文"比传统的教育论文更能引起读者的共鸣,更能体现作品的研究价值。而研究者恰恰可以透过这些故事,梳理、建构各项经验的性质或意义,并努力探究其缘起。

### (二)教育叙事的类型

(1)从叙事的内容来区分,可以分为片段叙事、生活叙事和传记叙事。

片段叙事是对个人教育教学实际中某个印象深刻的片段的叙述,显示事件发生的细节,借以阐明教师对导致良好或不佳教育教学效果的反思。生活叙事是对教师教育生活故事的叙述,借以表达其中所蕴含的教师生活体验以及对教师教育生活的细微关涉,教师日常生活与教师成长、教育状态、教育经历密切相关。传记叙事是对教师成长过程乃至教师生涯的整体叙述,借以体现教师生命成长的历程,是对平凡而细致的教师人生的揭示。

(2)从叙事的主题来区分,可以分为单主题叙事和多主题整体性叙事。

单主题叙事只是就某一个主题展开个人教育生活的叙事。多主题整体性叙事是就多个主题综合起来,展开个人教育生活的叙事,包括个人家庭生活、日常交往、教学、班主任工作、学习研究以及其他可能对教师个人成长产生重要影响的经历,从中梳理出日常生活所遭遇的各方面对教师的影响,整合起来构成一个完整的、立体的个体。

(3)从叙事的主体来区分,可以分为他传体叙事和自传体叙事。

他传体叙事是通过教师讲述给他人,由教师与他人对话来完成对教师教育生活故事的梳理提炼。自传体叙事是教师自身对自我教育生活故事的梳理与叙述,通过对个人成长或成长的某一方面的梳理,去发现这一阶段对教师教育生活的重要性,或梳理某一时间段教师对个人教育的观念性转折。

## (三)教育叙事报告的撰写

**1. 搜集丰富资料**

教育叙事的写作离不开丰富的素材和详细的原始记录,而且在资料搜集与整理的过程中,会初步形成教育叙事报告的思路。

**2. 把握事件主线**

对收集的各种材料进行仔细比较、筛选和辨别,从中发现可用之处,是撰写教育叙事报告的第一步,接下来就是根据故事内容安排的需要将材料连贯起来。一个完整的故事应该有一个明确的主题,这个主题要体现相关的教学理念,并且是从某个或一连串教育教学事件中产生,从事件中梳理出线索。

**3. 注意事件细节**

教育叙事的对象是教师自己和儿童,所叙之事就是教学事件和生活事件,事件在教育叙事报告中有着极其重要的地位,发挥着不可替代的作用,教育叙事报告就是由一系列事件和事件细节组成的。因而,撰写教育叙事报告必须时刻注意回到事件本身,用事件来说话、来讲故事。

**4. 关注事件的分析阐释**

教育叙事的写作以叙述为主,否则便不能称之为教育叙事。但是,对所叙之事进行分析与解释,在很多情况下是必不可少的。从研究成果的表达形式来看,教育叙事报告既有对故事细致入微的描述,又有洞悉教育事件的深刻阐释;既要把日常的教育现象详尽地展现在读者面前,为读者创设一种身临其境的感觉,又要解析隐藏在教育现象背后的教育本质,使平凡的教育故事蕴藏不平凡的教育智慧。

• 拓展阅读 •

###  ChatGPT 热潮下对学前教育数字化发展的思考

在 2022 年成为教育元宇宙的元年以来,作为人工智能技术所驱动的自然语言处理工具,ChatGPT 的持续火爆,吸引了各界关注和讨论 ChatGPT 在教育领域的应用。这也进一步引发对学前教育数字化转型落地的展望,以及对数字化带来的机遇和挑战的思考。

目前,数字化赋能的学前教育,已经逐步包括了幼儿在线课程、电子图书、互动游戏、虚拟实验室、社交媒体,以及一系列智能化技术等内容。在元宇宙、数字孪生,以及以 ChatGPT 为代表的 AIGC(利用人工智能技术自动产生内容)的助力下,学前教育数字化正朝着以下几个方向发展:

一是融入更丰富的教学方式和方法。人工智能、虚拟现实、增强现实、智能语音交互技术将更广泛地应用到学前教育的各个环节,创新教学手段的同时,扩展教学的内容,以此更好地满足幼儿的学习需求,增强学习过程中的互动体验,提高教育质量。

二是赋能更精准的个性化教学模式。通过多样化数字技术的应用,可以考虑幼儿,尤其是弱势群体幼儿,个体的认知水平和身体特征的差异、学习习惯和学习进度的不同,为每个幼儿量身定制出更合适的教育资源和教学活动,不断促进个性化教学的实现。

三是打造更良性互动的家园共育体系。数字化技术的应用,不仅可以帮助学前教育老师和幼儿家长,通过线上平台和社交媒体等渠道,充分了解孩子学习的资源的内容和进度,而且可以支持幼儿家长有效参与和理解幼儿学前教育的过程,进而协助家长、老师、学前教育机构之间在相关数字平台展开多层次的有效沟通、协同与合作。

四是塑造更深度融合的线上线下教育场景。元宇宙、数字孪生等虚实结合仿真技术在教育行业中的逐步落地,进一步扩展了幼儿能够亲身体验的时空范围,以更低成本和更高的安全性,帮助幼儿能够身临其境地去体验难再现、难进入的场景,例如太空、海洋、古代文明、未来科幻等;去掌握难理解的知识,比如数学、物理、化学抽象知识等;去观看难动作的展示,比如体育、舞蹈动作等,进而增强幼儿学习的兴趣,提升教学效果。

但是,学前教育数字化的发展也让教育机构、教师、家长和幼儿面临着以下几点挑战:

一是对学前教育机构而言,存在资金和设备不均衡不充分的情况。尤其是数字化的落地,以及技术的快速发展,不仅需要大量资金,并且经常需要更新相关设备和软件。

二是对学前教育老师而言,存在难以掌控学习进程、难以衡量学习效果的问题。一方面,对教师的数字化技术素养提出了更高的要求,不仅需要使用数字化硬件和软件;还需要引导幼儿在虚实结合的环境中完成学习任务,管理幼儿与人工智能技术自动产生内容的合理互动,并给予及时的奖励和反馈;更需要记录、收集数据,并对数据进行深入的数据分析,为后续课程的设计提供参考。另一方面,数字化在学前教育领域的广泛运用,包括虚拟场景中的互动和线上游戏,让学前教育的老师难以准确量化、评估和比较教学活动的效果。

三是对幼儿家长和幼儿本身的发展而言,存在影响幼儿身心健康的风险。在身体健康方面,数字化需要幼儿长时间使用电子设备,可能对幼儿视力健康造成一定的影响。同时,标准化的设备,例如VR头盔、眼镜、手套等可穿戴设备,难以准确符合每一个孩子的身体特征,长时间的使用也可能出现一定的安全隐患。在精神健康方面,虚拟现实、增强现实以及数字孪生的结合,也可能导致幼儿在虚实结合、虚实互动的教育场景中,出现难以区分虚拟和现实、过分沉迷于虚拟世界、在虚拟世界中受到惊吓等精神健康问题。

四是对整个社会而言,存在网络安全和隐私泄露的问题。数字化学前教育需要大量使用互联网和其他通信技术,而这些技术和社交环境本身可能存在网络安全问题,进而可能会导致幼儿隐私被泄露、幼儿信息被随意收集和滥用、幼儿虚拟场景被黑客攻击和操纵等问题。

## 第五节 学前教育科学研究成果的表述

学前教育科学研究成果是在进行教育研究的基础上,采用科学的方法,经过智力加工而产生的具有一定学术价值、社会价值或经济价值,并被同行专家认可的知识体系、方案或产品。研究成果水平的高低,不仅取决于研究项目的理论或实践价值、研究工作本身的广度和深度、研究过程的科学性和规范性,而且还取决于研究者的专业基础、理论功底、分析综合能力以及语言表达能力。成果的表达对于教育研究最终成果的形成和升华起着重要作用。

## 一、教育研究成果表述的分类

一般来说,依据研究所采用的方法和所研究内容的不同,可以粗略地将学前教育科学研究成果分为以下三类。

### (一)教育研究报告

教育研究报告是关于教育事实的研究报告,一般采用实证性方法,如教育观察报告、教育调查报告、教育实验报告、教育测量报告和教育经验总结报告等。

教育研究报告主要有两方面的特点:首先,教育研究报告都以对事实直接研究所得的第一手材料为基础,事实材料是构成报告的主要内容;其次,教育研究报告中还必须包含对研究方法与研究过程的说明,即要说明研究者以什么样的设计思路、研究对象、具体方法、研究材料、操作步骤得到了在报告中所陈述的事实,因为这些因素都直接影响到对事实形成什么样的认识。例如,一种新的游戏组织方法效果究竟如何,只有通过研究才能确定,而研究中采用哪些测评方法、测评指标、操作步骤都影响着研究结果,很可能对这种新的游戏组织方法由于采用不同的评定方法而得出不一致甚至完全相反的结论。所以关于教育事实的研究报告中必须包括所用方法的说明。总之,教育研究报告是以确凿的事实和科学的操作方法作为其研究结论的基础。

### (二)理论研究成果

理论研究成果,包括学术论文、学术专著及高校部分学位论文等。

理论研究成果的主要特点是以深刻的理论分析和严密的逻辑论证来说明问题。这类成果以阐述对某一事物、问题的理论性认识为主要内容,要求能提出新的观点或新的理论体系,并阐述新旧理论之间的关系。要求论点明确,论据确凿,论述严密,清楚展示理论观点和体系的形成过程和逻辑思路。高水平的理论研究成果富有深刻的哲理性和强大的逻辑力量。

### (三)综合性研究成果

很多教育研究成果中,既有对事实的发现和报告,又有在此基础上所做的理论性分析和阐述。例如,某一领域的专门著作,就可能既有一系列实验结果和教育情况调查,又包含研究者的理论观点和所建构的理论体系。综合性研究成果中对于事实和理论的侧重可以根据具体研究情况而有所不同。

教育研究成果的表述形式是多种多样的,以上三类只是一个粗略的划分,有些特殊的形式,如某一地区的学前教育发展规划、作为研究工具的教育测查量表等,也都是重要的教育科研成果。

对教育研究成果以一定的形式加以总结和表述,主要目的是通过展示研究的成果及价值,得到社会的鉴定、评价、承认和应用,以取得广泛的效益;其次,通过表述成果提供关于实际研究的具体资料和评价分析,以便于进行学术交流和合作;再次,通过表述成果对整个研究过程进行回顾和总结,促进研究的深化和扩展,以利于提高进一步研究的水平;最后,成果表述也有利于提高研究者自身的研究和表达能力。另外,研究成果的数量和质量,代表着个人或团体的学术水平、学术地位。例如,很多教育教学机构水平排名的指标体系中,教育研究成果的数量和质量占有较大的权重。因此,无论多么好的研究成果,只有以适当形式表述出来,才能得到较好的交流和利用。

## 二、教育研究成果表述的格式

教育研究成果表述的主要形式是研究报告及学术论文。不同类型的研究报告具有不同的风格,除了一般的写作要求之外,教育科研成果的表述有一些基本格式上的要求。

(一)研究报告的撰写

当资料的收集和分析工作完成以后,最后的任务就是把研究的结果以恰当的形式传达给他人,同其他人进行交流,这就是研究报告的撰写。研究报告是反映研究成果的一种书面报告,教育研究成果中的研究报告包括教育调查报告、教育观察报告、教育实验报告、教育测量报告和教育经验总结报告等,各种研究报告在结构和内容安排上虽然各有差异,但写作的大体格式有很多相同之处。下面以教育调查报告和教育实验报告为例说明研究报告的撰写格式。

1. 教育调查报告

教育调查报告一般由题目、前言、正文、总结及附录五部分组成。

(1)题目。

题目简明扼要地反映出主要研究问题,必要时可以加副标题,用来说明主标题未能包含的补充信息,或者对主标题的含义做扩展性解释,如调查进行的范围、背景等,例如"新时期生育政策调整后教养方式的变化调查——基于××市的实证研究"。

(2)前言。

调查报告的前言必须清楚地交代调查的目的、意义、任务和方法。首先简要说明要调查的是什么问题、开展此项调查的缘由和背景、调查的条件和主要内容、国内外对同一课题的研究概况以及本调查的意义和价值。其次要说明调查的基本情况,如调查的时间、地点、对象、范围、取样及调查的方式和方法。另外,对开展本次调查的有利条件和不利因素也可做简单分析。

(3)正文。

调查报告的正文部分要详述调查的内容。通过叙述、图表、统计数字及有关文献资料,用纲目、项目或篇、章、节的形式把主体内容有条理地、准确地揭示出来。

调查报告的正文部分可以有多种写法,主要的有两种。一种是并列分述式,即把教育调查的基本情况按种类分成并列的几个部分或方面来叙述。例如,对某个地区学前教育发展状况的调查,可分为该地区经济发展水平、文化水平、学前教育、社会教育状况等几个方面,其中学前教育又可分为幼教机构数量、规模、经费、教学设备、师资队伍、课程情况等不同项目,将有关专项的材料分别加以组合,使论述相对集中。另一种写法是层层深入式,即将调查的基本情况按照事物发展的逻辑顺序和演变过程加以排列,各个部分互相衔接、层层深入。这种写法,也就是按所调查的教育现象产生、发展、变化的过程来写,如关于幼儿身心发展状况的调查总结、关于幼教实际工作中发生的某一问题的调查报告,都可按这种写法来写。

在观点和材料处理上,正文中可以先列出材料,然后进行分析和讨论,最后得出结论;也可以先摆出观点和结论,然后用调查得到的事实材料展开说明,以论证作者观点和结论的正确性。

(4) 结论和建议。

在对调查内容进行总体的定性、定量分析的基础上,归纳、概括出事物的内在联系和规律,并提出关于所调查现象的新见解和参考意见。这部分的写作必须客观、真实、实事求是。

无论所做的调查是为了验证或寻找理论,还是为了向管理部门提供决策建议,提出的结论和观点都必须严谨、客观,以事实为依据,尽可能排除主观偏见,同时考虑多种社会因素的影响,使调查得到的结论尽可能达到全面、合理、可行。

(5) 附录。

调查报告的结尾在必要时要附上调查中所用的工具或其他原始材料。这样可以便于正文的写作,使正文内容的叙述更加集中,更重要的是附录可以为读者提供分析的原始材料,以便读者分析鉴定调查工具和方法的科学性,以利于其他研究借鉴、参考。附录的具体内容可以包括各种调查表格、原始数据、调查记录、调查结果的处理方法等。附录要编排有序,附录的数量以提供必要的信息为标准。

**2. 教育实验报告**

教育实验报告是对所进行的教育实验做出的书面总结。实验报告应使读者对所报告的实验有全面、系统的了解,为读者评判、应用实验研究的成果提供依据。教育实验报告对教育实验的总结和推广起着重要作用。教育实验报告的基本格式包括题目、前言、方法、结果、讨论等部分。

(1) 题目。

题目必须准确、明晰地呈现出研究的主要问题,实验报告常常直接采用研究课题的名称作为题目,直接指明所研究的主要变量。题目应该简练、具体、精确、严谨、逻辑性强。

(2) 前言。

前言又称引言、导语,是实验报告的正文开头部分,主要内容包括:提出问题,阐明研究的目的;通过对有关文献的回顾和概括,说明选题的依据、意义和价值;简要说明国内外在本课题方面的研究成果、现状、问题及趋势;该项实验所要解决的问题以及研究的理论设想。

阐明研究目的可以是平铺直叙,也可以从提问出发来揭示矛盾,好的问题可以引起读者的兴趣和积极思考。说明选题的依据、意义和价值一般从两个方面展开:一方面指出实验在学术上的理论价值,说明它能在哪些方面提供新的认识和知识;另一方面指出课题的现实意义,说明所进行的实验对教育实践工作的直接或间接、当前或长远的指导意义。

撰写实验报告的前言时,应避免以下几个问题:首先,对课题的阐述含糊不清,或说明不够,不能给读者形成清晰的印象;其次,用夸大或空泛的词句来说明课题的意义,或者毫无根据地否定前人的研究结果,以歪曲的方式突出自己实验的价值;最后,篇幅过长,言语不简练。

(3) 方法。

这部分要阐明实验所使用的研究方法,主要是要让读者理解实验的设计思路,了解研究结果是在什么条件和情况下、通过什么方法、根据什么事实得来的,以便于读者鉴定实验过程的科学性、客观性和实验结果的真实性、可靠性;同时,也便于他人用一定的方法进行重复性实验。

这部分的主要内容包括:①对实验报告中出现的主要概念做出定义和阐述;②说明实验中被试的条件、数量和取样方法;③说明实验的设计、实验组的设置情况、实验的自变量、实验处理的实施及条件控制;④实验的基本程序,如实验的时间安排和具体步骤;⑤实验中所用到的工具、材料的简要说明;⑥实验数据的搜集、处理和结果的检验方式。在写作上应做到条理清楚、准确有序。结构上并不一定要求上述各项都面面俱到,可依具体实验而有所取舍、保留重点。

(4) 结果。

这是实验报告的主要部分,要求全面准确地呈现实验中得到的各种结果,并简要说明每一结果与研究假设的关系。

结果部分的基本内容包括两个方面。首先,对实验中所搜集的原始数据、观察资料、典型案例进行客观的呈现和初步的整理分析,可以采用统计图表的形式直观地呈现数据资料。既有对定性资料的归纳,又有对定量资料的统计分析。其次,在对数据资料进行初步整理分析的基础上,采用逻辑的或统计的技术手段,得出研究的各方面结果及结果之间的相互关系。

撰写结果部分应注意如下要求:①客观陈述本次实验的结果,详尽、准确地呈现数据资料和客观事实,不应夹杂他人的研究成果,力求避免研究者的主观议论和理论构想,保证结果的客观、准确、可靠;②定量分析与定性分析相结合,对数据资料要严格核实,图表的格式要正确,对数据的统计分析技术要准确可靠,应从数量关系中揭示出实验对象的内在关系,避免单纯的事实罗列;③数据和文字资料的呈现要做到层次清晰、前后连贯、准确明了,所做结论要以对事实材料的客观分析、比较、综合、归纳为基础,必须是严谨的逻辑论证,切忌夸夸其谈,任意引申夸大。

(5) 讨论。

讨论是对实验结果的含义和可能的因果及相关关系做出分析和评价。研究者根据实验的客观事实和结论,结合前人或他人的有关研究和自己的理论构想,分析实验所取得的进展,讨论实验中还存在的问题,对与实验有关的教育理论或实践领域提出研究者自己的认识、建议和设想。

实验报告的讨论部分可以从理论上加深对实验结果的认识,为本研究的结论提供理论依据,从实验结果出发,用已有的相关成果和理论加以解释,表明结果的价值和意义,并明确当前研究的局限和需要进一步解决的问题。对结果中不够完善之处也可做出补充说明。

讨论的内容可根据具体的实验课题做出不同安排,其基本内容应包括如下方面。①对实验结果进行理论上的分析和论证。可以摘要概述研究的结果,阐明研究结果的意义,以及对本实验课题多次研究的结果做综合分析,而且在与前人所做研究结果的比较分析中,将自己的实验结果纳入某一理论框架,引申、完善理论观点或提出创见。②对本实验研究方法的科学性和局限性进行探讨,如对结果统计的误差、显著性等指标进行分析,对实验结果的可靠程度和适用范围做进一步说明。③讨论中应提出经过本实验所发现的可供深入研究的问题,以及本实验中尚未解决或尚需进一步探讨的问题,对以后的研究方向、研究方法以及如何推广或验证已有的实验结果提出建议。

实验报告中的讨论不同于结果或结论:结果或结论所呈现的是研究中的客观事实,它可以在相同的研究中重复出现;而讨论则更多的是对有关结果的主观认识与分析,是研究者将实验结果向理论和应用方向所做的引申。对实验结果的讨论可以仁者见仁、智者见智,可以试图解释和回答问题,也可以侧重于提问和质疑。讨论部分可以从多侧面、多维度展开,充分发挥研究者的洞察力和创造力。

(6) 参考文献。

参考文献是实验报告必不可少的重要组成部分。为保护知识产权,在报告中直接提到或引用的资料都应在参考文献中注明来源,以便于读者查证和进一步研究。

参考文献的编排应执行 GB／T 7714—2015《信息与文献 参考文献著录规则》及《中国学术期刊(光盘版)检索与评价数据规范》的规定,采用顺序编码制,在引文处按论文中引用文献出现的先后以阿拉伯数字连续编码,序号置于方括号内。一种文献在同一文中被反复引用者,用同一序号标示,需要表明引文具体出处的,可在序号后加圆括号注明页码或章、节、篇名,采用小于正文的字号编排。

例:

[1] 黄福涛. 外国高等教育史 [M]. 上海:上海教育出版社,2003.

[19]William James. The Principles of Psychology(vol.1)[M]. New York:Dover,1950.

[27] 刘晓力. 交互隐喻与涉身哲学——认知科学新进路的哲学基础 [J]. 哲学研究,2005(10): 74-81,130.

(7) 附录。

附录作为实验报告的最后部分,并不是每一篇实验报告必备的,在确有必要时才编制附录。附录中收入的内容通常有实验所用的问卷、量表或其他具体材料的样例,实验中重要的原始数据,某些重要的、不宜插入正文的旁证性文献,实验中采用的测评的具体标准,等等。

(二)学术论文的撰写

**1. 学术论文的含义**

教育研究中的学术论文是指就某一教育理论问题或实践问题进行研究、以单篇论文形式出现的对教育科学研究成果的文字表述。无论是在基本理论领域还是在实践应用方面,只要对所研究的教育问题提出了新的见解或观点,或采用了新的材料、运用了新的研究方法,或得出了新的结论,或从新的角度对原有理论观点做出新的解释和论证,将获得的科学研究成果写成文章就是学术论文。学术论文展示了一个新的观点或理论构想的形成,是创造性的认识活动的产物。因此,学术论文包括的范围很广,如论述创造性新成果的理论性文章、某些实验性或观测性的新知识的科学记录、某些科学原理应用于实验取得的进展总结等。

#### 2. 学术论文的特点

学术论文的主要特点是学术性。学术性具体表现为两大方面:其一是科学性,即论据确凿、论证清楚、言之有理、实事求是;其二是创新性,即对所研究的课题在理论上有所发展,或在方法上有所改进,或在事实上有所发现,能对教育问题提出新的、前人不曾有的认识。

#### 3. 论文写作中易出现的问题

论文写作中易出现的问题主要表现在以下方面。一是文章类型体裁选择定位不准确。二是破题困难,不能抓住切入点、契合点。三是中心不明确,重点不突出。四是概念界定不清晰,划分不统一、不穷尽;基本概念术语理解不透,空话套话比较多,胡乱套用现象明显;缺乏系统性和整体性,思维方式满足于简单的罗列和枚举,出现跳跃性思维、游走式思维,脚踩西瓜皮,滑到哪儿算哪儿。五是结构混乱,思路不清;理论推导缺乏,理论体系构建困难;局限于个人的体验和感受,跟着感觉走;没有将理论与实践进行有意的印证,出现理论与实践分离、论点和案例脱节现象,且缺乏对案例的必要分析。六是资料收集、综合分析意识淡漠;收集材料不全面不充分,观点材料不统一;材料取舍比较困难;数据处理不科学,分析方法比较简单原始。七是治学态度不严谨,结论推断比较随意,缺乏足够必要的实证研究数据支撑,往往凭感觉经验下结论。八是语言拼凑痕迹明显,一味追求对仗工整,有明显的文学化倾向;语言表达不流畅;标题冗长,不够简洁明了。

之所以在写作过程中出现以上问题,存在的主要原因可能有:一是理论学习动力不足,没有真下功夫;存在知识性缺陷,忽略条件性和方向性知识的学习。二是理论底蕴不扎实,综合分析能力欠缺;手段—措施—条件—目标之间缺乏合理构建,应然与实然、理念、经验与行为之间缺乏必要的联结。三是研究动态现状了解不够,难以把握研究的重点难点和关键,很难抓住源头问题做文章;容易出现重心偏移、定位不准确的现象。四是对自身教学经验反思不够,理论与经验的契合点抓不准,经验不能升华为理论。五是研究设计不科学、过程不落实,操作随意性大,缺乏具体的抓手和切实可行的措施。

#### 4. 学术论文的格式

学术论文的写作风格和类型是多种多样的,但彼此并无严格的界限。按照研究的目的,可以将教育研究中的学术论文分为三种基本类型。第一种是理论探讨型论文:对教育发展及学科建设中的重要课题,运用有关理论原理,或依据可靠的观察实验结果,或引证已有的文献资料和现实材料,通过分析综合、推理论证,提出新理论新观点。第二种是综合论述型论文:针对实际工作或学术界已经提出的问题,从历史和现状等角度加以综合概括,说明研究脉络,分析难点,探明进一步研究的方向。第三种是预测性论文:以实证材料和理论原理为依据,对某一教育现象进行分析,指出发展的趋势并预测以后发展的方向和可能性。无论什么类型的学术论文,其基本格式一般包括六个部分。

(1)标题。

标题又称题目或篇名。标题应高度概括论文的内容,准确说明所要研究的问题。标题的形式各异,可以直接点明题意,也可以采用提问的方式。文章的标题还是编制分类索引和查阅学术论文的主要依据,因此,拟好标题对于学术交流也具有重要意义。

(2)摘要。

正式发表的学术论文一般都有摘要。摘要是对研究的主要内容与结构做出简介并略加评论,其作用在于使读者了解论文的主题及主要内容,从而决定是否读全文。摘要依具体情况长短不一,但要求独立成篇、准确精练、结构严谨、逻辑性强、内容完整,一般中文摘要以300字以内为宜。摘要后面一般都需要"关键词"栏目,用3~5个词来反映研究的内容。关键词一般选自标题,便于指导读者阅读,也方便文献检索。

(3)序言。

序言(也称引言、前言、绪论)在正文之前,用于说明写作的目的、意图及研究方法。序言的内容一般包括三个方面:一是说明研究的背景和动机,提出要研究的问题,指出已经取得的研究结果和尚待进一步研究的问题,说明选择课题的目的、原因和要探讨的重点;二是简要介绍研究方法和有关研究手段;三是概述本研究的理论意义和现实意义。序言的写作应开宗明义、条理清晰、据理分析、言之有物,避免空泛和含糊的议论。

(4)正文。

正文,又称本论,是学术论文的主体部分,包括论点、论据、论证,占据学术论文的主要篇幅。教育科研中的学术论文的正文部分是观点与材料相结合、事实与论证相结合,通过由表及里的推理论证,得出符合客观事实和科学逻辑的结论。正文部分尤其应该注意的是事实材料的可靠、理论运用的准确和逻辑推理的严密。论据应该丰富充实,论述过程要抓住本质、分清主次、条理清楚,突出以事实和逻辑来说明问题。

(5)结论与讨论。

结论是在正文论述的基础上得出的结语,是对全文的研究结果所做的精确概括。结论的表述要求逻辑严密、措辞严谨。

讨论是从理论上对研究结果的含义和意义进行分析和评论。在讨论中应该阐明结果是否支持了研究的假设、研究结果与他人研究结果的异同、研究结果的理论意义和实践意义以及本研究的局限和需要进一步探讨的问题。

(6)引文注释与参考文献。

这部分是在论文结束前列出直接提到或利用的资料的来源。任何研究都是在已有研究成果的基础上进行的,引文注释和参考文献可以帮助读者了解本课题的已有研究情况,也体现了对他人研究成果的尊重,同时也为进一步研究提供了查证的线索和依据。注释和参考文献的数量和质量反映了研究者对本课题历史和现实的研究水平、科学态度和求实精神。

引文注释分为页末注(脚注)、文末注(段后注或篇后注)、文内注(行内夹注)等形式。论文中引用文字或观点一定要注明出处,包括作者姓名、书刊名称、文献篇名、卷数、期数、页码、出版单位和时间等。如果是转引,一定要注明是"转引自"或"参见",以说明是采用了别人的某些理论观点或事实材料。

文后所列的参考文献,应标明完整、准确的出处,以便读者查找。参考文献的呈现格式一般依次是作者姓名、文献标题、书刊名称或出版单位、卷数、册数或期数、出版版本及年代日期、页码。参考文献可按作者姓名、时间顺序或内容的重要程度罗列序号。未公开发表的资料不宜直接引用。

另外,某些大型的研究论文还可以有"附录"。附录一般包括详细的原始数据、实验记录、图表、问卷或其他不宜放入正文中的资料,以备查证。

### 三、教育研究成果表述的要求

作为教育研究成果的表述形式,研究报告或学术论文的质量高低首先取决于研究工作本身的质量,取决于研究课题的理论基础、价值意义、研究操作的规范性和结果解释的合理性,但同时也取决于研究者的分析综合能力、专业知识基础以及写作能力。因为研究报告和论文的形式是一个复杂的思维过程,而不是对研究过程的简单、机械记录。要想从复杂多样的事实材料中提炼出科学观点,并以有逻辑、有组织的抽象文字符号表达出来,就必须正确处理教育科研成果表述中的各种内在关系,遵循其基本要求。否则,将因表述不当而影响研究成果的价值。

教育科研成果的表述有如下基本要求。

(一)在事实基础上创新

研究报告和学术论文的中心是要在已有研究的基础上有所创新,反映出研究者在科学探索中获得的新事实、新见解、新理论。但这种创新是以严谨、客观、科学性为基础的。研究报告和学术论文的科学性主要体现在如下方面:首先,用充分、确凿的论据,如精确可靠的实验观察数据、明确的客观事实等,借助于逻辑严密的论证来证明研究的结果;其次,论文的内容要实事求是,从实际出发,无论是立论还是分析、推论,都应恰如其分,正确反映客观事实;最后,理论观点表述要准确、系统和完善。研究报告和学术论文是规范的科学文献,不同于新闻、小说、散文等,必须首先遵循科学性和严谨性。

报告和论文在科学、严谨的基础上还必须有所创新,所探讨的内容是前人所未知的,或是在前人研究基础上,以新的材料、从新的角度进行探索,从而提出新颖独到的观点。当然,创新并不等于从头到尾每一句话都是全新的,但其探讨的中心事实或论点应该是在原有研究的基础上有所开拓、有所创新。

(二)观点与材料的一致

科学研究必须以客观事实为依据,而对研究中所获得的大量的材料还必须进行整理、提炼、取舍,精选出最有价值、最典型的事实材料作为立论的依据。不重视事实材料,东拼西凑、妄加推测,或者对材料不加整理、简单铺陈,都写不出好的研究报告和论文。因此,教育科研成果的表述中要处理好观点与材料的关系。

要保证观点和材料的一致性,必须从选取材料和提出观点两方面着手。选取材料时应遵循以下要求。①要紧紧围绕研究的主要问题选材,分清主次,抓住本质。②选取典型的、具有广泛代表性和说服力的材料,而不能依研究者的主观愿望任意取舍。③选取真实、准确、符合客观实际的材料,要认真鉴别材料的真伪和价值水平,选择正确的统计手段和方法来整理和表述事实数据。④应尽可能选取新颖生动、反映时代现实的材料。在选取材料的基础上,才能提出实事求是的观点。

提出观点时应该做到以下几点。①言之有据。从已有事实材料出发,经过严密的逻辑论证得出观点,反对凭空臆造、言过其实。②尊重事实、排除偏见。不能先入为主地臆断结论,而应该充分尊重事实,哪怕事实不符合研究者原有的主观预期,也应以事实为依据来提出观点。③逻辑严谨、概括正确。在掌握大量材料的基础上,研究者应对材料进行正确、深刻、集中的分析、归纳和综合,提取论点,选择论据,概括出结论。

### (三)在思考基础上借鉴

教育科学研究与其他科学研究一样,总是在前人或他人研究的基础上往前推进。因此,在教育科研成果的表述中必须正确处理借鉴吸收他人研究成果与研究者自己独立思考探索的关系,要遵守学术道德规范。孤高自傲、故步自封,或者全盘照搬、为引用而用,或者断章取义、任意发挥等做法,都是于科学研究无益的。

对所引用的观点和文献,首先要搞清作者的原意、文献的价值,有针对性地抓住文献的实质及其与当前课题的关系;其次要善于从众多的文献中选择最典型的、富有说服力的材料,简单罗列和大量堆砌的做法只能降低文献材料的作用,丧失材料的论证价值,并使文章烦冗拖沓。

### (四)在书写格式上规范

研究报告和论文的撰写都有相对固定的格式,很多学术刊物还对稿件有专门的撰写要求,要发表的研究成果必须符合这些格式和要求。在语言文字上要做到准确、鲜明、生动。准确是指客观、忠实地反映事实,切忌夸大或歪曲,避免以日常用语代替科学术语,避免遣词造句上的模棱两可。鲜明是指论点、论据、论证的陈述在语义上要清楚、肯定。生动是要求研究报告和论文在语言上讲求文采,避免生硬死板、闪烁其词、词不达意。行文时,应以向读者报告的口气撰写,而不是表现出力图说服读者同意某种观点或看法的倾向,更不能把自己的观点强加于人。避免使用主观或感情色彩较浓的语句,叙述中最好使用第三人称或非人称代词,尽量不用第一人称。概括来说,就是要在文字上做到"信、达、雅",这需要对报告或论文进行反复的推敲、修改,精雕细刻。

### (五)在成果署名上求实

教育科学研究成果,特别是对发表的报告、论文等,必须签署作者的姓名及其工作单位。署名的目的是表示对研究报告和论文负责,并记下他们为发展教育科学事业所立下的功劳,给予他们应得的荣誉。有许多人参加的研究工作是否都要署名?这要以他们是否直接参加全部或主要工作,能否对研究工作负责,是否做出较大贡献为衡量标准。凡是只参加部分具体工作,提供过某些材料,对全面工作不大了解,不能对研究成果负责的人,不必署名,但可在附注中说明他们的贡献。至于署名先后的问题,则要以贡献的大小为先后次序,而谁提出了研究设想,谁承担了主要研究工作,谁解决了关键问题,则是衡量贡献大小的标志。

• 拓展阅读 •

《中国学前教育研究会"十四五"课题指南》

一、指南说明

办好学前教育、实现幼有所育,是党的十九大作出的重大决策部署。为了深入贯彻党的十九大精神和党的教育方针,扎实推进学前教育普及普惠安全优质发展,在"十四五"开局之年,中国学前教育研究会第九届理事会研制并发布我会"十四五"课题指南。

"十四五"课题指南秉承以往的基本思路和基本原则,凸显现实问题,指明研究方向,提供参考选题。参考选题既有适合幼儿园园长、教师、学前教育行政管理干部申报的选题,也有适合大专院校(包括高职高专)教师、教研科研人员以及报刊编辑等人员申报的选题。我会欢迎同一个选题的多项研究,也鼓励团体和个人基于以往研究基础和要解决的实际问题,自拟研究题目,以激发广大会员参与学前教育研究的积极性,引领我会会员和全国学前教育工作者在"十四五"期间根据本地、本园的实际问题、实际需要和实际能力与条件开展课题研究,助推"幼有所育",迈向"幼有优育"。

二、指南课题目录

(一)党建引领学前教育发展

本领域涉及:在学前教育中践行社会主义核心价值观、弘扬爱国主义精神、遵守社会道德风尚以及党建引领学前教育发展等研究内容。

1. 社会主义核心价值观融入幼儿园课程研究

2. 新时代学前儿童劳动精神培育路径研究

3. 立德树人背景下学前儿童德育教育研究

4. 新时代学前儿童爱国主义教育研究

5. 新时代学前儿童理想信念教育研究

6. 红色基因在学前教育中的有效传承研究

7. 向幼儿讲好百年红色故事的实践研究

8. 学前教育专业课程中开展课程思政教育的实践研究

9. "四有"好老师视角下新时代学前教育专业人才培养研究

10. 幼儿园"四有"好老师队伍建设研究

11. "四个引路人"视角下幼儿园教师专业发展研究

12. "党建+微治理"促进办园质量提升研究

13. 社会主义核心价值观引领幼儿园文化建设的实践研究

14. 幼儿园基层党组织建设内容与有效载体研究

15. 新形势下幼儿园党员教师教育管理创新研究

## (二)安全优质发展背景下的师幼健康促进与健康教育

本领域涉及:幼儿健康行为习惯的养成,幼儿园健康教育与促进活动的设计,评价与资源开发,幼儿园环境卫生与安全,教师心理健康与专业成长等。

1. 幼儿动作发展的关键经验与教育活动设计研究
2. 幼儿生活自理能力养成的策略研究
3. 偏远贫困地区幼儿良好生活习惯养成研究
4. 幼儿心理健康行为与心理健康教育研究
5. 教师行为对幼儿心理健康影响的研究
6. 幼儿园食育的理论与实践研究
7. 幼儿园体育运动的适宜性研究
8. 幼儿园健康教育教研的有效推进策略研究
9. 幼儿园健康教育课程资源建设研究
10. 幼儿园健康教育质量评价研究
11. 后疫情时代幼儿园环境卫生问题与改善策略研究
12. 幼儿园保育员职业认同的现状及影响因素研究
13. 后疫情时代幼儿园安全教育的理论与实践研究
14. 幼儿园教师职业幸福感研究
15. 幼儿园教师健康教育素养研究
16. 幼儿园保育教师专业发展研究
17. 农村学前留守儿童心理健康研究

## (三)幼儿园课程与教学

本领域涉及:幼儿园课程的改革和发展,幼儿园课程质量提升,教育活动的组织形式与方法策略,幼儿园课程资源的挖掘与利用等。

1. 幼儿园课程理论与实践的中国经验研究
2. 幼儿园生命教育有效实施策略研究
3. 幼儿园课程生活化、游戏化研究
4. 中国文化(如传统文化、民族文化等)融入幼儿园课程的理论与实践研究
5. 幼儿园项目活动的设计与实施研究
6. 普惠性幼儿园课程质量提升研究
7. 农村幼儿园课程质量提升研究
8. 基于学习品质提升的课程实施策略研究
9. 基于深度学习的课程实施策略研究
10. 幼儿园课程资源筛选机制及有效性研究
11. 学前儿童科学与数学学习的有效支持研究
12. 幼儿园艺术教育实施的多元路径研究
13. 促进幼儿阅读素养提升的幼儿园早期阅读指导策略研究

14. 幼儿园与托班、小学衔接的创新研究

15. 幼儿园特殊需要儿童的课程支持研究

16. 课程领导视域下课程审议有效性研究

(四)学前教育管理研究

本领域涉及:学前教育事业发展与规划,学前教育均衡公平发展,农村学前教育,普惠性幼儿园建设,小区配套幼儿园治理,社会力量办园管理等。

1. 学前教育事业发展规划执行研究

2. 人口变化趋势与学前教育规划布局调整研究

3. 学前教育公平的制度保障研究

4. 我国学前教育区域内均衡发展的研究

5. 城乡学前教育均衡发展问题研究

6. 学前教育高质量发展支持体系研究

7. 普及普惠背景下幼儿园教育质量保障的研究

8. 乡村振兴背景下农村幼儿园发展的研究

9. 面向社会流动人口子女的学前教育支持现状、问题与对策研究

10. "三区三州"学前教育帮扶政策措施研究

11. 普惠性幼儿园的建设与管理策略研究

12. 普惠性幼儿园可持续发展研究

13. 深化城镇小区配套幼儿园治理研究

14. 社会力量办园的扶持与监管机制研究

15. 健全普惠性学前教育投入和成本分担机制

16. 幼儿园依法管理的研究

17. 学前教研指导责任区多主体治理机制研究

18. 幼儿园质量发展与园长领导力提升的协同共进策略研究

(五)家庭、幼儿园、社区协同教育

本领域涉及:幼儿园与家庭、社区在学前教育领域的相互支持、服务与协作研究,关注幼儿在幼儿园、家庭和社会等环境系统中的生存与发展现状,关注幼儿园、家庭与社会协调教育的现状,研究幼儿园、家庭与社区协同共育的途径与方法。

1. 家庭-幼儿园-社区协同育人的机制与策略研究

2. 疫情背景下幼儿园-家庭-社会协同防疫防控研究

3. 疫情背景下的家庭教育指导与服务研究

4. 协同开展家庭教育援助服务与指导的研究

5. 幼儿园-家庭-社区协同劳动教育研究

6. 隔代养育的困境与支持研究

7. 二胎家庭的教育问题与支持研究

8. 家庭教育问题(亲职缺位、育儿教育、陪伴质量等)研究

9. 融合教育困境及对策研究

10. 困境儿童的家－园－社区协同与援助研究

11. 农村留守儿童社会保障支持系统研究

12. 幼儿社会情感学习的教育指导策略研究

13. 幼儿园教师的家庭教育指导策略研究

14. 幼儿园－家庭－社区协同背景下幼小衔接问题研究

15. 当前社会文化背景下我国幼儿的成长状况及其影响因素研究

(六) 游戏与玩具研究

本领域涉及：游戏与儿童、教育，游戏条件的提供，玩具与材料，游戏的观察、评价与支持等。

1. 儿童游戏权利保护研究

2. 在游戏中培养学习品质的实践研究

3. 游戏中的深度学习研究

4. 幼儿园游戏环境创设的有效性研究

5. 游戏材料投放的适宜性研究

6. 支持不同类型游戏开展的材料投放策略研究

7. 低成本有质量幼儿园环境创设研究

8. 幼儿亲自然游戏材料研究

9. 利用本土资源开发、制作教玩具的研究

10. 游戏中幼儿学习与发展的观察、评估与支持研究

11. 有特殊需要儿童的游戏观察及其支持研究

12. 自主游戏中教师的角色研究

13. 基于儿童发展需求的民间游戏开展研究

14. 混龄游戏中的学习、发展与支持研究

15. 不同年龄段幼儿游戏特点及其支持的研究

16. 游戏与幼儿园教师专业发展研究

17. "安吉游戏"推广中出现的典型问题及其解决策略研究

18. 小规模幼儿园游戏开展研究

19. 引导家长树立正确游戏观的研究

(七) 学前教育教师发展

本领域涉及：幼儿园教师教育政策与专业发展，幼儿园教师职前教育，幼儿园教师职后教育与专业发展，学前教育教研，幼儿园教师生存现状等。

1. 新时代背景下幼儿园教师专业素养研究

2. 高质量学前教育与幼儿园教师专业发展研究

3. 职前职后一体化幼儿园教师师德养成机制研究

4. 乡村学前教师教育供给主体多元化及协同机制研究

5. 职前教师培养和职后教师发展有机衔接的方法和途径研究

6. 普惠性幼儿园师资稳定保障性政策研究

7. 学前教育专业师范生职业能力构建研究

8. 学前公费师范生培养模式与效益研究

9. 学前教育专业立德树人标准与评估研究

10. 专业认证背景下学前教育专业人才培养模式创新研究

11. 托育机构师资队伍现状、配备标准与职前培养模式研究

12. 高职院校或者普通本科院校学前教育专业课程设置及建设研究

13. 幼儿园教师职业生涯轨迹研究

14. 幼儿园教师专业发展内生性动力研究

15. 乡村治理背景下幼儿教师专业能力发展困境及内生机制研究

16. 高质量幼儿园教师培训课程资源研究

17. 提高园本教研实效性的研究

18. 教研员队伍建设有效模式研究

19. 幼儿园教师待遇保障机制研究

20. 公办幼儿园中教师同工同酬问题研究

(八)学前教育基础理论研究

本领域涉及:儿童观研究,教育观研究,中外学前教育发展历史研究,儿童研究的历史研究,中外儿童教育实践的理论基础研究,学前教育理论与实践关系研究等。

1. 安吉游戏的儿童观和教育观研究

2. 改革开放以来儿童研究和儿童观发展的回顾与展望研究

3. 改革开放以来学前教育基础理论研究的回顾与展望研究

4. 儿童早期发展与教育的元理论研究

5. 高等师范院校学前教育专业转型的研究

6. 学前教育基础理论与幼儿园实践样态的关系研究

7. 儿童教育实验的历史研究

8. 儿童研究的国际新动态

9. 中国古代哲学家的儿童观研究

10. 儿童哲学的理论流派及在幼儿园的实践策略研究

11. 儿童发展理论在幼儿园教育实践中的应用研究

12. 幼儿园教师理论素养提升的行动研究

13. 高校学前教育专业理论教学改革研究

14. 当代中国学前教育变革的文化适宜性研究

15. "去小学化"背景下幼小衔接的理论再构

16. "何为好的教育实践":当前我国学前教育质量观的再审视

(九)0～3岁儿童发展照护服务

本领域涉及:托育事业的发展与管理,0～3岁儿童发展与照护,托育服务内涵建设,托育从业

人员的专业发展,家庭科学育儿指导等。

    1. 依托社区开展的婴幼儿照护服务的实践研究

    2. 托幼一体化管理机制和模式的实践研究

    3. 支持家庭婴幼儿照护的政策与实践研究

    4. 托育服务质量评估内容与标准研究

    5. 0～3 岁儿童运动能力和体质研究

    6. 0～3 岁儿童饮食营养与健康研究

    7. 0～3 岁儿童的行为观察与解读研究

    8. 0～3 岁儿童的意外伤害与预防研究

    9. 0～3 岁儿童亲子互动的实践研究

    10. 一日生活中的回应性照护的研究与实践

    11. 托育机构个性化保育实践的推进研究

    12. 0～3 岁儿童入托适应的常见问题与对策研究

    13. 托育机构混龄教育模式的研究与探索

    14. 托育师资队伍现状和培养研究

    15. 托育从业人员的社会地位和福利待遇研究

    16. 托育从业人员的激励与评价研究

    17. 面向 0～3 岁儿童家庭的科学育儿指导的实践研究

    18. 家庭环境对 0～3 岁儿童健康的影响研究

(十)幼儿园教育质量评价与提升

本领域涉及:本方向涉及中国优质幼儿园认证评估,幼儿园教育质量改进与提升,幼儿园教师评价,学前教育质量与儿童发展的长期追踪等研究。

    1. 学前儿童个体学习支持观察评价体系研究

    2. 幼儿学习品质评价及培养研究

    3. 幼儿社会性发展评价体系的构建与促进研究

    4. 幼儿问题解决能力分阶行为指标及提升策略研究

    5. 幼儿入学准备素养的评价研究

    6. 以评价为手段的儿童学习与发展全视角追踪

    7. 幼儿园教师素质的评价指标体系研究

    8. 幼儿园不同工作岗位教师胜任力评价研究

    9. 师幼互动质量评价与改进研究

    10. 幼儿园班级教育环境质量监测与评估

    11. 幼儿园管理质量追踪评估与持续改进研究

    12. 区域性幼儿园教育质量与儿童发展追踪研究

    13. 城市小区配套普惠性幼儿园政策实施效果评估研究

    14. 县域学前教育普及普惠与办园行为督导评估的有效性研究

15. 普惠性民办幼儿园教育质量评价与提升研究

16. 民族地区学前儿童普通话普及教育质量监测与提升研究

### 思考与探索

1. 名词解释:学前教育科学研究、教育研究课题、观察法、调查法、实验法、个案研究法、文献检索、教育行动研究、教育质性研究、教育叙事研究、学术论文。

2. 幼儿园教师参加教育科学研究有什么意义?

3. 学前教育科学研究要坚持哪些原则?

4. 简述学前教育科学研究课题的主要来源及选题方法。

5. 学前教育科学研究常用的方法和当代学前教育科学研究的新方法有哪些?每一种方法的实施过程包括哪些工作?

6. 课程见习:调查某幼儿园开展教育科学研究的情况,了解课题名称、立项过程、研究过程和研究成果的情况;初步尝试一次学前教育的研究并对研究成果做规范的表述。

# 参考文献

[1]《习近平总书记教育重要论述讲义》编写组.习近平总书记教育重要论述讲义[M].北京:高等教育出版社,2020.
[2]《教育学原理》编写组.教育学原理[M].北京:高等教育出版社,2019.
[3]李生兰.学前教育学(修订版)[M].上海:华东师范大学出版社,2006.
[4]黄人颂.学前教育学[M].2版.北京:人民教育出版社,2010.
[5]蔡迎旗.学前教育概论[M].武汉:华中师范大学出版社,2006.
[6]梁志燊.学前教育学[M].2版.北京:北京师范大学出版社,1998.
[7]李季湄.幼儿教育学基础[M].北京:北京师范大学出版社,1999.
[8]虞永平.幼儿教育观新论[M].北京:人民教育出版社,2006.
[9]唐淑.学前教育史[M].2版.北京:人民教育出版社,2009.
[10]王维,王维娅,孙岩.学前教育理论与实践教程[M].北京:北京大学出版社,2015.
[11]岳亚平.学前教育原理[M].北京:高等教育出版社,2014.
[12]郑传芹.学前教育原理[M].北京:高等教育出版社,2017.
[13](英)凯西·西尔瓦,爱德华·梅尔休伊什,帕姆·萨蒙兹,等.学前教育的价值——关于学前教育有效性的追踪研究[M].余珍有,易进,译.北京:教育科学出版社,2011.
[14]《西方教育思想史》编写组.西方教育思想史[M].北京:高等教育出版社,2021.
[15]杜成宪,单中惠.幼儿教育思想史[M].北京:人民教育出版社,2013.
[16](法)弗朗索瓦兹·多尔多.儿童的利益——学会如何尊重孩子[M].王文新,译.上海:上海社会科学院出版社,2009.
[17]刘彦华.中国学前教育史[M].北京:光明日报出版社,2010.
[18]何晓夏.简明中国学前教育史[M].北京:北京师范大学出版社,2007.
[19]陈文华.中外学前教育史[M].2版.北京:科学出版社,2011.
[20]王莉娅,麦少美.中外学前教育史[M].北京:高等教育出版社,2006.
[21]彭国平.国内外幼儿教育理论与改革趋势研究[M].北京:首都师范大学出版社,2008.
[22]雷湘竹.学前儿童游戏[M].上海:华东师范大学出版社,2012.
[23]杨莉君.幼儿教育政策法规[M].北京:高等教育出版社,2015.
[24]朱家雄.幼儿园教育活动设计与实施[M].北京:高等教育出版社,2008.

[25]周燕.幼儿园活动设计[M].成都:西南交通大学出版社,2014.
[26]靳存安.为儿童终身发展奠基——幼儿教师必备的幼教技能[M].重庆:西南师范大学出版社,2017.
[27](日)大宫勇雄.提高幼儿教育质量[M].李季湄,译.上海:华东师范大学出版社,2009.
[28]虞永平.学前课程与幸福童年[M].北京:教育科学出版社,2012.
[29]王春燕.幼儿园课程概论[M].北京:高等教育出版社,2007.
[30]刘焱.学前教育原理[M].大连:辽宁师范大学出版社,2002.
[31]牟映雪.学前教育学[M].北京:教育科学出版社,2012.
[32]桂景宣.学前教育概论[M].北京:高等教育出版社,2007.
[33](美)约翰·D.布兰思福特,安·L.布朗,罗德尼·R·科金,等.人是如何学习的(扩展版)[M].程可拉,孙亚玲,王旭卿,译.上海:华东师范大学出版社,2013.
[34]郑健成.学前教育学[M].上海:复旦大学出版社,2007.
[35]朱宗顺,陈文华.学前教育学[M].北京:北京师范大学出版社,2012.
[36]陈幸军.学前教育学[M].北京:人民教育出版社,2011.
[37]魏建培.学前教育学[M].北京:科学出版社,2008.
[38]戚荣金,唐燕,崔聚兴.学前教育学[M].西安:陕西师范大学出版社,2013.
[39]霍习霞.学前教育概论[M].武汉:华中师范大学出版社,2013.
[40]姚伟.学前教育原理[M].长春:东北师范大学出版社,2012.
[41]王海澜.学前教育学[M].上海:上海交通大学出版社,2013.
[42]赵光伟.学前教育概论[M].成都:西南财经大学出版社,2013.
[43]夏如波,吉兆麟,谢春姣.学前教育学[M].南京:南京大学出版社,2013.
[44]朱小娟.幼儿教师适宜行为研究[M].北京:教育科学出版社,2008.
[45]教育部教师工作司.幼儿园教师专业标准(试行)解读[M].北京:北京师范大学出版社,2013.
[46]教育部师范教育司.中小学和幼儿园教师资格考试标准及大纲(试行)[M].长春:东北师范大学出版社,2011.
[47]肖全明,刘揖建.学前教育原理案例教程[M].杭州:浙江大学出版社,2014.
[48]周国剑.幼儿园组织与管理[M].2版.天津:南开大学出版社,2012.
[49]刘艳珍,马鹰.幼儿园组织与管理[M].北京:北京师范大学出版社,2011.
[50]王瑜,贺燕丽.幼儿园组织与管理[M].北京:高等教育出版社,2015.
[51]张燕.幼儿园管理[M].北京:人民教育出版社,2013.
[52]吴晓丹.蒙台梭利教育思想与方法[M].上海:复旦大学出版社,2012.
[53]刘迎杰.蒙台梭利教学法[M].北京:高等教育出版社,2015.
[54]周雪艳.学前儿童家庭与社区教育[M].上海:复旦大学出版社,2014.

[55]李生兰.学前儿童家庭教育与活动指导[M].3版.上海:华东师范大学出版社,2014.

[56]马莉.学前儿童家庭教育[M].长沙:湖南师范大学出版社,2016.

[57](美)梅雷迪斯·D.高尔,沃尔特·R.博格,乔伊斯·P.高尔.教育研究方法导论[M].6版.许庆豫,等,译.南京:江苏教育出版社,2002.

[58](澳)格伦达·麦克诺顿,(澳)夏恩·罗尔夫,(英)艾拉姆·西拉吉-布拉奇福德,等.早期教育研究方法——国际视野下的理论与实践[M].李敏谊,滕珺,译.北京:教育科学出版社,2008.

[59]江芳,王国英.教育研究方法[M].上海:华东师范大学出版社,2009.

[60]张宝臣,李兰芳.学前教育科学研究方法[M].2版.上海:复旦大学出版社,2012.

[61]和学新,徐文彬.教育研究方法[M].北京:北京师范大学出版社,2015.

[62]裴娣娜.教育科学研究方法[M].沈阳:辽宁大学出版社,1999.

[63]施燕,韩春红.学前儿童行为观察[M].上海:华东师范大学出版社,2011.

[64]程秀兰.学前教育评价[M].北京:北京师范大学出版社,2016.

[65]《教育哲学》编写组.教育哲学[M].北京:高等教育出版社,2019.

[66]田景正,刘黎明.中外教育名家思想[M].上海:华东师范大学出版社,2016.